S ET
LANGUES
DE FRANCE

Audrey Gaquin

University Press of America, Inc.
Lanham • New York • London

Copyright © 1996 by
University Press of America,® Inc.
4720 Boston Way
Lanham, Maryland 20706

3 Henrietta Street
London, WC2E 8LU England

Library of Congress Cataloging-in-Publication Data

Gaquin, Audrey
Peuples et langues de France / Audrey Gaquin ; photographs by
Christopher Buck.
p.   cm.
Includes index.
1. France--Languages. 2. France--Literatures--History and criticism.
3. Linguistic minorities--France. I. Title.
P381.F8G37   1995   306'.0944 --dc20   95-41560 CIP

ISBN 0-7618-0135-9 (cloth : alk: ppr.)
ISBN 0-7618-0136-7 (pbk: alk: ppr.)

This book is lovingly dedicated to the memory of

Robina H. Buck

and

Henry Rottenbiller

Preface

Peuples et langues de France is an anthology of authentic
documents concerning the non-immigrant minority peoples of France:
Alsatians, Basques, Bretons, Catalans, Corsicans, Flemish and
Occitans, their languages, and cultures. The anthology is divided into
eight sections, an introductory section of articles discussing problems
common to all seven cultures, and one section devoted to each of the
seven regions. Each section includes:

> an introduction to each region;

> an interview with one or more minority leaders from each
> region, in most cases;

> a sample lesson in the minority language;

> articles about the current status of the speakers of the
> minority language, their region and culture;

> examples of modern literature in the minority language;

> articles about the unique cultural contributions of each
> minority;

> folk tales from each culture.

Although most of the text is in French or in one or another of the
minority languages, the introduction to each section is in English.

This anthology has its remote beginnings in the year I spent as a
Fulbright scholar at the Université de Rennes (now the Université de
Haute-Bretagne) in 1967-68. My enrollment in first-year Breton
opened a window on to the amazingly rich and diverse culture of
Brittany, and by extension to the other minority languages and
cultures of France. Several years later, as I began teaching French in
the United States, I looked for materials suitable for teaching my
students about these minorities. There was nothing available. Even

the most cursory examination of currently available French language and civilization texts will reveal that this is still essentially true.

Finally, the very act of compiling this anthology implies taking a stand in the ongoing conflict between the minorities and the French central government. I have not attempted to be objective or to present both sides of the case. The French government's view, that French is the official language of a homogeneous people, is given ample representation everywhere from the Conseil de l'Europe (see below) to the textbooks which introduce the language to non-Francophones, whether they are produced in France, the United States, or elsewhere. In this anthology it is my privilege to present the other point of view, and to uphold the right of all peoples to speak their native tongue and to control their destiny.

-- Audrey Gaquin
July 4, 1995

Acknowledgments

Research for this anthology was sponsored by a Faculty
Development Grant from Albion College, and by a Naval Academy
Research Council Grant.

This anthology could never have been completed without the help
of the following:

Christopher Buck, Margaret Buck, Thomas Buck, Kerry
Niedermeier, and Kristin Brandt, intrepid travelers all;

Professors Max Noordhoorn and Ingeborg Baumgartner and Ms
Beverly Bearman of Albion College;

Professors Michael Halbig, Gladys Rivera-Scala, Sharon Voros,
William Fletcher, Elizabeth Knutson and Marianne Bosshard, of the
United States Naval Academy;

In Occitanie, M. Robert Lafont;

In Euskadi, M. Jean Haritschelar and M. Manex Pagola;

In Alsace, the staff of the Cercle René Schickelé, Cécile Deiss,
Christiane Clément, Max and Odile Beysang, Gilbert Hadey of the
U.S. Consulate;

In Catalogne, Martina Not;

In Flanders, M. Jacques Fermaud;

In Corsica, M. J.-B. Stromboni;

In Brittany, Loïg Kervoas, Maryvonne Kervoas, Per Denez, Michel
Renouard, Marguerite and Yann Guisnel, Jeannette Couval, Yvonne
and Lucien Hamel, Ronan Pellen.

Permissions

Permission to use the following copyright materials is hereby gratefully acknowledged:

Goyhenetche, Manex: "La formation de l'Etat français" et "La colonisation culturelle" from Pays Basque Nord: un peuple colonisé, c. 1979 by Editions Elkar, Bayonne.

Kesselman, Mark: "The End of Jacobinism" from Contemporary French Civilization, VIII, Fall-Winter 1984, no. 1/2.

Lafont, Robert: "Langue, dialecte ou patois" from Langue dominante, langues dominées, c. 1981 by Edilig, Paris.

Lebesque, Morvan: "L'enfer est privation d'histoire" from Comment peut-on être breton?, c. 1970 by Editions du Seuil, Paris.

Storck, Emile: "L'Ennemi/Der Find" from Finck, Angèle, Aspects de la littérature bilingue en Alsace, c. 1985 by Centre Régional de Documentation Pédagogique, Strasbourg.

Hoffet, Frédéric: "La grande peur de l'Alsacien" from La Psychanalyse de l'Alsace, c. 1973 by Alsatia Colmar, Colmar.

Philipps, Eugène: "Pas de dialecte vivant sans haut-allemand vivant" and "Perdre son âme" from La Crise d'identité, c. 1978 by Société d'Edition de la Basse-Alsace, Strasbourg.

Finck, Adrien: "La Poésie dialectale" from Klein, J.-P., et al., Alsace, c. 1982 by Christine Bonneton, Le Puy-en-Velay1982.

Schneegans, Louis: "L'Horloge astronomique"; Stoeber, A., "La Madone de Sewen", "La nonne de Sainte-Claire à Strasbourg", "Le petit homme rouge de Strasbourg"; Baur, P. "La Légende de Hans-Trapp" from Seignolle, Claude, éd., Contes populaires et légendes d'Alsace, c. 1986 by Presses de la Renaissance, Paris.

Markale, Jean: "Pardons et pèlerinages"; "Les croyances populaires"; "Les fées"; "La musique et la danse", from Traditions de Bretagne, c. 1976 by Nouvelles Editions Marabout, Alleur, Belgium.

Royer, Jean: "Au commencement était la pierre" from Les calvaires bretons, c. 1981 by Ouest-France, Rennes.

Hélias, Pierre-Jakez: "Noël", "Le pardon", "L'école et le breton", "Le breton aujourd'hui" et "Le folklore" from Le Cheval d'orgueil, Paris: Librairie Plon, 1975. Reprinted by permission of the Yale University Press, New Haven, Connecticut.

Denez, Per: "Première leçon de breton" from Brezhoneg ... buan hag aes, c. 1980 by Editions Omnivox, Paris.

Ar Floc'h, Loeiz: "Le Breton est une langue celtique" and "Traits communs avec les autres langues celtiques" from Nouailhat, Yves-Henri, et al., Bretagne, c. 1979 by Christine Bonneton, Le Puy-en-Velay.

Le Scouëzec, Gwenc'hlan: "La Ville d'Is" from Guide de la Bretagne mystérieuse, Paris: Editions Sand et Tchou, 1966. Reprinted by permission of Gwenc'hlan Le Scouëzec.

Mas, Marta; Melcion, Joan; Rosanas, Rosa; Vergés, Helena; Digui, digui, c. 1984 by Publicaciones de l'Abadia de Montserrat, Barcelona.

Villanove, Joan and Claudia: Réflexions et commentaires catalans, Perpignan: Société Sofreix, 1982. Reprinted by permission of Joan and Claudia Villanove.

Trogno, Marie-Jeanne, "Histoire de la confrérie du très précieux sang de Jésus-Christ", "Les Cérémonies", "Bilan artistique"; Deloncle, J.-G., "Misteris e Goigs de la procession de la Sanch", from: Deloncle, Joseph, éd., La Procession de la Sanch, c. 1984 by Société agricole, scientifique et littéraire des Pyrénées Orientales, Perpignan.

Contents

INTRODUCTION

A LA QUASI UNANIMITE

Le Conseil de l'Europe adopte la Charte
des langues régionales ou minoritaires

Une dépêche de l'AFP nous l'apprenait la semaine dernière: le Comité des Ministres, instance décisionnelle du Conseil de l'Europe, après une longue bataille de quatre années, a adopté (avec 5 abstentions, dont la France) la Charte des langues régionales ou minoritaires.

C'est un tournant dans le combat pour la reconnaissance et la défense de nos langues, une étape importante qui pourrait bien faire boule de neige par la suite. Un fait marquant qui n'a pas retenu l'attention des médias hexagonaux ou régionaux, et pour cause...

Rappel historique

Il y a 4 ans, en décembre 1988, ARRITTI s'en faisait déjà l'écho et soulignait l'événement par la publication en dossier de la Résolution 192 du Conseil de l'Europe sur les langues régionales et minoritaires; important document, issu d'un travail remarquable du député européen de l'époque, Willy Kuijpers.

Un bref rappel historique est nécessaire. Le 16 mars 1988, la Conférence Permanente des Pouvoirs Locaux et Régionaux (CPPLRE, organisme officiel qui travaille dans le cadre du Conseil de l'Europe) a adopté donc la résolution 192, dans laquelle elle demandait la création d'une convention. (Cette même résolution 192 servira de référence à l'Assemblée de Corse dans sa délibération du 12 octobre 1988, approuvée à l'unanimité, affirmant l'existence du peuple corse, son droit au développement culturel et à l'enseignement de sa langue. Il n'est pas inutile de le rappeler.)

Le 4 octobre 1988, l'Assemblée parlementaire du Conseil de l'Europe, qui regroupe des parlementaires des différents Etats membres désignés par leurs propres parlements (pour la France, par exemple, sont désignés des députés et des sénateurs) a adopté cette résolution et a appuyé notamment la création *"d'une Charte européenne des langues régionales ou minoritaires ayant le caractère d'une convention ouverte à tous les Etats membres."*

Mai 1989: le Comité des ministres (instance décisionnelle du Conseil de l'Europe composée des représentants des gouvernements des Etats membres) a décidé la création d'une commission ad hoc d'experts sur les langues régionales ou minoritaires en Europe.

Juin 1991: la commission ad hoc a rendu son rapport incluant le projet de Charte européenne.

Enfin, **le 29 juin 1992**, le Comité des Ministres a adopté à la quasi-unanimité (abstentions de la France, la Grande-Bretagne, la Turquie, la Bulgarie et la Grèce) la Charte des langues régionales ou minoritaires sous la forme d'une convention.

Et maintenant?

Mais si l'étape franchie fait date, il n'en reste pas moins de nombreux obstacles. Les différents Etats membres doivent encore ratifier cette convention. Le 2 octobre 1992, celle-ci sera ouverte à leur signature et pourra entrer en vigueur trois mois après que 5 Etats membres du Conseil de l'Europe l'aient acceptée. A noter, c'est important, qu'aucune réserve n'est admise aux dispositions de la Convention. En définissant leur politique à l'égard des langues régionales ou minoritaires, les parties s'engagent à prendre en considération les besoins et les voeux exprimés par les groupes pratiquant les langues. Enfin, les dispositions de la Convention ne portent pas atteinte aux dispositions plus favorables ou aux statuts juridiques déjà existant pour ces langues.

En France, la convention devra être adoptée par le gouvernement, puis par le Parlement. Le fait que la France par ses représentants au Conseil de l'Europe n'ait pas voté contre (mais elle s'est abstenue avec la Grande Bretagne, la Grèce, la Bulgarie et la Turquie), est bien sûr un argument qui pourrait jouer en faveur de son approbation. Un refus par ailleurs ne serait pas seulement un acte contradictoire, mais apparaîtrait bien comme profondément anti-européen: on ne peut tenir deux discours à la fois, selon que l'on parle de Paris, ou de Bruxelles. Mais, bien entendu, l'Etat français a encore des atouts dans sa manche. Il n'est contraint à aucun délai limite pour suivre la procédure. Ainsi, la France a mis 31 ans pour signer la Convention européenne sur les droits de l'Homme...

La Charte

Le document en lui-même se place bien en deçà d'un véritable statut pour la langue, mais ses dispositions qui abordent le problème dans tous ses aspects (enseignement, vie publique, médias, équipements et activités culturelles, vie économique et sociale, etc...) peuvent être une sérieuse base de travail à l'élaboration du texte de loi pour les langues régionales tant attendu en France depuis des lustres. 26 propositions de loi ont été déposées au Parlement sur cette question depuis 1945. Aucun de tous les gouvernements qui se sont succédés depuis lors n'y a jamais donné suite. Le candidat Mitterrand aux élections présidentielles en 1981, s'était lui-même engagé à faire adopter une loi "relative à la place des langues et cultures des peuples de France dans l'enseignement, dans l'éducation permanente, dans les activités culturelles, de jeunesse et de loisir, dans les émissions de la radio et de la télévision et dans la vie publique." Aujourd'hui l'opportunité se présente. Saura-t-il la saisir?

Il est difficile de faire un tri sur les différentes dispositions de cette convention, toutes très importantes. En préambule, les considérants soulignent la valeur politique de cette convention qui, bien plus qu'une énième résolution pour la préservation de patrimoines culturels, se justifie davantage pour "**la construction d'une Europe fondée sur les principes de la démocratie et de la diversité culturelle**", c'est à dire d'une Europe des peuples et des régions naturelles:

> "**... Considérant que le but du Conseil de l'Europe est de réaliser une union plus étroite entre ses membres, notamment afin de sauvegarder et de promouvoir les idéaux et les principes qui sont leur patrimoine commun;**
>
> **Considérant que la protection des langues régionales ou minoritaires historiques de l'Europe, dont certains risquent, au fil du temps, de disparaître, contribue à maintenir et développer les traditions et la richesse culturelles de l'Europe;**
>
> **Considérant que le droit de pratiquer une langue régionale ou minoritaire dans la vie privée et publique constitue un droit imprescriptible ...**

Soulignant la valeur de l'interculturel et du plurilinguisme" etc ...

Objectifs et principes

Ils fixent le cadre général des dispositions à prendre pour la sauvegarde et la promotion des langues régionales ou minoritaires avec notamment soulignées la **"nécessité d'une action résolue de promotion"**, la **"facilitation et/ou encouragement de l'usage oral et écrit dans la vie publique et privée"**, la **"mise à disposition de formes et moyens adéquats d'enseignement et d'étude"** de ces langues, etc...

Enseignement

C'est l'un des aspects clé et qui conditionne l'équilibre et le bien fondé de l'ensemble. On le voit dans l'exemple de notre propre langue: aujourd'hui les jeunes générations ne parlent pas un mot de corse. Le fait de faciliter l'usage d'une langue dans la vie publique ou privée n'aurait pas le poids qu'il faudrait si une véritable politique de l'enseignement de la maternelle à l'université n'était pas mise en place; c'est évident. La charte prévoit en la matière **"une éducation préscolaire"** ou **"une partie substantielle de l'éducation préscolaire assurée"** dans les langues régionales ou minoritaires, **"au moins aux élèves dont les familles le souhaitent."** Idem pour l'enseignement primaire et secondaire, ainsi que pour les enseignements technique, professionnel, universitaire ou supérieur.

La convention prévoit en outre **"de favoriser et/ou encourager l'enseignement de ces langues dans le cadre de l'éducation des adultes et de l'éducation permanente";** de **"prendre des dispositions pour assurer l'enseignement de l'histoire et de la culture"** de ces langues; **"d'assurer la formation initiale et permanente des enseignants nécessaires à la mise en oeuvre"** de leur enseignement; de **"créer un ou plusieures organe(s) de contrôle chargé(s) de suivre les mesures prises et les progrès réalisés dans l'établissement et le développement"** de cet enseignement.

Justice

Au travers de cette charte les Etats s'engagent également quelles que soient les procédures engagées (pénales, civiles ou administratives) **"à prévoir que les juridictions ... mènent la procédure dans les langues régionales ou minoritaires"**; **"à garantir à l'accusé le droit de s'exprimer dans sa langue"**, et, plus généralement, que tout acte lié à une procédure judiciaire puisse être établi dans ces langues, avec si nécessaire **"un recours à des interprètes et des traductions n'entraînant pas de frais additionnels pour les intéressés."**

Par ailleurs, les Etats s'engagent **"à rendre accessibles dans les langues régionales ou minoritaires, les textes législatifs nationaux les plus importants et ceux qui concernent plus particulièrement les utilisateurs de ces langues."**

Services publics et médias

Les mesures prises dans ces domaines qui touchent le grand public, sont tout aussi fondamentales par l'importance qu'elles leur donnent aux yeux de l'opinion et le caractère "officiel" qu'elles leur confèrent. La Charte prévoit notamment de **"veiller à ce que les autorités administratives utilisent les langues régionales ou minoritaires"**; **"à ce que ceux de leurs agents qui sont en contact avec le public emploient ces langues dans leurs relations"** et à ce que tous documents, formulaires et textes administratifs existent dans ces langues ou dans des versions bilingues. Pour ce qui concerne les collectivités locales et régionales, la charte prévoit l'emploi de ces langues dans le cadre de leur administration, la publication de tous textes officiels dans ces langues, leur emploi dans les débats de ces assemblées et notamment **l'"emploi ou l'adoption ... des formes traditionnelles et correctes de la toponymie."**

Autres mesures importantes: les Etats s'engagent à assurer **"le recrutement et, le cas échéant, la formation des fonctionnaires et autres agents publics"**, et surtout à satisfaire **"des demandes des agents publics connaissant une langue régionale ou minoritaire d'être affectés dans le territoire sur lequel cette langue est pratiquée."** En un mot, la corsisation des emplois.

Concernant la radio et la télévision, qui ont une mission de service public, les Etats s'engagent notamment **"à assurer la création d'au**

moins une station de radio et d'une chaîne de télévision", "à
encourager la création" d'autres stations, "à couvrir les coûts
supplémentaires des médias employant les langues régionales ou
minoritaires", "à étendre les mesures existantes d'assistance
financière aux productions audiovisuelles"; "à soutenir la
formation de journalistes et autres personnels", etc.

Autres mesures

La Charte prévoit enfin une série de dispositions visant à interdire
toutes mesures discriminatoires et à assurer la préservation et le
développement des langues régionales ou minoritaires dans les
domaines des "activités et équipement culturels", de la "vie
économique et sociale", ou encore des "échanges transfrontaliers".
La convention sera donc soumise à la ratification des Etats en
octobre prochain. Une nouvelle bataille s'engage, la pression
populaire aura à y peser de tout son poids; les nationalistes en
première ligne.

-- Fabienne Giovannini, <u>Arritti</u>, 9 juillet, 1992

La Formation de l'Etat Français ou l'extension progressive de l'impérialisme français

Il est impossible de comprendre le problème basque et d'y apporter les solutions adéquates sans une connaissance exacte, objective de la formation de l'Etat français, au delà des clichés, des formules stéréotypées et de toutes les images d'Epinal qui ont pénétré jusque dans notre subconscient.

Car l'histoire de France telle qu'elle nous a été enseignée à l'école de Marianne est mystification de la réalité, mystification faite par l'Etat bourgeois expansionniste et vainqueur, pour sa propre justification et la défense de ses intérêts.

Car nous, Basques du Nord, avec les Bretons, les Flamands, les Alsaciens, les Corses, les Catalans, les Occitans, partageons le triste sort des peuples vaincus soumis à la domination d'un pouvoir qui, à partir des Capétiens conquiert l'ensemble de l'espace que nous appelons actuellement l'Hexagone.

En effet, "l'Histoire de France", une fois enlevé le préfabriqué artificiel sorti du moule parisien, n'est que la saisie et l'annexion d'un certain nombre de territoires ou nations par les rois Capétiens de Paris. Et "l'unité française" n'est que l'extension du territoire royal des Capétiens dans une volonté d'hégémonie et de conquêtes.

En voici les principales étapes:

1189: Avec la complicité du clergé local, occupation de l'Auvergne Occitane qui s'achèvera seulement en 1211-1212 avec la campagne de Guy Dampierre.

1209-1217: Conquête militaire et annexion du Languedoc sous le couvert d'une "Croisade".

1262: Conquête militaire de la Provence après une lutte armée de la population locale contre les troupes angevines à la solde du roi de France. En fait, cette résistance populaire durait depuis 1264. L'annexion définitive aura lieu en 1547.

1453: Conquête militaire et annexion de la Gascogne.

1463: Annexion de la Catalogne du Nord (Roussillon et Cerdagne). Elle sera ratifiée au traité des Pyrénées en 1659.

1532: Annexion de la Bretagne par François I, par suite du mariage de la duchesse Anne avec Charles VIII, roi de France, puis Louis XII. Le contrat du mariage prévoyait la reconnaissance des libertés et institutions bretonnes. Mais la clause ne sera jamais respectée par les rois de France.

1648: Annexion de l'Alsace (traité de Westphalie).

1740, 1755, 1769: Conquête militaire de la Corse malgré une héroïque résistance de toute la population corse.

En résumé, nul mieux que De Gaulle n'illustrera ce survol historique de l'impérialisme des Capétiens: "La France s'est faite à coups d'épées". Cela veut dire que la **réalisation de l'unité française camoufle une politique de saisies, d'annexions, de rattachements de peuples particuliers et différents par leur langue, leur culture, leurs institutions sociales et politiques.**
Chacune de ces conquêtes militaires hors du territoire francien s'est heurtée à une vive résistance populaire qui, chaque fois, a été férocement réprimée.
L'Occitanie a payé très cher la défense de ses terres et de ses libertés et cela dès le Moyen Age:

22 juillet 1209: incendie et mise à sac de Béziers, massacre des habitants par milliers.

22 juillet 1210: prise de Minerve, 140 personnes sont brûlées.

3 mai 1211: prise de Lavaur, 400 personnes sont brûlées.

Après la "Croisade" - traduisez la conquête -, l'Inquisition mise en place par l'Eglise romaine, la royauté francienne et les "Seigneurs du Nord", est le prétexte à l'une des plus terribles répressions de l'histoire: **le bûcher de Montségur en 1244** en est la tragique illustration.

Sous le couvert de "défense de la religion", Louis XIV y organise les dragonnades qui se résument dans l'utilisation de la violence armée pour "pacifier" ces populations du Midi occitan.

De même entre 1702 et 1704, Louis XIV "pacifie" les Cévennes en utilisant une fois de plus la répression par les armes: les générations suivantes ne connaîtront plus qu'un pays saigné à blanc, dévasté par la guerre. Et tout cela pour étendre la religion du roi de France, l'ordre français pour le meilleur profit de l'impérialisme français.

En Corse, "la présence française" se maintient dans les mêmes conditions répressives. Entre 1769 et 1789, les opérations de "pacification" et de "maintien de l'ordre" se traduisent ainsi:

-Expulsions et déportations en masse

-Création de tribunaux militaires où la torture est de règle

-Condamnation à mort et exécution manu militari des "rebelles" traduisez résistants corses.

-Pillage des villages de Vignale, Oletta, Niolo, Fiumorbo, Velone, Talasani, etc...(D'après Charles Santoni, "Résistance et répression en Corse", Temps Modernes, août-septembre 1973.)

En Bretagne, sous Colbert, l'insurrection de 2000 paysans bretons dans la région de Rennes, le Léon, les Montagnes Noires, s'achève par une terrible répression qui se traduit par des centaines de pendaisons et de condamnations aux galères, ainsi que par l'occupation militaire de Rennes.

En résumé, "l'unité française" ne trouvant aucune base naturelle, a nécessité l'emploi de la violence et de la répression pour forger une unité artificielle qui contenait les peuples opprimés.

La mise en place d'une administration coloniale

Après la conquête du **Languedoc**, les seigneurs occitans sont remplacés par des agents du roi: les sénéchaux. Le vainqueur, Simon de Montfort, devient vicomte de Toulouse. Les consuls finissent par être nommés par le roi de France et les consulats perdent peu à peu leur caractère démocratique notamment aux XVII-XVIII siècles. Les différents postes de l'administration sont aux mains d'hommes d'outre-Loire. Même certains Etats provinciaux d'Occitanie disparaissent peu à peu tandis que d'autres soumis à une sévère réglementation sont réduits à de simples organismes consultatifs.

Louis XIV, après l'annexion de la **Catalogne Nord**, nomme comme gouverneur le comte de Noailles.

En Bretagne, le roi de France, Charles VIII nomme un gouverneur à la tête du duché avec pour tâche de diriger les Etats de Bretagne. Il est pourvu d'attributions d'ordre policier et militaire: "tenir le pais à lui commis, le garder de pillerie et visiter les places et forteresses". Henri II par l'édit de 1554, décide que le parlement de Bretagne devra être composé de moitié de membres non originaires de Bretagne, naturellement des agents du roi. Pendant ce temps, les légistes français, trouvant l'ancienne coutume de Bretagne trop différente du droit français, la remanient et en font une nouvelle version.

Au Pays Basque, par l'Edit d'Union de 1620 qui consacre l'annexion du royaume de Navarre, les Etats de Navarre perdent le pouvoir législatif et les fonctionnaires royaux y prennent de plus en plus de pouvoir.

L'ordonnance du 3 juin 1660, signé à Saint-Jean-de-Luz par Louis XIV consacre la réduction des pouvoirs du <u>Biltzar</u> du Labourd (assemblée générale de la province) désormais sous le contrôle des fonctionnaires royaux. Par ailleurs, le maire de Bayonne, autrefois élu, sera désormais nommé par le roi...

En résumé, une fois la conquête militaire achevée, pour mieux renforcer l'annexion et y maintenir la "présence française" le pouvoir royal français procède à une double opération:

1. Suppression ou démantèlement des structures territoriales: Républiques consulaires d'Occitanie, Généralité de Catalogne, Corps urbains catalans, Etats et Parlement de Bretagne, Assemblées populaires du Pays Basque.

2. Mise en place d'une nouvelle administration, étrangère, imposée et nomination aux postes clés d'hommes à soi, parfaits fonctionnaires ou commis:

Gouverneurs militaires

Baillis ou sénéchaux pour la justice, alors que la plupart des peuples vaincus possédaient depuis longtemps des organismes judiciaires très démocratiques.

Intendants surtout, véritables agents du roi qui exécutent ses ordres et ses consignes, exercent en pays conquis un pouvoir sans limite, la seule référence étant la toute puissance du roi...

La Francisation des peuples

"L'unité française" a été une vaste blague notamment sur le plan linguistique par suite de l'existence de différents territoires ethnoculturels hétérogènes conquis par la royauté francienne.

C'est vrai que la fiction administrative, depuis l'édit de Villers-Cotterêts, propose une image idyllique de la France où tout le monde parle français.

En fait, au XVIII siècle encore, les francophones sont en infériorité numérique dans l'ensemble de l'Hexagone. D'après une enquête réalisée par Grégoire en 1793, seulement quinze départements utiliseraient la langue française.

D'où alors une politique de francisation forcée:

1454: Le français est imposé à Bordeaux dans l'administration à la place du gascon que les Anglais avaient pleinement respecté (pendant qu'ils gouvernaient l'Aquitaine).

1501: Louis XII crée à Aix un parlement composé de non Provençaux.

1539: l'ordonnance de Villers-Cotterêts impose la langue française dans les actes de la vie officielle. Il s'agit de combattre l'usage du latin mais en fait ce sont les langues de tous les peuples vaincus de l'Hexagone qui sont désormais interdites...

1682: La connaissance de la langue française est nécessaire pour accéder aux professions libérales en Catalogne Nord (Roussillon et Cerdagne) (d'après P. Verdaguer, "El Rosselló arru", p. 23).

1684: Lettres patentes de Louis XIV pour hâter la francisation de la Flandre nouvellement conquise. Le français est imposé pour tout acte de justice.

1700: Un nouvel édit impose à la Catalogne Nord l'utilisation du français pour tous les actes publics.

1768: Ordonnance royale pour la francisation de la Corse.

Le sens de tous ces faits est clair: dans ce vaste mouvement de colonisation française, la francisation forcée est l'instrument de fabrication d'une unité mythique et le ciment d'une administration coloniale efficace. De minoritaire au départ, la langue française est imposée aux autres par la pratique du génocide culturel, par l'administration, la police et l'armée française, avec la complicité de l'Eglise et de la bourgeoisie ...

Dans cette perspective, dès l'Ancien Régime, l'école, surtout au niveau des collèges constitue déjà un élément de francisation. Du bilinguisme latino-français on passe au monolinguisme français.

Par ailleurs, comme le disait un intendant en 1782, "il faut une ignorance pour le peuple". Cette volonté de maintenir le peuple dans l'ignorance et de lui enlever sa culture n'a d'égale que le mépris du conquérant à son endroit. Ainsi à Bayonne, au XVII siècle, la bourgeoisie et les fonctionnaires de l'administration royale traitent les gens de la ville de "tas de canaille" et de "populace".

-- Manex Goyhenetche, <u>Pays Basque Nord,</u>
<u>un peuple colonisé</u>

Robert Lafont, probably the best-known advocate of minority cultures
and regionalism in France, was director of the Centre d'Etudes
Occitanes at the University Paul Valéry, Montpellier, until his
retirement. He is the author of numerous works on French
regionalism and on Occitan culture (see his article "L'Occitanie
demain" in the Occitanie section, and also the bibliography at the end
of this volume.) In 1974 and 1981, he was the candidate chosen by
the movement **Volem Viure Al Païs** to represent minorities and the
regional movement in the presidential elections.

Langue, dialecte ou patois: comment on embrouille les termes

Devant le préjugé dans son énormité, il faudrait pouvoir poser
l'opinion toute nue, aussi peu opinion que possible, du spécialiste de
l'étude du langage. Lui constate **des usages**, il écoute des usagers; il
n'a dans son arsenal scientifique rien qui lui permette d'introduire
une hiérarchie entre les parlures, entre les parleurs. Tout ce qu'un
homme dit est de la langue réalisée (actualisée, pour employer un
mot un peu plus technique) et si l'on remonte de ces réalisations à un
certain ordre moteur qu'on appelle généralement système, ce système
a statut de langue; c'est bien tout ce qu'il y a à dire, le seul jugement
possible.

Redoutable jugement d'évidence, à sa mesure la parole du clochard
ou du bûcheron vaudra celle du grammairien. Pourquoi pas? Ou
plutôt: pourquoi en va-t-il si autrement?

La réponse est du côté de l'idéologie, de l'Ecole et de l'Académie.
Nous allons l'y trouver. Mais auparavant, sans doute faut-il se
pencher sur la variété des systèmes. Ce qui revient à se demander:
combien y a-t-il de langues en France?

Si l'on s'en tenait aux paroles individuelles, une infinité. Si l'on
se réfère aux faits de communication, à l'intercompréhension et aux
structures qui font la grammaire, aux inventaires qui font le lexique,
on en arrive aux **parlers**, systèmes efficaces dans le cadre de
communautés immédiates. Ces systèmes sont à la fois l'objet d'une
appréhension générale et constante ("dès qu'on change de lieu, les
gens ne parlent plus pareil") et le domaine d'investigation du
linguiste de terrain.

16

Robert Lafont

On est convenu en se basant sur leurs similitudes et sur leur communicabilité, de les grouper à un premier niveau en dialectes et à un second en langues. Ainsi la langue française se compose de dialectes d'Ouest: saintongeais, poitevin, angevin, breton, gallo; des dialectes du Nord: picard et wallon (le normand s'établit entre ces deux groupes), de dialectes d'Est: champenois, lorrain et franc-comtois. Le dialecte de l'Ile-de-France, ou francien, est en somme la plaque tournante de l'ensemble. Comme on le remarque, la frontière Nord de l'Etat ne limite pas l'aire linguistique: le wallon est parlé en Belgique, où déborde le picard. On ajoute des dialectes séparés, eux-mêmes portant la trace de l'origine dialectique autochtone: le plus parlé et le plus connu est le québécois.

Chacun de ces dialectes n'est qu'une approximation. Les lignes qu'on trace sur la carte, réunissant des lieux d'un même fait (ce sont les isoglosses), donnent le plus souvent l'impression d'un brouillage. Pourtant elles se rejoignent quelquefois, laissant deviner des ensembles, et ce sont là objectivement les dialectes.

Aucun dialecte n'a de droit sur un autre dialecte; sinon des droits acquis selon l'histoire. On sait généralement ce qu'il en a été des dialectes d'Oïl. Entre XIème et XIIème siècles ils ont connu leur floraison littéraire, et de ce fait se sont quelque peu fixés autour de places de pouvoir, cours féodales ou villes bourgeoises, autour d'ateliers scriptiques où se fabriquaient des normes en même temps que des manuscrits. Mais dès le XIIIème siècle les progrès du pouvoir royal, le grossissement de la ville de Paris devenue ville-capitale d'un royaume en voie d'expansion et de centralisation, valent au francien de connaître une promotion que ne lui décernait aucun usage littéraire. Car les grandes littératures françaises du XIIème siècle sont picarde, normande, champenoise. Désormais la langue s'unifie comme le pays. Le francien, incessamment modifié d'ailleurs par une dialectique entre langue de cour et langue de la rue parisienne, norme de scribes et vie du langage urbain, devient forme dominante; tout ce qui demeure en dehors de cette lice est refoulé dans des ténèbres extérieures: usages aberrants, dépréciés, taxés de provincialité et de ruralité!

Ce phénomène français est d'une rapidité et d'une force exceptionnelle en Europe. Il se développe sur l'axe historique où se rencontrent la centralisation politique et l'idée, héritée de l'Antiquité, d'une langue fixe. Car le latin gelé dans sa forme cicéronienne, continue à faire figure de seule et vraie langue, - on dit simplement

lingua - de langue sacralisée, d'écriture immobilisante -, on dit **grammatica**. Si donc une langue vulgaire lui dispute ses droits, c'est en lui empruntant son statut idéal. Ainsi la modernisation linguistique (l'abandon de la langue morte pour une langue vivante) passe par la grammaticalisation, la fixation des usages. A la vérité naïve qu'enregistrent les linguistes: "On dit", se substitue la règle: "On doit dire".

Nous n'en sommes pas sortis, fils encore et toujours des scribes médiévaux. Il y eut pourtant ce grand débat du XVIème siècle, dont l'on pouvait espérer une issue démocratique, les parlers du français, reconnus en dignité, concourant à l'établissement d'une langue commune, souple et synthétique... Mais vint Malherbe, et puis vint Vaugelas. Le français se réduisit d'abord au parler des "crocheteurs du port au Foin", ensuite à celui de "la plus saine partie de la Cour et de la ville". C'est ce parler de plus en plus étroit qui devait traverser la Révolution pour se codifier d'usages encore plus rigides et normatifs avec la mise en place au XIXème siècle de la France bourgeoise, républicaine, centralisée, et de son école.

Cette école en même temps qu'elle assurait la promotion culturelle et sociale des enfants du peuple, les coupait autoritairement, sauvagement parfois de leurs racines, de leur culture, de leurs "peuples". L'ignorance était entretenue, le préjugé cuirassé, le sottisier linguistique national transformé en bréviaire laïque. Il n'y avait plus qu'une langue, celle de la Nation et de la règle d'accord des participes passés, tout le reste était "patois", formes vicieuses, grossières, non identifiables de parler: "Défense de cracher par terre et de parler breton", "je suis une commère, je parle patois".

Recourons donc à l'identification scientifique par-delà le préjugé, installons les sécurités.

Les parlers français, groupés en dialectes comme on l'a dit, occupent la zone comprise entre Wallonie Belge, Jura Suisse et Normandie, entre Picardie et Saintonge-Poitou. C'est là la France linguistique *stricto sensu* qui n'est pas toute la France politiquement. Cet ensemble a sa cohérence géographique; Paris en est très évidemment la ville-carrefour. D'autres capitales du langage auraient pu être, et ont été un temps Reims, Rouen, Orléans, Amiens. Au-dessus de cette variété, la langue officielle, le parisien codifié et élargi qui, redescendant sur le réel, l'a modifié et exténué: depuis maintenant trois quarts de siècle les dialectes français sont éteints

dans un rayon de cinquante kilomètres, au moins, autour de Paris.
Mais d'autres ont la vie dure: le picard est encore abondamment
parlé en milieu ouvrier du Nord; le wallon a dû sa survie sociale au
fait d'être en Belgique; il soutient en ce moment une littérature
abondante.

Prenons la distance maximale avec cet ensemble. Deux langues
germaniques. La première est le flamand, le "vlaemsch", parlé par le
Westhoek. Petit ensemble linguistique en France, vaste ensemble si
l'on considère toute la famille dialectale, où sont les parlers de
Flandre Belge et de Hollande. Une forme normalisée et officialisée
existe, mais elle est hors de France: c'est précisément le néerlandais.

La second langue est l'allemand, dans ses variétés dialectales,
qu'on classe commodément en trois: le francique qui est à la fois de
Lorraine rhinoise et du nord de l'Alsace, l'alsacien central qui est
alémanique, et le haut thiois. Ces parlers s'articulent, en dépit de la
frontière ici particulièrement artificielle, avec le monde germanique,
Luxembourg et Palatinat au Nord, Suisse bâloise et Souabe au Sud;
le Strasbourgeois est chez lui linguistiquement dans une bande qui
traverse l'Allemagne jusqu'au Vorarlberg autrichien. On sait quelle
est l'aisance linguistique que le monde germanique a conquise et
conservée: usage décomplexé, général, du dialecte et pratique
publique ou culturelle de la langue normalisée, le **Hochdeutsch**.
Dans l'Empire allemand, les Alsaciens ont eu le temps de
s'accoutumer à cette démocratie, que la démocratie française n'arrive
pas toujours à concevoir. C'est pourquoi aujourd'hui, il n'y a
pratiquement pas de revendication d'enseignement du dialecte: un
statut particulier permet l'enseignement de l'allemand à l'Ecole
primaire, "Notre langue, l'allemand": l'affirmation brutale qu'ont osé
naguère les autonomistes, recouvre en effet toute l'opinion alsacienne
dialectophone. Ce n'est pas une boutade agressive: depuis le Moyen
Age, l'Alsace a été un pays latéral, écarté de la source germanique,
mais un centre privilégié et créateur de la culture allemande.

Le flamand (néerlandais), l'alsacien-lorrain (allemand) ne sont pas
du français. Continuons cette revue des irréductibilités. Les parlers
bretons d'Armorique, ceux qui ne sont pas gallo-français,
appartiennent, dans l'ensemble, au groupe brittonique. Leur plus
proche parent est le gallois. Si leur lexique a été assez profondément
latinisé à une date ancienne, francisé à une date récente, leur
structure morphologique et leur syntaxe sont bien totalement celtes.
On classe intérieurement le breton en "trois plus un". Les trois

dialectes d'Ouest sont: le cornouaillais, le léonais et le trégorois (KLT); le dialecte d'Est, qui dans son accentuation porte la marque d'un substrat ou d'un superstrat roman, est le vannetais (KLTG). Il y a eu en basse Bretagne une phase médiévale de constitution de la langue, (le moyen breton) qui a signifié une vie culturelle originale très lointaine et "barbare" pour le préjugé français. La logique d'un territoire politiquement dessiné veut que les Bretons qui sont des gens de l'extérieur, de l'échange, de la mer, aient été considérés depuis Paris comme une réserve inculte et repliée sur elle-même: les hommes du "baragouin" (**bar ha gwinn** = pain et vin). Soumis à la répression scolaire du XIXème et du début du XXème siècle, dans sa décadence même, le breton est encore la langue celtique la plus parlée.

Irréductible au français, le basque ou **euskara**. Langue composite, on y reconnaît un très vieux fonds lexical qui remonte à une unité européenne très lointaine dans la préhistoire, et qui permet une comparaison avec les langues caucasiennes. Ce fonds a été recouvert d'une vague qu'on dit aquitaine, puis ibérisé. C'est à cette étape qu'appartient une morphologie basque, d'un type unique, qui entraîne une construction de la phrase sans autre exemple en Europe. Le basque a pu par la suite se laisser partiellement envahir de mots romans: il rest structurellement étranger à toute autre langue vivante. Il y a sept dialectes basques: quatre en Espagne, le biscayen, le guipuzcoan, le haut-navarrais, l'alavarais; trois en France, le labourdin, le bas-navarrais et le souletin. C'est au nord des Pyrénées, là où allait s'étendre la France après l'accession au trône d'Henri de Navarre, qu'a commencé la littérature basque, liée d'abord au protestantisme et à la famille régnante navarraise.

L'irréductibilité est moins grande, moins impérieuse en ce qui concerne les parlers romans non français. Dans leur cadre, le procès de patoisement, qui détruit la conscience d'identité, a trouvé à s'exercer sans trop d'entraves. C'est du côté de l'italien que le corse a dû combattre pour exister. On pense généralement chez les linguistes que les parlers de l'Ile ont été autrefois très largement de type sarde (le sarde est une langue néo-latine originale, distincte de l'italien). Seuls les parlers de l'extrême Sud sont restés tels, ailleurs la toscanisation a été si avancée que pratiquement, les parlers corses sont parmi les plus voisins en domaine italien de la langue officielle, qui est toscane. Cette situation faisait problème au moment du vote de la loi Deixonne. Elle a été résolue selon la conscience des Corses

eux-mêmes qui, ne se sentant absolument pas italiens selon leur
histoire et selon leur insertion culturelle moderne, ont posé, défendu
et fait triompher, en valorisant des dialectalismes qui autrement
auraient été jugés mineurs, le concept de **lingua corsa**. La
population corse est la plus homogène des communautés linguistiques
du territoire français; à peu près tous les Corses parlent entre eux
leurs dialectes.

Abordons maintenant les deux grands ensembles romans que sont
le franco-provençal et l'occitan. Avec la plus grande simplicité
méthodologique. Car c'est à leur propos que la situation de variété
dialectale est la plus évidente, la plus épineuse et donc la plus fertile
en déviations idéologiques.

On peut dire que le franco-provençal n'a pas eu de chance
culturelle. Cet ensemble qui couvre Nord du Dauphiné, Savoie,
Lyonnais, Sud de la Bourgogne, Sud de la Franche-Comté, Suisse
Romande et Val d'Aoste, coincé entre la construction impérialiste du
français et le rayonnement culturel occitan, a bien donné matière à
certains usages officiels et à une littérature en certains siècles (le
XVIème, le XVIIème) talentueuse, mais il n'a jamais eu une
conscience véritable de son identité, de son existence même. Il
continue à être nommé, et par les linguistes seulement, comme une
langue de transition, hybride, sans squelette en somme. Les grandes
villes du domaine, Lyon la première, ont été des foyers de diffusion
de la langue de Paris. Les pouvoirs politiques ont sanctionné cette
vocation: le protestantisme à Genève et à Lausanne a joué la carte du
français, la Maison de Savoie au XVIème siècle a imposé le français
officiel, sur le modèle de ce qui se passait en France même.
Conséquence moderne de cette confusion: en Val d'Aoste ce n'est
pas le franco-provençal autochtone, mais le français importé que
reconnaît l'Etat italien. Le franco-provençal rest bloqué dans la
patoiserie, où son usage s'exténue.

La langue occitane pose un problème encore plus délicat. Non pas
à la linguistique. De ce côté-là, tous les enseignements concordent:
les parlers romans du Sud de la France, sur une superficie de trente-
et-un départements, auxquels il faut ajouter le Val d'Aran en Espagne
et un ensemble de hautes vallées piémontales en Italie, ont entre eux
assez de caractères communs et assez de traits les distinguant des
parlers circum voisins pour qu'il soit permis de les grouper en une
langue, la langue d'oc suivant une terminologie généralement
acceptée. Il est vrai que ceux d'entre Garonne et Pyrénées sont dans

l'ensemble très originaux et d'autant plus originaux qu'on se
rapproche des Pyrénées occidentales. Le gascon était à Toulouse au
XIVème siècle classé (dans les Leys d'Amors) **lengatge estranh**,
langage étrange, ou étranger...Mais l'étrangeté du gascon, qui a
frappé certains linguistes, est compensée par la conscience collective:
jamais les Gascons ne se sont sentis extraits culturellement de
l'espace occitan; bien au contraire, entre le XVIème et le XVIIIème
siècles, on a tendu en France à appeler Gascons tous les Occitans.

La linguistique encore distribuera donc l'occitan en gascon et non-
gascon, et dans le non-gascon, définira deux zones: l'occitan
méridional et le nord-occitan. Dans la première zone les parlers de
Nice à la Réole en passant par Nîmes, Montpellier, Carcassonne,
Toulouse, Rodez, Aurillac, Bergerac. Dans la seconde, qui est une
bande obliquant du Nord au Sud entre Ouest et Est, Limoges,
Clermont-Ferrand, Le Puy, Mende, Valence, Gap, Barcelonnette (les
parlers occitans d'Italie, et même le petit parler transporté au
XIVème en Calabre à Guardia-Piemontese, sont du nord-occitan.)

Mais à la linguistique le sentiment historique, les préjugés français,
les difficultés d'appréhension opposent des obstacles divers.
L'espace occitan, qui a les dimensions d'un territoire d'Etat-Nation,
au centre stratégique de l'Europe occidentale, qui a donc été déchiré
par les impérialismes rivaux avant d'être absorbé par l'impérialisme
des rois de France, est difficile à saisir. L'histoire peut sembler
l'avoir effacé.

Entre le XIème et XIVème siècles, sa langue écrite se constitue
comme une sorte de dialectique souple entre localisme et unité, sans
que les pouvoirs politiques paraissent intervenir catégoriquement en
cela. A la différence du français, qui commence par s'écrire
dialectalement, l'occitan poétique des troubadours embrasse le
domaine tout entier sans se fixer en un lieu précis; les oeuvres
narratives sont plus près de dialectes cernables, mais ne vont pas
jusqu'à la vérité absolue d'un parler localisé; l'occitan administratif
enfin présente une norme générale dans les "capitales" (Toulouse,
Aix) et se diversifie dans la notation des scribes de petites cités. Le
dynamisme culturel de l'espace occitan est une donnée unifiante, que
la mutation linguistique imposée par le pouvoir extérieur inhibera au
XVIème (Edit de Villers-Cotterêts 1539) sans pour autant interdire
une expression littéraire, qui demeurera très abondante.

Le dialectique de l'unité et du localisme se trouve par la suite
interdite non tant au niveau de la conscience (après tout, le terme

Midi en France n'est pas géographique, mais recouvre bien la réalité culturelle autrement dite **Occitanie**), qu'au niveau de la pratique: pratique de l'interdialectalité orale (à partir du XIXème siècle le français va peu à peu devenir le médiateur entre Occitans de dialectes différents), pratique de normalisations écrites. Si bien que la Renaissance culturelle du XIXème siècle qui avait des arguments historiques et littéraires que peu de mouvements nationalitaires européens pouvaient alléguer, a été incapable de résoudre le problème d'une langue écrite commune: c'est un des échecs de l'association académique dite Félibrige. En écho et en complément à cet échec, il ne faut pas s'étonner si le pouvoir central à Paris, qui ne saurait admettre la "grande Occitanie" (le mot est de Fabre d'Olivet dans les premières années du XIXème siècle) renaissant pour bouleverser le paysage politique et culturel non seulement de la France, mais de l'Europe, use de fractionnement par précaution: il mobilisera donc périodiquement (et actuellement encore) les régionalistes intra-occitans, félibres provençaux ou dialectaux auvergnats, comme sa meilleure troupe. Le ministre de l'Education nationale trouve récemment la parade finale: il fait passer la pluralité interne et naturelle à la dénomination du groupe; il n'y aura plus que des "langues d'oc".

Au sud de l'occitan, le catalan. En fait, il y moins de distance objective entre le parler de Perpignan, de Barcelone ou de Valence et le languedocien de Narbonne qu'entre ce dernier et le landais ou le limousin. Mias l'histoire a joué la différence. A partir du moment où, dans l'espace occitan, l'expansion française refoulait les intérêts de la Couronne d'Aragon portée par la maison de Barcelone, à l'unité culturelle établie entre Limousin et Ebre, se substituaient deux destins divergents: un destin occitan dévié et occulté par l'annexion politique, un destin catalan libéré de stratégie nordique et de communauté occitane, qui allait s'épanouir jusqu'au XVème siècle. La grande langue administrative des Catalans (d'une dimension étatique égale ou supérieure à la dimension française) s'épanouit en somme sur l'échec occitan. Elle survivra jusqu'au XVIIIème siècle.

Le catalan parlé en France (Roussillon, Vallespir, Cerdagne) est du type central, comme le barcelonais. Car il y a trois dialectes catalans, sous la forme de bandes parallèles orientées nord-sud, dans le sens de l'ancienne **Reconquista** sur les Maures: de part et d'autre du central, l'oriental qui couvre les Baléares et touche la Costa Brava et l'occidental de Lérida à Elche en passant par Valencia. Il ne faut pourtant pas se dissimuler que la survie linguistique en France s'est accompagnée d'un processus de différenciation. Les traits spécifiques du roussillonnais, qui n'ont pas l'importance de ceux du minorquin, sont actuellement assez souvent valorisés par les usagers en opposition à la langue officielle de Barcelone. Car le catalan est une langue normalisée efficacement dans l'écriture et la parole, devenue en 1931 et redevenue depuis la mort de Franco langue d'Etat.

Voilà pour le tour de France des langues. Le territoire hexagonal y apparaît singulièrement transformé, par ce plus qu'est l'aire d'expansion historique des dialectes français au-delà des frontières et par cet immense moins qu'est l'existence en deçà des langues qu'on appellera ou *ethniques* ou *minoritaires* ou *régionales* ou *locales*. Ces adjectifs, tous idéologiquement connotés, en un sens d'affirmation ou de réduction, ont à vrai dire une importance secondaire. Ce qui est important, c'est le nom de *langues*, clair, dénotatif. Le restituer c'est combattre une confusion où la tyrannie culturelle a trouvé son compte et où le refus contemporain continue à pêcher en eau trouble ses arguments biaisés.

-- Robert Lafont, <u>Langue dominante, langues dominées</u>

The following passages are excerpts from Morvan
Lebesque's <u>Comment peut-on être breton?</u> The title recalls
Montesquieu's <u>Lettres persanes</u>, an eighteenth-century satire on
French ethnocentrism, in which one of the most celebrated chapters is
entitled "Comment peut-on être persan?" The hero, Ricca, tired of the
attention his Persian national costume is attracting among Parisians,
dresses **à la française**, attracts no attention at all, and is greeted,
when he reveals his identity, with the disbelieving "Comment peut-on
être persan?" Today's Bretons experience a similar lack of
recognition among French people, who assume that the annexation of
Brittany in 1532, some subsequent act of the government, or simply
the passage of time had "settled all that" and that the Bretons no
longer had any separate identity or any need of one. Lebesque, a
well-traveled journalist and author, explains the Breton point of view
concerning the Breton identity, the treatment of Brittany and its
people by the French government and people since the annexation,
and the rights demanded by the Breton people.

L'enfer est privation d'histoire

Rien de plus honnête apparemment que l'Histoire de France telle
qu'on l'enseigne aux écoliers. Simplement, ce n'est pas l'histoire de
la France, d'un pays beau et divers appelé **France** et des hommes qui
y ont vécu, mais l'histoire de l'Etat français, c'est-à-dire d'un certain
pouvoir qui s'étend progressivement dans l'espace et va, dans le
temps, des premiers Capétiens à la Cinquième République. Ce
pouvoir conquiert peu à peu l'hexagone, sa proie; cependant, les
territoires qu'il annexe étaient sans doute des no-man's lands car à
aucun moment on ne nous parle de leurs peuples, de leurs lois, des
événements qu'ils ont traversés, des civilisations qu'ils ont fondées.
Rien d'eux ne se manifeste avant leur absorption, sinon, çà et là, la
brève apparition d'un de leurs habitants, prince ou guerrier, cité
uniquement pour ses rapports avec la Maison conquérante: ainsi, dans
les grands romans dynastiques, un personnage n'existe que si son
destin se rattache plus ou moins épisodiquement à celui de la lignée
élue. Histoire de France? Non: <u>Histoire d'une famille</u>, comme les
Rougon-Macquart...

...L'histoire de France ressemble à la télévision sous de Gaulle. Mi-censure, mi-propagande, elle impose un ensemble d'affirmations catégoriques se répondant l'une l'autre: c'est <u>presque</u> vrai, on peut <u>presque</u> y croire; pour en savoir davantage, c'est-à-dire le contraire, reportez-vous à votre manuel d'opposition. Avant la Cinquième, tout était chaos: elle vint et la lumière fut. Pareillement, l'espace géographique appelé **France** ne constituait avant la conquête qu'un lieu de ténèbres peuplé de lémures à peu près comparable à l'Afrique précoloniale: Dieu merci, le colon est venu et a sauvé ces âmes en peine. Un à un, comme les plots du juke-box touchés par la bille, des morceaux de territoire s'éclairent, Occitanie, Bretagne, Alsace; chacun d'eux ausssitôt accède à la civilisation, devient digne de chronique; on ne lui demande en retour que d'oublier son passé - puisque, aussi bien, **il n'a pas de passé.** "Où est dans l'histoire de France l'histoire des peuples vaincus?" (Proudhon.) Qui témoigne des expéditions coloniales de l'intérieur - de ce qui est **aujourd'hui** l'intérieur? Qui fait écho au cri des spoliés, des égorgés, des brûlés vifs? Et surtout, qui mentionne les lois, les coutumes, les arts, qui rappelle les jours libres, prospères, quand la Bretagne était "source de poésie" pour l'Occident, quand le comte de Toulouse correspondait en vers avec les princes d'Europe "à une époque où le roi de France savait a peine signer son nom"? (H. Gougaud, <u>Poèmes politiques des</u> <u>troubadours.</u>) Sait-on que la Bretagne fut le premier pays d'Europe à abolir le servage - règne d'Alan Roebreiz - et à permettre aux paysans l'accès à la propriété rurale? Sait-on qu'elle possédait une des premières flottes commerciales du monde, que ses caravelles avaient les premières sillonné les mers du Nord et que, lorsque François Ier l'annexa, un dicton courut: **Bretaigne est Pérou pour la France?** Une telle mémoire ne se pouvait garder: elle eût mis en péril, non la France, ainsi que je le démontrerai, mais le pouvoir qui s'est substitué à elle. On se hâta donc de la détruire: lobotomisés par l'Histoire officielle, des millions de petits Bretons, Basques, Occitans, Catalans - et pour un temps Africains, Algériens, Indochinois - ont été transformés en autant d'enfants adoptés prenant en bloc Clovis pour leur aïeul et Jeanne d'Arc pour leur grande soeur...

...Moi aussi, j'ai été "baptisé". Mes ancêtres n'étaient pas vos Gaulois; mais on m'a fait naître de Vercingétorix, pleurer sur Alésia; et à partir de là, de parentés fictives en parentés fictives, de Merovingiens en Carolingiens et de Capétiens en Valois, ne comprenant goutte à cette famille compliquée qui me tombait de tous les azimuts, j'ai patiemment ânonné une généalogie qui n'était pas la mienne. Extravagante imposture! Il faut qu'un Breton quitte l'école pour apprendre l'histoire de son pays. Il connaît celle de l'Europe, du monde, il a une notion de ce qui s'est passé partout, sauf sur ce coin de terre où il est né: pour s'en informer, il devra étudier en marge, à ses frais, comme s'il s'intéressait par goût personnel aux Indiens ou aux Hittites. Dès 1582, la Bretagne annexée depuis cinquante ans à peine, Henri II interdit l'Histoire de Bretagne de d'Argentré: quatre siècles plus tard, le petit Breton subit encore ce décret...

...La conquête des minorités françaises s'est accomplie pour une raison archi-terrestre, la naissance de l'Etat moderne, l'irruption dans le monde ethnique du Moyen Age d'une nouvelle dimension du pouvoir: événement où n'entre di le doigt de Dieu ni je ne sais quelle fatalité laïque, mais simplement l'invention de l'artillerie. Ce ne sont pas les anges qui font les Etats, mais le canon. Celui du XVeme siècle coagule l'Europe: ces petites nations personnalisées mais nullement retranchées, chacune avec sa culture et sa mémoire, en communion dans un monde fluide, il les brasse au hasard des traités et des guerres, paralysant les mouvances naturelles, fabriquant des frontières rigides mais abstraites, claquemurant ici des allogènes et là, rejetant par force des peuples de même famille. Révolution signée de crimes: purs nazis, les saints rois de Castille qui détruisent les civilisations arabes et hébraïques, merveiles de l'Espagne, brûlent seize mille Juifs et chassent les autres ou les forcent à se convertir; conquérants dénués de tout scrupule, les roitelets d'Ile-de-France qui agrandissent leur pré-carré par la ruse et le dol - ainsi le contrat de la duchesse Anne qu'il leur suffit de quarante ans pour abolir, au prix de parjures et de corruptions. Mais pire encore, le dogme de ces conquêtes: l'absurde doctrine des "frontières naturelles" qui réduit la géopolitique à des données platement terrestres, récuse les grands moyens d'échange et de civilisation, les fleuves, les mers, et sous prétexte d'unité coupe les peuples de leurs familles spirituelles et les enferme dans des dimensions fausses. Avec le temps, ce dogme deviendra un tabou scolaire... Et il faudra le mouvement actuel de l'Europe pour que le moindre touriste reconnaisse cette évidence: **il n'y a pas de frontières naturelles.** La Bretagne ressemble plus au pays de Galles qu'à l'Anjou et de chaque côté des Pyrénées, on trouve des Basques et des Catalans d'Etats différents mais de même race.

...Il est rare que la droite étatiste passe aux aveux. Saluons donc comme il convient cette déclaration de M. Alexandre Sanguinetti:

> Je ferai l'éloge de la centralisation à l'Assemblée nationale. C'est elle qui a permis de faire la France malgré les Français ou dans l'indifférence des Français. Ce n'est pas par hasard si sept siècles de monarchie, d'empire et de républiques ont été centralisateurs: c'est que la France n'est pas une construction naturelle. C'est une construction politique voulue pour laquelle le pouvoir central n'a jamais désarmé. Sans centralisation, il ne peut y avoir de France. Il peut y avoir une Allemagne, il peut y avoir une Italie parce qu'il y a "une" civilisation allemande, "une" civilisation italienne. Mais en France, il y a plusieurs civilisations. Et elles n'ont pas disparu, vous pouvez en croire un député de Toulouse." (M. Alexandre Sanguinetti, dans Le Figaro, 12 novembre 1968.)

Comment ne pas féliciter M. Sanguinetti de son courage? Beaucoup de politiciens pensent ce qu'il dit là; malheureusement, ils le traduisent en formules codées, "union sacrée", "France éternelle", etc. M. Sanguinetti, lui, lance ses messages en clair. Il ne nous apprend pas seulement que "la France" est une construction artificielle et anti-démocratique érigée "malgré les Français" ou dans leur indifférence, il en dénonce la raison, la pluralité des civilisations de l'hexagone. Pesez le mot. M. Sanguinetti ne parle pas de "terroirs", de "petites patries", pas même d'ethnies: il emploie le terme exact, **civilisations**. Le malheur de la France est qu'elle possède plusieurs civilisations, du burg cathare au kreisker breton, et qu'elles ont, hélas! la vie dure...

La revendication bretonne

Français non-bretons, votre intérêt est-il, à l'ouest de votre pays, un désert ou une terre au travail? Techniciens, économistes, syndicalistes, sociologues, ne gagneriez-vous rien à cette expérience? Intellectuels, artistes, n'apprendriez-vous rien d'une culture renaissante qui s'ajoute à la vôtre? Et même simples touristes: au lieu

du décor balnéaire qu'on vous offre, ne vous séduirait-il pas
davantage, ce pays différent et si proche qui retrouverait sa vérité?
... "Mais que deviendrai-je dans votre système, moi qui ne suis pas
ethniquement typé, qui ne sais même pas d'où je viens?" C'est
simple, vous resterez vous même, et la bienvenue chez nous. **La
Bretagne**, répétons-le inlassablement, n'est pas pour nous un bloc
racial mais une conscience et une volonté d'être. Dans la structure
fédérale, des Bretons continueront de vivre ailleurs qu'en Bretagne et
n'en seront pas moins bretons. Des non-Bretons vivront en Bretagne
et parmi eux, comme aujourd'hui, il s'en trouvera de plus
consciemment bretons que les Bretons eux-mêmes. Je souhaite en
Bretagne beaucoup d'"étrangers", pour employer un mot qui pour
moi n'a pas de sens; je souhaite des Juifs, des Arabes, des Noirs, et
nous ne logerons pas, nous, les travailleurs immigrants dans des
bidonvilles; ma patrie qui a résisté à quatre siècles de colonialisme
n'a pas peur de devenir une terre d'accueil, elle ne craint que la
désertion. Mais il est vrai qu'elle ne tolérera plus le seul **étranger**
véritable, le colon. On ne choisira plus la Bretagne pour stériliser son
sol ou sous-payer sa main-d'oeuvre. Il y aura comme aujourd'hui des
fonctionnaires et des techniciens non-bretons en Bretagne, mais ils
devront se justifier devant elle, et non plus devant des irresponsables
parisiens. Ils n'exploiteront plus son peuple et n'assassineront plus sa
culture.
    -- Vous voulez donc obliger les Bretons à parler breton?"
    -- Nullement. Le manifeste de **Galv** (**L'Appel**, comité d'action
pour la défense de la langue et de la culture bretonnes), en date du
18 mai 1969, ne réclame pour la langue bretonne que le minimum de
droits: trois heures hebdomadaires d'enseignement facultatif, la parité
du breton avec les autres langues vivantes aux examens - possibilité
d'option et cotation - l'étude de la civilisation bretonne dans les
classes supérieures et la création, à l'ORTF régional, d'émissions
culturelles en breton et en français. Rien de plus raisonnable que ces
voeux exaucés - dépassés - dans tous les pays d'Europe, sauf la
France et les pays fascistes. (1) Bien que la langue bretonne ne doute
plus de ses vertus, elle ne pratique aucun exclusivisme, concernât-il
le fait breton: à la littérature bretonnante, engagée des Gwernig et des
Meavenn répond une littérature de même nature en français: Pol
Quentin, Pol Queinnec, Xavier Grall (Keltya Blues), les oeuvres
d'une culture n'implique pas l'emploi forcé de la langue mais un
enrichissement spirituel qui peut aussi s'épanouir en français. A quoi

se résume donc la revendication bretonnante? A donner sa chance, rien que sa chance mais toute sa chance, à la version originale; elle traduit un souci personnel de perfection, d'appréhension plus subtile du réel, l'accord irrépressible d'une pensée et de son expression. Le breton n'est ni **pour** ni **contre** le français. Il est. Il doit vivre, se développer librement, ne devoir qu'à lui ses victoires ou ses défaites. Quant à l'argument de ses adversaires selon lequel il supplanterait une langue étrangère plus utile, il camoufle simplement leur racisme culturel: les Etats européens qui respectent leurs cultures minoritaires ne sont pas moins que la France ouverts au monde; les grandes langues internationales y sont généralement plus parlées que chez nous. Et c'est logique: ainsi l'avait vu Jaurès, le maniement de deux langues dès l'enfance prépare à l'apprentissage des autres.

... Risque de tribalisme? Mais j'en demande bien pardon aux jacobins, leur France une et indivisible est tribalisée comme un Congo. Faute de guerre et d'état de siège, sa belle façade unitaire s'écroule sous les antagonismes d'intérêts; tout le monde joue contre tout le monde, les castes contre le citoyen, le patron contre l'ouvrier, le grand céréalier contre le petit agriculteur, la grosse industrie contre la moyenne entreprise; du PDG au bistrot de quartier, la France se dissout en milliers de séparatismes hargneux. Admirable réussite de la Société anonyme! Elle ne voulait pas de Basques, de Bretons, d'Occitans: elle a des commerçants, des cadres, des financiers, des prolétaires. Vous parlez de Nouvelle Société, mais quelle société espérez-vous fonder dans un pays déraciné où l'abstraction d'Etat a créé mille petits Etats indifférents à la patrie? Il faut, dites-vous, donner aux Français une raison d'être. Parbleu! On n'a fait que ça, des gloires, des prestiges, des missions sacrées. Même les paras d'Alger brandissaient le rayonnement français au bout de leurs mitraillettes! Quelle peur massificatrice prétendez-vous maintenant agiter? Les gauchistes, la drogue? ... Ah, j'oubliais, la **participation**.

Eh bien, voici la première de toutes. La seule chance d'esprit communautaire pour ce pays - affronté, je le répète, à une situation nouvelle, **la paix** - réside dans les prises de responsabilités à la base, l'intérêt au plus près, relié au sol. Le goût de l'action: l'initiative enfin paie, on suit ce qu'on fait, on en voit le résultat; la continuité: on fait carrière dans une province en symbiose avec ses habitants, responsable et non plus supérieur itinérant promené du nord au midi; l'émulation, la dignité: plus d'**octroi**, plus de Bretagne, de Corse mendiantes...Les intérêts provinciaux divergeront parfois? Sans doute;

mais ils ne dépendront plus de conseils secrets d'énarques, de plans indéchiffrables, de combinaisons parisiennes, de profits clandestins, de transferts honteux: ils donneront lieu à des débats publics sur des questions précises, localisées; les programmes d'équipement à l'échelle de l'Etat y gagneront la clarté et la sanction immédiate: on n'apprendra plus dix ans après les faillites du système et combien de milliards a gaspillés un ministre enfin limogé. Le fédéralisme, c'est l'information, le peuple reconnu majeur, tenu au courant. Mais j'ai tout dit en disant qu'il était la démocratie parce que l'efficacité. Songez à cette nouveauté en France: une démocratie concrète, vécue comme expérience, en action, une démocratie pionnière, une démocratie **qui commence par le commencement**.

Conclusion

Je n'ai qu'une croyance et dans ce livre, je me suis borné à l'éprouver, comme celui qui, ayant trouvé un sou dans la terre, le tend aux passants dans le creux de sa main pour savoir si c'est de l'or ou du plomb. Il me paraît que le monde n'a de sens que dans le respect des pluralismes et que son sort se joue à tous les niveaux pour ou contre cette définition. Breton, Français et citoyen du monde, qui me dénie une seule de ces composantes me rejette de la communauté; je ne veux pas nourrir en moi une part maudite qui maudirait mes frères; je ne puis servir les autres qu'en étant moi-même. Cela s'appelle la démocratie, qui n'est que l'ordre naturel des hommes.

Sur un point, pourtant, ma foi est plus précise: je crois aux pauvres. Je crois aux peuples qu'on a vaincus, soumis, humiliés, qu'on a faits valets, mercenaires, putains, à qui on a accroché un sabot au cou. **Dites-moi si le monde est gardé**, demande Glenmor, notre Glenmor, le poète errant qui va de porte en porte avec sa guitare, chantant la nationalité bretonne; et partout, dans les villes, les villages, à la Mutualité où l'acclament les Bretons de Paris, la foule répond: Non! - Non, le monde n'est pas gardé, personne n'a le droit d'apposer des scellés sur un seul de ses domaines.

Il est sans honneur de voler son nom à un peuple. Mais ce nom, c'est aussi à vous, démocrates, à vous tous qu'on l'a volé.

-- Morvan Lebesque, Comment peut-on être breton?

Editor's note: Depuis 1970, date de la parution de <u>Comment peut-on être breton?</u>, l'Espagne et la Grèce se sont libérés de leurs régimes fascistes, l'Espagne par la mort de Franco et le couronnement de Juan Carlos, la Grèce par les élections démocratiques de 1974. En Espagne, les langues minoritaires ont bénéficié. Le Pays Basque espagnol et la Catalogne du Sud sont devenus des provinces autonomes de l'Espagne.

The following article, by Mark Kesselman of Columbia University, appeared in the journal Contemporary French Civilization early in François Mitterrand's first **septennat**. It describes early Socialist efforts to decentralize the French bureaucracy. France's economic difficulties have slowed or completely halted some of the processes described (see interview with Robert Greib in the section on Alsace, for example.) Yet regionalism has also made some real gains, and still represents the best hope of renewal for French society, and for the French economy, for reasons Prof. Kesselman makes clear in this article. For further information on decentralization and French society, see the articles by Lafont, Goyhenetche, and Lebesque in the introductory section, and the bibliography at the end of this volume.

The End of Jacobinism? The Socialist Regime and Decentralization

After being in the opposition over twenty years, the Socialist party's 1981 sweep brought it control of every major political office in France. Yet, rather than enjoying the fruits of the most centralized political system of any capitalist democracy, the Socialist government immediately proposed a substantial transfer of power from the national bureaucracy to sub-national governments. Less than a year later, the **loi Defferre** was enacted, followed within another year by two more major legislative texts on decentralization and a host of other laws and administrative decrees. Together, these reforms promise to reverse the centuries-old trend toward centralization in France. Although the consequences of the reform will doubtless be complex, it is certain to have a profound impact on French political life. While other Socialist measures have elicited more attention and controversy, the decentralization reforms may ultimately be regarded as among the Socialist regime's most enduring achievements. Moreover, decentralization is not an incidental feature of the overall Socialist project but a key ingredient in a plan which looks toward a rationalized state, a revitalized civil society, designed to provide a buckle connecting the two (to use Bagehot's metaphor). In this model, the state is relieved of the crushing burden of regulating local socioeconomic and political conflicts. The decentralization reforms aim to strengthen the regulatory capacity of local government and civil society, thereby reducing pressure on the state.

Background to Decentralization

Interior Minister Defferre (whose ministerial position was renamed Interior and Decentralization) devised an ingenious strategy to overcome the difficulties encountered in past reform efforts since the last comprehensive decentralization proposal had vecome mired in interminable parliamentary debate. Defferre introduced the decentralization reform in stages, rather than combining all aspects of decentralization in a single omnibus bill. The first phase of decentralization was launched before reform energies began to dissipate and newly appointed cabinet ministers began to share their deparments' aversion to relinquishing power. The first bill was mostly confined to reorganizing the sub-national institutional scaffolding, especially interrelations between sub-national governments and the state. By granting local officials greater autonomy within their existing areas of competence, Defferre sought to mobilize them to seek enlarged powers.

This method succeeded brilliantly. Initially, attitudes toward decentralization divided along partisan lines (although, within the Socialist party itself, there was some resistance, for example, from the CERES faction). However, many in the opposition, especially local officeholders, soon recognized the value of decentralization and began to demand additional responsibilities. A fortuitous development that helped consolidate support for decentralization outside the left were the 1982 cantonal and 1983 municipal election returns, both quite favorable to the opposition. By 1983, the opposition had shifted from vociferously criticizing the government's delay in implementing decentralization.

The government initially projected three phases of the decentralization reforms: the first reform, introduced in the National Assembly weeks after the 1981 Socialist victory and enacted March 2, 1983, restructured intergovernmental relations by reducing state supervision of local governments. The **loi Defferre** did not greatly enlarge local governmental political functions: that was the object of laws passed January 7, 1983 and July 7, 1983. The third element in the reform package involved redistributing tax resources among levels of government. After a transitional period, when the government promised to transfer sufficient funds to cover the cost of local governments' new political responsibilities, a comprehensive reform was to thoroughly rationalize the cumbersome, antiquated, and inequitable system of local taxes. If the government were to fulfill its promises and enact these reforms, the result would amply justify Prime Minister Mauroy's characterization as "la grande affaire du septennat" (the major reform of President Mitterand's seven-year term). What has been the balance sheet of decentralization? What is the Socialist party's motivation for sponsoring the reform? What is the character of the reform and their relationship to the overall Socailist project?

Intergovernmental Relations

The basic principles regulating intergovernmental relations in France have been that, although local governments enjoy a constitutional right to exist, they exercise only those powers delegated by the state, in a manner prescribed by the state, under tight administrative control (prior state approval was required for virtually all local governmental activities), and with state bureaucrats directly administering many local governmental activities. Political practices differed sharply from this legal mode. For example, local politicians forged alliances with state administrative officials and gained direct access to the center via election to national political office (the **cumul**). Big cities enjoyed considerable autonomy, thanks to their technical staffs, financial resources, and the political clout of their mayors. Yet these developments, described in rich detail by much "revisionist" scholarship on French local government, did not alter the fact that the state possessed a near-monopoly of most governmental functions.

While the Socialist decentralization measures do not modify constitutional principles-France remains a unitary state-they substantially increase local governments' legal autonomy. Henceforth, local governments are no longer considered, in effect, administrative arms of the national bureaucracy but autonomous institutions possessing their own democratic legitimacy and proper powers. They are granted specific areas of responsibility formerly the prerogative of the national government, and state supervision has been sharply reduced. Within their enlarged areas of competence, local governments are fully autonomous; the previous system of supervision, consisting of prior clearance by administrative officials, has been replaced by **ex poste** quasijudicial scrutiny by administrative and financial tribunals. State administrative officials are now mainly confined to tending the state's business rather than supervising and administering local governmental affairs.

This account must be qualified in several respects. First, it accentuates the contrast between past and present, minimizing important continuities and trends. Second, it implicitly assumes that the decentralization reforms will be completed and implemented as announced, which is far from certain. Third, this summary reflects official descriptions; the reality is more complex. These issues will be examined after details of the reforms have been enumerated.

1. The administrative **tutelle** - the system of prior approval exercised by the prefect over local government decisions-the linchpin of the French administrative system regulating intergovernmental relations, was abolished by the **loi Defferre**. Local decisions are now self-executory after a brief period. The prefect (renamed commissar of the republic as well as the state's representative in the department or region) can no longer veto local decisions. If the prefect judges a local deliberation to be illegal, he or she is merely authorized to sue in an administrative tribunal.

The **tutelle** had been emptied of its bite in recent years. A 1970 law limited the number of local decisions which required authorization, the **tutelle** had been transformed into a system of grounds of their illegality, not because the prefect judged them to be unwise. Nonetheless, the **tutelle** continued to be a symbol of state prerogatives, a threat to be brandished, and a sheer nuisance. One scholar characterizes its aboliton as "a profound modification of the traditional conception of intergovernmental relations..."

The financial and technical features of state supervision have been scheduled for substantial modification. First, the power to order the disbursement of expenditures voted by local governments has been transferred from agents of the ministry of finance to the elected executives of local governments. Formerly, centrally appointed financial officers decided whether local expenditures were legally authorized before ordering payment. Henceforth, local officials order payments, although their actions can be challenged in newly created regional accounts courts whose mandate also includes conducting an annual audit of local expenditures. The new procedure considerably reduces state controls, especially since (as the result of parliamentary protest) local officials are subject to quite limited liability for financial irregularities other than criminal misuse of funds.

The **loi Defferre** also mandated the state bureaucracy to rationalize and simplify the technical procedures which local governments must follow in public works projects. Through the years state technical ministries, including housing, urbanism, and construction, imposed literally thousands of such requirements for local projects (a senatorial commission estimated the number to exceed 10,000). These procedures were often an indirect method of subordinating local governments to the state bureaucracy. Local officials were far more constrained by and opposed to this "technical tutelle" than to the prefect's administrative **tutelle**. The **loi Defferre** stiffened the procedures for issuing mandatory procedures. Henceforth, they can be imposed only by a law of implementing decree and must be included in a code of technical procedures.

2. Transferring the executive power of departmental and regional governments. Until 1982, local governmental subordination to the state was epitomized by the fact that the prefect acted as the executive of departmental and regional government. The prefect was responsible for convening the council, deciding its agenda, preparing the dossiers to be examined, proposing the local budget, executing council decisions, and supervising the prefectoral bureaucracy. The elected president of the council was a figurehead who presided over council meetings but had few independent powers.

The elected president has now gained responsibility for all executive functions formerly exercised by the prefect. In particular, the president has become the hierarchical superior of the department and regional bureaucracy. These services were formerly part of the state administration. Transferring the executive power to the council president necessitated dividing prefectoral personnel between those who fall under the departmental or regional jurisdiction versus those who remain part of the state administration.

Conversely, prefects have lost substantial power by the reforms. They no longer exercise prior clearance over local decisions, act as executive of the department or region, or direct the administrative services attached to departmental of regional government. However, the commissars have also gained important new powers. Prior to 1982, they served as the representative of the ministry of the interior in the department or region, and were authorized merely to coordinate the other field services of the state in their locality. Henceforth, they are considered the representative of the entire government and are empowered to direct all state field services (

with the exception of agencies exercising judicial functions). While losing supervisory powers over local governments, commissars theoretically gain power over state administrators. Further, they have been delegated new responsibility for administrative activities formerly conducted within Paris ministries, additional control over allocating state investment subsidies, and the right to participate in preparing and executing the national plan as well as coordinate regional and national plans. The net effect of these changes is to separate levels of government, increase the autonomy of sub-national governments, and streamline state administration.

3. The **loi Defferre** contained two provisions for enlarging the jurisdiction of local governments. First, the department is authorized to create a technical agency to assist local governments who lack the resources to hire technical staffs and request its services. This is intended to reduce local dependence on state technical officials (especially the powerful departmental direction of civil engineering: DDE).

Second, the **loi Defferre** authorizes local governments to intervene in the economy to favor economic development and protect the economic and social interests of their constituents. The local government is henceforth authorized to provide direct subsidies, loans or loan guarantees as well as to purchase building and equipment for local firms. (Local governments have subsidized non-profit community groups in the past; the new measure extends this approach to the economic sphere.) Certain restrictions apply: local governments must respect free trade, insure equality of citizens before the law, and act in conformity with the national and regional plans. They may not purchase stock in a profit-making firm, save where the firm provides a municipal service. And local governments must balance their budgets and limit loan guarantees. (Some of these restrictions are relaxed when a local government intervenes to bail out a firm threatened with bankruptcy.) This measure, among the most controversial in the **Loi Defferre**, was modelled on past practice by activist Socialist mayors. Opposition politicians charged that it would encourage waste and would distort market forces. Although it is too early to evaluate the extent of local intervention, some village governments have already purchased buildings and equipment for local commerce (grocery stores, bakeries, etc.) which they have leased at subsidized rates to insure provision of local services. Some municipal governments have promoted workers

coops. Although the **loi Defferre** offers broad latitude for local
intervention, economic constraints will limit possibilities.

4. Regional government. Previously, the region had the legal
status of a specialized agency, comparable to a port authority or other
quasi-public organization. The **loi Defferre** transformed regions into
full-fledged local governments, identical in status to municipal and
departmental governments. The regional institutional structure now
parallels the municipal and departmental model. In the past, most
regional councillors were elected by mayors and departmental
councillors; the remaining members were deputies and senators from
the region who sat **ex officio**. Henceforth, all regional councillors
will be directly elected by universal suffrage. Further, as noted
above, the council's elected president has become the regional
executive. In an interim period, before regional council elections are
held, the regional government exercises restricted powers. However,
the **loi Defferre** empowered regional governments to assume new
powers of coordinating public investments in the region, supervise
vocational training programs, and (most importantly) develop regional
plans for economic, social, and cultural development.

The **loi Defferre** constitutes a major reorganization of French local
government. However, because it did not alter the jurisdiction of
local government and the government had not announced its plans in
this regard when the law was debated, the opposition dismissed it as
an "empty shell." This criticism was justified, since the national
government and bureaucracy continued to exercise the bulk of
political powers. The situation changed with the two laws on transfer
of political powers that were passed in 1983.

Transferring Political Powers

While the government had second thoughts about transferring
certain powers and reduced the scope of its initial proposals, the
powers transferred range across the spectrum of state activity. The
government announced that three principles guided its action. First,
as far as possible, the government sought to transfer complete
responsibility for a given function to a single level of government,
thus promoting specialization. However, it quickly realized that, as
generations of scholars of American intergovernmental relations have
argued, it is impossible to divide political functions by levels of
government. The broad division announced by the government was

that regional governments are responsible for planning overall development, departmental governments are responsible for administering services, as well as reducing financial disparities among localities (**péréquation**), and municipal governments for urban planning, citizen participation, and regulating daily political life.

Second, the government sought to prevent hierarchical relations among sub-national governments by prohibiting them from exercising supervisory powers over each other. While sub-national governments are encouraged to negotiate cooperative arrangements with one another, only the state can impose rules and regulations on other governmental levels. Pierre Grémion aptly terms this the government's non-decision regarding whether the department or region would be accorded priority. By dodging the issue, the government tried to forestall conflicts between partisans of the department-primarily traditional notables-and partisans of regional government-more "modernist" elements among politicians, union leaders, and local associations. A related principle was that powers were transferred from the center to sub-national governments, not from one level of sub-national government to another. Further, the government decided not to consolidate municipal governments - whose number exceeds that of all other countries in Western Europe combined. This decision was defended on the grounds that citizens were attached to their local government; the government thus avoided a major political battle which would have alienated many of the Socialist party's own militants (who include many local office-holders).

Third, the government promised that, until it carries out a comprehensive local tax reform, it would provide sufficient subsidies and tax transfers to finance the new political responsibilities being decentralized. The principle was to insure that the new responsibilities would not necessitate an increase in local taxes.

The powers transferred by the two laws of 1983 (with the actual transfers to be phased over three years beginning in 1983) include:

1. Regional planning, regional economic development, and coordination of public investments. The regional government participates in elaboration the national plan and the development of national guidelines for regional development (**aménagement du territoire**). The regional council develops and approves a regional plan that runs concurrently with the four-year national plan. The national planning reform authorized the national planning agency to

negotiate planning contracts with the regional government and other groups, in which state assistance is provided for projects which further national planning objectives. At the deparmental level, the president of the general council and the departmental prefect jointly sponsor an annual conference to coordinate public investments in the department; a similar conference is held twice yearly at the regional level.

2. Urbanism. The most important transfer to municipal governments concerns the power to develop local zoning regulations (and, at the level of urban agglomerations, a metropolitan plan) and to issue building permits in conformity with the local plan. Localities may decide not to develop a land use plan but, in this event, they have sharply restricted powers to issue building permits. If localities do not have the technical staff to prepare a land use plan, they can request the assistance of state agencies in preparing a draft plan. This shift is of major importance, for it transfers responsibility for orienting land use from the Ministry of Urbanism to local elected officials.

3. Housing. Contrary to the government's initial plans, which provided for substantial decentralization of state funds for public housing construction, the final text was quite limited in this domain. The government retreated because it decided to make public housing a major priority, which necessitated retaining control over the program. In addition, public housing construction was to be an important element in counter-cyclical macro-economic policy to stimulate economic growth. In the final text, all levels of sub-national governments have some say in developing housing priorities, with the regional government authorized to partially subsidize public housing construction.

4. Vocational training and apprenticeship programs. Major responsibility is transferred from the center to regional governments, who will allocate funds for vocational training from a business tax of 1.1 percent as well as from funds obtained by transfer of revenues from motor vehicle taxes.

5. Transport. Decentralization measures were included in a reorganization of transportation facilities, and delegated regional governments major responsibility for establishing a regional transportation plan, with departmental governments responsible for coordinating and administering public transportation facilities. Local

governments are given new responsibilities for ports and navigable waterways.

6. Education. Municipal governments are empowered to sponsor elementary school construction. On the basis of program developed by departmental and regional governments, the regional prefect establishes a construction program for secondary schools, with departmental and regional governments in charge of construction. Local governments will assume the costs of construction and upkeep of schools, while the national government remains responsible for training, hiring, and paying teachers, curriculum development, and all aspects of higher education.

7. Public Health and Social Welfare. Most public health and social welfare programs are transferred to the departmental level, with the state setting minimum payment levels.

8. Financing the cost of decentralization. The government financed the costs of responsibilities transferred to local governments by two procedures: the transfer of tax resources and through a direct grant (**dotation générale de décentralisation**). The government also maintained a bloc grant initiated by the previous government for underwriting current expenses of sub-national governments (**dotation globale de fonctionnement**) as well as created a new bloc grant for investments (**dotation globale d'équipement**) which consolidated the previous system of categorical grants. An additional grant was instituted for subsidizing cultural activities and projects.

The government initially promised to sponsor a comprehensive reform of local taxes. However, as the legislative time-table became clogged, the crisis deepened, and a new phase of economic "rigueur" began, it decided to postpone action. Moreover, it became clear that such a reform would require the most intricate calculations and would doubtless engender fierce resistance. It was decided to wait until at least 1985 in order to analyze the effects of the partial financial transfers accompanying the first decentralization reforms. A member of Defferre's **cabinet** estimated that this was potentially the most important aspect of the decentralization reform-and the most complex. Moreover, if the problem of local finances was not eventually resolved, it could become a nightmare. He feared that, instead of being remembered for decentralizing, the government would be remembered for emptying local governments of their substance.

What changes might be unleashed by the decentralization reform?
How might it change the rules of the local political game in France?
It should be stressed that, at this early stage, one can at best
speculate on future possibilities. First, there is likely to be an
accentuation of the trend toward diversity already discerned by
Grémion. In his analysis, this resulted from the growth of large
cities which, thanks to their greater resources, managed to extricate
themselves from the state's embrace. Many other communes will
now be able to deal with the state on a less unequal basis. A draft
report to the 1983 Congress of the French Mayors Association
asserted: "In place of the former system, which emphasized
individual localities dealing with the state, with grants in aid
distributed in a unilateral fashion, a system will develop founded on
negotiation and contractual relations between local governments at
different levels."

Yet new forms of inequality and clientelism may well develop as
departmental governments seek to fill the vacuum created by the
state's retrenchment. Scholars have warned of the substitution of
"one dependence for another," the risk of clientelism, a "new
vassalage," and the "centralization of decentralization." These
predictions are no doubt justified and the process has already begun
in which departmental (and, to a lesser extent, regional) presidents
organize their political forces. Mayors continue to journey to the
prefecture (renamed "hôtel du département"). But they now seek
appointments with the president of the departmental council, not the
prefect. (The department finances about one-third of communes'
public investments.) Thus, the web of complicity between "le préfet
et ses notables" is being repalced by "le président du conseil général
et ses notables."

General council presidents have quickly moved to take advantage
of their new legal powers. Through hard bargaining with prefects,
they have gained control over a substantial portion of the prefectoral
personnel, the symbols of power (for example, official limousines),
and other prerogatives. They have appointed their own persoanl
advisers to supervise departmental administration, usually-in a
revealing symbol of changed power relations-from among members
of the prefectoral corps. (Most of the "migrants" are personally
opposed to the government and have joined the staff of opposition
politicians.)

Another shift will involve a transfer of power among bureaucracies: from Parisian ministries to field agencies and local governmental bureaucracies. Indeed, bureaucracies may derive major benefits from the reform: Parkinson's Law would lead one to predict that the Parisian ministries which have been shorn of their functions will not shrink in size, whereas bureaucracies will proliferate at all levels of sub-national government.

Political parties will also benefit from the reform. The increasing politicization of local governments will provide increased sources of patronage and influence for parties. This merely reinforces a pre-existing trend, for in recent years there was increasing recognition and emphasis concerning the political significance of local elections. Further, national political parties had already been playing a larger role in organizing local slates, as evidenced by their expelling local politicians who violated the party's directives regarding alliance strategy. Whereas party influence has mainly been confined to municipal elections, parties will doubtless now seek to penetrate the departmental and regional councils (and if elections to these bodies are by proportional representation, as the government has announced, parties will gain an especially powerful role).

Growing politicization means growing diversity among localities, especially in light of the increased possibilities offered localities by the decentralization reforms. The contrast will doubtless increase between activist governments of the left and conservative governments. A key area will be local governmental economic measures authorized by the **loi Defferre**. Leftist governments will be more likely to sponsor quasi-public agencies to administer local services, assist local firms and workers coops, and the like.

Especially noteworthy is that local governments are empowered to sponsor measures to promote economic developments, reduce unemployment, and bail out failing firms. French citizens are well aware of the illusory character of the distinction between the political and economic spheres and will exert pressure on their local government to act in a crisis. For example, since 1968, French workers routinely occupy their factory when it threatens to close. (The contrast is striking between the reactions of French and American steelworkers to layoffs and shutdowns in the late 1970s.) Henceforth, demands will be addressed to local governments as well as the state. There will doubtless be local experiments to counteract the crisis, although possibilities for local action are sharply limited.

These shifts are hardly visible as yet, but they may eventually
fundamentally alter patterns of French political culture, first described
by Tocqueville. Given the lack of adequate means of regulating
conflict locally, the state assumes nearly exclusive responsibility for
conflict management. But this, in turn, intensifies conflict by making
the state the sole prize worth capturing.

However, the decentralization reforms may exacerbate conflict in
France (rather than reducing it) by overlaying partisan and class
cleavages with conflicts among sub-national governments of different
partisan persuasions. Take the issue of the future relationship
between the department and region. The government aims to
strengthen the capacity of both levels of government to manage
conflicts without recourse to the state. And, by seeking to prevent a
hierarchy among them, it aims to promote pluralist vitality. Critics
fail to appreciate this goal.

Yet, precisely because the level of conflict is so high in France,
and the failure to resolve conflicts locally has strengthened the
tendency for state intervention, there may be a likelihood of extensive
conflict among departmental and regional governments. If so, this
would create fresh impetus for state intervention.

Socialist Motivations and Goals

The Socialist government's motives for undertaking
decentralization shed light on the character of the reforms.
Opposition critics were doubtless correct that the Socialist party's
decentralizing zeal was not unrelated to the party's strong base in
local governments.

The importance of the Socialist party's urban strength can not be
emphasized enough (and three-quarters of the French now live in
cities). Virtually all party leaders occupy local elected offices.
Socialist leaders too young to have officeholding experience in the
Fourth Republic gained their political spurs in municipal elections in
the Fifth Republic. Following the 1977 municipal elections, when
leftist alliances won control of two-thirds of the 200 largest cities, the
Socialist party ranked first in governments when they served as oases
during the party's exile in the political desert nationally.

And yet, this explanation, on the basis of the Socailist party's
narrow self-interest in strengthening local governments, is inadequate,
as evidenced by the government's continuing dedication to

decentralization (albeit with diminished ardor) following the
unfavorable local election results of 1982 and 1983. An additional
important factor is that the Socialist party appreciated the need to
challenge the top-heavy and often unpopular national bureaucracy. In
many respects, the Socailist measures echo proposals by liberal
reformers in the 1960s, including Michel Crozier and the Club Jean
Moulin, who asserted that decentralization and participation were
needed to eliminate the stalled society. After monopoly capitalist
industrialization and the resulting social dislocations of the 1960s, as
well as the economic crisis of the 1970s, it became even more
apparent that political shock absorbers were needed to cushion
conflict and reduce demands on the state. Whereas in other capitalist
democracies local government played this role by regulating local
conflicts and partially shielding the state from demands, French local
governments acted as a conduit for channelling demands to the state.
Ashford observes: "The French local government system tends to
compound national political conflict and tensions rather than reflect
them...."

Thus, the rationale for decentralization can be traced back to
Tocqueville, who unfavorably compared the French situation (where
the bureaucracy absorbed much of society's vital substance) to the
decentralized American system, which fragmented conflict and
resolved disputes locally. By attempting to regulate every detail of
French life, the state over-reached itself and became the focal point
for all political struggles.

The prefectoral system symbolized the tendency for the state to
acquire total responsibility. The prefect simultaneously embodied the
state's hierarchical authority (as executive of the department and
regional councils) and the locally based representative principle. As
a result, the prefect naturally served as the keystone of local political
life-and the object of continual contestation.

The decentralization reforms presage a very different situation.
Elected officials promise to replace the prefect as arbiter of local
political life, thus acting as a buffer to protect the state. Moreover,
thanks to the deconcentration measures, which increase the
commissar's authority over activities within the state's jurisdiction,
the government expects the commissars to serve as an additional
shield. Prime Minister Mauroy instructed them to "prevent dossiers
from being sent to Paris and to insist that they be handled locally."

When the opposition charged that the Socialists were dismantling the state, a Socialist deputy cogently rejoined, "Decentralization is not synonymous with weakening the state. Quite the contrary. By intervening only in those sectors that are key for the nation's future, and relying on powerful and democratic local governments, the efficacy of state intervention cannot fail to grow." By attempting less, the state will be better able to "devote itself to the essential tasks." By freeing itself from a plethora of demands, the state can concentrate on the primary challenges of developing overall regulatory mechanisms, arbitrating among social classes, and strengthening France's productive apparatus to compete better in international markets.

The decentralization reforms seek to combine pluralist mechanisms of local self-regulation with rationalized, selective, state intervention. The Socialist project looks to a new political formula to restructure the state, civil society, and their mutual relations in an era of capitalist crisis. This is especially difficult given the high degree of class conflict in France.

The project involves extensive participation, with a large sector of local experimentation, cooperative movements, and voluntary associations at the same time that the state assumes added responsibility for organizing key industries and planning the whole economy. This represents a tendency toward merging the economy and polity, whose separation is a distinctive feature of capitalism. The merger would be democratic and decentralized, rather than coercive and centralized, as in Soviet societies. Much societal regulation would be carried on by voluntary associations and local governments. The aim is local initiative and diversity, not programmed uniformity. The new approach would create a network of planning, participation, and consultation throughout the society. It would extend the public sphere but would also mobilize private energies for economic and social renewal. These arrangements represent a step beyond Keynesian welfare statism, which presupposed economic growth, centralized corporatist arrangements, and redistribution. Instead, qualitative values are emphasized, such as participation and local identities. The new socialist movements and middle strata spawned by advanced capitalism would provide the motor force for the Socialist project.

Decentralization assumes its fullest significance in the current period of economic crisis and severe international economic competition. By decentralization facilitating social peace and self-regulation, the state is better equipped (especially after the nationalization reforms) to modernize the productive apparatus and improve France's standing in the international division of labor. The decentralization reforms seek to decrease class and partisan conflicts in order to better mobilize social forces in the current crisis. During the National Assembly debate on decentralization, Jean-Pierre Worms, Socialist floor manager for the proposal, declared:

"During the crisis, there is a risk of groups directing enormous demands toward the state... It is especially important for the state to find allies in the crisis; this is the aim of decentralization, as well as to create a new field of intervention and experimentation.... Some in the majority ask whether it is wise to give the opposition additional strength by decentralization. I say yes, for the reform will obligate the opposition to accept the need for "rigueur" and force it to assume its responsibilities..."

Thus it should be clear why decentralization is one of the key features of the Socialist program. The decetralization reforms represent a bold attempt to liquidate the left's Jacobin legacy and to reduce political and class conflict in France. As President Mitterrand remarked, whereas **centralization** was necessary at one stage in French history to assure national unity, in the present era **decentralization** is necessary to accomplish the same goal. What are the prospects that decentralization will help the Socialists to realize their goals? While there would always be numerous obstacles in order to achieve this project under any circumstances, the severity of the economic crisis has further diminished its chances of success. The government's turn to "rigueur" in mid-1982 meant that local governments are being given smaller grants for initiatives. Overall, conflict has increased as numerous interests have launched protests to defend their privileges. The present situation does not lend itself to reduced tensions or mobilization on behalf of a new project...

--Mark Kesselman, Contemporary French

Civilization, vol. VIII, 1983-84

LES ALSACIENS

L'Alsace: Introduction

Among all the regions of France's **minorités installées,**
Alsace has a unique history, in which geography has determined
destiny. Situated between the west bank of the Rhine and the Vosges
and Jura mountains, Alsace has been simultaneously a border
province and a crossroads since the Roman occupation in 58 B.C.
Her strategic position linking central and western Europe made the
region a zone of contention among the grandsons of Charlemagne in
the ninth century; this contention was to repeat itself in the late
nineteenth and early twentieth centuries between the successive
French governments of those periods and the newly united Germany.
Alsatians born before 1870 and surviving until 1945 changed
nationality four times.

This has meant that the movement for regional autonomy, while it
exists in Alsace, has not developed the momentum found among
other French **minorités installées**, especially Bretons, Corsicans,
Occitans. The turmoil resulting from being incorporated into
Germany in 1870, being returned to France in 1919, reconquered by
Germany in 1940 and liberated by French and American troops in
1944-45 has formed the character of most Alsatians living today.
Eugène Philipps comments on the attitude of most Alsatians toward
their own unique culture:

> Après avoir été tant de fois ballotté d'un camp
> à l'autre au gré de la volonté des Puissants, après
> avoir vu sa personnalité soumise à toutes sortes de
> pressions, l'Alsacien en est arrivé au point de ne
> savoir qui il est ou s'il est effectivement ce qu'on
> lui dit qu'il est. Il se trouve aussi en pleine crise
> d'identité...

> -- Eugène Philipps, <u>La Crise d'identité</u>, p. 14

Nevertheless, Philipps affirms:

> ...à côté de l'identification individuelle, il existe une
> identification collective: celle qui permet, essentiellement
> par la langue et les perspectives culturelles spécifiques
> qu'elle ouvre, de distinguer un groupe humain de tout
> autre. Cette identité, l'Alsacien la doit à son **être**. Aussi à
> son histoire et son cadre de vie.

> (Ibid., p. 15)

Philipps sees the uniqueness of Alsace as a product of the two
centuries of assimilation of the people of Alsace into the French
nation, a society whose political framework, social structures,
language and culture were fundamentally different from their own.
In Christine Bonneton's regional encyclopedia on Alsace, Jean-Pierre
Klein traces the specificity of Alsace's character farther back, to the
pre-Roman civilization of the Celts in the region and the first
evidences of the "zone de passage" function of Alsace.

The prehistory of Alsace resembles that of much of western
Europe: introduction of agriculture and raising of livestock during the
Neolithic period; gradual development of a sedentary population due
to the beginnings of trade; arrival of the first Celts at the end of the
Early Bronze Age; establishment of several successive Celtic
civilizations; gradual increase in contact with the Mediterranean
world, based on river traffic. Unlike most of the other **minorité
installée** territories, Alsace saw the first immigration of Germanic
tribes as early as 113 B.C. Nevertheless, the Celtic civilization,
including its religious beliefs and practices, continued to dominate the
area well into the period of Romanization.

It was in part because of the increasing migrations of Germanic
peoples that the Roman Senate supported Julius Caesar's invasion of
Gaul, and Alsace became a border province for the first time,
occupied by Roman garrisons which helped to secure the Empire
against barbarian incursions. The Romans built many fortified towns,
including Argentoratum, (today's Strasbourg) which had more the
character of a military base than that of a city, never meriting the
construction of monuments such as theaters, baths, forum, that are
found in the great Roman cities elsewhere in France. Vineyards were
established in the third century and have continued to flourish

uninterruptedly on Alsatian slopes. The roads which joined the urban
centers of Alsace in Roman times were built on pre-existing road
systems and, like many of their counterparts elsewhere in Europe,
form the basis of twentieth-century highways.

Roman dominance of Alsace continued until the middle of the fifth
century, when Rome's victory over Attila at Chalons was followed
by a last immigration of Alamanic tribes. This period was
characterized by widespread violence among the different ethnic
groups of the region, destruction of urban centers, deterioration of
roads and of trade, the decline of traditional crafts and of culture
itself. The Alamanic tribes were among the least Romanized of the
Germanic peoples, and thus were incapable of assimilating and
preserving the structures and artifacts of Roman civilization, however
much they might admire them.

The defeat of the Alamans by the Franks at Tolbiac at the end of
the fifth century led to the expansion of Christianity in Alsace and
the immigration of numerous Frankish colonists into northern Alsace.
Alsace remained a part of the Frankish kingdom under the
Merovingian kings, although functioning as an independent duchy
most of the time. The monastic movement became important during
this period, with the foundation of the two most famous abbeys of
the region, Hohenbourg (later known as Mont Sainte-Odile) and
Murbach. The former, whose first abbess, Saint Odile, was to become
the beloved patron of Alsace is situated at the top of a mountain in
central Alsace and has been a place of pilgrimage for many centuries;
the latter, which helped to introduce the Benedictine monastic rule in
Alsace, became the most prestigious monastery in the region, and had
a tremendous impact on local agriculture.

Under Charlemagne, Alsace, like most of the Holy Roman Empire,
enjoyed relative peace and prosperity, but in the mid-ninth century
the grandsons of Charlemagne, following Frankish tradition, began
dividing the imperial territories among themselves. Their disputes led
to a long conflict which foreshadowed the destiny of Alsace in
modern Europe. Louis the German, who had inherited the area
roughly corresponding to what is now Germany, and Charles the
Bald, who reigned in France, first formed an alliance against their
brother Lothaire, hereditary Emperor. The Treaty of Verdun in 843
assigned to Lothaire a strip of land extending from Frisia (in what

are now Germany and the Netherlands) to Lombardy in Italy,
including what is now Alsace.

The Treaty of Verdun did not solve the problem. Conflicts between
Charles, Louis and Lothaire and their successors (in which Lothaire,
with his indefensible strip of territory early had the worst of it)
continued until the tenth century. In 925 Henry of Saxony, King of
Germany, annexed Alsace for what was to prove her longest period
of stability, as a German province, from 925 to 1648. In 962, the
Holy Roman Empire was restored in Germany under Otto the Great.
Alsace, although on the periphery of the Empire, was seen by the
Emperors as a strategically important province, linking the imperial
territories to Italy through the Alpine mountain passes, and to the rest
of the Mediterranean via the Rhone.

Under the Hohenstaufen emperors, Alsace's existing towns
flourished and new ones were developed. The emperors encouraged
the growth of towns by giving them all the necessary privileges to
guarantee their prosperity. Romanesque architecture also flourished in
Alsace, including the oldest stained glass window in Europe, the head
of Christ at Wissembourg. The central authority of the German
emperors grew weaker after the death of Frederick II, and Alsace,
like the rest of the Empire, developed into a mosaic of small feudal
domains, rivaled by the powerful cities, such as Strasbourg and the
Décapole, a league of ten cities founded in 1354 to defend the
interests of these cities vis-à-vis the local feudal lords and the
Emperor.

Strasbourg, the wealthiest and most densely populated city of
Alsace, obtained in 1358 the status of Reichfreistadt, free city of the
Empire, which in effect freed the city from most forms of
dependence on the Emperor. The constitution of the city underwent a
great deal of evolution during the late Middle Ages, reaching its final
form in 1482, a form in which the **métiers,** or associations of
craftsmen and tradesmen of the city retained most of the political
power and most of the local aristocracy had no access to influential
positions. Other cities such as Colmar also had democratic institutions, such as a **conseil dirigeant,** whose members were in majority
bourgeois rather than noble. From the Middle Ages to this day,
however, the city of Strasbourg has reigned supreme among Alsace's
urban centers. Her great cathedral, whose construction spanned nearly
three centuries (from 1176 to 1439), attests to her early prominence.

Early humanists in Alsace linked the rediscovery of antiquity and its languages with the restoration of rectitude not only of the mind but of the heart. Their efforts to renew education, such as the new Ecole Latine of Sélestat, had the ultimate goal of also renewing the Church, whose leaders' corruption and greed had made them targets of such preachers of reform as Jean Geiler de Kaysersberg, who did not hesitate to denounce the bishop from the pulpit of the cathedral. Thus the theses of Luther found an immediate response, especially in Strasbourg, where they were nailed to the cathedral door. Mathieu Zell, pastor of the cathedral parish, upheld the saying of Mass in the vernacular, justification by faith, universal priesthood and the elimination of clerical celibacy and monastic vows.

The Reformation rapidly won over a great many Alsatians, but the peasants and tradesmen's hopes for political and social reform on the heels of religious reform were disappointed. A general peasant revolt broke out in 1525, its leaders demanding a more equitable tax structure and the suppression of the **corvée**, the free labor owed by peasants to feudal lords. The revolt was brutally suppressed by Antoine, Duke of Lorraine, and all hope of social reform was abandoned. Nobles and municipal leaders chose between the Reformation and the established church, and the politically powerless poor followed their lead. Strasbourg eventually opted for the Reformed religion, as did Mulhouse, and to some extent Colmar, Haguenau and Wissembourg, but after the defeat of the Protestant League in 1547, Alsatian cities were obliged to accept a reintroduction of Catholicism. From then on Alsatian Protestantism was on the defensive, known for doctrinal rigor rather than humanistic openness.

Alsace was one of the regions of Europe to suffer most during the Thirty Years' War, the struggle between the Hapsburg emperors, who sought to control all of continental Europe, and the Evangelical Union of Protestant princes, supported by Henry IV of France and later by Richelieu. The Evangelical Union was supported by King Gustavus Adolphus of Sweden, who invaded Alsace and occupied most of the region from 1630 to 1633. In 1633, Gustavus Adolphus was killed at the battle of Lützen, and by the following year the Swedish troops had undergone several decisive defeats.

By 1635, France had declared war on Spain and was at war with the Hapsburgs. A number of Alsatian cities and feudal domains appealed to France for "protection", stipulating however that they were retain their special status and privileges and be restored to the

German Empire at the end of the war. The war continued until 1648, during which period Alsace was ravaged by Swedish troops, French troops and the mercenaries of Bernard of Saxe-Weimar, a French ally. By the Treaty of Westphalia in 1648 the emperor essentially ceded both Upper and Lower Alsace to France, stipulating that the cities of the Décapole retain the status they had enjoyed in the German Empire.

The years between 1648 and 1679 saw the establishment of French officials in Alsace, to whom all local officials and local governing bodies were answerable. Charles Colbert de Croissy became **intendant de justice, de police et des finances**, and set up a provincial administration loyal to the French monarchy. A Conseil Souverain parallel to those of other French provinces was appointed to oversee the administration of justice by local tribunals. Most of the local aristocracy were only too glad to swear allegiance to the French King, who in turn helped them to recover domains lost or destroyed during the Thirty Years War. French clergy gradually replaced churchmen of other nationalities in the province.

The 1672 war between France and Holland gave Louis XIV the opportunity to confirm the French annexation of Alsace. The cities continued to reject the sovereignty of the French monarchy and to send representatives to the Diet of Nuremberg and the Hapsburg court at Vienna. In order to prevent the passage of enemy troops through these cities, Louis XIV began to have French troops occupy them.

In 1681 even Strasbourg had to capitulate to the demands of Louis XIV and accept his sovereignty, his troops and the return of the cathedral to Catholicism. In exchange the city retained her right to political autonomy, her economic privileges and the right to practice the Protestant religion.

The most positive consequence of Alsace's annexation to the French monarchy was the gradual unification of the province. In 1648 Alsace was a mosaic of feudal domains and independent cities and towns, all of these accustomed to very loose supervision from the emperors. This political fragmentation left the province defenseless against the ravages of the Thirty Years War, and made it necessary for the cities to look to a strong protector. By contrast, the Alsace that France was obliged to cede to Germany in 1870 was a united province, part of an increasingly centralized France, with a strong sense of her ethnic identity.

By the end of the reign of Louis XIV, peace had been established in Alsace. Fortresses designed by Vauban in Strasbourg, Fort Louis Neuf-Brisach, Huningue were effective deterrents to enemy invasion. Louis XIV established a principle of "Ne pas toucher aux usages de l'Alsace" which remained in force until the Revolution. Given the absolutist policies of Louis XIV, this did not mean allowing Alsatian towns to enjoy the relative autonomy to which they had been accustomed under the Empire. Rather, the French administration left local institutions in place and used them for all direct contact with the people of Alsace, but made them answerable to high-level French officials, the Gouverneur and the Intendant de justice, de police et de finances.

Economically, Alsace enjoyed relative prosperity during the eighteenth century, and the artisans of Strasbourg became renowned for fine porcelain, furniture, gold and iron work. The loss of trade with the German empire, however, was not compensated by the closer ties with France, due to the system of interior customs tarriffs among the French provinces. After 1770, agricultural crises and the continually increasing tax burden of the peasants contributed to general unrest; the bourgeoisie of the towns welcomed the ideas of the Enlightenment, and the population in general was well-disposed toward revolution in 1789.

The fall of the Bastille led to great unrest in Alsace. Mobs attacked the Hôtel de Ville of Strasbourg, convents in Barre, Haguenau, Obernai and Saverne, Jewish money-lenders in the Sundgau region. The customs barriers of eastern France were moved to the Rhine. The early administrative reforms of the Revolution created two departments in Alsace, doing away with the political fragmentation of the province.

The Civil Constitution of the Clergy met with great resistance among the people of Alsace, as in many other parts of France. The Reign of Terror claimed many victims in the province, and Alsatian culture came under attack. The women of Strasbourg were forced to abandon their traditional coiffes, considered too Germanic, the German language and the Alsatian dialect were forbidden, and the presence of the guillotine discouraged protest.

Peace returned to Alsace with the Concordat between Napoleon and the Pope, and the restoration of religious freedom. Alsatians responded to these measures with resounding support for Napoleon, and some of his most famous officers came from the province.

The Napoleonic blockades helped stimulate the textile industry in Alsace; agriculture and trade flourished. The people of Alsace remained loyal to the Emperor through the Hundred Days and some Alsatian cities continued to resist even after Waterloo. They were obliged to endure occupation by enemy troops until November 1818.

The nineteenth century in Alsace was a period of industrial development, dominated by the city of Mulhouse, gradual modernization of agriculture, and a very low level of political activity (only wealthy landowners and manufacturers met the voting requirements under the Restoration and the July monarchy.) Alsatians hailed the Second Republic with enthusiasm, and expressed strong support for the coup d'état of Louis Napoleon less than four years later, but were growing in political awareness due to the dynamism of the local and regional press. The textile manufacturers of Mulhouse pioneered a wide range of benefits for workers, including schools for children of workers, health insurance funds, retirement funds, savings institutions, and drew up plans for low-cost housing for workers. These plans were to be interrupted by the Franco-Prussian War.

The outbreak of war in 1870 heralded a rapid defeat for the French army and a traumatic period for all of France, but most of all for Alsace and the departments of Meurthe and Moselle in Lorraine, which, under the terms of the Treaty of Frankfurt, were ceded to Germany.

During the first ten years of German annexation, the strongest political reaction of Alsatians was protest and resistance, hostility to the new regime. Later the German administration, or **dictature**, as it was called by many Alsatians, was modified to allow the establishment of a consulting assembly, the **Landesausschuss**, whose decisions were not binding until approved by the German **Reichstag**. By the end of the century, Alsatians had somewhat modified their attitude toward their new political situation. There was less talk of reunification with France, but many, including the members of the centrist Elsass-lothringische Volkspartei, and the Katholische Volkspartei vigorously defended Alsatian culture against the incursions of Germanization, and demanded regional autonomy.

In the society as a whole, the **haute bourgeoisie** of Alsace strongly resisted assimilation of German culture, continuing to speak French. The working class found itself better off under German rule, thanks to Bismarck's social legislation, and began to organize into unions, with the blessing of Pope Leo XIII's encyclical **Rerum**

Novarum. German civil servants and immigrants in general were usually treated with civility in the work place, avoided outside it. Alsatians turned their attention to their own specific culture, to theater and literature in Alsatian, the folklore of the province and the dialect itself.

Alsace finally received a constitution from the Berlin government in 1911, but still remained under the tutelage of the Statthalter (governor), supported by the higher legislative chamber of the Assemblée provinciale, appointed by the Kaiser. The people of Alsace were represented by the lower chamber, whose powers were limited and whose decisions could be overruled by Berlin. The Katholische Volkspartei, strongest in its denunciation of the new constitution, won a majority of votes in the elections of 1911 and 1912. The struggle for provincial autonomy continued until interrupted by the declaration of war in 1914.

Economically and administratively, Alsace benefited somewhat from German annexation. Many new rural roads were built, agricultural cooperatives, encouraged by the German administration, took root and became successful, and agriculture schools were opened. Only winegrowers suffered from the phylloxera blight and the lack of a market in their new nation. The port of Strasbourg was built, the railroad network expanded greatly, and banks and savings institutions multiplied.

The German empire had made progress in winning the loyalty of some sectors of the Alsatian population, but lost whatever ground had been gained during the war. Alsace was one of the theaters of war, and suffered accordingly; French nationals living in the province were interned; all Alsatians had to carry passports; their correspondence and even their conversations were under surveillance; food rationing began almost at once; and an effort to Germanize the province was launched by Berlin, affecting even the French names of streets! The wartime measures taken by the German government made it easy for Alsatians to think of themselves as no longer German.

It was less easy to become re-assimilated into the French nation, which had changed considerably during the forty-eight years in which Alsace had been part of Germany. France was now, for the third time, a republic, and had established the separation of Church and State, as well as an even stronger policy of centralization, which, as has been shown in the other historical introductions of this book,

had a strong impact on primary education. Alsatians who had fought
to preserve their cultural identity vis-à-vis the German empire now
found that identity in even greater danger from the nation which they
had hailed as a liberator in November 1918.

In this context, a revival of the autonomist movement that had
thrived under Germany was not surprising. Most Alsatian political
parties, including the Communists and excepting only the Socialists,
who had joined the French Socialist party, supported this movement.
Most of its adherents were not actually separatists, but asked that the
personality and local institutions of Alsace be recognized and
respected by the central government. The depression of 1929-1930 hit
Alsace very hard, given her strategic position, between a France not
completely recovered from World War I and a hostile and re-arming
Germany.

The German invasion of May 1940 meant not only a rapid
collapse of French forces but, for Alsace, a de facto annexation,
although the June armistice makes no mention of Alsace-Lorraine.
Hitler was confident that Alsace could be germanized once and for
all in just a few years, and instituted a policy of eradicating all
reminders of France: it was forbidden to wear the béret basque; first
names, town names were to be translated into German; statues of
French heroes were taken down; French civil servants were sent
across the Rhine for re-education; Nazi propaganda targeting the
Jews and proclaiming the superiority of the Aryan race inundated the
province. Concentration camps were opened in Schirmeck and
Struthof. The earliest networks of resistance helped Alsatian military
escape forced service in the German army. The organized Résistance
was well-represented in Alsace and participated in the battle for
liberation of the province.

The reintegration of Alsace into France was not without its
difficulties in 1945, but it was considerably easier than that of 1918.
As Jean-Pierre Klein points out, "La nature même du IIIème Reich et
du système nazi, ont plus fait pour la cause française qu'un siècle de
monarchie française."

The decades since the end of the war have seen a
modernization of agriculture, a strengthening of the Alsatian
economy, and especially greater economic ties with her continental
European neighbors, Germany and Switzerland. Beginning in 1965-
66, the regionalist movement spread to Alsace, in the form of a
growing interest in the Alsatian dialect, in local and regional history,

in the literature, music and art of the province. As Raymond Oberlé concludes in his Histoire de l'Alsace:

> Le destin présente cette fois-ci une chance nouvelle à l'Alsace à condition qu'existe la volonté d'accepter la mutation ... l'Alsace se trouve de par la nouvelle conception des problèmes européens au centre même d'un grand espace économique d'une communauté considérablement agrandie... (p. 223)

And Jean-Pierre Klein offers this wish for the future of his region:

> puisse la France accepter l'Alsace avec son dialecte, ses différences, en la laissant tout simplement maîtresse de son avenir et en lui donnant les moyens de s'épanouir sur le Rhin, colonne vertebrale de l'Europe unie de demain.

-- Jean-Pierre Klein, "Histoire et Art, Alsace, pp. 70-71.

Jeunes Alsaciens se promenant en costume
à la Fête du Vin à Rodern

Maison alsacienne traditionnelle,
Écomusée de Haute-Alsace

Interview avec Thomas Meyer-Freund, Cercle René Schickelé

le 1 Juillet 1987

AG: Pouvez-vous parler un peu de l'état linguistique de l'Alsace, du rôle de haut-allemand et de celui du dialecte alsacien, faire une comparaison de l'état de l'alsacien avec l'état des autres langues minoritaires?

TMF: Alors, il faut bien distinguer. La différence entre le haut-allemand et le dialecte alsacien c'est que le haut-allemand est une langue d'état, une langue écrite qui n'est apparu qu'avec la traduction de la Bible par Luther en même temps que l'imprimerie, qui a créé ce haut allemand à partir de son dialecte à lui. Si par exemple Luther avait été un Alsacien, le haut allemand actuel serait l'alsacien. En Allemagne, en Suisse, en Autriche, et dans tous les pays de langue germanique, les gens parlent des dialectes, et la langue inter-régionale si on veut est le haut allemand. Alors le dialecte alsacien fait partie de cette famille de tous ces dialectes allemands. Vous posez la question: la comparaison de l'état de l'alsacien avec l'état des autres langues minoritaires, je suppose qu'il s'agit des langues minoritaires en France.

AG: Oui, en effet.

TMF: En France il existe effectivement un grand nombre de langues minoritaires, ou langues régionales; le terme **langue minoritaire** ne s'approprie pas toujours, et en l'occurrence pour l'alsacien, puisqu'en Alsace, nous parlons une langue qui est parlé par un très grand nombre de personnes en Europe, de même que le catalan est parlé par plus de neuf millions de personnes. L'alsacien, le dialecte, se porte, on pourrait dire, mieux que certaines autres langues régionales en France, puisqu'il a d'une part une existence quotidienne, une existence réelle, et que de l'autre côté, il y a ce soutien à travers le haut allemand. Il existe toute une littérature, des ouvrages, des types d'enseignement, une culture, dans cette langue ou dans la langue voisine, tandis qu'en breton par exemple, il n'existe pas tout cet arrière-plan.

La meilleure pédagogie pour l'enseignement efficace du français, et pour un bilinguisme populaire et non pas réservé à une élite, incorpore la possibilité d'enseignement d'une troisième langue dès la sixième, la possibilité d'apprentissage des dialectes et de l'allemand littéraire dans le cadre des universités populaires, (la possibilité) de cours publics et privés pour tous ceux qui ne l'ont pas eue jusqu'à présent, un personnel bilingue dans les postes de contact oral et écrit avec la population, et une radio et une télévision qui tiennent compte de la réalité linguistique offrant des émissions en dialecte et en allemand littéraire pour les enfants et les jeunes, des émissions trans-frontalières. Voici quelques revendications du Cercle René Schickelé.

Enfin, pour terminer, vous posez la question sur le rôle de l'état français dans la promotion des langues régionales, surtout depuis l'installation du gouvernement socialiste... Des conséquences du premier gouvernement socialiste, le plus important... c'est la nomination du recteur de l'Académie, du recteur Deyon qui a très favorablement émis un grand nombre de textes et de possibilités en faveur de l'enseignement de la langue régionale. Il ne peut certes pas dépasser certaines limites fixées par le gouvernement français, puisqu'il ne faut pas oublier qu'en France on tolère très mal une différence, qu'elle soit linguistique ou culturelle. La France, le gouvernement français depuis son existence a toujours prôné un centralisme et une certaine soi-disant union nationale, même si celle-ci n'a jamais existé. Ainsi le recteur Déhan a émis un grand nombre de textes, parfois à la limite du possible. Il se fait très critiquer, mais je pense qu'il a fait son possible. D'autres fois il pourrait faire plus, mais il faut toujours rester très prudent.

Ceci est, je dirais, la plus grande initiative en faveur de la promotion des langues régionales. Le Cercle Schickelé

a certes reçu quelques petites subventions pendant le
gouvernement socialiste, du ministère de la Culture, et
qu'il n'a plus reçu par la suite, mais ceci reste l'exception.
Nous attendons toujours un texte de loi officiel qui
énoncerait le statut de notre langue et qui engendrerait
évidemment des conséquences réelles. Il faut avouer aussi
que François Mitterrand, avant sa première élection, avait
fait des discours très favorables à la promotion des langues
et cultures régionales en France, et que, après coup, un
certain nombre de textes de loi ont été déposés par les
députés, et n'ont jamais été inscrit à l'ordre du jour par le
premier ministre de l'époque, Laurent Fabius. Donc il y a
une certaine contradiction qui existe malgré tout.

Réponses de M. Robert Greib, René Schickelé Gesellschaft

le 9 juillet 1992

AG: L'Alsace a une identité administrative relativement
nouvelle, comme région. Quel a été l'importance de ce
statut pour l'Alsace? De quels pouvoirs l'Assemblée
Régionale dispose-t-elle, et comment est-ce qu'elle
fonctionne? Favorise-t-elle le bilinguisme et la renaissance
culturelle alsacienne?

RG: Il me serait difficile de vous répondre de façon très
détaillée. A titre d'exemple pour les responsabilités
nouvelles, je joins à ma lettre un article paru en 1992 dans
le Monde (Paris), "Train des régions", à propos des
compétences nouvellement dévolues à la région en matière
de chemins de fer: vous verrez que les changements sont
réels, mais complexes et difficiles à exposer en synthèse.
Je crois cependant pouvoir dire que, malgré les lois de
décentralisation de 1981-82 et l'élection au suffrage
universel direct des Conseillers régionaux depuis 1986, la
région garde un profil beaucoup plus réduit que dans

d'autres pays européens de tradition fédérale (la France est
un pays centralisé) ou qui se sont fortement régionalisés
dans un passé récent (Espagne, Belgique par exemple).

La région française, du reste, doit partager ses
responsabilités avec le département qui globalement gère
un budget plus important que la région. (L'Alsace = une
région, mais deux départements.)

Sur la question du bilinguisme il existe un réel
consensus au niveau des hommes politiques qui
représentent la population dans les Conseils généraux
(départements) et au Conseil régional, sur la nécessité de
donner une dynamique nouvelle au développement du
bilinguisme scolaire, atout indispensable dans l'Europe
aujourd'hui, où l'Alsace occupe une position charnière.
Mais le passage des intentions à l'acte est bien difficile:
aucun progrès réel n'a été réalisé en termes de bilinguisme
scolaire depuis l'introduction d'une initiation à l'allemand
au cours moyen 1 et 2 (école primaire) en 1975-80,
jusqu'en 1990!

AG: Quel est l'état actuel de l'enseignement du haut-
allemand, et celui du dialecte alsacien? Pourriez-vous
parler de l'école élémentaire, de l'enseignement
secondaire, du baccalauréat, de l'université et de
l'université populaire?

RG: Avant 1990, l'enseignement du haut-allemand est
compris comme l'enseignement d'une langue étrangère qui
bénéficie au collège (12 - 15 ans) des mêmes horaires que
l'anglais par exemple (4 heures par semaine en règle
générale). Seulement l'allemand est choisi par 60% des
élèves de l'académie de Strasbourg comme première
langue étrangère en sixième alors qu'ailleurs en France,
cette langue n'est choisie que par 12% des élèves de
sixième comme première langue étrangère.

Les élèves qui ont profité d'une initiation à l'allemand
dans les deux ou trois dernières années de l'école primaire
(CE2 / CM1 / CM2) et ont obtenu de bons résultats,
peuvent être admis en sixième dans une section "trilingue"
où ils reçoivent parallèlement un enseignement de trois

heures d'anglais et trois heures d'allemand (ce qui du point
de vue de l'allemand langue régionale, représente une
heure d'allemand de moins!)

En quatrième et en troisième, les élèves peuvent recevoir
un enseignement renforcé en allemand ou en anglais, ce
qui donne trois heures ("enseignement normal") + deux
heures dans l'une des deux langues.

Dans l'enseignement primaire, jusqu'ici, le seul progrès
datait des années 1975-1980, avec l'initiation "précoce" (en
fait beaucoup trop tardive s'il s'agissait de sauver la
langue régionale comme langue effectivement pratiquée
dans la vie courante: actuellement il y a encore en dessous
de 10 ans (âge) environ 5% d'enfants dialectophones) à
l'allemand au CM1 et CM2: 2 heures hebdomadaires dans
le meilleur des cas; on m'a cité le cas de telle école rurale
en Alsace du nord où cet enseignement était donné en
1991-1992 à raison d'une heure toutes les deux semaines
plutôt que deux heures par semaine! Dans certaines écoles
cet enseignement a été avancé au CE2 depuis 1986-90.

Depuis 1990, la percée en direction d'une école bilingue
digne de ce nom date d'une initiative lancée en 1990.
Constatant qu'au Pays Basque et en Bretagne une
circulaire ministérielle de 1981 avait autorisé la création de
classes bilingues intégrées dans l'Education Nationale,
dans les régions possédant une langue régionale distincte
du français, et que de telles classes fonctionnaient et se
multipliaient dans ces régions, des parents d'élèves ont
créé (fin 90) une Association pour le Bilinguisme dès les
Classes Maternelles (ABCM zweisprachigkeit) et ouvert à
la rentrée de septembre 1991 cinq classes associatives:
classes maternelles privées fondées sur le volontariat des
familles, avec l'accord des municipalités pour les locaux et
soutenues financièrement par les Conseillers Généraux,
Régionaux, et des fonds européens de Bruxelles; ces
classes fonctionnent à raison de treize heures
hebdomadaires en français et 13 heures en allemand, dès la
première année d'école maternelle.

Seule différence avec le Pays Basque et la Bretagne,
depuis 1990 et jusqu'en juin 1992, les autorités scolaires
ont strictement refusé d'intégrer de telles classes dans

l'Education Nationale. Elles ont même empêché dans toute une série de communes l'ouverture de nouvelles classes ABCM en ouvrant des classes maternelles avec non pas 13 heures en allemand langue régionale ... mais avec 6 et parfois 8 ou 9 heures hebdomadaires à partir de la troisième et dernière année de l'école maternelle, cela dans le but de casser la dynamique créée par ABCM ... Malgré tout, c'est une concession de taille de la part d'une administration scolaire qui jusque là affirmait "impossible" l'introduction d'un horaire d'activités en langue régionale avant le Cours Elémentaire 2!

Nouveau changement, tout récent: nous apprenons fin juin 92 que suite à des négociations entre la municipalité de Soultz/Haut-Rhin, le sénateur Goetschy et l'Inspecteur d'Académie, il a été convenu que l'Education Nationale ouvrira dès septembre 92 deux classes maternelles bilingues à parité français/allemand dès la première année de maternelle! Autrement dit, l'Education Nationale est désormais prête à reprendre à son compte le modèle ABCM là où un nombre suffisant de familles volontaires justifient cette initiative.

Pour le dialecte, avant 1990-92, les autorités scolaires ne lui ont jamais reconnu une place qui vaille la peine d'être mentionnée dans l'enseignement maternel, primaire ou secondaire. Il existe toutefois une chaire de dialectologie à l'université chargée pendant des décennies de dresser l'anatomie de ce "mourant" qu'était l'aire dialectale de l'Alsace.

Les parents d'élèves qui souhaitent un enseignement bilingue pour leurs enfants dès la maternelle optent toujours pour la binôme français-allemand - le dialecte restant l'affaire de la famille: les situations familiales sont très diverses et le haut-allemand est beaucoup mieux perçu comme dénominateur commun de la langue régionale: les dialectes varient beaucoup du nord au sud de l'Alsace et de nombreux parents francophones jugent plus utile l'acquisition du haut-allemand à l'école que celle d'un dialecte.

AG: Pourriez-vous parler des émissions à la télévision et à
la radio?

RG: Le Haut-Comité pour le bilinguisme (organisme
distinct du Cercle René Schickelé et présidé par le sénateur
Goetschy) "s'inquiète des projets de Radio-France Alsace
et dénonce les engagements non tenus de FR3: pas
d'émission dialectale dramatique mensuelle, pas d'émission
hebdomadaire pour les jeunes!" (Dernières Nouvelles
d'Alsace, 5 juillet 1992.)

AG: Y a-t-il des rapports entre votre mouvement et des
institutions de la République Fédérale d'Allemagne? (par
exemple l'Institut Goethe, ou d'autres organisations de ce
genre.)

RG: Non, pas à ma connaissance.

AG: Avez-vous des rapports avec les autres minorités
installées en France? (Basques, Bretons, Flamands, etc)

RG: Le Cercle René Schickelé est membre de DPLF,
Défense et Promotion des Langues de France, qui regroupe
les organisations culturelles des différentes minorités
linguistiques. Notre cercle est aussi membre du Bureau
européen pour les Langues Minorisées, dont le siège se
trouve à Dublin; l'antenne française du Bureau Européen
des langues minorisées a son adresse 31 rue Oberlin,
Strasbourg, c'est-à-dire l'adresse de la Schickelé-
Gesellschaft à Strasbourg.

These first lessons in the Alsatian dialect of German are taken from
Elsa Laugel-Erny's <u>Cours d'alsacien</u>, published by Le Quai,
Strasbourg, in 1985.

L'alsacien: leçon I

Compter de 1 à 100

1	2	3	4
5	6		
Eins	**Zwei**	**Drëi**	**Vier**
Fenf	**Sex**		

7	8	9	10
Seve	**Acht**	**Nin**	**Zehn**

11	12
Elf	**Zwelf**

13	14	15	16
Drizehn	**Vierzehn**	**Fuffzehn**	**Sêchzehn**

17	18	19
Sevezehn	**Achtzehn**	**Ninzehn**

20
Zwanzig (pron. *tswantsich*)

21	22
Ein-e-zwanzig	**zwei-e-zwanzig**

23	30	40
drei-e-zwanzig	**Drissig**	**Vierzig**

50
Fuffzig

60	70	80
Sêchzig	Sevezig	Achtzig

90	100	1000
Ninzig	Hundert	Töisig

Well Zitt isch wenn's beliebt?
ou wieviel Uhr* isch?

Alsacien	*Français*
Es isch elfe.	*Il est 11 heures.*
Es isch fenf Minute noch elf - elfe.	*Il est 11 heures 5.*
Es isch 10 Minute noch elf.	*Il est 11 heures 10.*
Es isch e viertel noch elf.	*Il est 11 heures et quart.*
Es isch halb ou halwer zwelf.	*Il est 11 heures et demie.*
	(Il est demi 12)
Es isch dreiviertel zwelf.	*Il est 11 heures trois quarts.*
	(Il est trois quarts 12.)
Es isch zwelfe (ou) Middaa.	*Il est 12 heures ou midi.*
Es schlaat zwelfe.	*Midi sonne (il sonne 12 "coups")*
Es litt Middaa.	*L'Angélus sonne (les cloches sonnent midi)*

*Rem. Ne pas confondre **"Uhr"** avec **"Stund"**. **Es isch 5 "Uhr"**: il est 5 heures à la montre. - **Ich bruch e "Stund" von Colmer uff Strossburi:** (j'ai besoin) je mets une heure de Colmar à Strasbourg.

Leçon 2

Verbe *être* (**Sin**)

Int. **Wie alt bisch Du?** *Quel âge as-tu?* *(Combien âgé es-tu?)*
Aff. **Ich bin fuffzehn Johr alt.** *J'ai quinze ans. (Je suis 15 ans âgé.)*

Int. **Wie alt isch er? Er isch 30 Johr alt.** *Quel âge a-t-il? Il a 30 ans.*
F. **Wie alt isch se (sie)? Sie isch 25 Johr alt.** *Quel âge a-t-elle? Elle a 25 ans.*
N. **Wie alt isch's? Es isch 3 Johr alt.** *Quel âge a-t-il? elle? Il (elle) a 3 ans. (enfant, jeune fille)*

Int. **Wie alt sin Ihr?** *Quel âge avez-vous?* (familièrement)
(deuxième personne du singulier et du pluriel)

Aff: S. **Ich bin vierzig Johr alt.** *J'ai 40 ans.*
Pl. **Mir sin vierzig Johr alt.** *Nous avons 40 ans.*
(Nous sommes 40 ans âgés)

Int. **Wie alt sin sie?** (3ème personne du pluriel) (se) *quel âge ont-ils? elles?*

Aff: **Sie sin sevezig Johr alt.** *Ils ont 70 ans.*

Politesse: **Wie alt sin Sie wenn's beliebt?**
Quel âge avez-vous, s'il vous plaît?
Réf. sing.: **Ich bin fenf-e-sevezig Johr alt.** *J'ai 75 ans.*
Réf. pl.: **Mir sin fenf-e-sevezig Johr alt.** *Nous avons 75 ans.*

In de Schuel (authentique)

D'Schuelschwester: Wie alt bisch Du, Vrenel?
La Soeur d'école: *Quel âge as-tu, Vrenel?*
(Vrénel = diminutif de Vroni = Véronique)

S'Vrenel: So alt wie s'Liri's Léonie.
La petite Véronique: *J'ai le même âge que la Léonie des Liri*
(aussi âgée que la Léonie)

D'Schwester: Wie alt isch's Liri's Léonie?
La Soeur: *Quel âge a la Léonie de chez Liri?*

S'Vrenel: So alt wie ich.
La petite Véronique: *Elle a le même âge que moi (aussi âgée que*
moi.)

Grammaire:
Comparatif d'égalité: **so alt wie**   *aussi âgé que*
Comparatif de supériorité: **älter ass ich (als ich), älter wie ich**
                                      plus âgé que moi
Superlatif: **er isch de ältscht.** *Il est le plus âgé.*

Written in 1951, Frédéric Hoffet's <u>Psychanalyse de l'Alsace</u>, from which the following excerpts are taken, studies the psychological effects of Alsace's troubled history on the people of the postwar period. These passages allow the reader to assess not only the duality of the Alsatian psyche, but also, at the end, some of the assumptions of French cultural superiority.

Psychanalyse de l'Alsace

Le seul fait d'une origine trop complexe suffit à déséquilibrer l'homme. C'est ainsi que les enfants de parents appartenant à des milieux sociaux très différents se développent rarement de façon harmonieuse...

Il y a ... des "complications" suisses de caractère, comme il y a des "complications" belges, comme il y a des "complications" luxembourgeoises et canadiennes, dont il faut chercher la racine dans les sentiments variés d'attraction et de répulsion qu'éprouvent les individus à l'égard des peuples entre lesquels ils restent partagés.

Toutefois, dans ces pays, les inconvénients d'une diversité originelle ont été neutralisés par la formation d'entités nationales nouvelles. Il existe un "type" suisse, comme il existe un "type" belge, un "type" luxembourgeois, et un "type" canadien, où les antinomies raciales et culturelles se sont fondues.

Sans doute en eût-il été ainsi en Alsace, si cette contrée avait connu un temps de calme suffisamment prolongé pour permettre à un pareil processus de s'accomplir. Nous aurions alors assisté à la formation d'un type d'homme alsacien harmonieux dans sa complexité. L'histoire ne devait pas le permettre. Les perpétuels changements de régime ont accentué et même exaspéré en Alsace les diversités primitives, ne laissant même pas à l'individu le temps de panser ses blessures. A peine une équilibre fragile était-il atteint, qu'une nouvelle guerre venait reposer les problèmes qu'on croyait résolus. Non seulement villes et villages étaient à nouveau détruits, non seulement on perdait une fois de plus la meilleure partie de ses biens, mais les familles étaient déchirées, et il fallait rapprendre une nouvelle langue, tandis que la main d'une nouvelle police s'abattait sur ceux qui avaient cru trouver quelque paix en s'intégrant à la nation qui venait d'être vaincue. L'âme alsacienne était une nouvelle fois plongée dans le trouble: ses ressorts étaient rompus, son économie désorganisée.

...il nous faut maintenant examiner comment les Alsaciens ont réagi devant les caprices de leur extraordinaire destin; quels sentiments celui-ci a suscités en eux, quels complexes il a noués, comment il explique à la fois les difficultés de leur caractère et leur indiscutable sagesse.

1. La grande peur de l'Alsacien d'être ce qu'il est, et sa fuite devant la dualité

Qu'est-ce qui s'est passé chaque fois que l'Alsace était rattaché à un autre pays?

On a pu dire que cette province était toujours du côté du vainqueur. En vérité, elle était tout autant du côté du vaincu. D'une part, en effet, le pays qui l'annexait la considérait comme un morceau de lui-même et ne voulait voir dans ses habitants que des nationaux retournant au bercail, mais d'autre part le pays qui la perdait voyait en elle un lambeau de sa chair et l'on rappelait avec tristesse tout ce qui la rattachait au passé.

Ainsi, lorsque les Allemands occupaient l'Alsace, les Alsaciens n'étaient pour eux que des Allemands, sans doute quelque peu viciés dans leur germanisme par des années d'"occupation" française, mais demeurés malgré tout allemands. Quand au contraire c'était au tour des Français de reprendre cette province, sans doute est-ce à juste titre qu'ils considéraient ses habitants comme des compatriotes malheureux rendus à la mère patrie. Ils se trompaient cependant quand ils voyaient en eux des citoyens semblables en tous points à des Provençaux ou à des Dauphinois que l'on eût par exemple rattachés à l'Italie. En méconnaissant ainsi la dualité des Alsaciens, on niait purement et simplement une partie de leur être.

Mais voici qui est plus grave: on les forçait eux-mêmes à pareille négation. Dans les périodes les plus difficiles du régime allemand et notamment entre 1940 et 1945 la moindre manifestation d'attachement à la France pouvait vous mener en prison. S'il n'en fut pas ainsi aux époques françaises, le regrettable procès de Colmar prouve, hélas! que notre pays ne se montra pas toujours fidèle à ses traditions libérales.[1] Aujourd'hui encore, la réputation d'autonomiste faite à tort ou à raison à un Alsacien, et notée sur les fichiers de la police, peut entraîner pour lui des conséquences graves. Ainsi l'Alsacien ne peut jamais être lui-même. Il lui faut toujours cacher un côté de sa nature. Obligé à tout moment de rendre compte de son passé, il se trouve perpétuellement dans une position que l'on peut comparer à celle des Français qui furent de quelque façon mêlés au régime de Vichy. Il en fut ainsi en 1918 quand ceux-là mêmes qui étaient nés allemands et n'avaient jamais connu d'autre régime que celui de Guillaume II durent justifier leurs actes devant des "commissions de triage". En 1940, les Allemands revenant au pays, il fallut à nouveau se blanchir, chacun devant s'appliquer à montrer qu'il avait été français le moins possible entre 1918 et cette date. En 1945 on épura une fois de plus en sens contraire.

On comprendra que des vicissitudes semblables qui se répétèrent quatre fois entre 1870 et 1945 aient exercé une influence profonde sur la psychologie de l'Alsacien ... Celui-ci a pris l'habitude de se voir suspecté à tout moment. Il sait que tout ce qu'il fait, tout ce qu'il dit peut être interprété un jour dans un sens qui lui sera défavorable. Il a le sentiment qu'il lui suffit de parler, d'écrire, de respirer pour fournir des armes à des ennemis possibles. Car il n'est jamais sûr du lendemain. Il sait que les régimes passent et qu'il peut redevenir demain ce qu'il était hier...

Tout cela a provoqué chex l'Alsacien une peur qui domine aujourd'hui sa psychologie. Elle donne la clef de ses réticences, de ses silences, de ses retournements aussi brusques qu'incompréhensibles. Elle s'insinue jusque dans ses paroles en apparence les plus indifférentes. Elle détermine ses attitudes les plus secrètes. C'est en elle qu'il faut chercher l'explication de certains traits parmi les plus regrettables du caractère alsacien ... On a pu voir en Alsace, on peut encore voir en Alsace l'ami se détourner de son ami, le prêtre ou le pasteur abandonner son ouaille, l'avocat refuser la plus noble des causes et le frère ignorer son frère, simplement parce que l'on ne voudrait pas se mettre en opposition avec une autorité que l'on juge dangereux de froisser. Tant la peur animale que les variations de l'histoire ont suscitée chez l'Alsacien et qui subsiste comme un réflexe alors même que rien ne la justifie plus, a abaissé l'homme et émoussé son caractère.

Mais il y a plus!

La peur chez l'Alsacien n'est pas seulement celle du gendarme. Elle n'est pas seulement la peur devant une puissance extérieure qui le menacerait. Elle est encore, et plus généralement, une peur devant lui-même.

Car sous la pression de la nécessité, et mû par le besoin, souvent même par le désir, l'Alsacien fait siennes les contraintes du vainqueur. Devenus allemands, certains voudront n'avoir jamais été qu'allemands. Devenus français, la plupart n'auront qu'un voeu qui est d'être français et de ne jamais avoir été que français. Seulement, les uns et les autres se rendront compte que quelque chose les empêche d'être tout à fait allemands ou tout à fait français. Ils sentiront en eux la résistance de cette partie d'eux-mêmes par quoi ils sont précisément ce qu'ils ne voudraient point être. Et cette partie d'eux-mêmes, cette indésirable et haïssable moitié d'eux-mêmes, ils prêteront la main au vainqueur pour l'étouffer, pour la nier. Mais on ne va pas impunément contre sa nature. Quelque chose en eux leur rappellera bientôt que leur désir est une chimère. Quand notamment ils seront devenus français, et que dans un élan touchant de patriotisme ils chercheront à se persuader que rien ne les distingue des autres citoyens du pays, ils se rendront compte, tout à coup, qu'ils sont bien loin de ce qu'ils voudraient être: une remarque sur leur accent, une observation désobligeante sur leur façon "bien alsacienne" d'envisager les affaires, toutes sortes de déceptions à Paris ou ailleurs leur rappelleront qu'ils sont autre chose que ce qu'ils croient. Le plus souvent, cependant, ils ne s'avoueront point ces sentiments: ils ne colleront point sur les traits par quoi ils se distinguent des autres Français l'étiquette: **germanique** ou **allemand**. Ils souffriront dans le silence. Ils auront honte. Ils auront peur. C'est la grande peur de l'Alsacien devant sa dualité, **sa grande peur d'être ce qu'il est.**

Psychologiquement, cette forme de la peur est singulièrement plus intéressante à étudier que la peur du gendarme. Si celle-ci explique le manque de courage de l'Alsacien, celle-là est à l'origine d'un phénomène dont les conséquences sont plus graves: la fuite de l'homme devant lui-même.

Car l'homme a peur de sa peur. Il a peur de l'objet de sa peur, et il fuit cet objet jusques au bout du monde, tel Caïn l'oeil de l'Eternel. Ainsi l'Alsacien fuira l'objet de sa peur qui est cette partie de lui-même tantôt française et tantôt allemande dont il ne veut rien savoir, qui est sa dualité. Il refoulera sa peur dans l'inconscient, mais la peur aura sa revanche. Elle deviendra d'autant plus agissante qu'elle sera moins avouée. Elle opérera au fond de l'être un travail destructeur, déséquilibrant la sensibilité, faussant le jugement, rendant les plus sincères incapables de vérité. Elle est à la racine de tous les complexes alsaciens...

La grande peur d'être ce qu'il est a, en effet, poussé l'Alsacien à ériger tout un système de "tabous" par quoi il se défend contre des vérités qui le troublent, des évidences qui le blessent.

Rappelez à ce bourgeois de Strasbourg ou de Mulhouse que sa grand-mère était originaire du Wurtemberg: vous vous heurterez aussitôt à un silence glacial, à moins qu'il ne vous réplique qu'il n'en est rien, qu'elle a vécu la plus grande partie de sa vie en Alsace et qu'elle ne passa quelques mois à Stuttgart ou à Tubingue, où vous savez cependant qu'elle est née et qu'elle est morte. Quant à faire allusion au fait qu'il fut soldat allemand et que peut-être même il s'est enorgueilli un jour d'avoir été officier dans un régiment prussien et décoré de la Croix de Fer, cela est proprement impossible. Mais surtout, gardez-vous de relever son accent! Il n'est pas un domaine où il se montre plus susceptible! Il vous en voudra moins de l'accuser d'avoir tué sa mère, que de noter les germanismes dont son parler reste farci ou même simplement de relever la mélodie étrangère de sa phrase.

Si ce sont là des tabous après tout assez explicables et qui méritent toute l'indulgence de ceux qui ont compris la tragédie de notre province, il n'en est plus ainsi lorsque la peur de l'Alsacien d'être ce qu'il est envahit son esprit.

Nous avons déjà fait allusion aux interdits qui s'attachent au dialecte. Quels trésors d'ingéniosité n'a-t-on pas déployés pour démontrer que celui-ci est sans rapport avec l'allemand! Pour établir que les Alsaciens ne sont pas de race germanique d'autres savants ont consacré des livres entiers à des thèses dont on peut se demander si elles sont le fait d'humoristes! L'un d'eux fit un jour procéder à des mensurations de crânes, d'où il tirait la conclusion qu'étant de type brachycéphale, les Alsaciens sont des Celtes apparentés aux Auvergnats... Il n'est pas un problème historiquee ou culturel à l'occasion duquel des Alsaciens ne se soient appliqués à démontrer au prix d'absurdités semblables que rien ne les distingue des autres Français.

Un pareil système d'interdits, qui va jusqu'à altérer chez des hommes cultivés, le sens même de la vérité, les rendant incapables d'un jugement objectif dès que leurs complexes entrent en jeu, est le symptôme d'un déséquilibre profond. Il manifeste la puissance du sentiment qui le provoque: la peur!

Complexe d'infériorité et complexe de supériorité

Cette peur de l'Alsacien d'être ce qu'il est, est intimement liée au complexe d'infériorité qui domine sa psychologie.

On connaît le phénomène que les psychologues désignent sous ce nom, dont on abuse d'ailleurs. L'exemple classique est celui du bossu qui s'imagine qu'on le montre du doigt chaque fois qu'il entend rire autour de lui. Le sentiment le plus caractéristique de l'individu atteint d'un complexe d'infériorité est donc **la honte**. Le bossu a honte de son infirmité comme la servante a honte de son tablier blanc, la bourgeoise de la situation insuffisante de son mari, le roi de sa laideur ou d'un défaut d'élocution. Nous avons découvert chez l'Alsacien de nombreux symptômes de cette honte. Les refoulements qui s'opèrent par le moyen des interdits que nous avons énumérés sont le plus souvent déterminés par elle.

Pour initier nos lecteurs au complexe d'infériorité alsacien, nous commencerons par analyser les sentiments variés qui s'attachent en Alsace à la connaissance du français. On peut, en effet, constater que la plupart des complications du caractère alsacien se cristallisent autour de la langue.

Comme nous l'avons déjà vu, la "ligne de séparation des langues" correspond en Alsace à une réalité sociale, le français étant, en gros, la langue des classes supérieures, et le dialecte, celle de la petite bourgeoisie et du peuple. Cependant, au sein même du groupe linguistique français, les nuances dans la connaissance de notre langue et plus particulièrement les nuances de l'accent, permettent de déterminer assez exactement l'origine d'un individu. On pourrait ainsi dresser un tableau schématique, où les différentes formes de l'accent figureraient dans une première colonne par ordre de viciosité croissante, tandis qu'on énumérerait dans la second les diverses classes de la société alsacienne, en commençant par les plus élevées.

En tête de la première colonne nous placerions le français parlé sans accent, auquel correspondraient dans la seconde colonne les milieux de la grande bourgeoisie et notamment ceux de l'industrie. Ceux-ci ont entretenu de tout temps des contacts étroits avec Paris, et le français est depuis des générations leur langue maternelle. Comme ils vivent en vase clos, en marge du monde alsacien, le dialecte n'a guère vicié leur langue, quoique pourtant le connaisseur puisse distinguer, même chez eux, certaines intonations germaniques.

Dès que nous descendons d'un échelon dans la hiérarchie sociale, l'accent devient plus sensible et la langue se gâte. Nous tombons d'abord dans la sphère de l'"accent-intonation" qui correspond à la catégorie supérieure de la bourgeoisie moyenne: propriétairs-viticulteurs du Haut-Rhin, brasseurs, bourgeois des professions libérales à tradition patriotique. L'accent de ces milieux n'est pas suffisamment caractérisé pour être immédiatement identifié, mais la mélodie de leur phrase est si étrangère au génie de notre langue qu'elle frappe d'autant plus que celle-ci est parlée d'une façon plus correcte.

En quittant l'accent-intonation pour en arriver à l'accent proprement dit, on découvre une première catégorie sociale correspondant dans la colonne en regard, à l'altération des seules voyelles, les consonnes demeurant encore pures. C'est le cas de la plus grande partie de la bourgeoisie alsacienne. Les consonnes commencent elles-mêmes à se vicier dans les couches inférieures de celle-ci.

Enfin, au bout de notre tableau, nous placerions l'accent dans sa manifestation la plus authentique, avec voyelles et consonnes altérées. C'est l'accent proprement dit, avec tout ce qu'il comporte d'ailleurs de savoureux et de pittoresque, et qui caractérise le français des masses dont le dialecte est la langue.

Il est évident qu'un pareil schéma simplifie à l'extrême une réalité infiniment complexe. Il ne tient pas compte des nombreuses exceptions qui viennent confirmer la règle, notamment du cas de ces Alsaciens qui, ayant vécu à l'intérieur de la France soit comme étudiants, soit comme soldats, soit, s'il s'agit de jeunes filles, comme bonnes à tout faire, parlent souvent un français impeccable. On notera d'autre part qu'au cours de la dernière guerre de nombreux Alsaciens qui passèrent plusieurs années loin de leur province, en sont arrivés à parler un français presque dépourvu d'accent. Sans doute le nombre de ceux-ci s'accroît-il de jour en jour, et ce qui est vrai aujourd'hui ne le sera-t-il peut-être plus demain. Il n'en reste pas moins que notre tableau correspond actuellement encore à un fait indiscutable: à savoir qu'il est possible en Alsace de "situer" socialement un individu d'après la mélodie qu'il imprine à sa phrase, la place de l'accent tonique, la pureté ou l'impureté des voyelles ou l'altération plus ou moins prononcée des consonnes quand il parle le français.

La conséquence d'une importance capitale qui découle de cette observation, c'est que le degré de pénétration plus ou moins poussée d'un individu par la culture française, tel qu'on le peut déduire de sa connaissance de la langue, est parallèle en Alsace à sa qualité et à sa dignité sociales... le fait national et le fait social sont si intimement liés en Alsace qu'il est presque impossible de les séparer, que l'un réagit sans cesse sur l'autre et que l'on s'interdit de comprendre quoi que ce soit à la psychologie et à la politique alsacienne, si l'on ne tient pas compte de cette interpénétration constante de deux réalités en apparence différentes?

Qui a compris cela comprendra sans peine la nature très particulière du complexe d'infériorité que les Alsaciens éprouvent vis-à-vis des Français. Etre plus ou moins Français, ce n'est pas seulement, en Alsace, être plus ou moins patriote. C'est autant, et davantage peut-être, manifester son appartenance à un milieu social plus ou moins élevé. C'est être plus ou moins raffiné, plus ou moins distingué, plus ou moins "chic".

Quelque artificiel qu'il puisse paraître, ce sentiment repose sur une observation après tout assez juste. C'est qu'à milieu social égal, le Français a plus de formes, plus d'aisance que l'Alsacien. Aussi n'a-t-on cessé dans la bourgeoisie alsacienne de se pâmer de la façon la plus naïve devant les "belles manières des Français". C'était surtout le cas avant 1914 quand, par opposition aux Allemands, on accordait volontiers à ceux-ci le monopole de l'éducation.

Dans ce temps-là épouser "un Français" c'était pour une jeune fille lier son sort à celui d'un être raffiné, supérieur. Un gendre venu de Paris était reçu dans les familles avec un respect particulier. On organisait des soirées "pour le montrer". Tout cela a naturellement changé depuis cette époque révolue. Il n'en reste pas moins qu'une admiration naïve subsiste chez les Alsaciens pour leurs compatriotes, admiration qui entretient leur complexe d'infériorité. Dans les critiques que telle mère alsacienne adresse à la mère "française" de son gendre, on retrouve aujourd'hui encore l'amertume que provoquent en elle la liberté de manières et l'aisance supérieure de sa rivale.

Nous touchons là à un phénomène qui dépasse le cadre de l'Alsace. Les sentiments que l'Alsacien éprouve à l'égard du Français et qui nourrissent son complexe d'infériorité, ne lui sont, en effet, point particuliers. Nous les rencontrons dans la plupart des pays de langue française, tels que la Suisse romande, la Wallonie belge, le Canada. Même les critiques que les habitants de Lausanne, de Liège ou de Québec se plaisent à nous adresser cachent une souffrance inavouée. Ces populations, détachées par l'histoire du tronc racial qui est le leur, sentent comme les Alsaciens tout ce qui les distingue des autres Français.

Le phénomène est même plus général encore. Il n'est sans doute pas exagéré de dire que tous les étrangers éprouvent à l'égard des Français un complexe d'infériorité. C'est la conséquence nécessaire de l'admiration que notre nation suscite dans le monde et qui persiste malgré les avatars de notre politique. L'Anglais, l'Américain, le Suédois, l'Allemand surtout se jugent tous de quelque façon moins raffinés que le Français. Comme jadis les Romains allaient à l'école des Grecs qu'ils avaient vaincus, mais dont la vieille culture les humiliait par contraste avec leurs manières frustes et quelque peu barbares, les peuples étrangers sentent tout ce qui leur fait défaut en face d'un pays dont le patrimoine culturel est unique. Ils ne cessent d'être frappés par cet ensemble indéfinissable de qualités de l'intelligence et de la sensibilité, par ce mélange de réflexion et de spontanéité, d'individualisme et de sociabilité, de vivacité et de pondération qui fait le charme de notre nation.

Frédéric Hoffet, "La grande peur de l'Alsacien d'être ce qu'il est et sa fuite devant la réalité", Psychanalyse de l'Alsace, pp. 86-98

Une vérité d'ordre linguistique
pas de dialecte vivant sans haut-allemand vivant

Le dialecte dit alsacien, nous l'avons vu, est en réalité un dialecte allemand. Tous les dialectes allemands dépériraient rapidement aujourd'hui s'ils étaient coupés organiquement du haut-allemand. Le fait est que dans l'aire linguistique de l'allemand, c'est le haut-allemand qui reçoit et transmet les impulsions du monde moderne. C'est ce qui explique pourquoi la suppression de l'enseignement du haut-allemand à l'école primaire en 1945 ne pouvait pas ne pas constituer aussi une menace pour le dialecte alsacien. D'autre part, la parenté entre le dialecte et le haut-allemand est si étroite que tout recul du dialecte menace automatiquement la position du haut-allemand en Alsace.

Pour rester un moyen de communication parfaitement utilisable, le dialecte doit pouvoir absorber du haut-allemand les éléments dont il a besoin pour subsister dans notre monde moderne. Si les jeunes dialectophones alsaciens ne sont souvent plus à même de mener une conversation quelque peu relevée en dialecte, c'est parce que leur connaissance du haut-allemand n'est que très superficielle. C'est dire l'importance qu'il convient d'attacher au diptyque dialecte-(haut)-allemand pour la préservation de l'identité linguistique de l'Alsacien. C'est sur cette indiscutable réalité linguistique que doit se fonder toute revendication en faveur du haut-allemand en Alsace.

La question de l'enseignement de l'allemand en Alsace fait parfois l'objet d'un véritable marchandage entre les gouvernements français et allemand. Les Français disent aux Allemands: "Faites une part plus grande au français dans votre enseignement secondaire et nous serons plus compréhensifs à l'égard de l'allemand en Alsace!" C'est déplacer complètement le problème.

Certes, il est de l'intérêt de deux grands pays voisins comme la France et l'Allemagne que le français ait une place convenable dans les collèges et lycées allemands et que l'allemand ait une place convenable dans les collèges et lycées français. Posé de cette façon, le problème intéresse le Français de Lyon ou de Nancy comme l'Allemand de Hambourg ou de Munich. Il présente aussi un intérêt pour les Alsaciens. C'est certain. Mais c'est là un point de vue national, même un peu nationaliste. Ce n'est en tout cas pas ainsi que se pose le problème en Alsace.

Si les Alsaciens exigent un enseignement efficace du haut-allemand, ce n'est pas pour faire plaisir aux Allemands. C'est parce que, d'une part, le haut-allemand a été pendant des siècles aussi la langue des Alsaciens et qu'il n'y a aucune raison qu'il ne le soit plus. C'est parce que, d'autre part, le haut-allemand fournit au dialecte la sève qu'il lui faut pour rester un outil linguistique à la mesure de notre temps. Le haut-allemand est tout simplement indispensable au maintien de l'identité linguistique des Alsaciens. Il s'agit là du respect d'un droit humain et non pas d'un cadeau. Toutes les autres considérations n'ont qu'une importance secondaire. Il faut avoir le courage de le dire une fois pour toutes et à Paris et à Bonn.

La vitalité du dialecte dépend, pour une large part, de la place que l'on saura donner au haut-allemand dans l'éducation linguistique des jeunes Alsaciens. Mais tout cela ne saurait nous faire oublier l'essentiel, à savoir le dialecte lui-même. Car c'est bien lui qui est la langue authentique des Alsaciens. Pour pouvoir le rester, il faut que le dialecte puisse conserver une certaine autonomie, sinon il succombera sous la pression du français, langue dominante, tout comme il risquait de succomber après 1870 sous la pression du haut-allemand, alors langue dominante.

une nécessité: l'autonomie du dialecte

Ce ne sont pas les Alsaciens qui ont décidé de faire de leur dialecte "la" langue des Alsaciens. C'est la conséquence de l'évolution linguistique particulière de l'Alsace après qu'elle fut détachée du monde politique allemand au XVIIème siècle. L'Alsace devenue française, les Alsaciens ne pouvaient plus participer de la même façon qu'avant à l'évolution linguistique des pays de "nation allemande".

Au moment où l'élite allemande allait progressivement se servir du haut-allemand - l'allemand - pour la communication écrite et orale, l'élite alsacienne allait progressivement se servir du français pour la communication écrite et orale. Et au moment où l'école et l'intensification des relations commerciales, sociales, politiques allaient favoriser outre-Rhin l'emploi du haut-allemand comme langue parlée, l'école et l'intensification des relations commerciales, sociales, politiques allaient favoriser en Alsace l'emploi du français comme langue parlée.

C'est cette évolution linguistique divergente de part et d'autre du Rhin, à partir du XVIIIème siècle, qui explique pourquoi, en Alsace, on ne se mit pas à parler haut-allemand comme dans la plupart des autres pays de langue allemande. A l'exception d'une fraction de l'élite intellectuelle et bourgeoise, les Alsaciens continuèrent de se servir exclusivement de leur dialecte dans la conversation courante. Le dialecte restait ainsi la langue des Alsaciens. Les Alsaciens se distinguaient ainsi et des autres Français et des Allemands.

Certes, ils apprenaient toujours le haut-allemand à l'école, et le haut-allemand demeura longtemps la langue écrite des Alsaciens. Cela n'empêcha pourtant pas le français de réussir sa percée et de s'imposer progressivement dans la vie publique. Là, la nécessité de savoir le haut-allemand diminuait au fur et à mesure que se répandait l'usage du français.

Dans une Alsace française, c'est le français et non pas le haut-allemand que les Alsaciens se devaient d'acquérir pour pouvoir communiquer avec leur nouvelle communauté. Ce qu'on appelle aujourd'hui la **Umgangsprache** (le haut-allemand parlé) ne pouvait donc pas s'étendre à l'Alsace. Le français jouait en Alsace le rôle que le haut-allemand jouait outre-Rhin. Dans l'aire linguistique allemand, les Alsaciens allaient ainsi occuper une place à part. Le dialecte - l'allemand alsacien - était dès lors confronté au français et non pas au haut-allemand. Son importance pour la préservation de l'identité alsacienne croissait d'autant.

specificité de la situation alsacienne

Rien ne montre mieux la spécificité de la situation linguistique de l'Alsace qu'une comparaison avec la Suisse et quelques autres régions de langue allemande où le dialecte était bien implanté.

Si, lors de la désagrégation du Saint-Empire romain de nation allemande, l'Alsace avait pu former une entité politique indépendante comme la Suisse, le dialecte serait resté, comme en Suisse (ou au Luxembourg), le moyen par excellence de la communication orale. Le professeur et l'ingénieur alsaciens s'adresseraient aux élèves (en dehors de la classe au moins) et aux ouvriers encore aujourd'hui en dialecte et non pas en français. La langue ne serait pas devenue un facteur de discrimination sociale.

Car si, en Suisse, le dialecte alémanique est toujours aussi vivant, ce n'est pas parce que les Suisses alémaniques défendent mieux leur langue que les Alsaciens, mais parce que la Suisse a réussi à former un Etat indépendant. Et si les Suisses ont réussi dans cette entreprise, c'est parce que leur pays ne présentait pas le même intérêt stratégique pour les militaires français et allemands que l'Alsace. Quoi qu'il en soit, les Suisses sont restés maîtres de leur destin politique et, par conséquent, aussi maîtres de leur politique linguistique. Leur dialecte ne pouvait pas être menacé dans son autonomie. Au fond, il prenait le rang d'une langue "nationale".

Le **Schwyzerdütsch** (l'allemand suisse) a pu continuer à jouer tout naturellement son rôle de moyen de la communication orale pour tous les Suisses alémaniques. Mais, même en Suisse alémanique, on a finalement dû avoir recours au haut-allemand pour l'expression et la communication écrites. Les Suisses alémaniques devaient, eux aussi, pouvoir communiquer et faire entendre leur voix au-delà de leurs frontières.

Dans les autres pays de langue allemande, on ne passa pas non plus à la **Umgangssprache** d'un jour à l'autre. Il s'agit là d'une évolution très récente. Comme les Allemands n'ont jamais pu constituer un Etat centralisé ni même un Etat unique, les parlers locaux ont longtemps suffi à la communication courante. A Munich et à Stuttgart, par exemple, le fonctionnaire du gouvernement local, l'instituteur, l'employé derrière les guichets de la gare ou de la poste ou de la perception ou du Trésor, le chef d'entreprise, la standardiste etc. n'étaient pas des Prussiens mais des gens du pays, c'est-à-dire des Bavarois ou des Souabes.

les pressions de la langue dominante

Ce n'est donc pas parce que les Alsaciens sont, par définition, moins résistants - "ein labiles Volk" (un peuple mou et instable), comme on l'entend parfois dire chez nos voisins - que leur dialecte se maintient plus difficilement qu'en Suisse ou ailleurs. C'est parce que le dialecte "alsacien" se trouve aux prises avec une grande langue de culture: le français. Et cette langue peut s'appuyer non seulement sur un pouvoir politique intraitable, mais encore sur la force de pénétration qu'elle tient des quelque cinquante millions de locuteurs qu'elle compte dans la seule France.

Ce qu'il y a de révoltant dans la propagande nationaliste en Alsace, c'est qu'elle fait tout ce qui est en son pouvoir pour faire croire à l'opinion publique, surtout à l'opinion publique internationale, que si le dialecte recule en Alsace, c'est parce que les Alsaciens veulent qu'il en soit ainsi. C'est le plus gros des mensonges. **Aucun peuple n'abandonne sa langue s'il n'y est contraint.** Toutes les enquêtes prouvent que les Alsaciens ne sont pas simplement "très attachés à leur dialecte" (tout en ne parlant que le français comme le fait une grande partie de l'élite intellectuelle et bourgeoise alsacienne), mais qu'ils souhaitent une existence réelle pour le dialecte. Ils exigent qu'il ait une place qui en soit une à l'école d'abord et dans la vie publique ensuite.

Une enquête récente (1977), menée par un groupe de jeunes auprès de 270 lycéen(ne)s et étudiant(e)s strasbourgeois a donné quelques indications fort intéressantes. 60% pensent que l'existence du dialecte est gravement menacée. Parmi les causes relevées, en voici deux:

"la majorité des jeunes n'aiment plus parler l'alsacien car ils éprouvent une certaine gêne et même une honte. Ils ont peur de paraître inférieur en parlant dialecte." Qui leur a fait avoir honte de leur langue?

"Enfin, on ne lui réserve aucune place, ni à l'école, ni dans la presse, ni dans la société en général." Les jeunes ne sont pas dupes!

Mais les Alsaciens prennent de plus en plus conscience de la valeur du dialecte et souhaitent qu'il ne se perde pas. 76% des jeunes filles pensent le transmettre à leurs enfants. Qui aura le courage de respecter en **actes** la volonté de ces futures mamans? Lorsque ces mamans confieront leurs enfants à la "société"! Comme on dit ... pour s'en laver les mains!

Car allez donc pratiquer votre langue maternelle si l'institutrice à l'école maternelle doit avoir pour mission de "faire du français la langue ... maternelle" des dialectophones (cf. Land und Sproch, 1-2/1976 p. 10), si vous risquez de vous voir rappeler à tel ou tel guichet d'un service **public** "qu'on est en France", si on vous répond dans les magasins en français ou pas du tout si vous vous adressez en dialecte à une vendeuse ... Il n'est pas sûr que les Parisiens, s'ils se

trouvaient en face d'interlocuteurs ne parlant et ne comprenant que
l'anglais, ne finiraient pas, eux aussi, au bout de deux générations,
par ne plus parler qu'anglais. L'auraient-ils "voulu"?

Sans doute le dialecte "alsacien" est-il menacé dans son existence
parce que, il y a trois siècles, l'Alsace a été détachée du monde
culturel et linguistique allemand et qu'il se trouve aujourd'hui en
compétition difficile avec le français. C'est vrai. Mais il est vrai
aussi que si le dialecte est toujours en vie, c'est que, au XVIIe siècle,
l'Alsace est entrée dans l'orbite française. Le paradoxe n'est
qu'apparent.

La menace d'une **Verhochdeutschung**, c'est-à-dire d'une
absorption du dialecte par le haut-allemand, était déjà perçue en
Alsace au début de ce siècle, après seulement 30 années de régime
prussien. A cet égard, il est intéressant de rappeler les raisons qui
ont poussé Ernst Martin et Hans Lienhart à faire l'inventaire des
"dialectes alsaciens" dans leur Worterbuch der elsassischen
Mundarten (Dictionnaire des variétés dialectales alsaciennes), qui
comporte 2 volumes, 1160 pages et plus de 30000 termes. Tous
ceux qui parlent de la "pauvreté" de notre dialecte auraient intérêt à
feuilleter ce véritable monument des dialectes alsaciens.
Ernst Martin et Hans Lienhart estimaient - la préface date de 1897 -
qu'il était grand temps de conserver le vocabulaire alsacien au moins
comme document pour les sciences linguistiques. Au contact du
haut-allemand, pensaient-ils, le dialecte risquait de s'effriter au point
de perdre son originalité. Dans l'Avant-propos, les deux auteurs (un
Allemand et un Alsacien) écrivaient ceci:

> **Dagegen die elsässischen Mundarten sind unzweifelhaft
> gerade jetzt im Begriff durch innige Berührung mit der
> deutschen Schriftsprache ihre Eigenheiten
> abzuschleifen und zum guten Teil aufzugeben: es ist
> hohe Zeit, wenn diese wenigstens für die Wissenschaft
> erhalten werden sollen."** (Vorwort p. III)

("Indiscutablement, au contact étroit de l'allemand
littéraire, les dialectes alsaciens sont sur le point de
s'effriter et d'abandonner une bonne part de leurs
particularités: l'heure presse s'ils doivent être conservés
pour la science tout au moins.")

Ils exprimaient ainsi leur crainte de voir le dialecte submergé par
le haut-allemand. Si l'on considère le recul des dialectes depuis cette
époque outre-Rhin et en Autriche, on s'aperçoit que leur crainte était
justifiée.

L'importance d'une vie autonome du dialecte n'a pas échappé aux
Alsaciens soucieux de conserver à l'Alsace son identité linguistique.
Le fait qu'on se soit posé la question, même entre 1870 et 1918,
prouve qu'à cette époque le dialecte était bien reconnu par les
Alsaciens comme leur langue par excellence. C'est aussi à cette
époque qu'on commençait à se rendre compte de la nécessité qu'il y
avait de donner au dialecte une place de choix dans la vie culturelle
des Alsaciens. L'authenticité de la culture alsacienne, estimait-on,
était à ce prix. L'évolution ultérieure allait le confirmer.

une vérité d'ordre culturel:
pas de culture alsacienne sans dialecte

La culture ne se limite pas à son expression linguistique. La
langue est un langage: le langage humain. C'est une expression
humaine privilégiée. Il en existe d'autres: la musique, la peinture,
l'architecture, la sculpture, la chorégraphie ... Il n'empêche que la
langue est un instrument de culture hors du commun. Elle est, en
outre, la manifestation la plus tangible de l'existence d'un peuple,
d'une culture parmi d'autres peuples et d'autres cultures.

une culture par essence

Il convient d'abord de faire remarquer que **toute langue est une
culture par essence.** En effet, l'acquisition et l'utilisation d'une
langue mettent en jeu des mécanismes qui font appel à toutes les
facultés de l'esprit humain, aussi à ses facultés créatrices. Parler une
langue, c'est plus qu'une simple reproduction de sons.

Si, d'une part, la langue, de par sa structure, prescrit en quelque
sorte à l'homme sa façon de formuler sa pensée, elle est, d'autre part,
assez souple pour permettre à la pensée d'agir sur la langue. S'il est
vrai que la langue crée les écrivains (pas eux uniquement, bien
entendu), il est tout aussi vrai que les écrivains créent la langue.
Chaque langue a ainsi son génie propre et donne à la culture

littéraire, au sens large du terme, son originalité française ou
allemande ou anglaise ou ... alsacienne. Oui, aussi alsacienne.
On me dira que c'est (presque) commettre un sacrilège que de placer
sur un même plan de grandes langues de culture comme le français,
l'allemand, l'anglais et un dialecte comme "l'alsacien". Sans doute
serait-il présomptueux de vouloir comparer la richesse et l'importance
nationale, internationale, mondiale de la production littéraire française
à l'importance et la richesse de la production alsacienne d'expression
dialectale. Je ne pense pas qu'il existe un seul Alsacien qui ait
jamais eu de telles prétentions.

Combien de fois faut-il encore répéter que, depuis au moins deux
siècles, les Alsaciens sont partie prenante dans la production littéraire
française? Aujourd'hui, de nombreux Alsaciens dialectophones
participent de remarquable façon à la création littéraire d'expression
française. Et c'est réjouissant. Lutter pour la vie et la survie de la
langue des Alsaciens, ce n'est pas, comme les inconditionnels du seul
français tentent de le faire croire, remplacer le français par le
dialecte, c'est exiger qu'une place durable soit réservée AUSSI au
dialecte. (Parmi les écrivains alsaciens contemporains qui ont publié
des oeuvres en français, citons **Maxime Alexandre, Claude Vigée,
Marcel Haedrich, Alfred Kern, André Weckmann, René Ehni,
Jean-Paul Klée, Conrad Winter, Jean-Claude Walter, Sylvie Reff**
et la liste est loin d'être exhaustive. Plusieurs d'entre eux écrivent
avec un égal bonheur en dialecte et même, il est vrai plus rarement,
en [haut-] allemand.)

Mais la valeur d'une culture ne se mesure pas uniquement aux
chefs d'oeuvre de portée nationale ou mondiale qu'elle a produits.
Elle se mesure avant tout à sa valeur humaine. Rappelons que la
langue est essentiellement un moyen d'expression et de
communication. Or, l'expression et la communication sont "la
respiration même d'une culture", comme le souligne, avec raison,
Jacques Rigaud, ancien directeur de Cabinet du Ministère des
affaires culturelles (1971-73), dans un livre fort remarqué, La culture
pour vivre. (p. 229) Précisons que l'expression et la communication
ne sont pas seulement écrites; elles sont aussi **orales**.
Le fait que les hommes aient d'abord parlé avant de s'être mis à
écrire n'enlève rien à la valeur de l'écrit. Il souligne toutefois
l'importance qui revient à l'expression populaire, à la communication
populaire et à la poésie dans l'appréciation d'une culture...

perdre son âme

Sans doute l'identité d'un homme ne se fonde-t-elle pas
uniquement sur sa langue. Mais le fait est que la langue touche à ce
que l'individu a de plus profond en lui-même. C'est la langue qui
est le moule dans lequel l'homme coule sa pensée. C'est la langue
qui donne un tour particulier à sa personnalité. Et, surtout, c'est la
langue qui tisse les innombrables liens visibles et invisibles unissant
entre eux les hommes qui parlent la même langue et forment une
même communauté de vie. C'est bien la langue qui est "l'âme d'un
peuple", comme l'a dit l'**abbé Lemire**. Et **Jules Michelet**, le grand
historien français, a précisé qu'elle était "la représentation fidèle du
génie des peuples, l'expression de leur caractère, la révélation de leur
existence intime, leur Verbe pour ainsi dire." (Histoire de France,
I/IV).

Le dialecte, la langue authentique des Alsaciens, est bien "l'âme du
peuple alsacien". Même si beaucoup d'Alsaciens n'ont plus le
courage de l'affirmer, c'est-à-dire, en réalité, de s'affirmer. Sans le
dialecte, il n'y aurait plus d'Alsacien que de nom. Est-ce d'ailleurs
vraiment une découverte que de soutenir qu'on ne peut **être** dans une
région comme l'Alsace sans parler aussi la langue du peuple qui vit
sur cette terre depuis plus de quinze siècles?

Il y a déjà plus de trente ans paraissait un petit ouvrage, Réflexions
sur le Régionalisme. S'il a passé presque inaperçu, c'est qu'il est
paru trop tôt. Jamais il n'a été aussi actuel qu'aujourd'hui. On
pouvait lire ceci: "Le garçon d'Aurillac, de Mende, de Rodez, de
Quimper ou de Perpignan, ne peut se dire régionaliste que si, en plus
de quelques connaissances de géographie et d'histoire locales, il a
quelque ouverture sur les questions économiques contemporaines de
son pays, et sait parler le patois de son pays." Et **Emile Baas**
d'ajouter: "S'il reste fermé de ce côté-là, il ne pourra trouver avec
l'homme de son terroir un contact plus vivant que le touriste parisien,
régionaliste d'occasion. La vie provinciale ne retrouvera sa vitalité
propre que du jour où ceux qui par leur origine et leur éducation,
sont appelés à devenir les chefs du pays, se remettent à l'école de
l'homme du terroir pour apprendre sa langue et ses moeurs." (p. 91)
Au lieu de rejoindre les rangs des assimilateurs...

Vision "passéiste", "féodale", voire "réactionnaire"? Alors, écoutons
un peu **Jean-Paul Sartre** à qui personne n'oserait coller une telle
étiquette. Se référant aux Irlandais, Jean-Paul Sartre fait remarquer

que "pour pouvoir **se dire** Irlandais ..., il faut sans doute appartenir à une collectivité qui jouisse d'une large autonomie économique et politique, mais pour **être** Irlandais, il faut aussi penser Irlandais, ce qui veut dire avant tout: penser en langue irlandaise". (<u>Situations</u> III, p. 243) On ne saurait dire les choses plus clairement. Penser en langue irlandaise, c'est être capable de **vivre** dans cette langue. Et vivre dans une langue, c'est être capable d'en faire son expression quotidienne.

Ce qui est vrai pour les Irlandais et tous les peuples du monde ne le serait-il pas pour les Alsaciens? Est-ce vraiment une imposture que d'affirmer que le dialecte est l'âme du peuple alsacien comme l'irlandais est l'âme du peuple irlandais? Est-ce vraiment une provocation que d'affirmer qu'on ne peut **être** Alsacien, dans la pleine acception du terme, sans être capable d'exprimer sa pensée, son "moi", son âme <u>aussi</u> en dialecte? "Ségrégation?" "Racisme"? Allons donc! Ne confondons pas l'agresseur et la victime. L'Alsace a bien une identité qui marque le pays et le peuple auquel elle a donné son nom. Sa position géographique à l'un des carrefours les plus importants de l'Europe, son destin historique sous bien des rapports unique en Europe, la coexistence sur son sol de deux des plus grandes langues de culture du monde, voilà les traits les plus spécifiques de l'identité alsacienne. La personnalité alsacienne n'est pas un mot vide de sens pour l'Alsacien qui a conscience de son identité.

De tous les traits, c'est le dialecte qui en est le plus caractéristique. Car, en fin de compte, c'est lui qui permet de distinguer l'Alsacien de tout autre homme qu'il soit Anglais, Russe, Allemand ou ... Français comme lui. Son identité linguistique, nous l'avons vu, est également marquée profondément par le français et, à un degré moindre, par le haut-allemand. Mais cela n'enlève rien au fait que son identité **alsacienne** vit ou meurt avec la vie ou la mort d'un dialecte "alsacien". Sans doute peut-on parler la langue d'un groupe humain sans partager son identité. Mais on ne peut pas partager l'identité d'un groupe humain sans parler sa langue. C'est ce qui explique pourquoi, pour les Alsaciens qui luttent pour le maintien de l'identité de leur groupe humain, le dialecte est le point crucial. En effet, sans la vie du dialecte, ce qu'il y a par ailleurs d'alsacien chez l'Alsacien ne serait plus, au bout de deux générations, qu'un simple substrat qui ne résisterait pas longtemps à l'usure du temps.

L'identité d'aucun peuple ne reste statique à travers les âges. Celle du peuple alsacien ne fait pas exception. L'entrée dans le giron français au XVIIe siècle l'a considérablement enrichie. Mais elle a, en même temps, posé le problème du maintien de la spécificité proprement alsacienne de l'identité des Alsaciens. La menace d'assimilation, d'abord lente à se manifester, allait se préciser au fil des siècles.

Désireux, d'une part, d'affirmer leur attachement à la communauté française et contraints, d'autre part, à faire front aux multiples pressions que leur nouvelle communauté exerçait sur leur façon de penser, de parler, de vivre, d'être, il ne leur restait souvent que la foi et l'obstination pour tenter de survivre à toutes les vicissitudes de l'histoire en tant que groupe humain original. Devenus l'enjeu par excellence de la rivalité franco-allemande, chaque conflit militaire entre la France et l'Allemagne diminuait d'autant leurs facultés de résistance à la menace d'absorption que les vainqueurs faisaient alternativement peser sur eux.

> --Eugène Philipps, "L'identité alsacienne",
> La Crise d'identité: l'Alsace face à son
> destin

Le combat pour l'identité: la poésie dialectale

La poésie dialectale n'a trop souvent été qu'un divertissement
folklorique, mais de bons artisans ont su continuer et préserver la
tradition des frères Matthis; citons par exemple Raymond Matzen,
poète et dialectologue, animateur de l'Institut de dialectologie de
l'Université des sciences humaines de Strasbourg. Le Sundgovien
Nathan Katz (1892-1981) a conféré à l'expression dialectale une
qualité lyrique inattendue. On a pu l'appeler "le Mistral alsacien".
Est-il nécessaire d'évoquer le populaire cabaret "Barabli" de Germain
Muller?

Le renouveau de la poésie dialectale est à nos yeux l'événement
poétique et culturel le plus important de l'actualité. Dès le début des
années 60, la "Petite anthologie de la poésie alsacienne", éditée par
l'Association Weckerlin (sous l'impulsion de Martin Allheilig), a pu
documenter et promouvoir ce renouvellement. Depuis la fin de la
décennie, le mouvement s'impose avec une force singulière. Il
correspond à la redécouverte des langues et cultures "minoritaires" de
l'hexagone; il a su dépasser les frontières nationales et retrouver le
contact, sans ambigüité ni complexes, avec l'ensemble de l'espace
linguistque alémanique. A travers l'affirmation passionnée d'une
"identité" alsacienne, il a réveillé les puissances de l'imaginaire.

L'influence de mai 1968 a volontiers été soulignée, peut-être
surévaluée; aujourd'hui, c'est surtout la relation avec la prise de
conscience écologique qui est déterminante. "Régression"? Rouge
"fleur bleue" romantique? Voire dernier avatar de la vieille idéologie
du "**Volkstum**"? Que le mouvement puisse charrier des nostalgies
naturistes, religieuses ou rurales (le mythe du "bon village" ... "**heile
Welt**"...), que certains "autonomistes" antédiluviens cherchent parfois
d'y raccrocher leur wagon, c'est une chose: mais ces naïvetés ou
perversions ne reflètent en rien la signification nouvelle des
revendications, profondément émancipatrice.

Signe de la "crise de civilisation" : la défense du "terroir" et de son
parler, jadis "réactionnaire", devient "progressiste" et porte l'espoir
d'un nouvel humanisme (et voici que le "terroir" est à "gauche" !).
Jusque dans la bande dessinée, le dialecte est un moyen d'expression
de la "contre-culture". L'anarchie de l'expression - et plus encore de
l'écriture (étrangère à l'"oralité" du dialecte, à son génie "de bouche
à oreille") - est parfois déconcertante et risque encore de réduire le

champ de communication. Mais n'est-ce pas le signe d'une **langue en liberté?**

On ne peut ignorer ici l'importance d'André Weckmann, de Conrad Winter. Avec eux apparaît une poésie dialectale nouvelle dans ses formes et ses thèmes, bien éloignée des fausses facilités et des rimailleries traditionnelles. Elle rompt de manière souvent flagrante avec l'idylle sentimentale ou le folklorisme niais. C'est une poésie à la fois de l'**enracinement** et de l'**ouverture.** Elle est une quête de l'universel par la mémoire retrouvée.

Plusieurs recueils jalonnent déjà leur itinéraire. Weckmann: Schang Dsunn schint schun lang (1975), Haxschissdrumerum (1977), Fremdi Getter (1978); Winter: Leeder vumm roode Haan (1972), Lieder vunn de Sunnebluem (1977), Kerzelicht (1978), Vierwinde (1980), Kridestaub (1981). Il faudrait citer encore d'autres poètes. Les jeunes de la génération d'après 45 sont nombreux à rechercher, à retrouver l'authenticité, la liberté de leur parler, et ce sont les chanteurs (**"Folligsinger"**) qui popularisent le nouveau mouvement dialectal: Roger Siffer, le plus connu, sans oublier Jean Dentiger, René Egles, Sylvie Reff ... "Nous devons une fière chandelle à tous ces poètes qui mènent une lutte difficile et exemplaire. A ceux qui, tout en reconnaissant la légitimité et l'utilité incontestable du français, n'acceptent pas pour autant la mise à mort de l'autre langue. Celle de nos pères. Celle issue d'un héritage prestigieux. Grâce à ces soldats de la dernière change, notre génération bénéficiera de circonstances atténuantes devant le tribunal de l'Histoire, le jour où tombera le verdict: coupable pour non-assistance à langue en péril." (Martin Allheilig).

Cette "renaissance" fournit une "preuve" de la force d'expression et des possibilités esthétiques d'un parler exclu de nos écoles, trop souvent renié par les élites, considéré comme un pré-langage, ou une gênante survivance germanique (à moins qu'on ne s'appliquât à démontrer ses origines celtes!), tout au plus toléré comme une réserve folklorique. Mais il se peut que dans l'histoire, ces "preuves" poétiques viennent trop tard.

André Finck, "Le combat pour l'identité: la poésie dialectale", Alsace, éd. Christine Bonneton

Dialekt	**Dialecte**
werter	mots
en ere sprooch	dans une langue
wo mine ersch	qui est mienne
werter	mots
en ere sprooch	dans une langue
wo kenni esch	qui n'en est pas
werter	mots
en ere sprooch	dans une langue
wo nix ze malde het	qui n'a qu'à se taire
werter	mots
en ere sprooch	dans une langue
wo àlles het ghet	qui avait tout
werter	mots
en ere sprooch	dans une langue
wo mer unser hisel met böjje	que nous devons déterrer du limon
werter	mots
en ere sprooch	dans une langue
wo mer wedder	dans laquelle nous
drénne	voulons
wohne	de nouveau
welle	vivre

--André Weckmann

Freiheit	Liberté
kein Ax kann	nulle hache ne peut
daenne Baum abhaue	abattre cet arbre
kein Gewitter kann	nul orage ne peut
unsri Raewe verschlawe	détruire nos vignes
kein Hammer kann	nul marteau ne peut

daenne Stein zerspittre	faire voler en éclat cette pierre
kein Kette kein Strang	nulle chaîne, nulle corde
kein Gsetz kann uns	nulle loi ne peut nous
a frejes Laewa vebiete	interdire une vie libre
unn kein Mann	et nul homme
unn kein Macht	et nul pouvoir
kann unser Land unterdrucke	ne peut asservir notre pays.

-- Conrad Winter

Der Find

Fir mich isch d'Jugend gsi as wie n'e dunkel Gwitter
wu mànkmol glànzig d'Sunne duregschine hat;
mi Garte isch verfàtzt vu Sturm un Hagelsplitter,
un wenig roti Fricht sin drin noch rund un glatt.

Scho spir ich wie's oi Herbscht will in mim Dàñke wàre;
mit Schüfle un mit Ràche schaff ich hert mich ab,
fir noch emol der schlammig Bode zàmmerschàrre
wu's Wasser Lecher gmacht hat tief as wie n'e Grab.

Wer weiss eb d'neie Blüeme wu mi Hàrz will traime
in dàm grad wie n'e Strand üsgwàschte Sand un Leime
der Saft noch finde wu si kräftig macht un stark?

-O Schmàrz! O Weh! Zit frisst am Làwe hundergstaltig,
der dunkel Find wu zehrt an unsrem Hàrz un Mark
vum Blüet wu mir verliere wurd er gross un gwaltig!

traduction d'Emile Storck, Aspects de la littérature
bilingue en Alsace, éd. Angèle Finck

L'Ennemi

Ma jeunesse ne fut qu'un ténébreux orage,
traversé çà et là par de brillants soleils;
le tonnerre et la pluie ont fait un tel ravage,
qu'il reste en mon jardin bien peu de fruits vermeils.

Voilà que je touche à l'automne des idées,
et qu'il faut employer la pelle et les rateaux
pour rassembler à neuf les terres inondées,
où l'eau creuse des trous grands comme des tombeaux.

Et qui sait si les fleurs nouvelles que je rêve
trouveront dans ce sol lavé comme une grève,
le mystique aliment qui ferait leur vigueur?

-O douleur! ô douleur! Le Temps mange la vie,
et l'obscur Ennemi qui nous ronge le coeur
du sang que nous perdons croît et se fortifie!

                              -- Charles Baudelaire

Petit légendaire alsacien

La Madone de Sewen

Au début du cinquième siècle, les hordes barbares ont envahi l'Alsace. Les populations se réfugièrent dans les hautes vallées. Elles construisirent, à l'endroit où devait plus tard s'élever le village de Sewen, une chapelle qui fut consacrée à la Vierge. Un imagier de talent y avait sculpté dans le bois la Mère-Dieu et son petit garçon. Cette madone accomplissait de nombreux miracles et elle attirait beacoup de monde.

Quand le village de Sewen eut été achevé, une église s'éleva, une église fortifiée, à cause des attaques barbares toujours possibles. Les gens se dirent: « Il faut transporter la madone qui fait des miracles dans notre nouvelle église.»

Avec du respect, on porte la Mère-Dieu dans l'église nouvelle. On était bien content de la mieux loger.

Bon! Le lendemain, elle n'était plus dans l'église. Ce fut une consternation. On crut qu'elle avait été dérobée. On fit mille suppositions désobligeantes. Aprés quoi, on découvrit qu'elle était à sa place, dans la pauvre chapelle du temps de l'invasion des barbares.

On crut à une plaisanterie de plaisantins, de ceux qui ne respectent rien. Mieux vaut ne point parler de ces gens-là. On transporta la madone de nouveau dans la nouvelle église. Le lendemain, elle était retournée de nouveau dans sa chapelle.

On recommença. Elle recommença.

Le comte Maso apprit ces incidents. Il décida qu'il fallait obéir à la Madone qui voulait rester dans sa pauvre petite chapelle. Il fit porter prés d'Elle les reliques de saint Leodegar, et offrit de nombreuses dotations.

La madone de Sewen reçoit de nombreux pèlerins.

La nonne de Sainte Claire à Strasbourg

La fonderie de canons, à Strasbourg, était établie dans les bâtiments de l'ancien couvent de Sainte-Claire. Il arriva souvent une étrange aventure aux sentinelles qui montaient la garde dans la petite rue qui porte le nom du couvent. Ils voyaient une nonne s'avancer dans l'obscurité: elle trébuchait comme si elle ne pouvait marcher sur les mauvais pavés. Arrivée près d'eux, elle ouvrait une tabatière et leur offrait une prise. Ceux qui commettaient l'imprudence d'accepter tombaient violemment sur le dos, sans connaissance. La relève les ramassait et on avait toutes les peines du monde à les ramener à la vie.

C'est que la nonne de Sainte-Claire se venge. Voici pourquoi: Au temps où le couvent était habité par des religieuses, un corps de garde fournissait un factionnaire de police, sitôt la nuit tombée. Parmi ceux dont c'était le tour de garde, un certain soir, figurait un jeune bourgeois de la milice qui insista pour être envoyé dans la rue Sainte-Claire. Sa fiancée, enfermée parmi les nonnes, devait franchir le mur à l'aide d'une corde et, à minuit, s'enfuir avec lui. Or, elle avait mal compris l'heure du rendez-vous et parut sur le haut du mur beaucoup plus tôt. Le jeune milicien n'était pas encore de faction. Elle, croyant que c'était son fiancé qui marchait de long en large, fit entendre un appel sourd. Le factionnaire, étonné, leva les yeux et, fidèle à sa consigne, lui enjoignit de disparaître. D'ailleurs, l'apparition de cette forme blanche sur le mur lui donna peur; il arma son fusil. Au désespoir, la jeune fille, qui croyait à une trahison, se mit à se lamenter. Le jeune homme réitéra son injonction, perdit le sang-froid, et tira sur la malheureuse qui s'écroula à ses pieds juste au moment où le fiancé venait le remplacer.

Cette malheureuse hantait la rue Sainte-Claire pour faire du mal aux factionnaires. Aujourd'hui, il n'y a plus de fonderie de canons à Strasbourg et la nonne se promène un peu partout. Elle est indifférente aux passants et n'offre plus de tabac à priser.

Le petit homme rouge de Strasbourg

Tout le monde connaît à Colmar et à Strasbourg les auberges qui ont pour enseigne: **Au petit homme rouge.** Même ailleurs, en Alsace, dans de plus petites villes, plus d'un cabaret s'appelle ainsi. Notons ici la tradition qui s'y rattache et qui risque de se perdre peu à peu dans les générations à venir. Sans doute, elle n'est pas d'origine alsacienne, mais le peuple l'a peu à peu adoptée, comme nous verrons. D'après une croyance populaire très répandue, chaque fois qu'à Paris un malheur menaçait la famille royale régnante, un petit homme rouge se montrait au château des Tuileries. Il parcourait les corridors et les salles, et son air grave semblait vouloir donner un avertissement.

Il se montra de nouveau du temps de Napoléon. Mais, cette fois, il ne se contentait pas de hanter le château; il suivait l'Empereur dans toutes ses expéditions conquérantes à travers le monde, lui donnant conseils et avertissements à la veille de toute grave entreprise.

Ainsi, il s'attacha à lui d'abord en Egypte, quand il était le général Bonaparte, et lui prédit qu'il serait un jour empereur. Plus tard, il revint, avant les campagnes d'Espagne et de Russie, et une dernière fois, avec un air particulièrement grave et pensif, avant la fatale bataille de Waterloo.

On prétend avoir vu aussi le petit homme rouge à Strasbourg, dans les corridors de ce qu'on appelle le Palais, qui avait été autrefois et qui est redevenu, à plusieurs reprises, le palais épiscopal, quand Napoléon, avec l'impératrice Joséphine, à la fin de septembre 1805, visita la ville, d'où il repartit ensuite par Bade, la Souabe et la Bavière, pour pénétrer victorieux en Autriche, faire son entrée à Vienne et remporter le 2 décembre la victoire d'Austerlitz sur les Russes et les Autrichiens.

Aujourd'hui, on dit que le petit homme rouge est enseveli sous la tour de la cathédrale, dans le souterrain des fondations rempli d'une eau profonde.

-- Auguste Stoeber, "Petit légendaire alsacien"
Contes populaires et légendes d'Alsace,
rassemblés par Nathalie Bernard et
Laurence Guillaume

L'Horloge astronomique

Durant le Moyen Age, chaque monument de quelque importance, église ou construction civile, contenait un ou plusieurs **signes particuliers** qu'il fallait décrire en détail, afin de prouver qu'on avait réellement visité ces monuments.

La cathédrale de Strasbourg contient un certain nombre de ces signes particuliers dont les principaux sont: la corne de l'auroch du Hongrois, suspendue au pilier, en face de la chaire; le petit bonhomme appuyé à la balustrade de la chapelle Saint-André et qui regarde le pilier des anges; de ceux-là nous avons parlé déjà; puis, le "rohraffe"* de l'orgue; enfin, l'horloge astronomique et son coq chantant.

C'était un subtil savant, un grand mathématicien, celui qui dressa les plans de la splendide horloge astronomique.

On venait de tous les pays du monde pour admirer son oeuvre, et bien des capitales lui promettaient une fortune pour qu'il construisît dans leur cathédrale une horloge aussi belle que celle de Strasbourg. Mais il refusa toujours, ne voulant pas qu'une autre ville possédât un tel chef-d'oeuvre.

Il passait sa vie à perfectionner les rouages de l'horloge, toujours calculant, dessinant, réparant.

Or, le malheur le guettait. L'ombre, peu à peu, obscurcissait ses yeux et il se trouva bientôt, tâtonnant dans la nuit des aveugles.

Alors, il convoqua de savants mathématiciens et, de mémoire, tenta de leur indiquer les soins à prendre pour chaque rouage. Mais ce n'était plus la même main, ce n'était plus la même main, ce n'était plus le même cerveau qui commandaient à ces rouages subtils. Les mouvements s'arrêtèrent les uns après les autres, au grand désespoir du constructeur qui, paralysé de chagrin, attendit sa fin dernière, la grande délivrance de ses maux.

Le jour qu'il mourut, une dernière fois l'horloge sonna.

Puis, ce fut un silence de plusieurs siècles. La merveille semblait morte, comme son constructeur. Elle ne s'éveilla de son long sommeil que lorsque Schwilgué, en 1810, fut assez patient pour lui rendre la vie.

* le **rohraffe** ou **bretstellemann** (homme à la bretstell) : un personnage sculpté, placé dans l'orgue, et tenant à la main un bâton de maître de chapelle. **Rohraffe** signifie singe hurleur. Selon Madeleine Klein-Ehrminger, dans Cathédrale Notre-Dame de Strasbourg, p. 48, dans les années qui précédaient la Réforme protestante, "à certaines occasions, un homme caché dans le pied de l'orgue prêtait sa voix au marchand." Elle ajoute: "Au milieu des offices, ce personnage émettait des moqueries, des chansons indécentes, distrayant ainsi les fidèles au moment des sermons et même pendant l'administration du sacrement de la confirmation."

"Traditions sur la fondation et la construction de la cathédrale de Strasbourg", Contes populaires et légendes d'Alsace, rassemblés par Nathalie Bernard et Laurence Guillaume

La Légende de Hans-Trapp

Quel est l'Alsacien qui, dans son enfance, n'a pas frissonné en
entendant prononcer ces simples mots: **"Der Hans-Trapp kommt."**
Cette phrase, si laconique, produisait régulièrement le même effet
quand une mère, impatientée et à bout d'arguments, s'en servait pour
faire rentrer ses enfants dans l'ordre et l'obéissance. Aussitôt les
cris, les disputes cessaient, on baissait la tête en tremblant, on
demandait pardon: la terrible formule avait opéré mieux que toutes
les réprimandes et toutes les corrections.

Hans-Trapp est le véritable croquemitaine* alsacien, création
indigène de la fantaisie, ou plutôt de la justice populaire. Il ne faut
pas le confondre avec l'ogre gaulois, auquel l'indépendance de
l'esprit français a également attribué le pouvoir d'effrayer et de
corriger les petits polissons récalcitrants.

L'Alsace a fait de **Hans-Trapp** un épouvantail, mais elle l'a
soumis à l'autorité de l'enfant divin de Noël, **Krist-Kindel**, qui
distribue les récompenses, jouets et bonbons, dans la nuit
merveilleuse. Hans-Trapp est l'esclave du Christ-Enfant et n'a de
pouvoir que celui qu'il lui confère; c'est, en un mot, un simple
instrument chargé d'exécuter les punitions infligées.

Quel est le point de départ de ce mythe étrange? Voici ce que
nous racontent les chartes originales de la ville de Wissembourg:

"Vers la fin du XVème siècle vivait, à la cour de l'Electeur palatin
Philippe, le Thuringien Jean de Trapp.

"Vain, téméraire et débauché, il n'agissait que par la ruse et la
cruauté et passait pour avoir acquis un ascendant complet sur son
seigneur et maître, au moyen de philtres et de charmes sataniques.
Non content de l'empire qu'il exerçait, il voulut s'enrichir d'un seul
coup. A cet effet, usant de son influence, il spolia l'abbaye de
Wissembourg de ses forêts, de ses châteaux, de ses villages, de ses
droits, franchises et privilèges. En présence de tous ces méfaits et de
nombreux autres que je passe sous silence, la cour de Rome perdit
patience. Il fut cité devant le tribunal apostolique et frappé
d'excommunication comme sacrilège.

"Repoussé de tous côtés comme un maudit, il se retira dans le
repaire qu'il s'était fait bâtir au haut du Geisberg et vécut loin de
toute société humaine, comme une bête fauve que chacun fuit. La
solitude fit naître en lui des goûts hors nature, contre lesquels il ne

chercha pas à réagir; il était obsédé du désir de manger de la chair humaine et n'attendait qu'une occasion propice. Un jour, apercevant dans la campagne un jeune pâtre de dix ans, il tombe sur lui à l'improviste, le transperce de son épée, le traîne dans sa retraite et là, après l'avoir coupé en morceaux, il se met à le faire cuire; mais, tout à coup, il tombe foudroyé à côté du monstrueux repas qu'il était prêt à dévorer; la justice divine n'avait pas voulu permettre l'achèvement d'un pareil forfait."

Depuis ce temps, Jean de Trapp ou plutôt Hans-Trapp, est resté légendaire, et, même de nos jours, il a conservé l'horrible privilège d'effrayer les enfants pour la tendre chair desquels il éprouvait tant d'avidité.

Prosper Baur,"La Légende de Hans-Trapp"
Contes populaires et légendes d'Alsace,
rassemblés par Nathalie Bernard et Laurence
Guillaume

*croquemitaine: "personnage imaginaire qu'on évoque pour effrayer les enfants et s'en faire obéir" (Le Petit Robert)

L'imagerie populaire

Très tôt le paysan alsacien a manifesté un grand amour du décor. De la naissance à la mort, sa vie sera jalonnée d'événements et d'objets non seulement utilitaires, mais aussi purement décoratifs et destinés à satisfaire son goût du beau, la matérialisation de ses rêves, la projection de ses espérances. Le plus quotidien des outils, de l'armoire au battoir à linge, est toujours ornementé avec cette merveilleuse inutilité qui ne laisse de nous séduire aujourd'hui.

Il y a dans ce goût immodéré du décor quelque chose qui apparaît contradictoire avec l'image peu valorisante de l'état du paysan, du moins aux époques considérées (du XVIIe au XIXe siècle).

Comment cet être fruste tout juste capable d'un labeur épuisant et ingrat pourrait-il manifester une quelconque propension à l'expression artistique? Comment ose-t-il, les deux pieds dans la glèbe, se prétendre créateur? Pour les beaux esprits de la ville il est indécent d'imaginer le paysan autrement que préoccupé par ses seuls appétits et la satisfaction de nécessités grossières. Aussi ne lui a-t-on reconnu que très tard une vie intellectuelle et artistique. Si tard même que cette activité s'était totalement éteinte, le paysan ayant changé de mode de vie, entraîné qu'il était par le tourbillon des débuts de l'ère industrielle. Aussitôt quelques ethnologues improvisés et brusquement clairvoyants parcourent les campagnes pour ramener les bribes de ce trésor culturel que personne n'avait su, pu ou voulu voir avant eux. Il était temps: toute une civilisation rurale était en train de basculer et les enfants piétinaient les merveilles que s'étaient pieusement léguées des générations. L'efficacité moderne, la rentabilisation à court terme des investissements allaient avoir raison de ce que des siècles d'aveuglement criminel n'avaient pu décourager.

Aujourd'hui après les ethnologues, les marchands et les spéculateurs ont fait main basse sur tout ce qui était négociable et se sont partagés sans vergogne les dépouilles du vieux monde paysan.

Mais sans doute faut-il voir dans la brusque révélation de ce patrimoine culturel jusqu'ici ignoré une volonté de l'Alsacien de s'enraciner dans sa région, une quête de son identité plusieurs fois remise en question par les tribulations de l'histoire. Ces humbles objets donneront une plus pertinente idée de l'âme alsacienne que les charges de M. Hansi, ou le folklore enrubanné et les colombages repeints de frais sous l'oeil des caméras touristiques.

Parmi les manifestations de la créativité populaire, l'imagerie tient une place de marque. Et, en Alsace, l'imagerie peinte a connu un développement tellement important, qu'il nous est resté un grand nombre de témoins. Ce sont les meubles polychromes, les souhaits de baptême (*Goettelbriefe*), les numéros de conscrits, les "églomisés" (calligraphies peintes sous verre et dorées), les peintures sous verre.

L'habitude de peindre des meubles relève sans doute, à l'origine du moins, du camouflage. Le paysan recevait de son seigneur une certaine quantité de bois à l'occasion de son mariage, et ce pour construire sa maison où le charpentier était le principal artisan, mais aussi pour son mobilier. Celui-ci était fort simple et consistait, dans les époques primitives, en un coffre (*Truhe*) destiné au linge, d'un lit, d'une table et de bancs. Par la suite il s'est enrichi de chaises, d'armoires, d'alcôves, de bancs de coins (*Eckbank*), de boîtes à rubans, de coffrets de courtoisie et de berceaux. Tous ces meubles à l'exception des coffrets, souvent en hêtre, étaient, dans les intérieurs modestes, en bois de sapin lequel ne jouissait pas du prestige des bois ayant poussé lentement et susceptibles d'une belle finition tels que noyets et merisiers. Aussi a-t-on dès le XIVe siècle pris l'habitude de teindre et de peindre ces meubles pour en cacher la matière. C'est d'ailleurs cette même intention de se valoriser à travers ces meubles qui est à l'origine de cette vogue du faux bois qui a si longtemps sévi dans les intérieurs, même bourgeois, jusqu'à une époque récente. Il a fallu que le bois devienne lui-même une matière rare et précieuse pour qu'aujourd'hui ce camouflage soit devenu inutile et même jugé outrageant.

Le meuble alsacien était construit par le menuisier qui jusqu'au XVIIIe siècle pouvait être un artisan ambulant travaillant à façon, logé et nourri par son client. Ces artisans savaient tirer le meilleur parti possible des bois qui leur étaient confiés, et ces meubles de facture simple ont fait la preuve de leur robustesse ...

Le meuble construit et muni des indispensables ferrures, est ensuite peinte, pour lui donner son apparence définitive et aussi pour y inscrire le nom du marié, celui de son épouse et l'année du mariage. Il est à noter que presque toujours la décoration d'un objet donne lieu à l'inscription des noms des propriétaires et de l'année de sa réalisation. Cela est aussi vrai pour les maisons dont la poutre maîtresse est toujours porteuse d'un cartouche où s'étale orgueilleusement la fierté du propriétaire. Par contre on ne trouvera jamais la signature de l'exécutant. Comme les sculpteurs romans ou gothiques, ils se perdent dans l'anonymat des ouvriers tailleurs de pierre ou de bois uniquement préoccupés de la perfection de leur ouvrage. C'est le menuisier qui bien souvent exécutera la peinture du meuble qu'il vient de faire. Pour cela il se servira de quelques produits très simples qu'il pourra se procurer sur place comme le sang de boeuf, le brou de noix, la caséine, le jaune d'oeuf, l'huile de lin, la cire, la suie ou noir de fumée. D'autres ingrédients seront apportés de la ville ou achetés aux foires annuelles...

C'est seulement vers le XIXe siècle que le meuble polychrome alsacien devient un support d'images multicolores. Les peintures de plus en plus savantes font état d'un savoir-faire qui ne pourrait plus être du ressort des menuisiers. A cette époque oeuvraient des peintres villageois et la peinture des meubles était devenue une activité sans doute assez lucrative pour donner naissance à de véritables ateliers. On trouvera des meubles ornés de bouquets somptueux presque toujours symétriques ... Chaque fleur, chaque feuille sont individualisées et se superposent rarement, le peintre veillant surtout à ne pas laisser de vides entre les différents éléments de sa composition. L'artiste populaire, comme la nature au rythme de laquelle il vit, a horreur du vide. La stylisation des motifs floraux héritée des anciennes cultures se retrouve dans toute l'Europe centrale et on peut en retrouver les origines dans les civilisations persanes ou hindoues. Cette persistance des stylisations s'explique sans doute par la puissante symbolique des motifs utilisés: tulipes et grenades entrouvertes sont symbole de féminité et de fécondité, fleurs trilobées ou animaux mythiques tels que cerfs, sont symbole de virilité et de prospérité ... sans doute... n'est-il pas nécessaire de comprendre ces signes venus de la nuit des temps pour pouvoir les transmettre intacts aux générations futures. Comme les grands mythes passent d'une culture à l'autre depuis que l'homme existe, ces signes nous attachent à notre humanité essentielle et parlent à notre inconscient, même non décryptés.

Autre aspect de l'imaginaire paysan et de sa volonté de marquer son passage sur terre: les *goettelbriefe* qui ont été conservés en grand nombre...

Le *goettelbriefe* n'est à l'origine que l'enveloppe d'une pièce
d'argent donnée par le parrain ou la marraine lors du baptême de
l'enfant; il est souvent pieusement gardé toute une vie. L'enveloppe
de papier pliée autour de la pièce porte une inscription manuscrite
sous forme de voeux de santé ou de bonheur, et de piété, ainsi que le
nom de l'enfant, celui de ses parrains ou marraines et le lieu de
baptême.

Au cours du XVIIIe siècle le *goettelbriefe* devient une pièce très
décorée. L'inscription centrale calligraphiée avec soin est entourée
de rinceaux entrecroisés, parfois couronnés de deux oiseaux affrontés.
Souvent c'est un coeur qui occupe le centre de la composition et
ménage ainsi la place de l'inscription, le pourtour étant décoré de
motifs floraux si admirablement disposés que ce ne peut être l'oeuvre
que d'un "spécialiste". On peut supposer que des peintres ambulants
vendaient ces souhaits de ferme en ferme ou à l'occasion de grandes
foires en les personnalisant chaque fois selon les désirs du client.
Peindre ces images est une activité à laquelle se sont sans doute aussi
livrées les quelques personnes qui dans le village savent lire et écrire:
l'instituteur, le curé, parfois aussi des charrons ou des charpentiers.

-- Frank Wohlfahrt, "L'imagerie populaire",
L'Alsace, éd. Christine Bonneton

L'artisanat alsacien: la poterie

Le sous-sol de l'Alsace livre encore de la terre glaise utilisée depuis les temps préhistoriques pour la fabrication de tuiles et de briques d'une part, de poteries d'autre part. De bonne heure on fabriquait, surtout dans les villes, des tuiles et briques, matériel plus réfractaire à l'incendie que les bardeaux et le pisé. Dans de nombreuses villes se trouvaient des tuileries, gérées par des employés municipaux. Une confrérie des tuiliers de tout le pays entre Vosges et Forêt-Noire s'était formée. Les statuts remontent au XVe siècle, mais ne représentaient qu'un renouvellement. Le maître suprême en était le magistrat de Colmar. C'est dans cette ville qu'avaient lieu les assemblées générales le dimanche après la Saint-Gall, patron de la confrérie (16 octobre), avec procession, bannière déployée, musique et office religieux solennel. Aujourd'hui la fabrication des tuiles et briques se fait industriellement.

Très florissande était et reste la profession des potiers. Mais pas uniquement à Soufflenheim et à Betschdorf comme actuellement, mais partout dans le pays. Celle de Soufflenheim fut cependant la plus connue à travers les siècles, tandis que celle de Betschdorf ne remonte qu'à la fin du XVIIIe siècle, pour conquérir une large renommée à partir du siècle dernier. Jadis, des potiers travaillaient également dans le Sundgau (au début du XXe siècle, il en restait encore à l'oeuvre à Folgensbourg, Durlinsdorf, Riespach, Ruederbach, Niederlarg), dans l'Alsace moyenne, à Colmar, à Strasbourg, à Obernai et Barr, et même dans l'Alsace Bossue, à Diemeringen surtout. La production comprend des plats, cruches, pots, vases, tasses, assiettes, à la fois pour l'usage courant et pour les besoins du tourisme. Avec plaisir on constate qu'à Soufflenheim on garde les formes anciennes avec les couleurs jaune, brune ou ocre de différents tons, avec les vieux dessins, les fleurs, les oiseaux, les inscriptions, tandis que Betschdorf excelle dans les poteries grises aux dessins bleus, très jolis. La poterie courante a cependant des difficultés pour vivre à cause de la concurrence des ustensiles de ménage en émail, fonte et aluminium, produits en très grandes quantités par l'industrie...

... La poterie, vieille profession traditionnelle, reste une des parties des plus intéressantes et des plus sympathiques du folklore alsacien.

-- L. Sittler, "L'artisanat, les métiers",
dans <u>La Tradition alsacienne</u>, éd.
A.M. Burg, L. Sittler et C. Lefetz-Sittler

LES BRETONS

Breizh: Introduction

The special character of the land and people of Brittany has long been recognized. The <u>Guide Michelin</u> calls it "one of the most original regions of France." Although their country is traditionally divided into Armor (the seacoast) and Argoat (the forest), all Bretons live within 60 kilometers of the sea, on a windswept peninsula whose coastline has been weathered by the Atlantic Ocean and the English Channel. From the rugged cliffs of the westernmost point of Brittany, the Pointe du Raz, to the galloping tides of Mont-St-Michel on the border of Normandy, the sea shapes the lives of most Bretons, if not as a source of livelihood, at least as a constant presence; more than half of all Bretons live in view of the sea or of a river affected by its tides.

The peninsula itself is a promontory of schist and granite at the westernmost tip of Europe, considered in ancient times to be the end of the earth, the *finis terrae*, a term which survives in the name of the département Finistère, which faces across the Atlantic to Canada. The north coast, facing the English Channel has the more jagged coastline, with the dramatic *abers*, deep gorges that are the estuaries of small coastal rivers. The south coast is less steep with the exception of several impressive cliffs in the Cornouailles region, among them the Pointe du Raz, the Pointe du Van and the Pointe de Pen Hir. The moors and woodlands of inland Brittany, including the forêt de Paimpont, once celebrated in Arthurian legend as Brocéliande, contribute to the great natural beauty of the region. The climate is mild and humid, resembling the climate of the south of England even to the frequency of fog and drizzle. In fact, less rain falls per year in some areas of Brittany than on France's sun-drenched Côte d'Azur.

The proximity of the sea accounts for the important role of fishing in the Breton economy. Three of France's six biggest fishing ports are located in Brittany: Concarneau, Lorient and Douarnenez. The agricultural sector of the economy has also been very important historically and especially since 1945, when a long-delayed modernization of agriculture allowed Brittany to overcome the handicap of a very shallow layer of cultivable topsoil. The oysters, mussels, artichokes, potatoes, apples, and dairy products of Brittany are renowned throughout western Europe and have a strong influence on local cuisine.

For purposes of physical geography, Brittany is divided into Armor and Argoat, but the major historical and linguistic division separates Breizh-Izel and Breizh-Uhel (Lower Brittany and Upper Brittany). According to Michel Renouard, author of the Guide de Bretagne, the dividing line between the two would now extend from Plouha in northern Brittany to the Rhuys peninsula in the south. To the east of this line, the dominant language has usually been French, with a special local dialect of French known as **Gallo** being spoken even today in some areas. To the west is the more strongly Celtic part of Brittany, Lower Brittany, where **Brezhoneg**, the Breton language, closely akin to Welsh, is spoken. (see below for more information on the Breton language.) Upper Brittany has historically been much more receptive to French influence; the **comtés** of Rennes and Nantes were only briefly part of the independent duchy of Brittany of the Middle Ages. Lower Brittany has been much more sheltered from the influence of French culture and has developed a unique civilization of its own.

It is much more difficult to describe the people of Brittany than to describe their country. Michel Renouard sums up the characteristics usually attributed to Bretons:

> Tradition has it that the typical Breton is as ambivalent as his homeland; a poetic realist, a believing sceptic, a shy hothead, a dogged flibbertigibbet, a sensual puritan, an individualistic clan member, a stay-at-home and a traveller, a conservative anarchist. The Breton is said to be all of these, an incomprehensible mixture of opposites. (A New Guide to Brittany p. 7)

Gwenc'hlan Le Scouëzec, in the Guide de la Bretagne mystérieuse, views his fellow Bretons in a more romantic light, speaking of the **"mystère breton"** which even the most casual tourist must sense, in even the most rapid visit to the peninsula. He states that this **"mystère"** has its origin in the minds and hearts of the Breton people, whom he characterizes as dreamers, who peopled their land with supernatural beings, fabled animals and magical adventures, but also as men of action, who sailed the entire world in pioneer days and proved over and over their courage and initiative. Jean Markale, author of numerous books about Brittany and about the Celtic peoples in general, comments in Traditions de Bretagne about the vitality of ancient traditions in Brittany, and the pride of Bretons in their inheritance of one of the oldest European cultures. He does not hesitate to define the "**mystère**" mentioned by Le Scouëzec as "cet aspect du passé dans un éternel présent."

Human beings have lived in Brittany since 350000 B.C., but the earliest civilization about which detailed information is available came to the peninsula around 4000 B.C. The most important artifacts surviving from this culture are Brittany's famous megaliths, the thousands of *menhirs* similar to those of Stonehenge, the *dolmens, cromlechs* and *cairns* which were probably related to a cult of the dead. These megaliths date from before 2000 B.C. and there are three thousand of them in the region of Carnac alone. *Menhirs* are individual standing stones, some of which are placed in long lines, or *alignements*. *Dolmens*, or tables of stone, are thought to have been burial chambers, entered through a gallery called a *tumulus*. Some *menhirs* are disposed not in lines but in half-circles called *cromlechs*. Much remains to be discovered about these monuments, although interesting theories linking them to ancient astronomy have been proposed.

The Celtic presence in Brittany began in the ninth century B.C. and waves of Celts continued to settle in the region during the next four hundred years. The Celts brought to the bronze-age peoples then occupying Brittany the use of iron and the domesticated horse. The first highly-developed civilization to inhabit the peninsula, they did not establish a political empire as the Romans were later to do, but lived as a loose federation of tribes bound together by a common language, Gaulish, a common religion administered by Druid priests and common traditions, including the oral preservation of history, law and folklore by their poets, the bards.

The popular Astérix books have given a far different impression of the Roman invasion of Gaul than historical records. No magic potion was able to save the Veneti, a Gaulish tribe living in what is now Brittany, from defeat and savage repression by Julius Caesar. The peninsula, named **Armorica** by the occupying Romans, became a loyal province of the Roman empire and Greco-Roman civilization. As was the case all over Gaul, many of the inhabitants of Armorica adopted the Latin language, which was probably somewhat similar to Gaulish.

Recent archeological discoveries in Brittany make it clear that Gallo-Roman civilization flourished on the peninsula.

By the third century A.D., some emigrants from Great Britain had begun to settle in Armorica, but by the fifth century the trickle had become a wave. Invasions of the Angles, Saxons and Jutes in Great Britain sent the Celtic inhabitants fleeing either to the mountain fastness of what is now Wales or south to Armorica, which eventually became known as Britannia or "La petite Bretagne". Most of the immigrants settled in the north or on the west coast, bringing their Celtic language and their customs, much less influenced by Roman culture. Although their language was akin to the Gaulish which was still spoken in some areas of Armorica, it belonged to a different branch of the Celtic language family. The influence of Gaulish on the Breton language has been detected in the Vannetais dialect of modern Breton, which is rather different from the other dialects.

The rulers and people of Brittany were gradually able to establish their land as an independent duchy during the Middle Ages. During the Dark Ages, Bretons accepted for a time the sovereignty of the ruler of the Franks. However, Nominoé, a native Breton from the Vannetais appointed as royal representative for that district, was eventually elected Duke of all Brittany, and took advantage of the confusion following the death of Louis the Pious to fight for Breton independence. After a decisive defeat of the French at Ballon in 845, Brittany enjoyed a relative independence, with some interference from the Plantagenets in England and the Capetian monarchs in France, until the late fifteenth century. In 1490, Anne, who had inherited the duchy in 1489 on the death of her father, the Duke François II, married Maximilian of Austria by proxy. Charles VIII of France, although already married to a daughter of Maximilian, decided to take advantage of this opportunity to annex the duchy and invaded Brittany, forced Anne to annul her marriage, annulled his own, and married her, also by force, in 1491. After the accidental death of Charles VIII, in 1498, his successor Louis XII also married Anne. In both cases the marriage contract officially recognized the right of Brittany to independence, and stipulated that the government and administration of Brittany would be separate from those of France.

On the death of Anne in 1514, the duchy passed to her older daughter, Claude, whose husband François d'Angoulême was soon to become François I of France. Claude handed the duchy over to her husband, who eventually, in 1532, constrained the Etats, the legislative body of Brittany, to vote for union with France. The Traité d'Union which the Etats voted to accept allowed for a certain degree of autonomy in Brittany, but its clauses were violated almost from the start. (see below, in the excerpts from Morvan Lebesque's Comment peut-on être breton?).

Could Brittany have survived as an independent nation? Yves-Henri Nouailhat, writing in the Encyclopédie Régionale de la Bretagne, says "La réponse est négative. Derrière une façade brillante la Bretagne présente trop de faiblesses." He mentions particularly weaknesses in the means of raising revenue, in the banking system and in the middle class in general to support his case. Morvan Lebesque, on the other hand, suggests that "la Bretagne constituerait un Etat parfaitement viable", pointing out that the population of the peninsula is larger than that of a number of nations, including Israel, Ireland, and Bolivia, and that the moral force that accompanies independence should not be underestimated (Comment peut-on être breton? pp. 214-15).

In any case, the centuries following union with France gradually brought a decline in the wealth of Brittany, due in part to the violent repression of the Révolte des Bonnets Rouges by Louis XIV, which involved the execution of thousands of Breton peasants and the destruction of cities, towns and farms, and in part to economic policies of the central government, such as the decree that only iron ore from Lorraine was to be used in French industry.

The Révolte des Bonnets Rouges, also called the Révolte du papier timbré, may be seen as a forerunner of the French Revolution. The immediate cause of the revolt was the decision of Louis XIV's minister Colbert to tax stamped paper, to help finance the king's war with the Netherlands. However, the Code Paysan drawn up by one of the leaders of the revolt, the solicitor Sebastien Le Balp, contained criticism of the aristocracy, a demand for social reforms, and an affirmation of the rights and liberties of Bretons. The revolt, which began spontaneously in Rennes and Nantes, spread to the peasants of Lower Brittany. It became the most extensive peasant revolt in France before the Revolution. The continuing concern with Brittany's status within France was also reflected in the efforts of the marquis de Pontcallek to set up a Breton republic, independent, governed by an aristocracy; the marquis and his fellow-conspirators were betrayed and executed.

Until the nineteenth century, Brittany enjoyed a certain degree of prosperity as the leading maritime province of France, providing one-third of the equipment for both the French navy and the French merchant marine. Nantes had the unfortunate distinction of being also the leading port in France for the slave trade. By the beginning of the nineteenth century, most of Brittany's smaller ports were suffering from the loss of trade with England, as were her textile mills.

The French Revolution came at a time when, like much of France, Brittany was suffering from almost twenty years of bad harvests, and also from the growing power of her own aristocracy, whose members did everything possible to prevent economic reform in the province, exercising to the fullest their feudal rights and privileges. With the exception of the aristocracy and the church hierarchy, Bretons were at first enthusiastic about the Revolution, and it was a Breton deputy from Lesneven, Le Guen de Kerangal, whose speech on August 4, 1789, inspired the Assemblée Constituante to vote to abolish feudal privileges. However, many Bretons soon became disenchanted with the revolutionary government. Their representatives to the Assemblée Constituante had tried without success to have the clauses of the Traité d'Union of 1532 recognized by the Assemblée. The wars of the revolutionary government placed heavy financial burdens upon Bretons; they objected to the Civil Constitution of the Clergy, and the lack of improvement in the lives of the peasants. The Chouans, a counter-revolutionary group active in all of northwestern France, recruited many Bretons, and it was in Brittany, near Auray, that the great massacre of Chouans by Hoche and his troops took place.

The wars of the Revolution and the Empire had a tremendous negative impact on the economy of Brittany; Nantes lost her key position in European trade, and most other ports suffered greatly. The corsairs of St. Malo represent that city's temporary solution to the interruption of regular trade.

In the nineteenth century, Breton agriculture improved and most peasants were assured of better nourishment. The coming of the railroad brought better transportation for agricultural produce, but also marked the beginning of a wave of emigration of young Bretons to Paris, which continues to this day. Maritime trade was no longer the driving force of the province's economy, explains Nouailhat, because Brittany did not have, at the end of the wars, sufficient wealth or manpower to modernize her shipbuilding and shipping industries. The textile industry died out, the banking system was inadequate, and the remaining industries, metals, food production and naval construction, were heavily dependent on Parisian capital. Brittany's economy continued to stagnate throughout the nineteenth century; the changes of the industrial revolution passed her by. The other important change in the nineteenth century was the establishment of the national system of public education in Brittany in the last part of the century. The new elementary school instructors came armed with instructions to conduct their classes only in French and to do everything in their power to eliminate the Breton language. (see Lebesque and Hélias, below.)

Like Jean-Pierre Calloc'h (see below), most Bretons decided to prove their loyalty to France in World War I, in the hope that in the aftermath of the war, a grateful French government would grant the special status they sought for their province and her language and culture. These proved to be vain hopes. A renaissance of Breton culture that had begun in the nineteenth century, with such writers as Hersart de la Villemarqué, Brizeux, Prosper Proux and others, had united many Bretons in defense of their culture. Now Bretons began to unite politically as well. The Parti National Breton was founded in 1925, A few years later the secret society **Gwen ha Du** made headlines by destroying the allegorical statue representing Brittany on her knees before France, which had for two decades marred the beauty of the Hôtel de Ville in Rennes.

The advent of World War II had a disastrous effect on the nascent nationalist movement. The extreme right wing faction of the movement readily collaborated with Hitler, even forming a militia allied with the Gestapo. The infamy earned by this organization made it all too easy, after the war, to forget the heroic deeds of the left-wing nationalists who fought bravely in the Résistance and during the liberation of France.

The nationalist movement remained dormant between the end of the war and 1968, although the Comité d'Etudes et de Liaison des Intérêts bretons was formed in 1951 to encourage regional development in Brittany. This organization was given official status in 1955, as the Comité régional d'expansion économique, but the Loire Atlantique region was officially separated from the rest of

Brittany in 1957 to become a member of a similar committee for
Loire-Atlantique-Vendée, a move which most Bretons protested as
making no sense historically, culturally, or even economically.
By 1968, the point of view of many Bretons had been changed by
their experience in the war of independence in Algeria. The Breton
veterans of that war compared France's treatment of her overseas
colonies with that of her annexed minorities within her borders. In
1969 the Union Démocratique Bretonne, the first of several
autonomist movements. A separatist organization advocating violence,
the Front de Libération de la Bretagne had become active in 1966,
(the same year De Gaulle declaimed "Vive le Québec libre!"
implying support for Quebec separatism.) Problems of
underdevelopment in industry, lack of regional resources, over-
dependence on the central government for economic planning and
cultural growth, were recognized even among the majority of Bretons
who did not support the autonomist or nationalist movements. The
decentralization laws passed by the Mitterrand government in 1983
provided for greater self-government in the regions of France and
greater local initiative in regional economic development, housing,
urban planning, transport, education, but because of France's
economic difficulties, they have yet to be fully implemented. (see
Kesselman's article, p. 33.)
    While the autonomist and nationalist movements attract only a
small percentage of the population as members, they are influential as
leaders of public opinion. A significant percentage of the population
of Brittany, including many immigrants from other parts of France, is
involved in the Breton cultural renaissance. Some progress has been
made in keeping alive the Breton language, which is the only
language of instruction in the pre-primary and primary schools
known as the Ecoles *Diwan*. Some advanced degrees in the language
are offered at the Université de Haute-Bretagne in Rennes and the
Université de Bretagne Occidentale at Brest.
Brittany's greatest resource continues to be her people. Yves-Henri
Nouailhat comments:

> On ne peut qu'être frappé ... par les efforts d'adaptation
> d'un peuple solide, laborieux, réfléchi, ténace, opiniâtre,
> voire même quelquefois progressiste et revendicateur. On
> peut certes regretter, au nom du pittoresque, l'abandon des
> coutumes ou des superstitions ancestrales. Mais

l'attachement au pays reste profond sous le modernisme
apparent.   (Nouailhat, p. 8)

And, as Jean Markale sums up his country:

La Bretagne d'aujourd'hui s'est modifiée selon l'époque.
Elle n'est pas en retard sur le progrès du monde. Ce n'est
pas un musée figé désespérément. Mais c'est un pays où
peuvent encore se mêler harmonieusement les techniques
industrielles et les grandes leçons d'une tradition qui n'en
finira pas de mourir. (Markale, p. 12)

Dolmen près de Carnac

Paysage côtier breton, Pointe de Penhir

The following interview was conducted in Rennes on July 9, 1987.
M. Per Denez, chairman of the Celtic Studies department of the
Université de Haute-Bretagne, has also been extremely active and
visible in the fight for preservation of Breton language and culture.

Interview avec M. Pêr Denez, chaire de la Section de celtique, Université de Haute-Bretagne

La langue bretonne aujourd'hui: qui le parle?

AG: Combien de personnes parlent breton à l'heure actuelle?

PD: Pour estimer le nombre de personnes qui parlent breton, il est
évident qu'il ne peut pas y avoir de réponse précise, puisqu'il n'y a
pas de recensement, et que pour qu'un recensement soit fiable, il
faudrait que les gens aient l'habitude d'y répondre. Il y a des
recensements en Grande Bretagne tous les dix ans depuis 1871.
En Bretagne il n'y en a pas au point de vue linguistique et il ne
peut pas y en avoir. Il ne peut pas y en avoir puisque le dogme
officiel c'est qu'en France on parle français. Donc, le gouvernement
français ne peut pas, par un recensement, mettre en évidence, devant
l'opinion publique et l'opinion internationale, que le dogme
fondamental de la République est faux. Alors voilà pourquoi il n'y a
pas, il ne peut pas y avoir, de recensement sérieux.
Alors il y a des évaluations. Une évaluation extrêmement sérieuse,
mais qui date, a été faite en 1930 ou 1932, vers cette époque-là, par
Roparz Hémon, qui avait fait le relevé complet des paroisses où le
prêche, où les sermons du dimanche étaient faits en breton, et lorsque
les sermons étaient faits exclusivement en breton, il en concluait que
la population parlait nécessairement le breton, et presque
exclusivement. Et à ce moment-là il arrivait au total d'un million,
deux cent mille personnes dont le breton était la langue quotidienne
d'expression. Alors, un million deux cent mille personnes, ça
comprenait toutes les tranches d'âge. C'était aussi bien les enfants, et
cela a été mis en évidence par le catéchisme, qui lui aussi était fait
en breton.
Alors, tout récemment il y a eu une évaluation qui a été faite à la
suite d'une enquête par RBO, c'est-à-dire Radio Bretagne Ouest, et la
personne qui a analysé les résultats dit qu'il y avait cinq cent mille
personnes qui pouvait parler breton, ce qui ne veut pas dire qui

parlaient breton, qui pouvaient le parler et il essayait de les classer
par tranches d'âge, et évidemment c'était surtout des gens qui avaient
plus de quarante ou cinquante ans. Ce qui fait qu'on a des idées plus
ou moins imaginatives sur la situation de la langue bretonne dans la
pratique, et en fait on ne sait rien de précis.

Le breton et l'opinion publique

Alors d'un autre côté, il y a quelque chose qui est important, c'est
que l'ensemble de l'opinion publique est aujourd'hui en faveur du
breton. Et ça, ça a été une avancée très grande, parce que pendant
très longtemps, le gouvernement avait réussi, grâce à l'école, à
l'église, à la caserne et à tout cela, à convaincre les Bretons qu'ils
étaient une race de sous-hommes, que le breton, ça ne valait rien du
tout, que ça devait disparaître, comme disparaissaient les vieilles
choses,etc. Alors, aujourd'hui ça n'est plus admis par l'ensemble de
l'opinion publique. Ça a donc été un revirement total de l'opinion
publique en ce qui concerne la valeur et l'importance du breton, dans
la vie du pays.

Est-ce que ça veut dire que tout le monde se met à le réapprendre?
Mais il y a des tas de gens qui apprennent le breton. On le voit au
nombre de livres qui sont vendus. Si jamais tous les gens qui ont
jamais acheté un livre (de breton) parlaient aujourd'hui breton, ça en
ferait des masses. Mais réapprendre une langue, surtout à l'âge
adulte, c'est quelque chose qui est compliqué, c'est un processus qui
est lent et difficile, ce qui fait que les gens qui sont pour le breton ne
sont pas nécessairement des gens qui sont bretonnants ou qui vont
devenir bretonnants.

Mais c'est ça le gros changement qu'il y a eu, pendant les trente
ou quarante dernières années, ça a été le changement de l'opinion
publique, par rapport à la valeur de la langue. Evidemment le nombre
des bretonnants diminuent continuellement. Alors, comment
remplacer les bretonnants qui disparaissent? Evidemment par
l'enseignement.

L'enseignement du breton

Et voilà pourquoi la bataille pour l'enseignement est une bataille
absolument féroce. Puisque l'école, pour le gouvernement français,
n'a pas été un moyen d'ouvrir l'esprit des gens, ça n'a pas été un

moyen de disséminer la culture, ça a été un moyen de rendre le citoyen conforme à un modèle qui avait été défini par les pouvoirs politiques. Et il a lancé des armées d'instituteurs qui étaient formés militairement, qui étaient formés exactement comme des soldats, et qui avaient des tâches bien précises. La tâche précise c'était de transformer les petits Bretons en petits Français, non seulement au point de vue de langue, mais point de vue également vue sur le monde, conscience d'eux-mêmes, etc.

Alors il est évident que l'Etat qui considère l'école comme un instrument de puissance a bien du mal à l'ouvrir à des choses qui ne cadrent pas avec l'idéologie officielle. Les jacobins sont toujours puissants, et en particulier actuellement. Mais actuellement on ne peut même plus considérer le jacobinisme comme une idéologie, c'est une paranoïa. Ce sont des gens qui sont malades, puisque le moindre mot, la moindre petite chose qui est faite en faveur du breton, les met dans des états de personnes qui sont mentalement dérangées. On ne peut pas considérer ça autrement. Alors, c'est très difficile de faire pénétrer le breton dans les écoles. Alors, moi je connais mieux la question au point de vue de l'enseignement supérieur. Alors, vous savez que l'enseignement supérieur est marqué par plusieurs examens, plusieurs diplômes. Au bout de deux années à l'université, il y a ce qu'on appelle le D.E.U.G. Ça, ça n'existait pas lorsque vous étiez à l'université?

AG: Non, c'était le D.U.E.L.

PD: Mais les changements de nom sont très importants dans l'histoire de la République.

AG: Je le sais. Parfois ce sont des changements de nom qui ne sont pas du tout accompagnés de changements de fait.

PD: Oui, mais il y a un ministre qui est considéré comme celui qui a créé. Le D.E.U.G. c'est un diplôme. Alors, au bout de la troisième année, il y a la licence; quatrième année, c'est la maîtrise; et puis après cela, sixième année il y a le D.E.A., Diplôme d'Etudes Approfondies; et puis après c'est la thèse. Alors, totalement changé il y a deux ans, (1985), il est rechangé cette année, le changement en rond ne s'arrête pas. Alors, nous avons réussi à obtenir la licence. Ça c'était en 1981. Il y a eu une lutte qui a duré toujours. Moi, je suis rentré à l'université en 1969, c'était sans doute comme ça avant, et depuis que je suis à l'Université, tous les ans, tous les ans, tous les ans, il y avait la demande d'une licence de breton.

Ça nous a été accordé, si l'on peut dire, en 1981, quand le gouvernement socialiste a pris le pouvoir. Mais il ne l'a pas donné comme cela avec le sourire, parce qu'on attendait la réponse à notre demande d'habilitation à délivrer une licence, lorsqu'il y a eu le changement de pouvoir. Etant donné que les Socialistes manifestaient avec nous pour la licence de breton, lorsque ceux d'en face étaient au pouvoir, on s'imaginait qu'eux ayant pris les leviers de commande, ils nous donneraient ça tout de suite avec un bouquet de roses.

Or, la réponse a été Non. La réponse du gouvernement socialiste, du ministre Savary, a été Non. Et il a fallu une action extrêmement dure, et extrêmement rapide, qui a duré un mois, pour les faire changer d'avis. Parce que j'étais convaincu que si on ne décrochait pas la licence tout de suite, on ne décrocherait rien du tout. Alors nous avons eu là d'un coup la licence et la maîtrise.

AG: C'est exactement comme le catalan, alors.

PD: Oui. La licence et la maîtrise en 1981. Et puis ça a été fini. Il y a le D.E.A. et la thèse. Mais enfin, le D.E.A. et la thèse, ce sont des choses qui importent à un tout petit nombre d'étudiants, tandis que la licence et la maîtrise c'était quelque chose de beaucoup plus important. Vous savez qu'ils sont assez prêts à larger des fonds pour des études extrêmement scientifiques, extrêmement pointues, auxquelles vont s'intéresser trois personnes. Et le plus loin possible dans l'histoire. Là il y aura toujours de l'aide pour faire une étude sur le breton, du moment que ce soit très, très loin dans l'histoire, mais le breton d'aujourd'hui c'est beaucoup plus compliqué. Et alors, ce qui manque c'est le D.E.U.G. Il n'y a pas le D.E.U.G. Autrement dit, on a une maison qui a un toit, et un premier étage, mais il n'y a pas de rez-de-chaussée.

AG: Ils ont consciemment refusé ça?

PD: Ils refusent continuellement le D.E.U.G. Alors, on le demande tous les ans depuis 1982, et maintenant on l'a encore demandé, je reçois des lettres des sénateurs et des députés auxquels j'ai écrit, et il est bien évident que cette année encore, la réponse sera Non. Alors,

ce retour du jacobinisme ne date pas du changement de
gouvernement, parce que le gouvernement socialiste avait nommé au
Ministère de l'Education Nationale M. Chevènement. M.
Chevènement serait tout aussi bien dans le gouvernement
d'aujourd'hui. (1987, gouvernement de Jacques Chirac.) Il était
membre du gouvernement socialiste, mais avec un esprit totalement
jacobin. Alors ce qui fait qu'actuellement il y a une bataille
extrêmement dure dans l'enseignement supérieur pour avoir un cursus
complet.

Alors le D.E.U.G. est terriblement important parce que c'est la
manière normale aux étudiants de rentrer en licence, et en plus, par
ce qu 'aujourd'hui tous les instituteurs doivent avoir le D.E.U.G., ce
qui est un changement nouveau. L'instituteur n'est plus formé
uniquement à l'Ecole Normale; il est formé pendant deux ans à
l'Université. Et il est à l'Université pour avoir un D.E.U.G. Alors s'il
y avait un D.E.U.G. de breton, on pourrait former des instituteurs de
breton.

Le breton dans l'école primaire: les classes bilingues et les écoles
Diwan

Et précisément de ça ils ont beaucoup peur, parce que dans l'école
primaire actuellement, il y a deux mouvements qui se développent. Il
y a un mouvement qui est un mouvement hors structures de l'Etat,
qui est le mouvement *Diwan*. Et il y a un autre mouvement, dont
l'origine se trouve dans le succès de *Diwan*, qui est un mouvement à
l'intérieur des structures de l'Etat, et qui est celui des classes
bilingues. Alors il y a une demi-douzaine de classes bilingues
aujourd'hui en Bretagne, il y en a une à Rennes qui fonctionne très
bien. La meilleure est à Lannion. Il y en a une qui se crée à St.
Nicolas du Pelem, il y en a une à Pontivy, je crois qu'il y en a une à
Lorient, enfin petit à petit il y a des classes bilingues qui
commencent à prendre pied dans l'enseignement public primaire.

Et alors, les classes *Diwan* sont des classes qui sont en dehors de
cela, et vous savez qu'il y a une bagarre terrible pour obliger l'Etat à
assumer ses devoirs. Il dit que l'enseignement dépend de lui, c'est lui
le maître de l'enseignement, mais il refuse d'assumer ses
responsabilités en ce qui concerne l'enseignement du breton. Alors,
continuellement ce qu'ils veulent obtenir c'est que *Diwan* cesse

d'être une école de langue bretonne. Le gros problème c'est qu'ils veulent que *Diwan* suivent les programmes officiels de l'Education Nationale. Alors, avec une ruse et puis une malhonnêteté qui est flagrante, ils disent d'abord: "On accepte la démarche pédagogique de *Diwan*", ce qui est évidemment très bien, deuxième point: "*Diwan* est prié de suivre les règlements en ce qui concerne l'enseignement du français."

C'est totalement contradictoire. Mais ça n'est contradictoire que pour les gens qui connaissent le problème, parce que pour l'opinion publique, selon la manière dont l'article est rédigé par le journaliste, les gens pourront dire "Après tout, ces gens de *Diwan*, ils ne veulent faire aucun accord." Alors mardi dernier, il y avait encore une rencontre au Ministère entre les représentants de *Diwan* et puis celui qui est chargé des affaires régionales au Ministère, et je ne sais pas ce qu'a donné cette rencontre, je n'ai pas encore eu de renseignements là-dessus.

Mais je pense, il y a un monsieur qui s'appelle M. Légouttière là, qui est responsable des questions de langues régionales au Ministère, je crois qu'il est responsable de ces questions comme Xavier Vallat était responsable des questions juives pendant la guerre. C'est à peu près dans le même esprit qu'il fait ça. Autrement dit, ce n'est pas dans un esprit de promotion.

AG: C'est plutôt dans un esprit de répression.

PD: Ah, oui. Il y a actuellement dans la région parisienne, deux cent mille personnes qui parlent breton. Il y a un million de Bretons dans la région parisienne, un million de Bretons ou de descendants de Bretons. Eh bien, il y a des cours de breton qui ont été ouverts dans les lycées, il y a des cours dans quatorze lycées.

AG: Des cours normaux?

PD: Des cours normaux. Et alors, il y a trois ans, il y avait cinquante élèves qui avaient pris le breton au baccalauréat dans la région parisienne; cette année il y en a eu 132. Alors ça ne plaît absolument pas. Et il y a deux enseignants qui sont les piliers des cours de breton: il y en a un qui s'appelle Roland Trémel, l'autre qui s'appelle Serge Richard.

Bien, Roland Trémel, je l'ai entendu raconter cela hier: il ne peut jamais commencer ses cours avant décembre ou janvier. Et bien qu'il soit titulaire de l'Education Nationale, on ne lui donne pas de travail. Il ne peut pas aller dans les établissements d'enseignement pour prendre les noms des volontaires pour faire du breton. Quant à Serge Richard, il vient d'apprendre qu'il est nommé à Lille l'année prochaine. Et tout cela, fait par ce M. Légouttière, qui prête beaucoup d'attention, comme il le dit lui-même, aux questions des langues régionales, comme il les appelle. Alors, vous voyez dans quelle atmosphère et dans quel combat il faut lutter.

AG: C'est tellement difficile. Je crois que les Américains, bien que j'explique autant que je peux, ont du mal à comprendre pourquoi ça se passe comme ça en France.

PD: Ils ne comprennent pas qu'un membre de l'enseignement secondaire est nommé par le Ministre. Ils ne peuvent pas comprendre qu'un membre de l'enseignement primaire est nommé par le représentant du Ministre. C'est absolument fantastique!

AG: Ils ont déjà du mal à comprendre que celui qui gouverne chaque département de la France est nommé par l'Etat et non pas élu par la population du département. C'est déjà quelque chose d'étonnant pour nous, mais j'ai essayé d'expliquer la situation des langues minoritaires en France à mes collègues à l'Académie Navale américaine, qui connaissent bien les autres pays de l'Europe, et ils ont été très étonnés. Ils connaissent bien l'Allemagne, la Hollande, la Belgique, tous les pays où le bilinguisme est un état de fait - c'est accepté, c'est même promu, l'état fait tout son possible pour conserver les langues en question, et même l'Espagne, qui a fait des progrès, mais la France...

Etre minoritaire en France

PD: C'est le plus dur, c'est un véritable terrorisme, actuellement. C'est un impérialisme total, et le gouvernement socialiste, encore on pouvait discuter avec certains de ses membres, et ils étaient accessibles. Le gouvernement d'aujourd'hui a mis en place des fonctionnaires qui montrent un mépris total pour les gens qui sont en face d'eux, pour la personne humaine, c'est un mépris total d'homme à homme. Je n'ai jamais vu des gens comme cela. Qu'est-ce qu'on peut faire?

On est dans une situation minoritaire. Le minoritaire, il peut essayer d'expliquer raisonnablement, essayer de faire entendre raison aux gens qui sont en face, parce qu'il y a quand même des règles dans la société, on vit dans la société d'Europe occidentale; théoriquement ce sont les valeurs chrétiennes qui sont à la base de cette civilisation-là, dit-on; théoriquement il y a des déclarations des droits de l'homme, des droits de toutes sortes, voilà le tableau.

Alors on essaie de leur dire "Ecoutez. Voilà la société dans laquelle on vit. Tâchez de reconnaître nos droits. On discute?" Ah non, non. Ils sont imperméables à toute discussion. Ils ont toujours raison. Ils sont imperméables. Au point de vue de la culture, c'est un état fasciste. Je ne dis pas qu'il est fasciste à tous les points de vue, mais au point de vue de la culture c'est un état totalitaire.

AG: C'est déjà dangereux.

PD: C'est extrêmement grave. Parce qu'un fascisme amène tout le reste.

AG: Mais de quoi est-ce qu'on a peur? C'est ça qu'on ne peut pas comprendre.

PD: Ils sont paranoïaques; c'est une maladie!

AG: Ils ont peur de perdre le contrôle de tout ce qui se passe, d'en perdre même une des petites ficelles?

PD: Vous vous rendez compte que la Grande Bretagne qui était la puissance la plus importante au point de vue colonial, a laissé partir ses colonies - je ne dis pas avec beaucoup de facilité, mais enfin, sans chose absolument énorme. Or la France a mené une guerre en Algérie pendant sept ans, et il y a eu un million et demi de morts du côté algérien. Un million d'hommes, femmes et enfants ont été tués!

AG: Sur une population de neuf millions?

PD: Sept millions à cette époque-là, neuf maintenant, oui. La guerre du Viet-Nam, ce sont eux qui l'ont commencé, et qui ont refilé ça aux Américains après. Et les Américains se sont retrouvés avec une affaire absolument effroyable sur les bras. Mais ce ne sont pas les Américains qui ont commencé la guerre du Viet-Nam.

AG: Ils n'auraient pas dû prendre la relève!

PD: Non, ils n'auraient pas dû, mais ils avaient la peur du communisme triomphant, et tout le reste...

AG: On leur avait fait peur.

PD: C'est les Français qui ont mis les Communistes à la tête du pouvoir anti-colonialiste, tout simplement en refusant absolument la moindre négotiation, la moindre réforme, la moindre liberté.

Les langues minoritaires et les Socialistes

AG: On avait cru que cela allait changer au moment où les Socialistes ont pris le pouvoir, et il y a des gens qui m'ont dit que ce n'est pas par manque de volonté mais par manque d'argent que ça ne s'est pas mieux passé pour l'enseignement des langues régionales et le développement culturel.

PD: Manque d'argent? Non, ce n'est pas par manque d'argent. Il y a de l'argent pour faire Beaubourg, il y a de l'argent pour faire La Villette, il y a de l'argent pour faire tous ces trucs-là, c'est tout simplement que fondamentalement ils sont pareils. Et surtout que les fonctionnaires restent les mêmes. Ils changent parfois un ou deux hauts fonctionnaires, mais les fonctionnaires restent les mêmes, et ils mènent toujours la même politique.

Alors, au début les Socialistes, qui n'avaient pas été au pouvoir depuis trente ans, quarante ans, depuis très longtemps, ils n'avaient peut-être même jamais été au pouvoir tout seul, ils avaient fait tellement des promesses qu'ils avaient un petit peu honte de ne pas donner une petite chose ou deux. Mais c'est Mitterrand lui-même qui a donné l'ordre à Savary de nous donner la licence de breton. Il y a eu un ordre personnel de Mitterrand. Et je sais ça par le directeur du journal Libération. Et moi j'ai mené une bagarre extrêmement dure à ce moment-là en Bretagne.

AG: Pour la licence.

PD: Pour la licence, oui, quand on a vu que la réponse c'était Non, à notre demande. L'Assemblée Nationale devait se réunir deux jours après à Paris, et j'avais décidé avec les étudiants de monter à l'Assemblée, et puis de faire un scandale là-haut. Or j'ai appris que tous les dignitaires socialistes se réunissaient à Menac le samedi matin à neuf heures, où Le Pensec est maire.

Eux ils se réunissaient à neuf heures, mais nous on était là à huit heures. On a décoré leur maison, avec des affiches roses, et puis on a eu des discussions d'une violence extrême pendant toute la matinée. Et là Le Pensec, qui était ministre, et Hervé, qui était ministre, m'ont promis qu'on aurait la licence. Et ça ne venait pas.

A ce moment -là il y avait le Congrès Celtique qui se déroulait à Lannion, et je leur avais dit que si on n'avait pas la licence avant la fin du Congrès Celtique, le Congrès on allait le tenir dans la sous-préfecture. Et ils sont venus à quatre à la télévision me dire qu'on avait la licence de breton, mais c'est sur un ordre exprès de Mitterrand. Et après on a eu le C.A.P.E.S. en 1984, et là aussi Mitterrand est venu nous le dire à Rennes, mais alors à Rennes il disait le C.A.P.E.S. de breton et de français, ou plus exactement de lettres modernes, alors là il y a une dispute extrêmement grave également. Alors on a réussi à avoir le C.A.P.E.S. de breton.

Le breton dans l'enseignement secondaire et supérieur

AG: Alors c'est un vrai C.A.P.E.S. de breton, ou c'est breton et lettres modernes?

PD: C'est un vrai C.A.P.E.S. de breton, mais il a une option obligatoire à choisir entre quatre. Le choix c'est anglais, histoire/géographie, mathématique et lettres modernes. Et la matière à option compte pour un tiers. Mais enfin le C.A.P.E.S. de lettres modernes lui aussi est un C.A.P.E.S. à option; il y a une langue étrangère qui compte pour un tiers.

AG: Et on peut avoir le breton comme langue étrangère?

PD: Non, le breton n'est pas reconnu comme langue étrangère dans le C.A.P.E.S. de lettres modernes.

AG: Mais il est reconnu au lycée, à la préparation du baccalauréat?

PD: Oui, on peut prendre le breton comme langue vivante II. Voilà pourquoi il y a des gens dans la région parisienne qui prennent le breton comme langue vivante II. Mais les choses sont les plus inattendues; il y a un étudiant très brillant qui vient de passer une thèse, il y a trois semaines, sur la description phonologique d'un parler breton, du parler de Landivisiau. Il a rédigé sa thèse en breton. Il a été admis par le jury. Le président de l'université a autorisé la soutenance de la thèse, et le jury a admis le candidat avec la plus haute mention, la mention <u>très honorable</u>.

Eh bien, la position actuelle du Ministère est qu'ils ne vont pas reconnaître cette thèse, parce que - et ça c'est textuel - le doctorat est un diplôme national et il ne peut être rédigé qu'en français. Parce qu'il y a encore cette chose-là que les Américains auront sûrement du mal à comprendre, c'est qu'il y a des diplômes nationaux. Le Certificat d'Etudes Primaires, le Brevet, le Baccalauréat, le D.E.U.G., la licence, la maîtrise, sont des diplômes nationaux.

AG: Ce qui a un avantage: vous allez dans n'importe quel endroit et tout le monde sait ce que ça veut dire à peu près, mais ce n'est pas du tout pareil chez nous, mais qui a le grand désavantage que c'est l'Etat à Paris qui décide de tout, et qui vous accorde des choses ou qui les retient, mais vous n'avez pas de voix. Vous avez tellement peu de voix là-dedans.

PD: Autrement dit, il va décider que la licence d'anglais doit être composée comme ci et comme ça; alors les universités qui le veulent, ou auxquelles il donne des crédits, vont faire la licence d'anglais. Les autres ne la feront pas.

AG: Puis, les professeurs eux-mêmes n'ont pas de voix dans tout ça; ils ne décident pas avec l'Etat?

PD: Non. L'université <u>demande</u>, et les services répondent.

AG: C'est vraiment le style impérial, ça!

PD: Totalement. D'un état totalitaire. On a la liberté de parler breton, comme chez les Soviétiques les gens avaient la liberté de pratiquer leur religion. Ils n'ont pas le droit de l'enseigner, ils n'ont pas le droit de pratiquer en public, à quelques exceptions, mais c'est à peu près la même liberté.

AG: Tandis que dans l'Union Soviétique on avait le droit de pratiquer sa langue.

PD: Ah oui, pour les langues c'est autre chose.

AG: Mais alors, ça veut dire que, dans l'Union Soviétique, ce dont on avait le plus peur c'était la religion, et ici, ce dont on a le plus peur c'est ce qui n'est pas français, français de l'Ile de France.

PD: Exactement, oui. Et ça dure depuis toujours. Je crois que c'est à la base de leur conception de l'Etat. Les rois avaient décidé eux-mêmes que c'était comme ça, il fallait parler la langue du roi. Après il y a eu la Révolution qui a été un moment d'expansion impérialiste absolument énorme pour la France. C'est vraiment réussir à un coup de propagande extraordinaire de présenter la Révolution comme un essai de défense des libertés, alors qu'ils ont conquis la moitié de l'Europe, et que ça a été terminé par Napoléon, qui a été le pire des impérialistes.

AG: Et qui a justement institué ce système d'enseignement quasi-militaire qui dure encore.

PD: Et qui a commis des massacres absolument horribles, de même que la Révolution. Il n'y a pas besoin d'aller loin pour les massacres.

Le renouveau culturel

Alors, le renouveau culturel, il y a un renouveau culturel malgré tout cela. Et ça n'est pas quelque chose de facile puisque qui dit culture pense d'abord écrit. Quand on dit culture, on pense tout de suite littérature, écriture, etc. Eh bien, il faut produire pour des gens qui ne savent pas lire.

Voilà la situation où on est, pour des gens qui ont appris à lire tout seul, ou qui ont appris leur langue tout seul. Alors, c'est évidemment très difficile de créer une littérature dans ces conditions-là, et pourtant en breton il y a une littérature très valable, une littérature qui est évidemment petite par le volume de la production, mais qui est très bonne au point de vue du niveau de la production. Et ça c'est dû au mouvement Gwalarn de 1925, qui a mis des idées nouvelles dans les écrits en langue bretonne, d'ailleurs à l'époque on a le mouvement Breiz Atao, où il y a eu des idées nouvelles dans le mouvement politique.

Alors à côté du mouvement culturel qui s'exprime par la langue bretonne, il y a un mouvement culturel breton qui s'exprime en français. Il y a un mouvement littéraire breton qui a le français comme moyen d'expression. Il y a toujours des discussions; extrêment pointues, difficile, là-dessus. Qu'est-ce que c'est que la littérature bretonne? Il n'y a pas de problème pour répondre quand c'est écrit en breton. Si on fait un livre en breton sur la Patagonie, c'est de la littérature bretonne.

Ce qui est écrit en français, quand est-ce que c'est ou quand est-ce que ce n'est pas de la littérature bretonne? C'est là où il y a des discussions qui n'en finissent pas. Ecrit par un Breton ou pas par un Breton? Alors il y a des Bretons qui écrivent des choses qui n'ont rien à voir avec la littérature bretonne, et des pas-Bretons qui écrivent des choses qui ont beaucoup à voir. Est-ce que c'est le sujet? Faut-il écrire sur la Bretagne pour être littérature bretonne? Il y a des gens qui se placent comme Bretons, et même s'ils écrivent sur l'Israel ou sur le Kazakhstan, c'est quand même de la littérature bretonne, s'ils se posent comme Bretons.

Enfin il y a un mouvement culturel, il y a ce mouvement culturel du point de vue de la littérature, je vous en parle d'abord parce que c'est ce qui m'intéresse personnellement au premier champ pour mes activités: la création si l'on peut dire.

 Mais il y a également toute la collecte maintenant. Alors c'est un petit peu comme pour la langue; on fait une collecte extrêmement bien organisée aujourd'hui quand il n'y a plus tellement des choses à collecter, parce que, quand on imagine la richesse de la civilisation populaire il y a cent ans, et qu'on essaie de comprendre comment fonctionnait la culture orale à cette époque-là, on reste émerveillé de tant de richesses. Or, qu'est-ce qui a été recueilli? Je ne sais pas, mettons deux mille pages. Barzaz Breiz, Uzel, tout cela, les chants, il y a quelques milliers de pages. Qu'est-ce que c'est que cela, auprès de la richesse qu'il y avait?

AG: Ce n'est même pas le millième.

PD: Non, il n'y a pas le millième. Alors maintenant, évidemment on
recueille très bien. D'abord il y a le magnétophone, qui aide
beaucoup. Et puis il y a des gens qui recueillent. Alors, c'est mieux
maintenant que ce ne sera dans vingt ans. Mais c'est moins bien qu'il
y a cent ans. C'est regrettable que ça n'ait pas été fait il y a cent ans.
Mais enfin, il y a une organisation qui s'appelle Dastumm qui est
vraiment très très bonne ...
   Alors il y a cela, il y a le renouveau de la musique; alors là encore
il y a diverses écoles, il y a ceux qui font purement du traditionnel, il
y en a qui font du traditionnel avec des instruments modernes, qui
ont introduit de la guitare ; et puis il y en a d'autres qui font du
totalement moderne.

AG: Avec des instruments traditionnels?

PD: Exactement, oui , on peut faire du rock, on peut faire toutes
sortes de choses avec des instruments traditionnels ou des instruments
modernes également - ou les deux mélangés. Donc il y a une grande
activité de création. Alors même, d'une manière chorégraphique il y
a les ballets Dihun de Redon, qui font des créations chorégraphiques
qui sont bien. Ce qui fait qu'il y a une grosse activité de création. On
a créé de la musique, le renouveau du biniou et de la bombarde
d'abord, et à partir de cela, la musique qui a été écrite pour eux et ce
qui se fait maintenant. Les chants, les chanteurs, Glenmor, Servat,
tout cela c'est quelque chose qui est nouveau.
   Il y a donc beaucoup d'activité mais alors, pour les arts plastiques,
il n'y a pas le même mouvement que celui des Seizh Breur. Le
mouvement des Seizh Breur a véritablement marqué l'architecture en
Bretagne, surtout l'architecture, plus que la création du mobilier, oue
de choses d'appartement. Mais l'architecture bretonne a été
totalement transformée par le mouvement des Seizh Breur. Il n'y a
pas quelque chose d'aussi puissant aujourd'hui, mais il y quand
même un renouveau, un sentiment breton qui se fait sentir dans
l'architecture. Mais je crois qu'il va falloir essayer de rassembler tous
ces efforts-là, pour créer quelque chose.

AG: Monsieur Fermaut, celui avec qui j'ai parlé en Flandre, m'a dit
qu'il admirait beaucoup les Bretons pour leur dynamisme, pour leur

combat pour préserver leur langue et leur culture. Il a dit que
vraiment ils se sont battus et c'est pour ça qu'ils ont mieux réussi
que les autres: ils sont fiers d'être Bretons et ça se voit.

Le mouvement régional

PD: Il faut se bagarrer, et je vois que vous avez mis aussi le
mouvement régional. Le mouvement régional est un petit peu
différent des mouvements par exemple au pays de Galles ou en
Ecosse, où vous avez réellement un parti national écossais ou un parti
national gallois, qui est à peu près le seul d'ailleurs; il y a toujours
des petits groupes ou bien des clubs, ou bien autre chose, des clubs
républicains, des clubs de gauche, etc, mais il y a un mouvement
national. Et il y a eu un mouvement national comme ça en Bretagne,
mais il n'y en a plus maintenant.

AG: L'UDB?

PD: Ah non, l'UDB est un mouvement de gauche, totalement à
gauche, et puis, en plus, il a pratiquement disparu. Actuellement il y
a trois mouvements qui se placent sur le terrain politique: il y a le
mouvement Pobl, qui est l'héritier du M.O.B., et de la tendance que
j'appellerai la tendance nationale; il y a l'UDB, qui est un
mouvement régionaliste de gauche; et puis il y a le mouvement
Emgann, qui est alors un mouvement de libération nationale. Alors
l'UDB a réussi à avoir une présence dans les conseils municipaux,
parce qu'il y a ce qu'on appelle le scrutin de listes.
   L'UDB a fait accord avec le Parti Socialiste Français et le Parti
Communiste et ils ont présenté des listes communes. Ce qui fait que,
en plus, c'était au scrutin de listes et au pourcentage, sauf pour les
villes de plus de trente mille habitants. Ce qui fait que de cette
manière-là, ils ont réussi, grâce à ces listes communes, à faire rentrer
des gens dans les conseils municipaux. Evidemment ça a une
importance. Par exemple, à Rennes, il y a un membre de l'UDB qui
est au conseil municipal, et un ex-UDB qui est maintenant rattaché
au Parti Socialiste - au conseil municipal de Rennes. Alors, ces trois
groupements-là sont les plus importants -parce qu'il y en a d'autres
également, il y a d'autres mouvements, il y a le Mouvement
d'Insoumission Bretonne, il y a plusieurs mouvements, mais les plus
importants sont ces trois-là.

Et tous les trois ont un journal. Le <u>Pobl</u> a comme journal <u>L'Avenir de la Bretagne</u>, l'UDB a <u>Le Peuple Breton</u>, et <u>Emgann</u> a bien un journal qui s'appelle <u>Emgann</u>. Ce sont les trois journaux qui paraissent mensuellement. Alors, à côté de ça, évidemment, il y a des journaux en langue bretonne qui ont des options politiques parfois, ou qui n'en ont pas. Il y a des revues en langue bretonne. Il y a quand même une assez grosse production.

Alors, évidemment, les problèmes avec l'Etat sont des problèmes très graves, puisque vous savez qu'il y a eu également, et on ne sait pas si ça existe toujours, le FLB, le Front de Libération et qui a des gens qui sont morts ... Alors le plus souvent maintenant, ce qui ont été en prison, bien, ils sont rentrés dans l'un ou l'autre de ces mouvements-là.

Actuellement , tenez, tout récemment il y a eu une scission dans l'UDB et il y a un groupe de l'UDB qui est en train d'essayer de former un groupe centriste, un groupe centriste avec les Radicaux de Gauche Bretons. Cela signifie qu'ils refusent la liaison systématique avec le PS et le PC. Les Radicaux de Gauche Bretons étaient en fait autonomistes. Alors il est évident que les relations avec l'Etat sont des relations très difficiles, en particulier avec l'Etat tel qu'il est aujourd'hui, avec M. Pasqua (ministre de l'Intérieur dans le gouvernement de Jacques Chirac, 1986-88.)

AG: On a dit qu'il est vraiment l'agent provocateur du gouvernement.

PD: Oui. Il est allé insulter les Corses chez eux. S'il y a quelqu'un qui est mort, ce n'est pas Pasqua qui l'a tué, mais il a été tué à cause de Pasqua. Il est allé provoquer les Corses dans leur propre Assemblée d'une manière grossière.

Alors, des relations avec les autres ethnies, oui, il y en a beaucoup. Il y en a sur le plan culturel, par exemple il y a le Mouvement des langues de France. Ça c'est sur le plan uniquement de la défense des langues. Alors, il y a d'autre part, il y a des organisations qui sont des organisations de combat pour les langues et les cultures. En particulier avec les affaires Diwan, il y a des relations entre Diwan et Seaska. Il faut avoir une politique.

Il y a également le mouvement Conseo, qui est Confédération des nations sans état. Le secrétaire d'<u>Emgann</u> à Rennes est également secrétaire de Conseo. Et il y a encore l'ALE, l'Alliance Libre

Européenne, qui est formé de parlementaires au Parlement Européen. Alors il y a des Flamands, des Gallois, il n'y a pas de Bretons puisqu'il n'y a pas de parlementaires Bretons d'esprit national, des radicaux italiens, et maintenant des Basques et des Catalans. Il y a trois Herri Batasuna qui ont été élus au Parlement Européen, il y en a un de la branche dure du parti national basque, et puis il y a eu trois de la Convergencia Catalá. Alors ils vont probablement rejoindre le groupe de l'Alliance Libre.

Le mouvement régional et la Communauté européenne

AG: Mais il n'y a pas de Basques français, ni de Catalans français, ni de Bretons.

PD: Mais non, puisque la circonscription électorale ça a été l'Hexagone plus les D.O.M.-T.O.M. Autrement dit, il fallait présenter une liste de quatre-vingt-dix personnes.

AG: A tous les peuples.

PD: Oui. Alors, c'est quelque chose qui est <u>contre</u> la législation européenne, qui dit que les élections doivent être régionales. Eh bien, eux ils ont dit "La région c'est l'Hexagone."

AG: Mais alors, pourquoi est-ce que le Parlement Européen les a acceptés?

PD: Le Parlement Européen peut-être ne peut pas contraindre comme il le voudrait. Alors, vous savez ce qu'ils vont faire? Parce qu'ils ont eu des ennuis graves avec le Parlement Européen. Ce qu'ils vont faire c'est créer des régions de vote pour le Parlement Européen. Ils vont par exemple diviser la France en quatre.

AG: Mais qui n'ont rien à voir avec les régions réelles?

PD: Non. Ce qui fait que nous on ne peut pas se présenter. Ce n'est pas possible. Il y a de l'argent à déposer pour avoir le droit de se présenter, une liste de quatre-vingt-dix personnes, vous vous rendez compte de ce que ça peut faire? Et alors, le Parti Socialiste, le Parti Communiste, qui évidemment s'opposaient comme des ennemis jurés du RPR et de l'UDF, étaient d'accord pour avoir des élections européennes comme ça.

AG: C'est tellement cynique que ça choque. Je sais que ce n'est pas comme ça dans les autres pays de l'Europe de l'Ouest.

PD: Aucun. Ça n'a pas été comme ça en Espagne.

AG: C'est après Franco, je crois, que l'Espagne a signé les accords de l'O.N.U. sur les droits des peuples à leurs langues.

PD: Même avant la mort de Franco, ce n'était pas comme ça. Il y avait une radio qui fonctionnait en catalan, il y avait des tas de choses ... Alors vous voyez ici en Europe en plus il y a la Ligue Celtique, qui est une organisation politique. Il y a le Congrès Celtique International, qui est une organisation culturelle, et il y a le Congrès des Etudes Celtiques, qui est une organisation de savants, de chercheurs. En plus actuellement, reconnu par la Communauté européenne, il y a le Bureau Européen des Langues les moins répandues. Et alors il tient un correspondant en Bretagne et ce correspondant en Bretagne s'appelle la Coordination, c'est la Coordination de la totalité du mouvement culturel. Ils ont un statut d'observateur auprès de la Communauté Européenne.

AG: Alors il y a quand même quelqu'un qui s'intéresse.

PD: Oui, et c'est grâce aux Flamands qu'on a obtenu ça, aux députés flamands de Belgique qui sont à l'Assemblée Européenne.

L'avenir de la Bretagne

AG: Pourriez-vous nous parler un peu de l'avenir de la Bretagne?

PD: Vous savez, l'avenir de la Bretagne, pour moi-même, c'est-à-dire pour les gens qui sont dans le mouvement, c'est une question qui ne se pose pas. La vie est un combat, on mènera le combat continuellement. Quand je mourrai, il y en aura d'autres qui prendront le combat après moi et ça continuera.

AG: Et ce sera toujours le combat?

PD: Oui, toujours. Quelle que soit la situation dans laquelle on est, imaginons même que demain on ait un gouvernement breton à Rennes, on sera toujours dans une situation de combat. La paix ne peut pas exister. Ceci étant dit, pour un observateur de l'extérieur, il y a quand même des choses qu'il faut voir; c'est qu'un certain moment, la tendance à l'état national, absolument maître total à l'intérieur de ses frontières, et qui menait un état de dictature, ça c'est en train de disparaître de plus en plus. Les gouvernements nationaux sont obligés de se fédérer. Ils ne peuvent plus vivre tout seul. Je ne sais pas, moi, si la Grande Bretagne augmente les taux d'intérêt, ou les diminue, ce sont tous les autres qui ressentent le choc. Si les Japonais se mettent à baisser le prix des ordinateurs, c'est le monde entier qui va tout à coup être ému.

Alors il y a cela, qui est quelque chose de nouveau, et qui fait que le gouvernement français n'est plus totalement maître, comme il voudrait être. Ils ne peuvent plus dire aujourd'hui comme il le disait il y a cinquante ans, que la Bretagne et la langue bretonne doivent disparaître. Ils le veulent toujours, mais ils ne peuvent plus le dire. Alors, ne pouvant plus le dire, ils sont tenus quand même à certaines précautions. Par exemple, les écoles Diwan, ils n'ont jamais osé les faire fermer par la force publique de gendarmerie. Alors que, d'après la loi, ces écoles-là sont illégales.

AG: C'est une loi qui existe depuis longtemps qui dit que ces écoles sont illégales?

PD: Oui, puisque le gouvernement a le droit et est seul maître de l'éducation, et qu'en plus, la seule langue d'enseignement c'est le français.

AG: Tout récemment il y a eu le risque que ces écoles ferment, n'est-ce pas?

PD: Oui, et c'est parce que l'Etat refuse d'assumer leurs dettes. Elles ont des dettes énormes envers les organismes de Sécurité Sociale. Alors le gouvernement avait promis d'assumer ces dettes-là; il avait promis de payer les enseignants, comme il paie les enseignants des écoles privées, qui sont payés par le gouvernement. Or, pour ce qui est des écoles bretonnes, qui sont un tout petit nombre, à côté des milliers d'enseignants qu'il y a dans les écoles catholiques, et qui sont payés par l'Etat...

AG: Alors, du moment que les enseignants des écoles catholiques sont payés par l'Etat, pourquoi pas les enseignants des écoles Diwan? Il n'y a pas de raison du tout.

PD: Ah si, c'est qu'ils (les enseignants catholiques) font leur enseignement en français. Mais il y a des choses qui sont fantastiques. A l'époque où la République Française était terriblement anticléricale, à l'époque de la lutte anticléricale, la République Française subventionnait les missions catholiques à l'étranger, parce que les missions utilisaient le français dans leur prédication. Et les missionnaires étaient subventionnés par l'Etat.

AG: Alors, c'est vraiment la France qui a une crise d'identité maintenant, et justement à propos du français.

PD: Alors, il y a donc, d'un point de vue extérieur, de l'espoir. Puis il y a également cet espoir: c'est l'union qui s'affirme entre toutes les minorités combattantes, en particulier en Europe. En Europe, il y a l'Union fédérale des communautés européennes, dont la Bretagne fait partie. Il y le Mouvement Fédéraliste, dont la Bretagne fait partie, mais l'Union fédérale des communautés européennes, l'UFCE, est quelque chose d'important et qui dure maintenant depuis cinquante ans. Je crois que cette unité entre les minorités combattantes va enfin donner quelque chose.

This first lesson in the Breton language is taken from Per Denez'
Brezhoneg ... Buan hag Aes, published in 1972 by Omnivox in Paris.
For more about M. Denez see the interview in this section, and the
literary selection "Negro Song".

Le breton: première leçon

GERIOU - VOCABULAIRE

amañ - ici
amzer - temps
an, ar, al... - le, la, les
an, ar, al...-mañ - ce, cet, cette, ces ...-ci
an, ar, al...-se - ce, cet, cette, ces ...-là
(an) aotrou Kere - Monsieur Quéré
Anna - Anne
aze - là
brav - beau
bremañ - maintenant
brezhonek - breton (de langue bretonne)
demat! - bonjour
den - personne, homme
evit - pour
gallek - français
gant -avec
glas -bleu
ha, hag - et
heol -soleil
ivez - aussi
ya - oui
Yannig - Jeannot
Lan - diminutif de Alan, Alain
levr - livre
liv - couleur
mestr-skol- instituteur
Mona - Mona
mor - mer
nann - non

oabl - ciel
paotr- garçon
pe - quel, quelle
petra - quoi, quelle chose
piv - qui
ruz - rouge
skol- école
setu- voilà
'ta - donc
ti- maison
tomm - chaud
un, ur, ul - un, une

DIVIZ - CONVERSATION

LAN:	*Setun den ha setu un ti. Piv eo an den?*
ANNA:	*An Aotrou Kere eo an den. An den-se a zo mestr-skol.*
LAN:	*Ha petra eo an ti?*
ANNA:	*Ur skol eo an ti.*
LAN:	*Setu 'ta ur mestr-skol hag ur skol.*
ANNA:	*Ha bremañ, setu ur paotr. Piv eo ar paotr?*
LAN:	*Yannig eo.*
YANNIG:	*Demat, aotrou!*
AN AOTROU KERE:	*Demat, Yannig!*
YANNIG:	*Brav eo an amzer, aotrou.*
AN AOTROU KERE:	*Ya, Yannig, brav eo. Tomm eo an heol ha glas eo ar mor.*
YANNIG:	*An oabl ivez a zo glas...Ya, brav eo an amzer.*
LAN:	*Ul levr a zo gant Yannig.*
AN AOTROU KERE:	*Petra eo al levr-se, Yannig?*
YANNIG:	*Ul levr brezhonek eo.*
AN AOTROU KERE:	*N'eo ket ul levr gallek?*
YANNIG:	*Nann, n'eo ket. Ul levr brezhonek eo.*
AN AOTROU KERE:	*Hag evit piv eo al levr?*
YANNIG:	*Evit Mona eo.*

Goulennoù - Questions

Petra eo al levr-mañ? Ul levr brezhonek eo.
Petra eo al levr-se? Ul levr gallek eo.
Petra 'zo amañ? Ul levr brezhonek a zo amañ.
Petra 'zo aze? Ul levr gallek a zo aze.
Piv eo ar paotr? Yannig eo ar paotr.
Piv eo? Yannig eo.
An aotrou Kere eo? Nann, n'eo ket: Yannig eo.
Piv a zo mestr-skol? An aotrou Kere a zo mestr-skol.
Piv eo ar mestr-skol? An aotrou Kere eo ar mestr-skol.
Pe liv eo ar mor? Glas eo ar mor.
Ruz eo ar mor? Nann, n'eo ket, n'eo ket ruz ar mor. Glas eo.
Petra 'zo glas? Ar mor a zo glas.
Petra 'zo gant ar paotr? Ul levr a zo gant ar paotr.

Yezhadur - Grammaire

1. L'article

> **an** aotrou Kere, **ar** mor, **al** levr: article défini
> **un** den, **ur** skol, **ul** levr: article indéfini

Il existe en breton un article défini: **an, al** ou **ar** et un article indéfini: **un, ul,** ou **ur.** L'emploi de leurs diverses formes n'est lié ni au genre ni au nombre: il est déterminé uniquement par l'initiale du mot qui suit. On utilise **an** et **un** devant **n, d, t, h** et voyelles, **al** et **ul** devant **l, ar** et **ur** devant toutes les autres consonnes.

2. Le verbe **être: a zo, eo.**
> *Ar mor a zo glas.* La mer est bleue.

> *Brav eo an amzer.* Le temps est beau.

A zo et **eo** sont deux formes du verbe **être** à la troisième personne du singulier. Mais il saute aux yeux que les structures avec **a zo** et **eo** s'opposent: une suite **article + substantif** (**ar mor, an amzer**) paraît avant **a zo** mais après **eo**; par contre un adjectif (**brav, glas**) paraît avant **eo** mais après **a zo.**

3. Emploi de **a zo** et de **eo**.

a.   *Petra 'zo amañ?* Qu'y a-t-il ici?

Piv a zo mestr-skol? Qui est instituteur?

Le segment qui précède **a zo** (**petra, piv**) est sujet.

b.   *Tomm eo an heol.* Le soleil est chaud.

Petra eo al levr-mañ? Qu'est-ce que ce livre?

Le segment qui précède **eo** (**tomm, petra**) n'est pas sujet: dans les exemples qui nous occupent il est attribut: c'est le segment qui suit **eo** (**an heol, al levr-mañ**) qui est sujet. Ainsi dans la phrase *An aotrou Kere a zo mestr-skol* c'est **an aotrou Kere** qui est sujet alors que dans la phrase *An aotrou Kere eo ar mestr-skol* c'est **ar mestr-skol** qui est sujet: la première de ces phrases se traduira par **Monsieur Quéré est instituteur**, la seconde par **l'instituteur est Monsieur Quéré**.

Une phrase comprenant un élément sujet (S), un élément verbal **a zo** ou **eo** et un élément attribut (A) peut donc se présenter sous deux formes: ou bien S + **a zo** + A, ou bien A + **eo** + S.

Ainsi: *ar mor a zo glas* ou *glas eo ar mor*, qui se traduisent **la mer est bleue**.

Mais il faut noter que ces deux phrases ne sont pas équivalentes, qu'il n'est pas indifférent d'utiliser l'une ou l'autre construction: la première phrase répond à la question *petra 'zo glas?* (Qu'est-ce qui est bleu?), la seconde à la question *pe liv eo ar mor?* (De quelle couleur est la mer?)

c. *Piv eo ar paotr?* Qui est le garçon?
Piv eo? Qui est-ce?

On notera que le verbe breton (au contraire du verbe français) peut se conjuguer sans sujet (syntaxique); ainsi dans **Piv eo?** la phrase ne comporte aucun sujet et **piv** est attribut.

> d. La forme **a zo** est souvent réduite à **'zo**.

4. La négation.

> *N'eo ket ruz ar mor, glas eo.* La mer n'est pas rouge, elle est bleue.
> *Nann, n'eo ket.* Non, elle ne l'est pas.

La négation se marque au moyen de deux éléments **n'** et **ket**, entre lesquels s'insère le verbe. Le premier élément est **n'** devant voyelle mais **ne** devant consonne. Dans le cas du verbe **être** la forme **a zo** ne peut jamais être ainsi enclavée. D'autre part **n'eo ket** ne peut être précédé de l'adjectif: à *glas eo ar mor* correspond donc, négativement, *n'eo ket glas ar mor*.

5. L'adjectif.

> *al levr brezhonek* le livre breton
> *al levr gallek* le livre français

L'adjectif est placé après le mot qu'il qualifie.

6. Les démonstratifs

> *al levr-mañ* ce livre-ci
> *al levr-se* ce livre-là

Le démonstratif se construit au moyen de l'article défini, qui précède le mot, et d'une particule, qui le suit. Cette particule est **-mañ** pour désigner un objet plus rapproché (français **ci**) et **-se** pour désigner un objet plus éloigné (français **là**). Comparer **amañ** et **aze**, français: **ici** et **là**.

7. aotrou, an aotrou.

> *Demat, aotrou!* Bonjour, Monsieur!
> *An aotrou Kere a zo mestr-skol.* M. Quéré est
> instituteur.

S'adressant à une personne, on utilise **aotrou** sans article;
mentionnant cette personne, on utilise la forme **an aotrou**, avec
article.

8. *Ul levr a zo gant ar paotr.*

Là où le français utilise le verbe **avoir**, le breton emploiera volontiers
le verbe **être** accompagné de la préposition **gant** qui dénote alors un
lien de possession:

> *Ul levr a zo gant ar paotr.* Le garçon **a** un livre.

9. ha, hag.

> *Tomm eo an heol ha glas eo ar mor.* Le soleil est
> chaud et la mer est bleue.
> *Setu 'ta ar skol hag ar mestr-skol.* Voilà donc
> l'école et l'instituteur.

La conjonction de coordination (**et**) est **ha** devant consonne et **hag**
devant voyelle.

Poelladennoù - Exercices

1. Poser des questions et répondre:

petra	a zo	amañ
piv	eo	an den-mañ
		glas
		mestr-skol
		ar mestr-skol
		aze
		ruz
		ar paotr

2. Construire des phrases et poser les questions auxquelles ces phrases répondent:

ruz	eo	ar mor
glas		al levr
Yannig		an den-mañ
an aotrou Kere		ar paotr-se
		an oabl

3. Construire des phrases et poser les questions auxquelles ces phrases répondent:

ar mor	a zo	ruz
al levr-mañ		tomm
ar paotr		glas
an heol		brav
an amzer		

4. Mettre à la forme négative:

Tomm eo an amzer. Ruz eo ar mor. Brav eo an amzer. Brav eo ar skol. Glas eo an heol.

5. Construire des phrases:

ar mor	a zo	brav
an heol		glas
al levr-mañ		ruz
an aotrou-se		tomm
ur skol		mestr-skol
ul levr		amañ
un den		aze
an den-mañ		

6. Faire précéder de l'article défini, puis de l'article indéfini, chaque fois que cela est possible, en insérant dans une phrase:

levr-mañ, paotr, skol, mestr-skol-mañ, mestr-skol, den, den-mañ, aotrou.

-- Per Denez, <u>Brezhoneg buhan hag aes</u>

The following are excerpts from Pierre Jakez Hélias' international best-seller Le Cheval d'orgueil, published in 1975. M. Hélias is President of the Commission Nationale de Folklore à la Ligue de l'Enseignement, professeur agrégé at the Ecole Normale du Finistère, and instructor in Celtic languages at the Université de Bretagne Occidentale at Brest. For many years he was responsible for radio broadcasts in the Breton language, and wrote and produced hundreds of dialogues based on the daily life of the farms and country towns of Brittany. He is also the author of Le Pays Bigouden, Vivre en Cornouaille, Manoir secret and La Pierre noire. Le Cheval d'orgueil has been translated into at least sixteen languages, and acclaimed for its originality: "Le paysan devient enfin l'ethnologue de sa propre histoire."

Le Cheval d'orgueil

La langue bretonne et l'école de la Troisième République

Le mot vache (*buoc'h* en breton) est l'injure que l'on adresse aux pauvres d'esprit, aux imbéciles fieffés, à ceux qui n'apprennent rien de rien et dont la vie quotidienne est un chapelet de bêtises à faire rougir Jean Dix-sept lui même, "celui qui met dix-huit pour faire dix-neuf". Il n'y a pas d'âne dans la région, il faut donc se rabattre sur un animal familier dont l'intelligence n'est pas réputée très vive. Les longues cornes valent bien les longues oreilles. Est-ce pour cela que la punition infligée, dans tout le pays bretonnant, aux écoliers surpris à parler breton s'appelle **la vache!**. Il y a bien d'autres noms, le **symbole** par exemple, mais la vacherie l'emporte à tous les coups.

A propos de symbole, la vache est souvent symbolisée par un objet matériel, n'importe quoi: un galet de mer, un morceau de bois ou d'ardoise que le coupable (!) doit porter en pendentif autour du cou au bout d'une ficelle; un sabot cassé, un os d'animal, un boulon que le maître d'école remet au premier petit bretonnant qui lui offense ses oreilles de fonctionnaire avec son jargon de truandaille. Le détenteur de la vache n'a de cesse qu'il n'ait surpris un de ses camarades en train de parler breton pour lui refiler l'objet. Le second **vachard**, à son tour, se démène de son mieux pour se débarrasser du gage entre les mains d'un troisième et ainsi de suite jusqu'au soir, le dernier détenteur écopant de la punition. Certains maîtres engagent même les enfants à se dénoncer mutuellement, bien qu'ils enseignent dans leur

classe qu'il est très vilain de "rapporter". Mais la règle ne vaut pas
pour le délit de bretonniser. Comprenne qui pourra.

Je dois dire que, dans mon école, je ne me souviens pas d'avoir
jamais vu **la vache** sous forme d'un objet quelconque, pas plus que
je n'ai entendu encourager la dénonciation. Mais en sixième, au
lycée, j'entendrai mes camarades bretonnants conter des dizaines
d'histoires de vaches...Dans la cour du lycée la Tour d'Auvergne, à
Quimper, en 1925, il est interdit de cracher par terre et de parler
breton. La **vache** s'appelle la consigne. Et les pions, nos
persécuteurs, sont aussi bretonnants que nous. Mais un gars du
gouvernement a dit, écrit et publié que, pour l'unité de la France, le
breton devait disparaître. *Requiem aeternam dona ei, domine...*

La langue bretonne aujourd'hui

Dans les campagnes, cependant, et même dans le bourg où je suis
né, la langue quotidienne est toujours le breton. Presque tout le
monde sait aussi "faire avec le français", certains même fort bien.
Mais le français demeure, pour la plupart, une langue parallèle dont
on ne fait un usage constant qu'à l'égard de ceux qui ne savent pas
le breton ou lorsqu'on se rend à la ville. Analyser les circonstances
d'emploi des deux langues nous mènerait trop loin. Quelques-uns ont
entrepris de s'adresser à leurs enfants uniquement en français, mais
les enfants baignent encore dans le breton.

Cependant, il faut avouer qu'au milieu de la désagrégation de la
société bretonnante, les gens de la campagne se trouvent assis entre
deux chaises. Le français qu'ils ont appris à l'école ne trouve guère à
s'enrichir dans le milieu familial et professionnel. Le vocabulaire de
la vie quotidienne et celui de la terre est le breton pour longtemps
encore parce que le breton exprime excellemment, et pour cause, une
civilisation particulière et originale que le langage français n'arrive
pas encore à signifier convenablement. L'atmosphère traditionnelle,
toujours vivace, dans laquelle ont vécu les bretonnants qui ont
aujourd'hui entre quarante et cinquante ans, a empoisonné longtemps
ceux qui avaient vocation de cultivateurs.

Cela n'eût pas été un mal, au contraire, si on leur avait enseigné
leur langue maternelle dont ils n'ont qu'une connaissance d'usage
oral. Mais on a écarté délibérément cette langue de l'enseignement
sous un prétexte d'unification nationale dont la vanité s'est avérée

depuis longtemps. Et l'on assiste à ce paradoxe un peu dérisoire: des
bretonnants, éminents professeurs de langues vivantes, qui ne savent
même pas lire ni écrire leur langue maternelle! Passe encore pour
ceux-là. Ils peuvent combler cette lacune à peu de frais. Mais les
paysans ont vu dans cette interdiction du breton à l'école une
condamnation formelle de leur langue, une preuve de non-validité. Ils
en ont contracté un complexe qui dure encore. On ne cesse de
rencontrer des bretonnants honteux. Quand ils sont bourgeois ou
citadins, il n'y a de mal que pour eux, mais quand ils vivent en
milieu bretonnant, c'est-à-dire quand ils sont laboureurs de terre, ils
se trouvent déclassés dans les deux sens: d'une part, ils n'ont pas une
connaissance raisonnée de leur langue, d'autre part ils ne peuvent pas
acquérir la maîtrise du français par manque de pratique en milieu
francisant.

Or, le français gagne déjà les affaires rurales et même les foires et
marchés, le français règne dans la presse avec son attirail de mots
abstraits devant lesquels le bretonnant est mal assuré. Le bretonnant
de petite instruction a conscience de ne pas être à la hauteur, il en
conçoit parfois de la méfiance et de la hargne. Il s'isole lui-même et
les autres le relèguent. Il est repoussé comme un lépreux sur la
France de la nation francophone. Il est oublié. Il se défend mal. Quoi
d'étonnant quand la science submerge déjà les autres! Il n'est
pourtant pas moins intelligent que ceux-là, mais il est plus mal armé.
Il en serait autrement s'il connaissait sa propre langue d'abord. M. de
Guébriant, fondateur d'un célèbre syndicat agricole dont les
réalisations sont incontestables, l'a nettement affirmé à l'envoyé du
journal Le Monde: "Je considère que le bilinguisme a contribué à
leur évolution (des agriculteurs du Finistère). La transposition
constante de la pensée du breton en français exige une gymnastique
intellectuelle qui s'apparente par plus d'un trait à celle que nous
avons pratiquée lorsque nous assimilions le grec et le latin." Fort
bien. Encore faut-il connaître le breton.

Le sens du folklore

Parlons donc de folklore...Au sens propre le folklore est la totalité
de la civilisation populaire en ce qu'elle a de spécifique, mais une
bonne part de nos contemporains ne désignent par ce mot que
certaines danses traditionnelles en costumes de terroir dont le touriste

moyen fait son dessert de couleur locale plus ou moins frelatée. En somme, ce que Morvan Lebesque appelle, quelque part, la **chienlit folklorique**. Pour d'autres folklore est synonyme de gentillesse, de naïveté bon enfant, de sous-développement artistique, de nostalgie pastorale, de veillées des chaumières, de retardement intra-veineux et, en tout état de cause, de facilité, confusion et pagaille. Et François Mauriac s'indigne d'entendre qualifier la religion de **folklore**, tandis que les farfelus les plus échevelés passent pour des personnages **folkloriques** et qu'à propos d'un congrès mal organisé ou d'une contre-vérité flagrante on écrit froidement: c'est du **folklore**...

Il nous suffira de rappeler les grandes lignes de la définition dur laquelle tous les spécialistes dignes de ce nom sont tombés d'accord: le **folklore**, c'est tout ce qui forme la civilisation propre à une population donnée, historiquement et socialement rassemblée sur un territoire défini et se manifestant sous des aspects spirituels et matériels. Les aspects spirituels sont une psychologie collective exprimée par la langue, le dialecte ou le patois, la littérature orale ou écrite, la musique et ses instruments, les danses et les chants, les modes vestimentaires, les jeux et exercices physiques, les fêtes traditionnelles, les croyances et coutumes, les droits et usages juridiques, les traditions sociales. Les aspects matériels sont les techniques de construction d'habitations et de navires, de fabrication d'outils et d'instruments, de métiers artisanaux, de culture et d'élevage, de navigation et de pêche, de nutrition et de médecine populaire. Tous faits qui, bien qu'en continuelle mouvance, ne cessent d'être marqués par la conscience collective traditionnelle propre à cette population.

En réalité, la majorité de nos contemporains sont des individus folkloriques. Je veux dire par là qu'ils ne peuvent se résoudre à abandonner certaines formes de vie qui correspondent à leurs tendances profondes. Et je veux dire enfin qu'il est une réaction de défense contre un avenir qui, malgré toutes ses promesses, ne laisse pas d'inquiéter le fils de l'homme...

Le vrai folklore n'a rien à voir avec la mode. Il en est le contraire. Le temps d'une vie ne suffit pas à l'établir. Sa démarche est parfois difficile à suivre. Mais il représente toujours une permanence de l'homme. Or, aujourd'hui, c'est l'humanité même qui joue son destin. Ce qui est montré, dans les fêtes folkloriques, ce sont les images d'une époque où la main prévalait sur la machine, où l'on pouvait boire l'eau des rivières, où l'on n'abattait les arbres que pour le toit ou le feu, où l'on se distinguait des autres par le costume. De nos jours, on détruit froidement le milieu naturel, on n'a d'autre souci que de faire comme tout le monde, c'est-à-dire de se rendre esclaves des mêmes normes de vie imposées par la nouvelle civilisation.

Au début de ce siècle, les fêtes folkloriques étaient des manifestations spontanées. Aujourd'hui, elles ne servent plus qu'à représenter certaines valeurs que nous sommes en train de perdre et dont nous savons désormais qu'elles sont essentielles. Les têtes politiques ont beau en faire fi, elles ont plus de portée que bien des discours et autant de chansons. Remarquons simplement, et sans autre commentaire, que les jeunes Bretons qui ont pris la plus claire conscience des problèmes de leur pays, c'est dans les Cercles Celtiques et dans les Bagadou qu'on les trouve. Tout cela est appelé à disparaître un jour, nous le savons. Mais il en sortira autre chose et les historiens devront rendre justice à la contestation permanente du mouvement folklorique depuis la Deuxième Guerre mondiale...

Des sources bretonnes

Pour moi, au nombre des raisons qui m'ont fait m'intéresser sérieusement à la langue bretonne et à la civilisation populaire de mon pays, il y a celle-ci: j'étais persuadé que la mutation accélérée du monde allait entraîner, à bref délai, la disparition du milieu où avaient prospéré cette langue et cette civilisation, c'est-à-dire la paysannerie traditionnelle. Mais je savais aussi qu'une civilisation ne meurt jamais tout entière, qu'elle continue d'alimenter en profondeur, comme une eau souterraine, les générations qui succèdent à son apparente mort et qu'elle resurgit, tôt ou tard, en source libre ou en fontaine canalisée. Je savais qu'une langue, même disparue de l'usage (et c'est loin d'être le cas pour le breton), fait le souci des savants qui s'essaient à débrouiller les traits du monde actuel.

Le triomphe littéraire du latin ne nous console pas de notre ignorance à peu près totale de l'étrusque. On en est réduit à fouiller le sol à la petite cuillère pour tenter de reconstituer sur des débris la vie de peuplades qui ont tenu en main, pendant des siècles, le destin du monde. Archéologie, que de châteaux de sable on élève en ton nom! Alors qu'une langue, si humble qu'elle apparaisse au temps de sa déchéance, est un champ de fouilles autrement riche que les plateaux déserts où l'on fait circuler des fantômes problématiques, hélas, et surtout muets.

Je ne m'interroge pas sur le destin du breton. Ce n'est pas mon affaire, mais bien celle des générations qui viennent. Je ne me résous pas au déluge pour autant. Je refuse aussi de m'en laver les mains. J'estime que la génération à laquelle j'appartiens, du fait même qu'elle est placée à un instant critique de l'histoire du breton, se doit de faire un inventaire de la civilisation traduite par cette langue. Cet inventaire, en tout état de cause, n'est pas un testament.

Mais peut-être mes contemporains bretonnants seront-ils les derniers à avoir parlé le breton sur les genoux de leur mère. De ce fait, ils ont une responsabilité qui n'est pas la même que celle endossée par ceux qui les précédèrent ou ceux qui les suivront. Les premiers n'avaient guère d'inquiétude sur le sort de leur idiome, même s'ils le considéraient comme une voix inférieure dans le concert du monde. Les seconds pourront toujours excuser leur éventuelle impuissance en arguant de notre insuffisance à établir fermement leur héritage. Il nous revient donc de savoir et de proclamer où nous en sommes.

C'est ce que je tâche de faire ici, sans vaines illusions ni prétention aucune, mais avec la confuse espérance que de nouveaux courants civilisateurs, des mutations aujourd'hui imprévisibles, pourraient inciter les générations futures à chercher des références et peut-être des recours dans des modes de vie et de pensée que l'évolution actuelle semble condamner définitivement...

Noël au pays bigouden

Je ne connais pas le père Noël. Mes parents non plus. Mon grand-père encore moins. L'enfant Jésus n'a pas délégué ses pouvoirs à ce personnage à barbe et houppelande qui sera plus tard une caricature des grands-pères quand ceux-ci auront été déchargés de l'éducation de leurs petits-fils. Il ne viendrait à l'idée de personne d'aller déplanter un sapin dans quelque bois pour le faire trôner au beau milieu de la maison. A-t-on jamais vu un sapin prendre racine dans la terre battue! Tandis que la bûche de Noël a bien sa place dans la cheminée, pas vrai! C'est une bûche qui nourrit le feu, qui réchauffe la maison et qui préserve aussi de l'orage, sans compter d'autres vertus qu'on ne connaît pas toujours. Cette bûche est déjà préparée au fond de l'âtre. L'Enfant Jésus peut venir en robe blanche et les pieds nus. Il n'aura pas froid...

Il viendra vers minuit, dit grand-père. Si vous pouvez demeurer éveillé jusque-là, vous le verrez par le trou du lit clos. Je voudrais bien voir l'Enfant Jésus qui doit être de mon âge, n'est-ce pas, et qui sait sûrement jouer aux billes. Mais les émotions de la journée sont trop fortes. Et puis, grand-père n'arrête pas de me faire aller ici et là sans me laisser un moment de répit. A sept heures du soir, je dors déjà en mangeant ma soupe. A huit heures, après une lutte héroïque pour garder mes yeux ouverts, c'est à peine si je peux grimper tout seul sur ma paillasse de balle d'avoine. Je sombre corps et âme dans le crissement lointain des portes du lit qui se referment sur moi.

Un bruit de tonnerre me réveille. Serait-ce la fin du monde sur nous? Mais la trompette de l'Archange est un tambour que je connais bien pour l'avoir fait sonner moi-même. Celui que mon oncle Jean Le Goff m'a rapporté de quelque ville avant d'aller se faire tuer à la guerre. Mais comme il résonne fort! Qui se permet...Je me dresse dans ma chemise de chanvre, je colle un oeil dans une des sculptures à jour de mon lit clos et je vois. Je vois grand-père, en chemise lui-même, les pieds nus dans ses sabots, dressé sur le sol de terre battue, qui sonne la charge du mieux qu'il peut. Il devine mon oeil derrière un des trous, il voit mes doigts qui s'agrippent aux fuseaux du lit. Il s'arrête et d'une voix désolée:

"J'ai été pris de court, dit-il. Je vous ai réveillé aussi vite que j'ai pu, mais c'était déjà trop tard. Il n'a fait que descendre et remonter. Moi-même, c'est à peine si j'ai vu le pan de sa robe. Il a tant de travail à faire cette nuit, le pauvre Enfant Jésus! Mais il a laissé quelque chose pour vous derrière lui. Venez donc voir!

Dans mon sabot droit, il y a une pomme d'orange, dans le gauche un Jésus en sucre. On m'expliquera que je ne puis manger ni l'un ni l'autre avant des jours et des jours d'exposition sur le vaisselier. Regardez mieux, dit grand-père. Au fond du sabot gauche, il y a un cornet de bonbons rouges des plus communs, au fond du sabot droit une barre de chocolat. Je m'assieds sur la pierre du foyer pour les goûter tout de suite. Ils sont voués à la consolation du pauvre chrétien en herbe qui a manqué son rendez-vous avec le Sauveur.

Les pardons au pays bigouden

...de tous les "jours de foi", ceux que nous affectionnons le plus ce sont les pardons. Le pardon est la fête annuelle du saint éponyme d'une église ou d'une chapelle. Certaines, particulièrement vénérées à cause des indulgences et des guérisons qu'on y trouve, voient même deux pardons par an, le grand et le petit. Le petit est pratiquement réservé à la population des alentours. C'est sans doute celui de la dévotion la plus vraie. Le grand rassemble les fidèles d'un ou plusieurs cantons, sans compter les pèlerins qui viennent de très loin en raison de la réputation particulière de la Vierge, de la sainte Anne ou du saint qui règne en tel ou tel endroit.

Nous-mêmes, nous n'hésitons pas à sortir du Pays Bigouden pour aller aux grands pardons de sainte Anne de la Palud, c'est la moindre des choses, ou à Notre-Dame de Rumengol au milieu des terres du département, ou même à Notre-Dame du Folgoët, tout à fait dans le nord, au pays de Léon. Sainte Anne de la Palud, on y va facilement à pied. Cela ne fait guère que douze lieues aller et retour par les chemins de traverse en s'y prenant bien. Il suffit de partir le samedi soir après le travail avec les provisions qu'il faut, de dormir quelques heures dans une grange vers Douarnenez, et l'on arrive à point pour la grand-messe. On revient après les vêpres pour être d'attaque au travail le lundi matin à l'aube. Ainsi ont fait mes parents.

Ainsi fais-je avec ma mère, vers douze ans, à cette réserve près que je couche dans un vrai lit chez des cousins de Pouldergat, paroisse qui est sur la route. Du moins pourrai-je témoigner que le pardon, liesse et mystère, est bien encore ce que Tristan Corbière a décrit à la fin du siècle dernier. Il est cela et beaucoup plus. Une foule pleine de comme-il-faut, à la semblance de la Dame de ce lieu, circule en quête de paradis à travers une cour des miracles qui hésite entre l'Enfer et le Purgatoire.

Là les Bigoudens ont une place de choix. Leur dévotion à l'égard de sainte Anne est telle qu'ils se rassemblent, la veille, pour se préparer au pardon, autour d'une chapelle voisine dédiée à saint Nicodème que les gens du pays appellent, je ne sais pas pourquoi, *sant Yann ar Vigoudened* (Saint-Jean des Bigoudens)...

Quant aux pardons Bigoudens, ils sont trop nombreux pour que l'on puisse les fréquenter tous. Il n'y a pas assez de dimanches entre Pâques et la Toussaint. Au reste, beaucoup de pardons ne concernent

guère que les gens du bourg ou du quartier en question et les parents
disséminés à travers les deux cantons qui sont les nôtres. C'est à
l'occasion des pardons que se font les réunions de famille, que l'on
s'invite mutuellement d'une paroisse à l'autre, que l'on met les petits
plats dans les grands pour un **repas carré**.

Notre famille à nous s'étend sur Pouldreuzic, Plozévet, Landudec
et Pouldergat. Cela fait bien une douzaine de pardons en comptant les
chapelles, mais le **repas carré** ne se fait guère que pour le pardon
des églises paroissiales. On n'en finirait pas. Cependant, mes grands-
parents habitent en pleine campagne de Plozévet, nous sommes
régulièrement invités pour le pardon de la chapelle la plus proche qui
est Saint-Ronan, perdue au bout de mauvais chemins. A Pouldreuzic
même, nous avons quatre pardons: celui de saint Faron et de saint
Fiacre, celui de la seconde paroisse de la commune qui est Lababan
et les deux pardons de Penhors, le petit port sur la mer. Les quatre
sont honorablement célébrés.

-- Per Jakez Hélias, <u>Le Cheval d'orgueil</u>

The Breton language, together with Irish and Scottish Gaelic, and Welsh, is a remnant of what was once a vast linguistic empire, stretching from the Danube south into the Balkans and west into much of Germany, Gaul, parts of the Iberian peninsula and the British Isles. The Celts dominated much of Europe before the extension of the Roman Empire and inflicted several memorable defeats on the Romans. Their languages constitute a separate branch of the Indo-European family, perhaps originally closely related to Greek and Latin. This is a short history of the Celtic languages and a description of their most characteristic trait, lenition or *mutation*.

Le breton, langue celtique

Les Celtes, Indo-européens originaires du Centre de l'Europe, se sont répandus surtout pendant le premier millénaire avant l'ère chrétienne sur des pays parfois éloignés de leur patrie primitive. (Leur supériorité était due à deux découvertes de première importance à cette époque, la domestication du cheval et l'industrie du fer: cela permettait des outils et des armes de qualité supérieure, et dans le combat une mobilité et une puissance dont ne disposait pas l'adversaire. Les Celtes sont encore aujourd'hui des éleveurs de chevaux: c'est un vieux tour de main ancestral.) Les documents historiques grecs et romains nous permettent de situer leurs différentes invasions, mais aussi les vestiges archéologiques de l'art celtique, les noms de lieu. Ainsi, une expédition descendant par le Danube finira en Asie Mineure, dans la Galatie qui s'appellera de leur nom, Galates. D'autres descendront par la vallée du Rhin, et se répandront à plusieurs reprises sur la Gaule et jusqu'en Armorique. D'autres tribus occuperont la Belgique actuelle, puis passeront dans les Iles Britanniques auxquelles elles laisseront leur nom. Ce seront deux invasions successives: la première, celle des Gaëls, s'est maintenue en Irlande et en Ecosse; la deuxième, les Britoni, les Bretons, s'est répandue sur le sud de la Grande-Bretagne. Ce sont eux qui plus tard seront chassés des régions de l'Est par les invasions saxonnes, tout en se maintenant dans le Pays de Galles et la Cornouaille anglaise.

Ceci nous explique la géographie des langues celtiques actuelles.

Dans la plupart des régions de l'ancien domaine celtique (lequel ne fut jamais un empire politique) la langue ne s'est pas maintenue; les

invasions celtiques ont été souvent recouvertes et submergées par
d'autres encore plus importantes. Les Iles Britanniques au contraire
ont été le territoire privilégié où population et langue celtique ont pu
se défendre et persister. Existent toujours la langue irlandaise, la
langue écossaise; toutes deux sont dites langues gaéliques, elles sont
très proches l'une de l'autre. Et d'un autre côté, nous avons deux
langues brittoniques, également très apparentées, le Gallois et le
Breton armoricain, le Cornouaillais de Grande-Bretagne ayant disparu
à la fin du XVIII siècle...

...l'examen du breton et du gallois anciens manifeste entre eux une
telle parenté que nous avons finalement affaire, sans nul doute, à
deux dialectes fondamentalement semblables: dans les anciens
manuscrits latins, les gloses en gallois et en breton ne sont
reconnaissables qu'à de menus indices, comme la forme légèrement
différente de l'article défini. Sans compter que le cornouaillais de
Grande-Bretagne, malheureusement disparu, était si proche du breton,
qu'encore à la fin du Moyen Age, les deux langues se comprenaient
l'une l'autre.

Traits communs avec les autres langues celtiques

Les langues celtiques sont connues pour un phénomène linguistique
désigné sous le nom de "*mutations*". C'est-à-dire que dans certains
cas, la consonne **initiale** du mot se mute, alors que dans les autres
langues elle reste en principe inchangée. C'est un phénomène de
liaison qui fait que deux mots, ou plusieurs, s'agglutinent pour
former un tout, un peu comme en français, par un phénomène
inverse, il y a des liaisons finales qui se font ou ne se font pas: par
exemple **deux oiseaux** et **deux pies**.

Prenons un exemple breton: le mot *Bro* qui signifie "pays, patrie".
Si je le fais précéder de l'article il deviendra *Ar Vro*; si je dis "votre
pays", ce sera *Ho Pro*. Ces deux mutations sont les principales, celle
par adoucissement de l'initiale, et celle par renforcement de celle-ci.
Une troisième catégorie de mutations, celle par spiration, apparaît
plus insolite à une oreille française: ainsi le mot *Kalon* (coeur)
commençant par K deviendra *Va C'halon* (mon coeur) par spiration
du K. Cette mutation est loin d'être spéciale au breton: on la retrouve
dans de multiples langues, comme en hébreu, ou encore en grec où
les mutations internes obéissent à des règles semblables: deux

consonnes ou deux sons consécutifs doivent être du même degré, ou
deux sourdes, ou deux douces, ou deux aspirées.

... Nous l'avons déjà dit, les mutations apparaissent dans d'autres
langues, même les mutations initiales, comme dans certains dialectes
sardes ou malais; elles sont cependant caractéristiques des langues de
la famille celtique. Pour les bien comprendre, il faut se rappeler
qu'en celtique la phrase forme une unité, une ligne continue, les mots
sont comme soudés pour former un tout logique et linguistique. Ce
n'est pas du tout comme en français où la phrase est coupée et
parfois finit par s'émietter comme dans le langage moderne de
beaucoup de gens.

--Loeïz Ar Floc'h, "La langue bretonne",
Bretagne, éd. Christine Bonneton

Literary works in the Breton language have been continuously produced since the annexation of Brittany by France in 1532. During the sixteenth and seventeenth centuries, most of what was written in Breton, dramas, religious songs, and especially moral treatises, was strongly influenced by French models. The publication of Hersart de la Villemarqué's <u>Barzaz Breiz</u> in 1839, a work purported to be a collection of popular poetry but actually an original creation of Villemarqué, did much to stimulate a Celtic renaissance in Brittany, and literary production in the Breton language. The nineteenth and twentieth centuries have witnessed an enormous increase in Breton-language literature, of which we include several striking examples.The oral tradition of Brittany, heir to the Celtic bardic tradition, has had a strong influence on Breton literature, which, as will be evident, combines this with modern themes and metaphors.

All of the following selections have been taken from Philippe Durand's <u>Livre d'or de la Bretagne</u> (Paris: Seghers, 1975.)

Jean-Pierre Calloc'h

Jean-Pierre Calloc'h was born on the island of Groix near Lorient (Morbihan) in 1888, and died, in battle, on April 10, 1917. He began writing during his studies at the *petit séminaire* of Sainte-Anne-d'Auray. Many of his early poems were published in the journal <u>Dihunamb!</u> Before the war, his collection of poems <u>War an Daoulin</u> (A Genoux) was published, to wide acclaim. During the war, he served as a lieutenant in the French army, hoping, as did many of his fellow Bretons, that at the end of the war a grateful France would grant to the Bretons, who had proved themselves to be loyal citizens and not "de vilains séparatistes", the cultural rights they had so long been denied. This was a vain hope. The cultural policy of the Third Republic after the war was that the Bretons, now "deux fois français" as a result of their loyal defense of France, had no need to claim any particular cultural rights. Later, in 1925, the Minister of Public Instruction was to declare "Pour l'unité linguistique de la France, la langue bretonne doit disparaître."

La poésie bretonne

Diougan Ezekiel (La Vision d'Ezéchiel)

É bobl-sé, kousket ar en Douar,
Hag e saù aben get safar
Pe huéh aùel Doué ar hé fen
Anaùet em es nerh men gouen.

Er bobl-sé, get Doué dibabet
Aùit bout É soudard ér bed
Ha chom féal dohton heb distro,
Anaùet em es Fé mem bro.

Er bobl-se saùet a neùé
Dré ivoul Doué, dré ivoul Doué,
-O mouélhieu dioanag taùet! -
Mem Breilheg em es anaùet.

Er bobl-se, kent deuhantéret
Ha n'hé des ket hoah ankouéhet,
Ha d'en em unañnein e ya,
Anaùet em es me Heltia.

Anaùet em es tonkadur
Er-vro-sen éh onn hé hrouédur
Met più e vo en dén-brézel
E rei en tréh de Vreiz-Izél?

Più? Ha de béh eur é tei éan
De astagein deu dam er Gléan,
'N ur youhal d'emb: "Mibion, saùet!"
Get peh aroué 'vo anaùet?

Più ha pegours? Ha petra 'vern!
Ni, huéhamb 'taù ar en eskern,
Galùamb Spered er yeh, er Fé.
Hag é pep tra fiamb é Doué!

III.

You d'em bro Breiz-Izél! You, you! d'en oll Gelted!
Me ùél.. me ùél... O! cheleuet, sellet!
De Vreiziz en niù vro leùéné, leùéné!
Er haor koh keltiek e zihun én é vé.

E zivreh so skolmet, ar é dreid ur chaden,
Meti én oébl glas hen des laosket é youhaden,
Hag er pobleu spontét en um sell tro ha tro,
En um houlen get krén: "Petra enta e zo?"

Arsaùet get hou klem: Mab Gomer zo dihun:
Kornal e ra é vouéh avel tarh er gurun
Ha geti mañnéieu Breiz-Izel, Iùerhon,
Mañnéieu Bro-Kambri. Kerné. Skos, e zason.

Telen, binieu, korn-boud, kañnet ha diskañnet,
Degouéhet é 'r prantad, er prantad diougañnet:
Treh d'er Vreiziz, ha hui, malloh d'oh, broieu kaill!
Blaoahus vo en taol, mar rant arnoh ur saill.

Un heij-skoé krénù touchant ha bréuet vo er yaùa:
Doué revo béniget: Keltia e zo ar saù!

IV.

Nann! n'é ket un hunvré em es groeit! Un dra guir
E vo, ya! Meti hebkén mar vennamb kemér skuir
Ar hon tadeu; mar graomb é pep amzér elté,
Mar doujamb, get hanù Breih, heb méh, un hanù all: Doué!

En ce peuple étendu à terre,
Qui se lève tout de suite avec fracas
Quand le vent de Dieu souffle sur sa tête
J'ai reconnu la force de ma race.

En ce peuple par Dieu choisi

Pour être son soldat dans le monde
Et Lui rester fidèle sans retour
J'ai reconnu la Foi de ma patrie.

En ce peuple levé de nouveau
Par la volonté de Dieu, par la volonté de Dieu,
O voix de désespoir, taisez-vous!
J'ai reconnu ma douce Bretagne!

En ce peuple jadis morcelé
Et qui n'a pas encore oublié,
Et qui marche vers l'union
J'ai reconnu ma Celtie.

J'ai reconnu la destinée
Du pays dont je suis l'enfant...
Mais qui sera l'homme de guerre
Qui donnera la victoire à la Bretagne?

Qui? Et à quelle heure viendra-t-il
Rattacher les deux morceaux du Glaive
En nous criant: "Fils, levez-vous"?
A quel signe le reconnaîtra-t-on?

Qui et quand? Et qu'importe!
Nous, soufflons toujours sur les ossements,
Appelons l'Esprit de la langue, de la Foi,
Et en toute chose ayons confiance en Dieu...

III

Hourra pour ma patrie de Bretagne! hourra, hourra pour tous les
        Celtes!
Je vois... je vois... je vois!... Oh! écoutez, regardez!
Aux Bretons des deux pays allégresse, allégresse!
Le vieux héros celte se réveille dans sa tombe.

Ses bras sont liés, sur ses pieds est une chaîne,
Mais dans l'air bleu il a jeté sa clameur,
Et les peuples épouvantés se regardent tout à l'entour

En se demandant avec tremblement: "Qu'est-ce donc qu'il y a?"

Cessez votre plainte: le fils de Gomer est sur son séant,
Sa voix retentit comme le fracas du tonnerre,
Et les montagnes de Bretagne, d'Irlande,
Les montagnes de Cambrie, de Cornouailles, d'Ecosse lui font écho.

Harpe, biniou, corne de guerre, sonnez et résonnez:
Il est venu le temps prédit
Victoire aux Bretons! Et vous, malédiction sur vous, peuples impies!

Terrible sera l'affaire, s'ils bondissent sur vous.
Un fort haussement d'épaules bientôt, et le joug sera brisé!
Dieu soit béni: la Celtie est debout!

IV.

Non ce n'est pas un rêve que j'ai fait. Une chose vraie
Ce sera, oui! Mais seulement si nous voulons prendre exemple
Sur nos pères; si nous faisons en tout temps comme eux,
Si nous vénérons, avec le nom de Bretagne, sans honte, un autre
        nom, Dieu!

                --Jean-Pierre Calloc'h

                    Anjela Duval

    Anjela Duval was born in 1905, in Traoñ-an-Dour, Brittany, in the
département of Côtes-du-Nord. She learned to read Breton as a child,
in catechism class, but did not begin writing in her native language
until 1951. In 1960 she began her first complete work of poems,
stories and recollections in Breton, which were published by Breton-
language journals of the time. Many of her poems were set to music,
made into records and broadcast on the Breton television programs of
Charles Le Gall. Her appearance on the French television series **Les
Conteurs** in 1971 created a sensation, and the French *première*

chaîne was inundated with mail and phone calls from all corners of France, unanimous in their acclaim. The public has continued to respond to the peasant-poetess in the same way; her home in Traoñ-an-Dour is a mecca for tourists, men of letters and <u>bretonnants</u>. Her book <u>Kan an Douar</u>, which was awarded the Prix Yann-Ber Kalloc'h, has become the model text for beginning students of the Breton language. Since birth, Mlle Duval has lived in the same house, and continued to look after her family's farm, in the belief that "la terre passe avant le papier."

Dismantrou Breizh (La ruine de la Bretagne)

--Ober 'ran gwerzennoù? --Ya, ober 'ran gwerzennoù.
Met ne blij tamm ebet din bezañ anvet barzh!
Va micher zo bet a-viskoazh tro' hañ buzhug.
Ha komz 'ran d'am loened 'vel pa vefent tud...
Va micher am eux kavet atav plijus,
Evel ma kav plijus ar pesk: an dour.

Met bez' ez eus traoù ha n'o c'havan ket plijus,
Hag henn lavarout a rankan:
Ne gavan ket plijus gwelout maezioù va Bro
O tistreiñ da fraost ha da repu d'al loened gouez.
Ne gavan ket plijus gwelout savadurioù va Bro
O tremen e daouarn an estren evit un dornad paper.
Ne gavan ket plijus, tamm ebet,
Gwelout kleuzioù va Bro -- framm ha stern ar Broioù kelt --
      Rac' het didruez ha diskiant,
Ha yaouankiz va Bro o redek d'ar c'hêrioù
Da werzhañ o nerzh ha frankiz o buhez
      D'ar mac' her o goapa.
Ne gavan ket plijus gwelout kozhidi va Bro
E marvdiez ar c'hêrioù o ouelañ d'o foan gollet,
      Na mammoù yaouank va Bro
O komz yezh ar mac' her d'o bugagligoù.

Torfed eo terriñ ar Chadenn
Torfed eo kontammiñ ar Ouenn,
Ha den na sav e c'her da enebiñ.

Den! Pe kennebeut!

Des vers? --Oui, j'en écris!
Mais il me déplaît d'être sacrée barde!
Mon métier, de tout temps, a été de trancher les lombrics.
Et je parle à mes bêtes comme à des personnes...
        Mon métier m'a toujours plu.
        Comme l'eau plaît au poisson.
Il est des choses cependant qui me déplaisent,
        Et je me dois de le dire:
Il me déplaît de voir les campagnes de mon pays
Retourner en friche, en refuge pour bêtes sauvages.
Il me déplaît de voir les bâtiments de mon pays
Passer, pour une poignée de papier, entre les mains de
        l'étranger.

        Je ne puis souffrir, d'aucune façon,
        Que soient arasés sans pitié ni raison
Les talus de mon pays -- cadre et armature des pays celtes,
Et que soient vendues à l'oppresseur goguenard
        La force et la vie libre
De notre jeunesse accourant vers les villes.
Il me déplaît de voir les anciens de mon pays
Pleurant leur peine perdue aux hospices de mort,
        Et les pauvres mamans de mon pays
Parlant à leurs enfants la langue de l'oppresseur.

        Crime, la chaîne brisée,
        Crime, la race empoisonnée,
        Et nul n'élève la voix!
        Personne! Ou si peu.

        --Anjela Duval

                    Per Denez

Per Denez was born in Saint-Lunaire, in the département of Ille-et-Vilaine, Brittany. He is currently professor of Celtic languages and literatures at the Université de Haute-Bretagne and president of the

Breton section of the International Celtic Congress. He is also director of the linguistic journal Hor Yezh and has contributed to the journals Al Liamm and Ar Vro, as well as to the volume Literature in Celtic Countries. His method for learning the Breton language is presented on pages 131-138.

Negro Song
(e doare Langston Hughes)
(in the manner of Langston Hughes)

Me zo Breizhad.

Me zo bet sklav.
> *Galeour ez on bet e bagoù ar Roue Loeiz.*
> *Toullet em eus hentoù, douget va samm a vein,*
> *Savet em eus, en o c'herbenn, o falezioù.*

Me zo bet soudard.
> *Va obidoù em eus en erc'hegi Rusia,*
> *Breinet em eus e rizegi Hanoi,*
> *Tufet va gwad e fozioù pri Verdun.*
> *Lazhet 'm eus ar re zu*
> *Ha distrujet an doueed a azeulent.*

Me zo bet mevel.
> *Mousc'hoarzh ar re faezhet em eus bet or servij.*
> *Desket em eus d'an dud komz evel va mistri.*
> *Ruzet em eus va zreid war bavezioù Pariz.*

Ha graet em eus dezho c'hoarzin
> *Rak me zo bet farouell.*

Me zo bet merzher.

Je suis Breton.

J'ai été esclave.
> J'ai été bagnard dans les galères du roi Louis.

J'ai percé des routes, porté mon fardeau de pierres
Dans leur capitale, je leur ai bâti des palais,

J'ai été soldat.
J'ai chanté mes obsèques dans les landes de Ploemeur.
J'ai pourri dans les champs de neige de Russie,
J'ai pourri dans les rizières d'Hanoï.
J'ai craché le sang dans les tranchées argileuses de Verdun.
Et détruit les dieux qu'ils adoraient.

J'ai été valet.
J'ai eu pour servir le sourire des vaincus.
J'ai appris aux hommes à parler comme mes maîtres.
J'ai traîné les pieds sur les pavés de Paris.

Et je les ai fait rire
Car j'ai été bouffon.

J'ai été martyr.

--Per Denez

Alan Stivell

Alan Stivell, born Alan Cochevelou, is the son of a violin maker
who reconstructed the Celtic harp on the basis of old engravings. By
the age of nine, Alan was giving public concerts with this instrument.
He also learned to play the piano, the Irish flute, the classical harp,
the bombarde and the cornemuse, while working with the Bagad
Bleimor. His compositions seek to remain faithful to the traditions of
Breton music while incorporating modern elements, in a style that
Stivell (the name he adopted in 1970) calls "un progressive folk".
By 1972, he had become one of the most successful popular
musicians in France, with a steadily growing following especially
among young people. As the most widely known participant in the
Breton renaissance, he has also given expression to the protests and
goals of that movement.

Brezhoneg' Raok (La langue bretonne d'abord)

Tud an Argoad ha tud an Arvor
Tud diwar ar maezh ha tud ar chêrioù bras
Tud Breizh-Izel ha tud an Naoned
Diwallit' ta mar plij, diwallit' ta.

Hep Brezhoneg, hep Brezhoneg, hep Brezhoneg Breizh-ebet
Hep Brezhoneg, hep Brezhoneg, arrabat komm diwar-benn Breizh

Mar c'hallit ket sell' dre ho taoulagad
Mar c'hallit ket lar' dezhi "da garan"
Mar c'hallit ket lar' "va mab" d'ho bugel
Echu eo an abadenn da virviken

Hep Brezhoneg, hep Brezhoneg, hep Brezhoneg Breizh-ebet
Hep Brezhoneg, hep Brezhoneg, arrabat komm diwar-benn Breizh

Da virviken ez a da vezañ dall
Un dachenn gwell d'ar Gwirvoud, d'an Hollved
Un tamm muioc'h mac'homet an denelezh
Gant an nerzh, an arc'hant, an dañvez.

Hep Brezhoneg, hep Brezhoneg, hep Brezhoneg Breizh-ebet
Hep Brezhoneg, hep Brezhoneg, arrabat komm diwar-benn Breizh

Gens des terres et gens des côtes
Gens de la campagne et gens des cités
Gens de Basse-Bretagne et gens du pays nantais
Attention, je vous prie, attention.

Sans langue bretonne, sans langue bretonne, pas de Bretagne.
Sans langue bretonne, ne parlons plus de Bretagne.

Si vous ne pouvez regarder avec vos propres yeux,
Si vous ne pouvez lui dire "je t'aime"
Si vous ne pouvez dire "mon fils" à votre enfant,

La séance est à jamais terminée.

Sans langue bretonne, sans langue bretonne, pas de Bretagne.
Sans langue bretonne, ne parlons plus de Bretagne.

A jamais, un champ de vision
De la Vérité, de l'Univers s'aveugle.
L'humanité un peu plus tyrannisée
Par la force, l'argent, la matière.

Sans langue bretonne, sans langue bretonne, pas de Bretagne.
Sans langue bretonne, ne parlons plus de Bretagne.

> Alan Stivell, <u>Chemins de terre</u>, éditions musicales,
> Intersong Tutti

The story of Is, or Keris, the city of Is, is one of the best-known Breton folk tales. The city is supposed to have been located near Quimper, in land that is now covered by the waters of either the Baie des Trépassés, or the Baie de Douarnenez.

La ville d'Is

...Les eaux de la baie de Douarnenez ne recouvrent-elles pas la terre ancienne, l'illustre ville d'Is?

La tradition a fait de cette cité la capitale de Gradlon le Grand, roi de Cornouaille. Elevée sur un polder, elle était protégée de la mer par une digue. Des écluses s'ouvraient à marée basse pour évacuer l'éau des rivières et se refermaient lors du flux. Certaines variantes de la légende parlent aussi d'un **puits de l'abîme**, expression d'une antique croyance des Celtes: sous le sol sont amassées les **eaux inférieures** qui risquent à tout moment de surgir, de s'épancher et de noyer les humains et leurs cités. En certains endroits, elles forment à la surface de la terre des lacs que retiennent des chaussées fortes. En d'autres elles grondent au fond d'un puits que ferme une bonde sacrée, menhir ou autre mégalithe. Il en est ainsi à Saint-Philbert-de-Grand-Lieu, au Relec en Plounéour-Ménez, au moulin de Brézal près de Landivisiau, dans la crypte de Lanmeur. Des légendes analogues existent enfin au pays de Galles.

Is était donc menacée par l'océan, mais outes les précautions étaient prises pour l'en défendre. Les **Portes de la mer** ne pouvaient s'ouvrir qu'au moyen de lourdes clés, déposées dans une cassette que le roi conservait sur sa poitrine.

Is aurait donc couru peu de danger si elle n'avait été une cité aux moeurs dissolues, où la fille de Gradlon, Ahès, encore appelée Dahud, donnait l'exemple de la débauche. Saint Gwénolé y venait souvent de Landevennec, mais les habitants, peu accessibles aux remords, n'écoutaient guère ses admonestations. Aussi Dieu décida-t-il de livrer la ville à Satan.

Sous l'apparence d'un beau jeune homme, le Mauvais s'introduisait au palais et réussit à séduire Dahud. Dans la nuit qui suivit, il obtint d'elle qu'elle allât chercher, au cou de son père, la fameuse clé d'or.

La marée était pleine lorsque les écluses furent ouvertes. Les eaux s'engouffrèrent par les portes et déferlèrent dans les rues: la panique eut à peine le temps de se déclarer, tant fut subite l'irruption des flots. Dieu permit que le roi fût réveillé quelques instants plus tôt par saint Gwénolé. Il sauta sur son cheval et, plaçant sa fille en croupe, il s'enfuit précipitamment avec le moine. Mais, tandis que celui-ci filait comme le vent, la monture de Gradlon, alourdie par le poids de la pécheresse, s'essoufflait rapidement, et les flots, déjà, rejoignaient les attardés.

Gwénolé ordonna alors au roi de se séparer de sa fille; le souverain refusa; l'océan vint frapper les sabots de la bête. Gwénolé renouvela son ordre; cette fois, Gradlon obéit. A cet instant, le cheval bondit, libéré; les vagues ralentirent leur course, et les deux hommes purent atteindre la terre ferme. Derrière eux, la mer recouvrait les toits et les plus hauts monuments de la ville d'Is.

La cité, cependant, n'est qu'engloutie: elle n'est pas détruite. Les pêcheurs de Douarnenez, quand la mer est calme, en ont bien des fois entendu sonner les cloches, sous la mer. De temps en temps, ils repêchent de curieux objets qui en viennent.

Pour la légende, Is la disparue était la plus belle capitale du monde. Si Lutèce, d'ailleurs, a vu son nom changé en Paris, c'est pour la raison bien simple que **par Is** signifie, en breton, "pareille à Is". Un proverbe dit en breton:

Abaoue ma beuzet Ker Is
N'eus kavet den par da Baris.

Depuis que fut noyée la ville d'Is
On n'en a point trouvé d'égale à Paris.

D'ailleurs la roue du destin doit tourner. Un jour, la cité bretonne resurgira des eaux et retrouvera sa splendeur d'autrefois:

Pa vo beuzet Paris
Ec'h adsavo Ker Is.

Quand Paris sera englouti
Resurgira la ville d'Is.

Dahud survit aussi dans l'autre monde, celui des êtres surnaturels, des trépassés et des dieux de jadis. L'un des chants composés sur la ville engloutie s'achève ainsi:

Gwelas-te morvec'h, pesketour,
O kriba he bleo melen aour
Dre an heol splann, e ribl an dour?
Gwelout a ris ar morvec'h venn,
M'he c'hlevis o kana zoken
Klemvanus tonn ha kannaouenn.

As-tu vu, pêcheur, la fille de la mer,
peignant ses cheveux blonds dorés
au grand soleil sur le bord de l'eau?
J'ai vu la blanche fille de la mer;
je l'ai même entendue chanter:
plaintifs étaient l'air et la chanson.

-- Gwenc'hlan Le Scouëzec,
<u>Guide de la Bretagne Mystérieuse</u>

Les fées

__D'autres contes nous présentent des fées qui vivent ... dans les îles. Il y a là le souvenir du mythe celtique de la **Terre des Fées**: c'est une île merveilleuse, où poussent des vergers magnifiques dui produisent des fruits, des pommes notamment, toute l'année, et où vivent des femmes toutes aussi belles les unes que les autres. Déjà, au temps des Romains, l'île de Sein passait pour être le séjour de femmes mystérieuses, prêtresses, prophétesses ou fées, qui initiaient les jeunes gens à des rites fort obscurs. La légende arthurienne s'en fait l'écho à propos de la célèbre île d'Avalon, dont le nom vient du mot **aval**, pomme, où règne la fée Morgane entourée de ses neuf soeurs. C'est là que le roi Arthur, blessé mortellement à la bataille de Camlann, est recueilli par Morgane pour y être soigné et guéri. C'est là qu'il se trouve "en dormition", attendant le moment propice pour revenir dans le monde des humains et réunifier le royaume de Bretagne. Non loin de Trébeurden, dans l'îlot d'Aval, un dolmen en ruine est considéré par certains comme le tombeau d'Arthur. Il est évident que c'est le nom de l'îlot qui est à l'origine de cette croyance.

Un conte recueilli à l'île d'Ouessant rapporte les aventures d'un jeune berger qui voit tois les jours trois cygnes descendre sur les rives d'un étang. Ces trois cygnes, une fois posés à terre, se débarrassent de leur plumage, et alors apparaissent trois belles jeunes filles. Le berger finit par demander à sa grand-mère ce que tout cela signifie. La grand-mère lui explique qu'il s'agit de trois filles d'un roi-magicien qui habite un château merveilleux quelque part au-dessus de l'océan. Et elle lui donne quelques conseils pour aller jusqu'à ce château. Le jeune berger cache les plumages des jeunes filles et ne consent à les rendre que sur la promesse de celles-ci de l'emmener avec elles. Il arrive ainsi au château de l'enchanteur et est caché dans la chambre de l'une des filles. Il tombe amoureux de celle-ci et elle partage son amour. Tous deux décident de s'enfuir après s'être emparés de quelques-unes des richesses du père. Ayant échappé à la vengeance du magicien, ils vivent paisiblement, mais leurs enfants sont tous emportés par les fées de la mer.

Il arrive que les **fées** ou les **filles de mer** récompensent les jeunes gens qui ont fait la preuve de leur courage et de leur ténacité. Un conte du pays vannetais relate l'histoire d'un jeune homme qui, ne sachant quoi faire dans la vie, erre à l'aventure. Il rencontre une vieille femme qui le met à l'épreuve. Comme il manifeste de bonnes intentions et d'excellentes qualités, elle lui donne une baguette magique avec laquelle le jeune homme décide d'aller d'installer sur une île déserte. Or, sur cette île se trouve une fée, sans aucun doute un autre aspect de la vieille femme, c'est-à-dire l'aspect jeune de la divinité représentée par la femme. La fée soumet le jeune homme à une série d'épreuves assez difficiles, puis pour le récompenser, elle lui fait épouser une jeune fille et bâtit pour eux un magnifique château. Dans des versions christianisées de cette légende, c'est la sainte Vierge qui intervient personnellement et qui exauce les prières du jeune homme, mais le thème est exactement le même: c'est un personnnage féminin, appartenant à l'autre monde, le monde des divinités païennes aussi bien que le monde paradisiaque du christianisme, qui aide le jeune homme aux prises avec les difficultés de la vie, et qui lui procure le bonheur qu'il a mérité par sa constance et son courage.

Dans tous les contes bretons, la limite est en effet imprécise entre le monde des vivants et le monde mystérieux de l'au-delà. On passe indifféremment d'un monde dans l'autre. Les jeunes filles au plumage de cygne sont des cygnes pour les humains, mais elles sont des jeunes filles pour les êtres de l'autre monde. On les retrouve dans les légendes irlandaises: nombreuses sont les héroïnes qui appartiennent à la race des anciens dieux déchus, les Tuatha Te Danann, et qui apparaissent aux mortels sous l'aspect de cygnes ou même de corneilles. Il y a là un thème mythologique répandu dans tout le domaine celtique, et la Bretagne n'a pas échappé à cette formulation.

Les korrigans

...Les sorciers et les fées ne sont pas les seuls êtres étranges que l'on découvre dans l'univers des contes. Les uns comme les autres appartiennent encore à l'humanité, ils ont des aspects humains, tandis que toute une catégorie d'êtres sont réellement fantastiques. Ce sont d'abord les démons, généralement terrifiants, mais pouvant prendre des formes humaines ou animales. Bien souvent, à travers leurs représentations, on peut discerner tous les fantasmes surgis de l'imagination des hommes. L'ancien dieu cornu des Celtes, le fameux Cernunnos dont les cornes de cerf ont de multiples significations, n'est-il pas devenu le diable lui-même et ne s'est-il pas chargé de tous les péchés du monde, de toutes les turpitudes, mais aussi de tout ce qui était inquiétant, incompréhensible, obscur, appartenant au monde interdit? Et ensuite, ce sont ces petits êtres qui débouchent brusquement de sous une pierre, d'un buisson épais, d'une souche d'arbre, d'un trou dans la terre, ces nains auxquels on donne les noms de **korrigans**, ou de **poulpikans**, ou encore, dans le pays vannetais, d'**ozegans**.

Il faut remarquer tout de suite que ces **korrigans** n'ont rien de diabolique. Ils ne sont pas les représentants du mal. A vrai dire, ils ne sont ni bons ni mauvais, ce sont les circonstances qui en décident. Dans certains contes, ils viennent aider les humains à accomplir leurs travaux les plus rudes, car ils sont habiles et leur petite taille n'empêche pas leur force. C'est une sorte de pacte qu'ils passent avec les humains, et malheur à ceux qui n'en respectent pas les

clauses! alors, ils se montreront cruels et méchants, car leur
vengeance est implacable et on ne se moque pas d'eux impunément.

-- Jean Markale, <u>Traditions de Bretagne</u>

Les calvaires

Plutôt que de parler d'âge classique, il vaut mieux, en Bretagne, s'en référer à une époque baroque qui couvre les XVII et XVIII siècles. Il n'y a pas, en effet, d'art vraiment classique, l'esprit breton s'y refusant. Il y a toujours quelque chose de fou et de déséquilibré dans l'inspiration bretonne. La ligne droite, la symétrie, la juste mesure ne font pas partie du caractère breton, toujours prêt à s'envoler sur les ailes du rêve. Cela explique les nombreux monuments de style baroque dont la somptuosité et la complication sont tellement exagérées qu'ils en deviennent beaux. Les fameux retables qui font la gloire des églises du Léon en sont la preuve. D'ailleurs on en retrouve des traces dans les moindres chapelles de hameaux, comme si une fièvre s'était emparée de tous les artistes du XVII et du XVIII siècles. Ce ne sont que colonnes torses, décors compliqués recouverts de peinture violente ou de feuilles d'or, grouillement de personnages, abondance d'objets symboliques, grappes de raisin, fleurs, feuilles, épis de blé, comme pour donner raison à ceux qui prétendent que l'esprit breton refuse la distinction classique entre le vrai et le faux, entre le réel et l'imaginaire.

Ce caractère baroque, nous le retrouvons sur les calvaires, tels ceux de Guimiliau, de Lampaul-Guimiliau, de Saint-Thégonnec, de Pleyben dans le Finistère. Ce sont les plus célèbres, mais il y en a des centaines d'autres, plus modestes mais dont la valeur artistique n'est pas moindre. Et ces calvaires font partie de ce qu'on appelle des "enclos paroissiaux". Ce sont d'incroyables ensembles qui groupent, autour de l'église, près du cimetière, des arcs de triomphe, un calvaire à plusieurs étages de personnages, un ossuaire monumental surchargé de sculptures et de clochetons, une chaire extérieure, une fontaine décorée. Tout, dans ces ensembles, dénote la volonté d'établir un lien entre le monde visible et le monde invisible, entre le monde des vivants et celui des morts. Cela encore est bien dans la tradition celtique: l'autre monde n'est pas dans les espaces du ciel ni dans les profondeurs de la terre, il est là, à côté de nous, toujours présent, visible seulement de ceux qui ont des yeux pour voir, et il suffit de passer un porche pour aller d'un monde à l'autre. La philosophie profonde d'un peuple s'exprime toujours par son langage et par ses manifestations artistiques. Les croyances sont

toujours matérialisées dans la pierre, d'autant plus que nous sommes
dans le pays de la pierre.

Jean Markale, <u>Traditions de Bretagne,</u>
pp. 188-191

Au commencement était la pierre

Il est séduisant d'opérer un rapprochement entre les monuments
mégalithiques d'une part et les croix et calvaires d'autre part,
nombreux les uns et les autres sur le sol breton et chargés d'une
signification mystérieuse.
Menhir et croix sont deux formes de pierres levées. D'aucuns
imagineront une survivance des cultes phalliques. D'autres
souligneront plus souvent la relation verticale entre ici-bas et là-haut,
comme une prière de granit s'élevant de la terre vers le ciel.
Le dolmen et l'autel sont des monuments où l'horizontale est
dominante. Tables de sacrifice ou pierres tombales, dolmen et autel
ont des liens de parenté. Certains grands calvaires comportent aussi
des autels. Surtout la mace (ou soubassement) de plusieurs d'entre
eux (Guimiliau, Pleyben, Plougastel), entre autres, peut évoquer la
disposition des dolmens.
Isolées au long des routes, les croix ne sont pas cependant plantées
au hasard. Il en va de même des menhirs isolés qui pouvaient
jalonner, dit-on, des itinéraires de pèlerins ou de marchands, comme
certaines croix apparemment "perdues" en pleine campagne.
La politique de l'Eglise catholique fut la même à l'égard de la
pierre qu'à l'égard des autres éléments. Elle condamna d'abord les
cultes "naturels" ou "païens": le culte du feu, du bois, de l'eau, du
soleil ... et de la pierre. Le culte de la pierre semble pourtant
exprimer la croyance en une certaine forme de pérennité au-delà de
l'éphémère existence terrestre.
Dans un second temps, l'Eglise "christianisa" le culte de la pierre.
De la même manière, sur les hauts lieux, l'archange ailé saint Michel
prit le relais du dieu ailé Mercure, les fontaines de guérison devinrent
des eaux bénites, et à l'hommage rendu localement à certains
personnages célèbres se substitua le culte des saints du pays. On peut

aussi déceler dans cette attitude la permanence du spirituel à travers des civilisations différente.

-- Jean Royer, <u>Les Calvaires bretons</u>, pp. 34-35

Les croyances populaires du peuple breton

Mais en fait, l'originalité des croyances du peuple breton réside surtout dans sa façon d'appréhender le réel, et par voie de conséquence dans sa façon d'imaginer l'irréel. Contrairement à ce qui se passe dans les pays méditerranéens où tout est net, différencié, personnalisé, les êtres surnaturels sont vus par les Celtes, et les Bretons en particulier, comme des personnages polymorphes, des divinités ou des esprits revêtant sans cesse des formes nouvelles et changeantes. Les fées apparaissent aussi bien vous l'aspect d'êtres féminins d'une radieuse beauté que sous l'aspect terrifiant d'une sorcière laide et repoussante. Les enchanteurs, ces magiciens de l'au-delà, sont parfois des géants, parfois des nains, parfois des hommes comme tout le monde, mais doués de pouvoirs redoutables: et ils s'en servent indifféremment pour le bien ou pour le mal.

L'image des anciennes divinités du paganisme sont ambiguës: le dieu Cernunnos de la mythologie celtique qui symbolisait la vie et l'abondance et qui était représenté avec des cornes de cervidés, réapparaît dans les croyances populaires sous des formes nombreuses et contradictoires. Il a en effet droit de cité à Carnac, plus ou moins confondu avec l'hypothétique pape Corneille et se nomme Saint-Kornely, que l'on représente à côté d'un taureau et qui est le saint-protecteur des bêtes à cornes. Il en est de même à la Chapelle-des-Marais, dans la Grande Brière, et dans de nombreuses paroisses de Bretagne. Mais c'est également l'image médiévale du diable cornu. Et c'est aussi l'image du cerf blanc au collier d'or, représenté dans l'église de Tréhorenteuc (Morbihan) d'après un passage des romans arthuriens et qui symbolise le Christ entouré des quatre évangélistes. Et il apparaît encore sous les traits de "saint" Edern, qui a donné son nom aux trois paroisses finistériennes de Plouédern, Lannédern et Edern, personnage issu de la légende galloise arthurienne et mêlé à une chasse fantastique dont le but est un cerf blanc. D'ailleurs, le cerf représente un symbole religieux très ancien, probablement pré-celtique, datant des époques lointaines où les ancêtres des Bretons chassaient les cervidés pour survivre.

Tout se tient dans les croyances. Elles ne disparaissent jamais et se réactualisent sans cesse autour de visages ou d'objets qui traversent les siècles. La nuit de la Toussaint, on raconte qu'il ne faut jamais rouler ou marcher sur les bas-côtés de la route, parce que c'est la nuit où les âmes du purgatoire rôdent sur la terre à la recherche d'un homme charitable qui pourra faire dire des messes pour elles. N'est-ce pas le souvenir de cette nuit de **Samain**, grande fête celtique où le royaume de morts et celui des vivants étaient ouverts l'un à l'autre, et où l'on pouvait communiquer avec "les autres"? L'arbre de mai, de la même façon, est le souvenir de la fête celtique de Beltaine. Et que dire des feux de la Saint-Jean qui sont les survivances d'un rituel compliqué en l'honneur du soleil au moment de la nuit la plus courte de l'année?

L'héritage des religions anciennes se retrouve partout, dans les moindres détails de la vie, dans les gestes qu'accomplissent les habitants des campagnes. Si, pour un Breton, le réel n'est que transformation continuelle de l'essence des choses, cela prouve une sagesse, une sorte de philosophie solidement ancrée dans l'état d'esprit d'un peuple. Le réel n'est qu'illusion, métamorphose, comme le feu, qui n'est pas un élément véritable mais le passage d'un état à un autre. C'est ce passage d'un état à un autre qui caractérise la pensée bretonne. Le monde est transitoire. D'où la grande familiarité entre les vivants et les morts, entre les mortels et les divinités, entre les humains et les êtres surnaturels. Un Breton ne s'étonne plus de rien...

Les pardons

Un pardon est à la fois une fête religieuse et une fête profane. Aller à un "pardon", c'est d'abord se faire "pardonner" ses fautes. Cette pénitence, on l'accomplit en allant sur les lieux mêmes où se déroule la cérémonie, et parfois on y vient de très loin, le plus souvent à pied dans les temps anciens. L'assistance à la messe et aux vêpres solennelles est également une occasion de piété. Mais on ne doit pas oublier pour autant que ces "pardons" sont des "retrouvailles" et que de nombreux parents et amis peuvent ainsi se rejoindre et se réjouir ensemble. Tous les pardons sont des fêtes bigarrées extrêment pittoresques, où l'on n'hésite pas à sortir des beaux costumes d'autrefois, et aussi à boire et à ripailler plus que de raison.

Les pardons sont très nombreux. Il y en a, au fond, à peu près dans toutes les paroisses. Certains de ces pardons sont demeurés d'une authenticité incontestable, car seuls sont présents les gens du pays et des alentours immédiats. D'autres sont des rassemblements prodigieux de population qui attirent, en plus des pèlerins proprement dits, de nombreux touristes qui profitent de l'occasion pour essayer de connaître un peu de l'ancienne Bretagne, celle qui disparaît un peu plus tous les jours.

Le plus célèbre pardon de Bretagne est sans contestation possible celui de Sainte-Anne d'Auray, le 26 juillet: on y vient de toute la Bretagne. Le plus pittoresque est malgré tout celui de Sainte-Anne-la-Palud, en Plonévez-Porzay, près de Douarnenez (Finistère), le dernier dimanche d'août. Parmi les autres pardons réputés et qu'il faut absolument voir, on peut citer celui de Notre-Dame-du-Roncier à Josselin, le 8 septembre, celui de Notre-Dame du Folgoët (Finistère) également le 8 septembre, le pardon de Saint-Yves, à Tréguier, le 19 mai, et surtout, en septembre, le très curieux pardon de Saint-Kornély à Carnac et la Troménie de Locronan (Finistère), entre le deuxième et le troisième dimanche de juillet, ce dernier pèlerinage consistant en une longue procession à travers les bois et les collines, notamment tous les six ans, lors de ce qu'on appelle la "Grande Troménie".

La musique et la danse

La musique bretonne est essentiellement populaire. Depuis les temps les plus lointains, les Celtes étaient réputés pour leurs chants et leurs melodies. Restés profondément à l'écart des pays méditerranéens, et refusant souvent le modèle romain qui allait conduire au chant grégorien, les Bretons et les Irlandais ont conservé davantage de formes archaïques, celles qui sont classées comme **barbares**. On sait, grâce à différents documents, qu'en Bretagne armoricaine, au pays de Galles et en Irlande, pendant tout le haut Moyen Age, existait une musique différente de celle qui avait officiellement cours et qui résultait du choix fontamental de l'Eglise. Cette musique peut être considérée comme l'ancêtre de la polyphonie, et c'est par suite de l'influence des étudiants bretons et écossais que cette polyphonie a, au XIV siècle envahi le continent.

On peut constater que le genre de musique qui était le plus pratiqué autrefois était le **chant**, ce equi permettait d'éviter de faire les frais d'instruments. L'inspiration en était évidemment la plupart du temps religieuse, mais il existait aussi des chansons à danser en

assez grand nombre. Dans les milieux les plus aisés, comme en
Irlande et au pays de Galles, l'instrument de prédilection devait être
la **harpe**, non pas la grande harpe de concert répandue
universellement, mais la petite harpe protative, qui était l'instrument
et le symbole du barde. Cette harpe **celtique** n'est évidemment pas
celtique à l'origine, mais elle résulte d'une adaptation de l'instrument
aux besoins des peuples celtes. D'ailleurs, en Bretagne armoricaine, il
semble qu'elle ait disparu au cours du Moyen Age, et si
actuellement, elle connaît un regain de faveur et de popularité grâce à
une nouvelle génération de musiciens, c'est parce qu'on a emprunté
la harpe irlandaise qui, elle, n'avait jamais disparu et continuait d'être
utilisée.

Un autre instrument caractéristique est le **biniou**. Il appartient à la
famille des **cornemuses**, et est souvent confondu, dans l'esprit du
public avec le fameux **bag-pipe** écossais. Le biniou est un sac de
peau que l'on gonfle en soufflant par un petit tuyau qu'on appelle le
sutell. L'air sort de ce sac par le **levriad** qui est un chalumeau à
anche libre, percé de trous. C'est sur ce **levriad** que le **sonneur** (car
on appelle ainsi le joueur de biniou) provoque des note en faisant
jouer ses doigts sur les trous. Un ou plusieurs **bourdons**,
c'est-à-dire des tuyaux à anche battante, permettent une note
d'accompagnement correspondant à une basse continue...

...le biniou ne se joue jamais seul. Il doit être accompagné au
moins d'un instrument, la **bombarde**, qui est une sorte de hautbois
rustique. Le sonneur de biniou est donc, la plupart du temps,
accompagné par le **talabarder,** c'est-à-dire le sonneur de bombarde.
C'est ce qu'on appelle "un couple de sonneurs". C'est d'ailleurs la
bombarde qui mène le jeu alors que le biniou se borne à
l'accompagner et à répéter les airs en écho pendant que le
talabarder reprend son souffle.

--Jean Markale, <u>Traditions de Bretagne</u>

LES CATALANS

Catalogne du Nord: Introduction

When the Treaty of the Pyrenees was signed in 1659, the Comtés of Roussillon, Conflent, Cerdagne and Vallespir, in the northeastern part of the Pyrenees, became part of France. Louis XIV's insistence that the Pyrenees represented the "natural borders" of France had prevailed in the negotiations of the Treaty. The Catalan-speaking inhabitants of the Comtés were to see many of their cherished local political and judicial institutions, as well as customs and cultural prerogatives, disappear under French rule.

Like the Basques, Catalans are a large ethnic minority united by a common language and culture, but divided by the "natural borders" between France and Spain established by Louis XIV. (Note that the three Basque provinces had already become part of France before the Treaty of the Pyrenees, at different periods.) Catalans, unlike Basques, had known a high degree of political unity during the Middle Ages, especially during the reign of the Kings of Majorca at Perpignan, and had enjoyed considerable political autonomy even under the Catholic Kings and their successors. Like the Basques of France, North Catalans look to their Spanish counterparts for political and cultural support, and it is likely that economic support from the Generalitat of Catalonia in Spain will become increasingly important after 1992.

The name <u>Roussillon</u> is frequently given to the entire Catalan-speaking region, although technically it applies only to the coastal plain. Administratively, the four Catalan-speaking areas, Roussillon, Conflent, Cerdagne and Vallespir, were generally known as Roussillon under the French monarchy, and were incorporated in 1790 into the department of Pyrénées Orientales, together with the Languedocian region of Le Fenouillèdes. The four Comtés, like the Pays Basque, are dominated by the Pyrenees and the sea, in this case the Mediterranean.

The mountains in North Catalonia are of moderate altitude, but Le Canigou, rising suddenly from the coastal plain to a height of 2800 meters, appears imposingly tall. The guardian and protector of Catalans of France, the abbey of Saint Martin du Canigou, perches on a rocky eyrie on the west side of the mountain overlooking Vernet-les-Bains. The relatively small surface area of the region, 4143 km^2, belies its surprisingly varied physiognomy: the sandy

beaches of Canet, Saint-Cyprien, Argelès; the old seaports Collioure,
Port-Vendres, Banyuls, and Cerbère, the gateway to Spain; the olive
trees, cork oaks and occasional orange groves of the coastal plain,
then rather suddenly and dramatically mountain villages, Alpine
vegetation, waterfalls and mountain streams, Romanesque churches,
the lakes of Le Carlit, the highest mountain of the region, and the
snow-capped peaks of Le Carlit and Le Canigou. The only important
urban center of the region is the city of Perpignan, former capital of
the kings of Majorca (1276-1344, see below), the second city of
Catalonia (after Barcelona), a thriving metropolis, where the palm
trees of the Place de Catalogne flourish in the shadow of Le
Canigou's snows, where the former palace of the Kings of Majorca
and the monument-museum of Le Castillet coexist with the Cité
Nouvelle du Moulin à Vent and the new university.

Until 1659, the history of North Catalonia is closely bound up with
that of its southern counterpart. The first traces of human population,
ceramic fragments, date from the neolithic period, as do later
megalithic tombs. After 1000 B.C. the Iberian peoples who were to
dominate the area until the coming of the Romans settled in the area,
establishing a civilization characterized by urn burials and
necropolises of tumuli (burial mounds). The use of bronze and iron
spread through the region as a consequence of the immigration of
these peoples. By the eighth century the Greeks had founded their
first trading post in Catalonia, at Rhodes.

In the fifth century, the Greek writer Avienus mentions three
peoples dwelling in what is now North Catalonia or Roussillon, the
Sordes, the Bebryces (Celts) and the Ceretes. A later Celtic people,
the Volsci, are best known for forming an alliance with Hannibal
when he led his troops through the Iberian peninsula prior to his
invasion of Italy.

The Romans first came to Catalonia, to the Greek colony
Empúries, during the Second Punic War, in 218 B.C., carrying on
throughout the Iberian peninsula their continuing struggle against
Hannibal and Carthage. The Iberian phase of the Second Punic War
lasted until 208 B.C., with the defeat of the Carthaginians at Ilipa,
but the revolt of the Ilergetes of the inland area of South Catalonia
led to the second phase of the Roman presence in Iberia, the
conquest and colonization of the entire peninsula.

By 19 B.C. the Roman conquest of Iberia was complete, and
Roussillon became part of the new Roman colony of Narbonne.

During the next four centuries, Roussillon gradually became
Romanized, governed by a representative of the consul of Narbonne
and a 100-member Senate, accepting Roman gods and the Latin
language. The area was strategically important, given the proximity
of the perpetually restless colony of Hispania, and economically
important, as a source of grain and metal.

During the Dark Ages, North Catalonia fell to the Visigoths, who
retained control of Roussillon and Languedoc even after the defeat of
Alaric II by the Francs. (507 A.D.) The Visigoths also adopted
Christianity during the sixth century, and continued to use the Latin
language and the Roman legal system. The inhabitants of Roussillon
led a relatively autonomous existence, and strengthened their ties
with the region that was to become the Principat of Cataluña, to the
south.

The Visigothic kingdom was already crumbling from within when
the Arabs, who had begun the conquest of Spain in 711, invaded
Septimania, the French Visigothic kingdom which covered present-
day Languedoc and Roussillon. By 714 they had swept through the
Catalan region and established taxation measures as far as Narbonne.
The defeat of the Arabs by the Francs at Poitiers halted the Arab
advance into France, and Pepin the Short began a counter-offensive
in 752 that left Septimania in Frankish hands by 759. Charlemagne
failed to reconquer all of Spain from the Arabs, but did retake
Barcelona in 801, by which time Languedoc and Roussillon, free
from Arab domination for over forty years, served as a model for the
reconstruction of South Catalonia.

Although Charlemagne held territory as far as the Ebro river until
812, the real border between Christian and Muslim territories, for the
next three centuries, was situated just south of Barcelona. This part
of Catalonia became part of the Frankish empire, inheriting the
Carolingian administrative system of counts, the feudal social
structure of vassalage, and the flourishing monastic tradition
encouraged by the Carolingian kings in their quest for Church
support.

The absence of a strong central power, and the geographic distance
of Catalonia from the Carolingian centers of power encouraged the
growth of local autonomy. By 878 all of eastern Catalonia had been
placed under the rule of two members of the family of Sunifred
Borrell, Guifred and Miró. Guifred, known in Catalan legend as
Guifré or Jofre el Pilós (hairy, shaggy), reigned for twenty years,

during which he worked to repopulate the plain of Vic and the plain of Barges, attracting back from the mountains the peasants who had fled there during the Arab invasions. Under his rule new administrative and ecclesiastical structures were established in the Catalan territories, including monasteries which supported the repopulation of the valleys. The Catalan people's sense of a common destiny probably dates from the time of Guifred, as is shown by the legend of the Catalan coat of arms.

Guifred was killed in battle against the Arab lord of Lleida, Llop ibn Muhammad, who struck him with a lance. Before dying he placed his hands on his wound and drew lines of red on his golden shield, thereby designing the coat of arms which still decorates the Catalan flag today.

Until 1172, Roussillon was divided into three counties: Cerdagne, Roussillon proper (the coastal plain) and Besalú (including Vallespir and les Fenouillèdes). Each was ruled by its own feudal lord, and there was a great deal of fighting among the three rulers and of injustice in their realms. In 1027 the synod of Toulouges in the county of Roussillon proper, established the truce of God, a mandatory cessation of all fighting between sundown on Saturday and dawn on Monday, to allow all to worship on Sunday in peace. The practice of the truce of God, a product of the Church's civilizing influence and Catalan practicality, became widespread in medieval Christendom during the second half of the eleventh century.

Gradually, during the twelfth century, the counts of Barcelona (who by 1137 was also king of Aragon) annexed, one by one, the Catalan counties, beginning with Besalú in 1111, then Cerdagne in 1117 and Roussillon in 1172. The counts weakened the power of local rulers by encouraging the establishment of new towns, independent of feudal obligations, and by granting freedoms and privileges to already existing towns. During this period, Romanesque architecture, sculpture and fresco painting flourished in North Catalonia, and numerous examples of Roussillon's highly original Romanesque style survive to this day, including the cloister of St. Michel de Cuxa, the restored cloister and the church of St. Martin du Canigou, the Priory of Serrabone, among others. The troubadours Berenguer de Palol, Pons d'Ortafà, Ramon Bistors and Guillem de Cabestany were Catalans.

In 1276 at the death of Jaime the Conqueror, King of Aragon, and according to his wishes, his lands were divided between his two sons.

His older son Pedro (Pere in Catalan) received the Principate of
Barcelona, Valencia and Aragon; the younger, Jaime (Jaume in
Catalan) became sovereign of Majorca, Ibiza, Roussillon, along with
Conflent, Cerdagne, Vallespir and some smaller territories including
Montpellier in Languedoc. The king's will provided for the governing
of Jaume's domains according to the Usatges of Barcelona, and the
use of Barcelonian currency in the domains. The Majorcan dynasty
established its capital at Perpignan, but after less than seventy years,
in 1344, Pere III of Aragon, Count of Barcelona defeated Jaume III
of Majorca and North Catalonia once again became part of the
Principate. The city of Perpignan continued to flourish as a center of
trade, with growing textile and leather industries.

The 1462 revolt of the people of Roussillon against Joan II of
Aragon gave to Louis XI of France, the Spider King, a pretext for
invading North Catalonia, which Joan II ceded to him in exchange
for his help in suppressing the revolt. Roussillon remained under
French rule for thirty years, until 1493, when Charles VIII returned
the province to the Catholic Kings in exchange for their non-
intervention in his military campaigns in Italy.

Relations between the Spanish monarchy and the Principate of
Catalonia worsened during the reign of Philip IV, beginning in 1621,
when the Principate came under pressure to increase its financial
contribution to the imperial government and, in 1635, at the
beginning of the War of Succession with France, to mobilize troops
for the conduct of the war. Military operations in Roussillon led first
to a Spanish victory in 1640, but popular discontent with Spanish
policy in all of Catalonia later to the proclamation of Louis XIII of
France as count of Barcelona by the Junte des Bras of the Principate.

It has been generally agreed (see for example Histoire de la
Catalogne by Joaquím Nadal Farreras and Philippe Wolff, p. 365)
that France's real ambition was to gain control of Roussillon,
following Richelieu's policy of natural borders, so that Philip IV's
efforts to conciliate his Catalan subjects eventually bore fruit, and
Catalonia came to an agreement with the Spanish monarchy in 1652,
an agreement that protected the special privileges of the Principate.
The war between France and Spain continued until 1659, when, at
the signing of the Treaty of the Pyrenees, Roussillon, Conflent,
Vallespir and Cerdagne became part of France and the Pyrenees
became the border between France and Spain, from the Atlantic to
the Mediterranean.

Louis XIV had pledged that all annexed territories would retain
their privileges and institutions unless there were contradiction
between these and the laws of the French monarchy. In fact, most of
Roussillon's institutions, including the royal council, the deputation
and the principal tribunals were dissolved in 1660. The Comtés
became a province of the French monarchy, and were known as
Roussillon.

Between Roussillon and neighboring provinces, moreover, there
existed customs barriers; the province was governed by a local
administration directly dependent on the French Secretary of State for
War, and the real power lay in the hands of the Intendant of Police,
Justice and Finances, who was also directly dependent on the
Secretary of State for War. Local administrators who remained in
place, such as the **viguiers** and the **bailes**, were completely
dependent on the Intendant and the members of municipal councils
were gradually replaced by the Intendant's hand-picked candidates.
The complete tax structure of the French monarchy was introduced in
Roussillon, with the added burden of supplying the troops sent by
Louis XIV to guard the Spanish border.

The period between 1663 and 1675 was characterized by a number
of uprisings against French rule, with some encouragement,
ultimately insufficient, from the Spanish government. The most
serious of these was the révolte des Angelets, provoked particularly
by the **gabelle**, the infamous tax on salt. A compromise between the
inhabitants of Vallespir, where the revolt was strongest, and the
Intendant, was worked out in 1668, but not before the Angelet
guerrilla fighters had succeeded in stopping an advance of 300
French troops at the Pas du Loup. In 1674, a plot to enable Spanish
troops to take over the city of Villefranche during Holy Week
processions failed, and many of the conspirators were tortured and
executed.

The Catalan language continued to be used by the clergy in
sermons and in keeping parish registers until the middle of the
eighteenth century. French assimilation of the Catalan population
during the eighteenth century was very uneven, affecting mostly the
bourgeoisie, composed mainly of inhabitants of Perpignan, and the
only sector of the population to have access to education. In 1659,
the University was essentially a center of Latin culture, and the main
vernacular language was Catalan. The French Jesuits who opened a
secondary school in Perpignan in 1662 soon had the monopoly of

secondary education, which was given exclusively in French. Within thirty years all university students had some knowledge of French.

The progressive "francisation" of the population of Perpignan created a ever-growing gulf between the urban and rural populations of North Catalonia. Citizens of Perpignan enjoyed tax privileges which were resented by the rural Roussillonnais; they alone had access to government posts or even professional and vocational training, because of their knowledge of French. Catalan culture became restricted to rural populations and to the clergy, who were replaced as much as possible by French clerics.

By the time of the French Revolution, the people of Roussillon were less desirous of reunification with Spanish Catalonia, especially given the increasing loss of liberties and privileges in that domain. The North Catalans had accepted their incorporation into the French nation, but continued to think of themselves primarily as Catalans. The economy of the province had become completely agricultural after the break with the Principate; the wool industry, iron smithies, glass works, pottery works and brick works no longer functioned. The need for tax reform and the restoration of local rights and privileges are mentioned in the Cahiers de Doléances compiled before the meeting of the Estates General in 1789.

The election of deputies to the Estates General was dominated by the bourgeoisie, already strongly committed to political change, but when the Spanish armies invaded in 1793, the strong centralizing tendency of the French revolutionary government was already clear, and many inhabitants of Roussillon supported the Spanish invaders. The latter were nevertheless successfully defeated by the Convention troops at Peyrestortes and later at Le Boulou. Like much of France, the Church of Roussillon was divided between those who accepted the Civil Constitution of the Clergy and those who rejected it, until Napoleon's Concordat with the Pope ended the religious malaise of the nation.

Most Roussillonnais were deeply disappointed in the French Revolution, which had failed to bring about a return of local autonomy or a renewal of local culture. For the most part the inhabitants of the province remianed indifferent to the later stages of the Revolution, the Empire and the successive governments of the nineteenth century. The Abbé Grégoire, in his investigation of the patois of France, stated that "Les campagnards ne savent pas s'énoncer en français" and that to eliminate the use of the Catalan language, "... il faudrait détruire le soleil, la fraîcheur des nuits, le genre d'aliments, la qualité des eaux, l'homme tout entier." (quoted in Nadal Farreras and Wolff, op. cit.). Through the nineteenth century the educated class of civil servants and officers recruited from the Perpignan bourgeoisie remained separate from the Catalan-speaking majority of the population.

The nineteenth century brought significant changes to the economy of North Catalonia: the agriculture of the province became more specialized, consisting largely of market gardening and wine-growing. Since the beginning of the twentieth century, this specialization has made the economy of the province very vulnerable to fluctuations in supply and demand, bad harvests and, more recently the competition of wines from North Africa, other regions of southern France, Italy and Spain.

Since the Third Republic, all sectors of the population of North Catalonia have had access to education, and the average level of education continues to rise, but few jobs are available for the young people completing their education at the new university of Perpignan. University graduates emigrate in large numbers from the region, while the population of retirees is growing steadily. The renewal of interest of French Catalans in their Catalan heritage is due in part to these economic and demographic factors, in part also to the proximity of the Generalitat de Catalunya, now an autonomous region within the Spanish constitutional monarchy, and an economic entity recognized by the European Economic Community and the European Parliament, in both of which the Catalan language is recognized as an official European language. As may be seen from the interview with M. Not and M. Fernández, North Catalonia looks to her much larger Spanish counterpart for guidance and support in the united Europe of the future, a Europe which may well be "l'Europe des peuples" instead of "l'Europe des Etats".

Le Castillet-Casa Pairal, monument de Perpignan,
qui renferme un musée catalan
des arts et traditions populaires

Statues des rois et reines de Majorque,
Le Castillet, Perpignan

Interview avec M. Fernandez et M. Not

Interview avec M. Not, directrice du Centre de documentation et d'animation de la culture catalane (CDACC) et M. Fernandez, délégué municipal à la culture catalane, à Perpignan, June 27, 1987.

A. Gaquin: Pouvez-vous parler des Catalans aujourd'hui et de leurs rapports avec l'administration nationale de la France?

Mme Not: D'après notre étude, et ça vaut pour les catalans, mais ça vaut aussi pour les Basques et les Bretons, etc, dans toutes ces régions, je crois qu'il y a deux courants: il y a ceux qu'on appelle les séparatistes, qui peuvent souvent être violents, et qui réclament un statut de séparation, d'indépendance par rapport à la France, et puis il y a ceux qui réclament la reconnaissance d'une identité culturelle. C'est-à-dire que, tout en restant Français, tout à fait Français, on ne veut pas oublier nos racines, qui pour nous sont catalanes, qui pour d'autres sont bretonnes, ou corses ... Mais aussi ce que l'on peut avoir à confirmer, c'est une identité catalane, des racines catalanes, sans pour autant oublier que nous sommes Français, et tout en restant Français.

M. Fernandez. : Bien sûr. Alors, moi, je pense qu'à l'heure actuelle, l'Europe se réalisera puisque c'est, à mon avis, une démarche qui est allé tellement loin qu'il n'y a plus de marche arrière. Par contre, ce à quoi je crois, c'est plus une Europe des régions, mais avec des régions qui seront beaucoup plus grandes que les régions françaises actuelles, qui sont trop petites si on les compare par exemple aux *Länder* Allemands. Les *Länder* Allemands sont des régions à la taille de l'Europe. Nous, nous avons encore des régions qui sont trop à la taille de la France, et il faudra bien faire des régions beaucoup plus importantes.

D'où, je rejoins l'idée de faire des régions trans-frontalières, et dans ce sens, il commence à y avoir une démarche. Sur les diverses régions Françaises qui sont frontalières, les unes, nous - avec l'Espagne, les Basques, la Gascogne; le Midi-Pyrénées avec également l'Italie et le Piémont, la région des Alpes, toute cette région du côté de l'Italie; l'Alsace et la Lorraine avec certains *Länder* Allemands; Le Nord-Pas de Calais avec la Belgique, les

Bretons éventuellement avec certains coins d'Angleterre; tout ça, je pense, doit pouvoir constituer un réseau de régions à la taille de l'Europe, et qui participeront à la réalisation de l'Europe dans ce sens que, même si les états continuent à exister, c'est une phase transitoire. Un jour ou l'autre, il y aura l'Europe, et puis les états se fonderont dans l'Europe. Et ils se fonderont d'autant mieux qu'il y aura des région transfrontalières pour le faire...

MN : ...qui auront déja frayé la voie, pour ainsi dire.

MF : Voilà. Et là, il y a un début de mouvement. Maintenant, il est certain aussi que certains de ces pays d'Europe ont une vision, au delà déjà de l'Europe, puisque ça, c'est une chose en route, et alors dans un cadre déjà beaucoup plus géopolitique, une vision sur la Méditerrannée. La civilisation méditerrannéenne a eu une heure de gloire dans le passé; il se peut, si nous sommes assez intelligents pour le faire, que l'on arrive à relancer, sans que ce soit là encore une chose utopique. Nous pouvons nous apporter mutuellement des éléments tout à fait complémentaires, autour du bassin méditerranéen. Il y a sûrement de grandes choses à faire, et il y a déjà des hommes comme Jorde Pujol en Espagne, comme d'autres en France, qui ont compris. Je pense que c'est pareil dans d'autres régions comme l'Italie ou ailleurs, qu'il y a une possibilité quand même, de créer une entité bassin méditerrannéen.

Là aussi, c'est l'avenir. Si on ne fait pas d'alliances avec des pays moins développés que nous ou en voie de développement, à ce moment-là, on n'est pas suffisamment complémentaires. Et aujourd'hui, on recherche des complémentarités plutôt que des concurrents.

AG : Oui, c'est normal.

MF : Alors,vous avez une deuxième question: l'emploi de la langue catalane.

AG : Oui. Vous parlez de votre identité comme étant Catalan; il me semble que ça commence par la langue.

MN : Vos questions portent essentiellement sur la Catalogne du
Nord, ou vous souhaitez qu'on parle de la Catalogne en général?
Parce que, évidemment, il y a d'énormes différences entre les deux...

AG : Alors, peut-être de parler d'abord des rapports entre les deux
Catalognes, parce que je crois que, pour les Américains, la France,
c'est la France et l'Espagne, c'est l'Espagne.

MF. : D'abord,il faudrait peut-être que vous situiez exactement ou se
trouve la Catalogne... Ceci dit, malgré tous les avatars qu'a eu la
civilisation catalane au travers de l'histoire, il y a une chose qui a
réussi à durer et à exister, c'est la culture, la langue entre autres. Elle
a eu des moments très bas, sûrement, et actuellement, c'est vrai
qu'on essaie de relancer. Dans certaines écoles, ça existe chez nous;
ça existe en Catalogne-Sud d'une façon beaucoup plus généralisée
que chez nous: l'emploi des deux langues en classe.
    Chez nous, il n'y a que deux écoles qui prennent les enfants dans
des cours normaux de scolarité, mais avec un bilinguisme d'origine,
depuis la maternelle jusqu'à l'entrée dans le secondaire. On constate
que ça se passe bien, mais seulement sur deux écoles: l'une qui
s'appelle **la Bressola**, c'est-à-dire le berceau, et l'autre **Arrels**, c'est-
à-dire les racines.

AG : **Arrels**...j'ai déja entendu parler de celle-là, dans un article...

MF : Alors, là aussi, vous pouvez aller par exemple à la **Bressola**, ce
serait intéressant que vous assistiez à un cours pour voir comment ça
se passe, ou à **Arrels**, voir éventuellement comment ça se passe...
Les enfants n'arrivent pas désavantagés, parce que souvent, la crainte
de certains parents, c'est de dire "mais s'ils apprennent cette
langue..."
    Vous me disiez tout à l'heure que les Américains -vos
concitoyens- considèrent un petit peu le retour à la Nature... Ce n'est
pas propre aux Américains. Ici c'est certainement dû au fait que la
langue s'est préservée dans les campagnes, dans les campagnes et les
montagnes, dans les pays reculés. Moyennant quoi, ça peut paraître
pour des personnes qui passent, qui n'approfondissent pas le
problême, comme la langue des paysans.
    En fait, ça a été vrai pendant le temps où le catalan n'était pas
interdit, mais presque; le temps où, en classe, on vous interdisait de

parler catalan.   C'était l'époque où le gouvernement central de Paris
voulait à tout prix imposer le français, et le seul moyen qu'a un pays
pour imposer sa langue, c'est d'interdire l'autre.

Notre langue a continué d'exister dans les régions les plus reculées
où les enfants allaient moins à l'école. Avec les progrès de
scolarisation, avec les progrès universitaires, etc, il y a eu, depuis
maintenant un bon siècle à peu près, un renouveau des langues
régionales, parmi lesquelles le catalan. Le catalan, en plus, ne peut
pas être considéré comme une langue strictement réservée à la
campagne puisque il y avait quand même des personnes qui
écrivaient en catalan, qui ont fait de magnifiques poèmes, de
magnifiques pages de langue catalane, et également le fait que dans
une ville comme Barcelone, qui n'est pas la campagne, on a toujours
parlé catalan.
       L'un des avantages que je considère que nous avons par rapport à
d'autres ethnies minoritaires en France comme le Bretons, les
Piémontais ou autres, ou les Alsaciens-Lorrains, c'est qu'ils n'ont
pas, eux, la chance d'avoir un noyau de la taille de Barcelone, qui est
représentatif de la même culture que nous... Quand vous avez une
académie, quand vous avez des salles de concert, quand vous avez
tous les moyens dont peut disposer une ville de plusieurs millions
d'habitants, eh bien, vous pouvez faire vivre une culture spécifique.
Alors que si vous n'avez que des villes de deux, trois cent, quatre
cent, même cinq cent mille habitants, ce ne sont pas les mêmes
moyens à votre disposition.

MN : Il faut voir aussi que le département des Pyrénées Orientales
est séparé de la Catalogne du sud depuis le traité des Pyrénées.

AG : Ça fait trois cents ans.

MN : ... et donc, depuis trois cents ans en fait, on ne vit pas la même
histoire. Et donc, je crois qu'au niveau de la langue aussi, ce point-
là se ressent. C'est qu'on prend peu à peu une identité
différente. Donc, c'est vrai que, ici, dans notre département, la
Catalogne du Nord, le Catalan est francisé. Et, de l'autre côté (des
Pyrénées) également, le Catalan est hispanisé. Et c'est évidemment
aussi parce que, pour ce qui est de la Catalogne du sud, étant donné

que c'est la région - économiquement - la plus forte d'Espagne, elle
a subi une immigration interne d'Espagnols du reste de l'Espagne.
Et nous, parallèlement dans notre département, c'est plutôt un attrait
de retraités pour l'instant, de gens qui sont venus de la France. Donc,
tout ça, ça finit par faire un mélange, mais la langue reste la même,

MF: Chaque fois qu'il y a eu des guerres, les guerres étant des faits
de violence et de brutalité, on a cherché des frontières dites
"naturelles", qui sont en fait des murailles naturelles. Que ce soit des
cours d'eau, que ce soit des montagnes. Alors que, humainement, en
géographie humaine, une montagne n'a jamais été un obstacle. Au
contraire, c'est un refuge. En géographie humaine, quand un pays est
envahi, les gens qui habitent le pays se réfugient sur la montagne.
    Et ici, c'est un petit peu ça: la culture s'est réfugiée souvent sur la
montagne. Là, on trouve le catalan le plus pur que ce soit en
Catalogne, d'un côté ou de l'autre; et là, les frontières n'ont pas
tellement existé. Entre les gens habitant la montagne, la frontière était
tellement arbitraire, que les gens passaient d'un côté à l'autre sans
problèmes. Et ils se mariaient entre eux. Des Catalans d'un côté
épousaient des Catalans de l'autre, et les familles ont continué à vivre
comme s'il n'y avait pratiquement pas de frontière... Donc, la qualité
de langue qui a été sauvegardée dans les pays de montagnes, a aidé
la continuité des rapports entre Catalans.
    Ceci dit, il est certain que les uns ont pris un essor de société
commerciale et industrielle, et les autres sont devenus beaucoup plus
agriculteurs. Et dans les rapports de mentalités des personnes, la
mentalité d'un agriculteur ou la mentalité d'un industriel ne sont pas
les mêmes. L'un n'a pas de saisons. Il essaie de bousculer le
calendrier. Il essaie d'être toujours en anticipation. Et l'autre est
obligé et habitué à attendre la saison où l'on sème, la saison où l'on
cultive, la saison où l'on récolte et la saison où l'on vend. Et ça,
c'est immuable. Il n'y a rien à faire, il ne peut pas changer. Il essaie
avec les serres, il essaie avec certaines choses, mais il doit quand
même s'en remettre à la culture et au rythme des saisons. Donc, il
est un petit peu assujetti, alors que l'autre a une dynamique de
personne qui bouscule l'état de fait. Et ça, ça transparaît entre les
deux mentalités. Et ici, l'un de nos problèmes, c'est celui-là, c'est
d'arriver à faire que des personnes qui ont envie d'être dynamiques
se débrouillent un petit peu pour participer à ce que peut être une

eurorégion de ce type. Il ne faudrait pas que nous restions des agriculteurs de l'eurorégion catalane.

AG : Je sais que c'est un peu ce que disent les Occitans aussi, avec une différence, c'est qu'ils ont vraiment peur de devenir le lieu de retraîte et de tourisme sans aucune autre industrie.

MF : Alors, chez nous, on apparaît comme des agriculteurs et un lieu de tourisme, puisque nous n'avons pas d'industrie. Les personnes d'un certain âge en France se disent "on va aller là-bas parce qu'il fait beau, il y a du soleil, etc..." Nous avons quand même d'autres ambitions. Les hommes politiques de ce département voudraient à tout prix arriver à faire autre chose que simplement du tourisme.

La langue catalane

MF: Le catalan a un renouveau important depuis quelques années, puisque il y a des écoles, ça fait une dizaine d'années que la Bressola existe, mais jusqu'à maintenant, les Catalans ne pouvaient pas l'apprendre. On apprenait le catalan avec les grands-parents.

AG : On ne peut pas l'apprendre en tant qu'adulte? Par exemple, ça commence à l'université.

MF : Maintenant oui, mais il y a dix ans, en arrière, ça n'existait pas, il n'y avait pas de cours, il n'y avait pas de structures, on pouvait apprendre le catalan avec éventuellement des choses comme l'Association polytechnique, mais c'était, je dirais prèsque des associations de bénévoles qui payaient des professeurs pour apprendre le catalan à des personnes qui souhaitaient l'apprendre. Alors que maintenant, il y a quand même deux écoles qui donnent des cours de catalan, et il y a également l'université, où on peut choisir une option catalane. Au baccalauréat, également, le catalan est appris au lycée, au collège, comme seconde langue. C'est considéré comme une langue étrangère.

AG : C'est déja du statut ... je sais que ça avance les choses ...ce n'est plus un dialecte de paysan.

MF : Ah, non! D'ailleurs, ça n'a jamais été..., contrairement à
d'autres langues qui sont des patois, qui ne sont pas des langues, des
dérivés plus ou moins organisés d'autres langues, le catalan a un
statut de langue, parce que il y a la grammaire, il y a un dictionnaire,
il y a toute une morphologie linguistique propre au Catalan.

AG : Moi, je le sais, mais je me souviens des efforts de l'Etat
Français pour faire croire que c'était un dialecte.

MN : Et puis c'est une langue de tradition écrite. On a des écrits qui
datent de mille cent, mille deux cents. Et c'était une langue employée
par les notaires, par le commerce, par les grands troubadours. Ce que
je veux dire c'est que ce n'était pas seulement une langue de
littérature, que c'était aussi une langue de tous les jours, que les
commerçants de la loge utilisaient quotidiennement. On avait un
parlement en Catalogne qui écrivait ses lois ... on a le livre des
coûtumes, qui date de mille trois cents, qui est écrit en catalan. Donc,
c'était une langue à part entière, qui s'utilisait pour tout; que les
pharmaciens, les apothicaires utilisaient. Les traités se faisaient en
catalan.

MF : La première police d'assurance maritime au monde, elle existe
à Barcelone, on peut la voir, elle a été décrite en catalan. C'est une
compagnie d'assurance catalane qui a fait les première polices
d'assurance maritime. Car c'étaient de grands navigateurs à l'époque.

MN : Donc, ce qui est important, dans la langue catalane, c'est que
c'est une langue. Et donc, ça, on l'a en commun avec la Catalogne
du sud. Et ça, c'est un lien aussi fort que l'esprit de nation. On peut
même dire que la nation est issue de la langue. C'est à ça qu'on
reconnaît une nation. Un état peut être différent, un état peut associer
différentes langues. Une nation...

MF : C'est aussi fort, le parler, la langue catalane, les traditions
catalanes que peuvent l'être celles des pays basques, qui ont leur
langue, qui est tout à fait différente de tout ce qu'il y a autour,
puisqu'on n'en sait pas trop l'origine, etc... La différence qu'il y a
essentiellement, c'est que, cette tradition d'hommes d'affaires de la
Catalogne, notamment au niveau de Barcelone, a fait que, au lieu
d'avoir une mentalité, je dirais - c'est un jeu de mots - explosive,

comme les Basques pour essayer d'obtenir l'autonomie, ils l'ont obtenue par la négociation, parce que l'on ne se bat pas, à l'heure actuelle..

MN : Ce qui est important, c'est de prouver notre dynamisme. Et je crois qu'en prouvant notre dynamisme, on prouvera aussi notre distance.

Je crois que, pour être reconnu par les autorités européennes, il faut qu'on prouve qu'on a un dynamisme économique et de nation. Parce que c'est ça qui prime, dans notre société aujourd'hui, et je crois que c'est pour ça aussi, que, par exemple, à Bruxelles et à Strasbourg, ils ont accepté les communications en catalan, et il y a des traducteurs en catalan depuis l'entrée de l'Espagne dans le Marché Commun. Et donc, c'est ce qui prouve bien que le dynamisme commercial, économique, est important. Et c'est, il me semble, ce qu'a réussi à réaliser la Catalogne, principalement malheureusement la Catalogne du Sud parce que, justement, elle a un dynamisme économique. Elle est arrivée à une reconnaissance, et ça, c'est important.

MF : Ils sont plusieurs millions, nous sommes quelques centaines de milliers. La différence, elle est là.

MN : La réponse à la deuxième question, moi, je peux la faire en quelques mots: le département des Pyrénées Orientales compte trois cent soixante mille habitants. On peut dire qu'il y en a un tiers qui parlent catalan, un petit peu plus qui le comprennent. C'est-à-dire les gens qui sont capables de comprendre une conversation, qui peut-être sauraient le parler, mais qui hésitent, parce qu'ils ont peur, ils parlent mal, ils font des fautes, et puis du coup, ils ne le parlent pas. On est un tiers à le parler. Ça ne veut pas dire un tiers à l'écrire et un tiers à le lire. Je dis bien un tiers à le parler. C'est encore une autre différence. C'est déja beaucoup. De l'autre côté, ils sont six millions. Alors, que sommes-nous, nous, cent mille personnes, à côté des six millions que compte la Catalogne du Sud ?

Evidemment, au niveau géographique, c'est différent aussi, puisqu'on est une toute petite portion à côté du grand espace que représente la Catalogne du sud. Les rapports ne sont quand-même pas les mêmes, mais ils sont à peu près dix ou douze millions en Catalogne du sud, en tant que population. Six millions, c'est la moitié. Nous, c'est un tiers de la population qui parle catalan. C'est pas mal, quand même. Il y a quand même un rapport de géographie, de population, qui aussi, fait la force de la Catalogne du sud.

MF : Mais vous voyez jusqu'à quel point cette notion de culture est forte dans l'esprit des gens. Il y a encore chez nous, et je les considère un petit peu comme des gens déphasés historiquement parlant, il y a encore des utopistes qui parlent de séparatisme. Bon, ils sont très minoritaires, il y en a quelques-uns. Mais, sans être séparatistes, vous avez à l'université la section de catalan, qui existe, et qui, dans cette entité catalane à l'université, vous avez le français qui est admis comme langue étrangère au programme. Le français étant langue étrangère dans un programme universitaire en France, dans une université française!

AG : C'est un grand renversement, déjà.

MF : C'est déjà ça quand même... et ça situe un petit peu, si vous voulez, le souhait... On ne souhaite pas se séparer de la France, on ne souhaite pas renier notre nationalisme français, mais nous existons en tant que Catalans. Nous pouvons coexister... Eh bien, ça, je pense que il y a une place pour, non seulement - et je pense un peu à votre troisième question sur le renouveau culturel - non seulement pour l'économie, mais aussi pour la culture. Des échanges entre deux cultures qui acceptent de coexister dans l'espace, ne peuvent être bénéfiques qu'aux deux; car chacune a ses propres richesses,et si on sait se servir de l'une pour fortifier l'autre, les deux peuvent y gagner.

Le souhait, ce n'est plus ce qui existait à une époque où la langue catalane était mise un petit peu de côté, et où ils étaient donc obligés de travailler refermés sur eux-mêmes, ceux qui faisaient du catalan; maintenant, on souhaite, au contraire, ouvrir. On souhaite que les oeuvres des Catalans ne soient pas connues des seuls catalans, parce que, à ce moment là, on va disparaître. On souhaite qu'elles soient traduites, on souhaite traduire des oeuvres d'autres cultures en Catalan, ce qui est une démarche beaucoup plus positive pour le développement et des uns et des autres. Et nous avons, par exemple, actuellement, des poèmes d'origine russe, qui sont traduits en Catalan. Et des poèmes catalans qui seront traduits en Russe.

MN : Bon, je vous ferai visiter tout à l'heure la maison, et vous verrez que nous avons des dictionnaires anglais-catalan, japonais-catalan, donc, ça veut dire qu'on s'ouvre à tout. De toute manière, l'avenir est au plurilinguisme. Je ne dis pas au bilinguisme, je dis bien au plurilinguisme. Je veux dire, en Amérique, vous le vivez quotidiennement.

MF: Dans le sud, avec le Mexique, vous avez des hommes qui parlent espagnol.

AG : Et les Louisianais aussi, et justement, on essaie de supprimer le bilinguisme en Californie. Je ne sais pas si vous avez entendu parler de ça, mais c'est un mouvement réactionnaire qui ne va pas durer, j'en suis persuadée.

MN : Et, nous, si on veut réaliser une Europe qui ressemble à quelque chose, qui ressemble à un pays, qui soit quelque chose d'autre que du papier et des traités, c'est la seule solution, c'est être extrêmement polyvalents au niveau de la langue, et en accumuler le maximum.

MF : Et en plus, demain, on aura également des machines qui feront des traductions simultanées, ça existe déja. C'est-à-dire que, à la limite, on se demande ce qu'il faudra vraiment apprendre, il faudra surtout apprendre à se servir de ce que nous aurons à notre portée.
   Alors, là-dedans, évidemment, le renouveau culturel, il prend un sacré coup, parce que (chez vous, je pense que c'est pareil) on s'aperçoit qu'au travers de toutes ces technologies, tous ces progrès, on recherche des racines culturelles. On recherche des points d'assise sur lesquels on se sent plus à l'aise, parce que, finalement, on finit tous par être dépassés, on ne sait plus quel bouton il faut appuyer, etc...
   Finalement, toutes les civilisations ont un idéal de bonheur pour leur société, et le retour à des cultures, ce sentiment de nécessité de retour à des cultures plus anciennes, comme nous pour le catalan, c'est peut-être aussi le résultat de tous ces progrès, qui font que d'un côté, on a toute une technologie très avancée, et on sent un déséquilibre chez les individus, qui ont besoin d'autre chose. Et ça, c'est un plus que nous pouvons apporter, au travers des cultures traditionnelles. Et c'est peut-être aussi une de nos chances.

MN : Il faut dire que la Catalogne est quand-même, au niveau culturel, un pays extrèmement fort et ... Les Américains ne connaissent peut-être pas la Catalogne, mais si on parle de Dali, ils savent tous qui c'est.

MF : Ils connaissent Dali, ils connaissent Miro, ils connaissent Pablo Casals.

MN : Je veux dire, au niveau architecture, au niveau...

AG : Gaudi est très connu.

MF : Vous avez tout un tas d'architectes de l'autre côté des Pyrénées qui sont connus aux Etats Unis.

MN : ... tous ces noms illustres, ils ont une identité en tant que catalans; Picasso, bien que n'étant pas de racines catalanes, se réclamait de l'esprit catalan.

MF : Toute sa formation avait été faite à Barcelone.

MN : Il n'était pas né en Catalogne, mais il se réclamait du courant artistique et humain Catalan. Quand on reconnaît ce type d'artistes qui n'ont jamais oublié qu'ils étaient Catalans, parce que Dali l'a toujours proclamé haut et fort, et avec lui Pablo Casals et tous les autres...

MF. : La plus grande cantatrice Wagnérienne, aujourd'hui au monde, Montserrat Caballé.

AG : Et tout le monde me demande pourquoi elle a un tel prénom, et je leur explique que c'est un prénom catalan.

MN : Et elle parle un catalan magnifique, et en plus, elle a une voix très belle. Et donc, tous ces gens là n'ont jamais oublié leur identité. Ils étaient Catalans et ils ne l'ont jamais oublié. Et c'est peut-être ce qui a alimenté aussi leur identité, je crois. Je crois qu'un artiste, il fait ce qu'il a vécu, ce qu'il est, ce qu'il est devenu.

MF : Mais, dans cette notion, dont vous parliez tout à l'heure, de catalan, pour les Américains, langue de paysans, un petit peu folklorique, il n'y a pas de personnalités de haut niveau, dans quelque domaine qu'il soit, sur les douze millions de personnes qui vivent en Catalogne du Sud, qui ne parlent pas catalan. Que ce soit un grand professeur d'université, que ce soit un grand médecin, que ce soit un grand avocat, que ce soit un grand architecte, que ce soit un grand peintre, que ce soit un homme politique, que ce soit ce que l'on voudra, un grand banquier, il n'y a pas de cas où ils ne parlent pas catalan.

MN : De toute manière, maintenant, c'est pratiquement obligatoire parce que, en Catalogne du sud, le bilinguisme n'est pas obligatoire selon la loi, mais en fait, étant donné que la langue Catalane est une langue reconnue officielle, dans tous les lieux publics, on est donc censé pouvoir parler catalan, et être reçu en catalan. Ca veut dire que dans les banques, ça veut dire que dans les postes, ça veut dire que, partout où il y a commerce, partout où il y a échange, les gens sont obligés d'être bilingues.

MF : Ça veut dire que leur réaction est d'autant plus forte, leur réaction est très forte, de l'autre côté, parce qu'ils ont eu une oppression très forte. Chez nous, en France, l'action du gouvernement Français a été beaucoup plus souple. Il y a eu un moment où on a voulu interdire le catalan. On a interdit de parler catalan. Les maîtres d'école interdisaient le catalan.

MN : Mais on ne l'a jamais interdit dans les familles, ou à l'extérieur.

MF : Mais, le point fort avec le franquisme, ça a été de vouloir totalement interdire le catalan, et à partir du moment où il a voulu l'interdire totalement, il y a eu automatiquement une réaction, comme tout individu qui a certains moyens et qu'on veut empêcher, il se révolte, et il réagit beaucoup plus que celui à qui on ne l'empêche pas.

MN : Ça devient un symbole, en fait.

Le catalan et les moyens d'information

MN : La seule chose qu'il faudrait ajouter, quand même, au niveau des liens ...

MF : Des périodiques, de l'information, ça existe. Et d'ailleurs, la maison où nous sommes, ici, est une émanation directe de la mairie de Perpignan. Nous sommes la délégation municipale à la culture catalane; je suis moi-même donc élu politique à la ville de Perpignan, et responsable de la culture catalane, depuis maintenant un an. Avant moi, il y avait également un élu responsable de la culture catalane. Cette maison est quand même équipée, vous allez le voir, puisqu'il y a une bibliothèque très importante, il y a consultation de tout ce qui paraît comme journaux, revues, etc, en langue catalane, qui est lu par ... il y a combien de fréquentation, à peu près?

MN : Journalière ?

MF : Non, non, mais sur l'année, ça fait quatre mille ou je ne sais plus, de lecteurs ... il y a plus de quatre mille personnes qui viennent lire, voir, emporter des ouvrages, consulter; nous avons tout un dispositif audio-visuel, à la disposition, également, des personnes qui viennent ici...

MN : C'est entièrement gratuit.

MF : ... C'est totalement gratuit, on peut consulter, on peut emprunter des ouvrages, etc, il suffit de donner son nom, son adresse, on vous prête un livre ...et il y a un fond très important, à la fois de livres, de revues, de journaux, d'éléments d'art comme l'iconographie, etc. Et puis nous avons l'aptitude pour organiser des manifestations, nous avons un budget qui nous permet d'organiser, d'une façon assez indépendante, un programme à l'année. Cette année, par exemple, on va faire, avec la généralitat de Barcelone, nous-même, et le conseil général, mais c'est nous ici, donc Martina en tant que chef de service, qui l'organise essentiellement, une grande manifestation qui aura lieu au mois d'octobre sur l'édition catalane. On va utiliser la chapelle St Dominique, une grande chapelle des Dominicains, qui sera totalement remplie de présentations de publications en catalan.

Ça s'appelle la Mostra, qui veut dire 'exposition' (la mostra: on montre), de tout ce qui se fait en langue catalane.

Le catalan: première leçon

Unitat I: Qui ets?

Saludar i identificar-se

1.

El senyor Ferrer, sisplau?

Sí, és aquell senyor.

Moltes gràcies.

De res.

Senyor Ferrer?

Jo mateix.

Bona tarda. Miri, jo sóc en Xavier Ruiz...

2. (al telèfon)

Hola, Lluís. Sóc jo, la Rosa...

Eh? Qui ets?

...Que no ets en Lluís, tu?

En Lluís? No, jo sóc en Miquel. Aquí no hi ha cap Lluís.

3.

Bona tarda, senyora Remei. Que hi ha la Conxita?

Doncs, no, ho sento. Ja no hi és.

4. (al telèfon)

Digui?

Que hi ha la senyora Garcia?

No, em sembla que s'equivoca...

5.

Perdó, com ha dit? Boixaderes?

No, no. Boixeres: be, o, i, ics, e, erra, e, essa: Josep Boixeres i Humet.

Fixa-t'hi

A. Contesta si és veritable (V) o fals (F):

1. Aquell és el senyor Ferrer.	V	F
Aquell és en Xavier Ruiz.	V	F
2. El noi es diu Lluís.	V	F
La noia s'equivoca.	V	F
3. La Conxita no hi és.	V	F
4. El senyor s'ha equivocat de número.	V	F
5. El client es diu Josep.	V	F
El segon cognom del client s'escriu sense hac (**h**).	V	F

B. Relaciona amb fletxes la columna de l'esquerra amb la columna de la dreta:

-Qui és?	-No, ho sento, no hi és.
-Hi ha la Conxita?	-Josep Boixeres.
-Com s'escriu?	-Jo mateix.
-És el 3-0-2-4-5-7-8?	-Sóc en Joan.
Sisplau, com es diu?	-Amb hac.
-El senyor Ferrer?	-De Ramon Costa.
-De part de qui?	-No, em sembla que s'equivoca.

Practica-ho

1. Saludar i dir adéu.

Bona tarda! Bon dia! Bona nit!

Adéu! Passi-ho bé! Adéu-siau!

2. Identificar-se.

-Qui ets? Sóc en Carles.

ets	en Carles
és	en Lluís
	la Rosa
hi ha	l'Enric
	l'Anna
	la Isabel

-Ets en Joan? No, jo sóc l'Antoni. En Joan és aquest.

en Joan	l'Antoni	aquest
———————	———————	———————

l'Ernest	l'Alfred	aquell
en Rafel	en Pere	
la Fina	la Mercè	aquesta
l'Assumpta	l'Antonia	aquella

3. Demanar i dir el nom.

-Com et dius?

-Em dic Carles.

Com és diu?

-Em dic Roser.

4. Identificar una tercera persona.

-Qui és aquell?

-És en Miquel.

Qui és?	Es
———————	——
Com es diu?	Es diu

5. Demanar per algú.

(Que) hi és, en Ferran?
 __   hi ha,_   _____

No, no	hi és	Ferran
Sí que	hi és	Conxita
		Mercè
		Ignasi

6. Demanar disculpes

Perdó,
Perdoni,   (m'he equivocat)
Disculpi,

No té (cap) importància.
No hi fa res.

Tu mateix...

1. Truquen al telèfon. Algú demana per tu. Contesta.

Tu: -Digui?

Amic:-Que hi ha en Pere?

Tu: -..........................

Amic: -Ah, hola Pere, sóc en Rafel.

Tu: -..........................

2. Truquen a la porta i demanen per algú que és fora. Contesta.

Noia: -El senyor Serra?

Tu: -.......................

3. Algú telefona a casa teva i demana per algú que no coneixes.

Tu: -Digui?

Veu: -La senyora Puig?

Tu: -Perdoni, però ....

Veu: -No és el 3.1.7.7.1.3.8?

Tu: -No, aquí és el ....

4. En una festa o en una reunió vols iniciar una conversa amb una noia, però no saps el seu nom. L'hi demanes.

Tu: -Perdona, com.........................?

Noia: -Angels, i tu?

Tu: -...................................?

Un bien chèrement défendu: la langue

La langue catalane est une langue romane. Elle est donc le résultat d'une évolution particulière du latin vulgaire, conditionnée par une histoire particulière. Cette histoire commence avec la romanisation de la partie nord-est de la péninsule ibérique, que nous nommons aujourd'hui la Catalogne. Notre incorporation au monde romain présente des caractéristiques, qui déterminèrent les particularités du latin parlé en ce pays. Si nous avions à résumer rapidement ces traits spécifiques, nous dirions que la romanisation de la Catalogne a été:

1. précoce: mis à part de sporadiques contacts antérieurs, nous devons faire partir de 218 av. J.-C. la présence effective des Romains dans nos terres - c'est alors qu'arrivèrent à Empuries les premières armées qui intervinrent dans la lutte contre les troupes carthaginoises d'Hannibal. Comparons, simplement d'un point de vue chronologique, la romanisation de notre pays avec celle de la Gaule (où la chute d'Alésia se place en septembre 52 av. J.-C.), la précocité de cette entrée dans le monde latin nous apparaîtra pleinement;

2. intense: la résistance des peuples indigènes aux légions romaines n'eut guère d'importance, et dès 197 av. J.-C., Caton liquida les dernières révoltes. Depuis lors, les formes de vie et la langue des Romains s'imposent au pays. "Les anciennes structures et les traditions locales ne survivent guère à six ou sept générations". De plus, tenons en compte la traversée de ce nord-est, de haut en bas, par la **Via Augusta**, la route qui fait communiquer Rome avec la Bétique: l'intensité de la romanisation de la Catalogne achèvera de s'expliquer.

3. nous voulons enfin insister sur la longue durée de la romanisation. "L'influence romaine s'était exercée si fortement dans notre pays que les invasions barbares et l'établissement d'un peuple germanique - les Wisigoths - ne mirent pas totalement fin au cours de la romanisation, au point de le continuer sous bien des aspects."

Si nous tenons donc compte de cette romanisation si intense et profonde, nous comprenons aisément la faiblesse de l'action du substrat. Toponymie mise à part, il faut reconnaître que les apports des langues pré-romanes (indo-européen, grec, punique, ibère) au catalan se réduisent à une liste assez brève et peu significative de mots. Les efforts accomplis pour donner au substrat une importance majeure - par exemple dans la fragmentation dialectale du catalan - n'emportent pas la conviction. Toutefois, pour être exacts, rappelons que l'incorporation des Pyrénées au monde latin ne se fit pas suivant le rythme général que nous avons indiqué: en fait, dans le Pallars et la Ribagorça, c'est un dialecte bascoïde qui fut parlé jusqu'au Xème siècle.

Le latin vulgaire de la Tarraconaise - celui qui a donné naissance au catalan - n'a guère été étudié. Il est habituellement considéré comme une simple variante de ce que l'on appelle le latin hispanique. Pour notre part, nous considérons cette position comme radicalement faussée par des raisons extra-linguistiques; elle ne parvient pas à expliquer qu'une "frontière lexicale bien définie ait séparé le castillan du catalan dès les origines des langues romanes." Il faut caractériser le latin de la Tarraconaise en partant de l'hypothèse que le système linguistique dont procède le catalan est bien distinct du latin hispanique; en tous cas, il faut le relier au système linguistique auquel remonte l'occitan, ou même le français.

L'histoire postérieure à la romanisation, jusqu'au IXème siècle, ne fera que confirmer ces aspects fondamentaux, déjà bien établis, ou elle en déterminera d'autres, plus marginaux, qui achèveront cependant de donner au catalan sa physionomie propre. Ainsi, l'étude de l'époque wisigothique confirme, comme il a été dit, une continuité latine et une étroite relation avec la "Septimanie" (Languedoc méditerranéen) et le Sud de la Gaule.

Dans une perspective d'ensemble, l'invasion sarrasine prend pour l'histoire de la langue catalane une signification de premier ordre. En fait, elle représente une césure dans la continuité de civilisation, que l'Église avait assurée jusqu'alors, et dans les efforts d'unification de la monarchie wisigothique. Concrètement, elle ne manifeste pas encore une divergence entre le destin de la Catalogne et celui de la Gaule méridionale. Bien plutôt - et ceci est essentiel dans une histoire de la langue catalane - l'occupation de la Vieille Catalogne par les Arabes fut relativement brève; dès le début du IXème siècle, celle-ci s'était incorporée à l'Empire carolingien. En revanche, Tarragone, Tortosa et Lleida ne furent conquises qu'au XIIème siècle, Valence et Majorque encore un siècle plus tard. Et nous devons faire observer qu'une population de langue arabe, d'une grande importance démographique, subsista dans le royaume de Valence jusqu'au XVIIème siècle. Quatre-vingts ans de domination sarrasine, et bien superficielle: voilà qui, dans la Vieille Catalogne, ne pouvait guère influencer le latin - nous pourrions presque dire le catalan - qui s'y parlait. Dans le reste des pays catalans, l'action de la langue arabe dut être bien plus forte: la toponymie, et diverses particularités dialectales, le montrent assez. Après tout, n'oublions pas que, si l'on parle catalan à Majorque et à Valence, c'est parce que cette langue y a été introduite par les conquérants. Aussi l'influence de l'arabe que nous pouvons constater dans le catalan de ces pays ne peut être interprétée comme le produit d'un processus de l'évolution linguistique; elle se réduit à des apports lexicaux sans importance particulière pour la configuration de sa structure propre.

Du catalan prélittéraire au catalan littéraire

Lorsque, en l'an 813, le Concile de Tours, à l'instar de ceux de Mayence et de Reims, ordonna la prédication en langue vulgaire, une partie du territoire qui portera plus tard le nom de Catalogne, la vieille Catalogne, dépendait déjà de l'Empire carolingien. Nous pouvons donc penser que s'y appliquaient aussi les dispositions ecclésiastiques qui exigeaient, pour la prédication, l'usage de la langue parlée et comprise par la majorité de la population, ce que l'on a nommé le "catalan prélittéraire". En effet, il semble qu'aux VII et VIIIème siècles le latin vulgaire subit dans l'ensemble de la **Romania** des changements assez radicaux pour que nous puissions parler dès lors de langues romanes.

Il paraît évident que la réforme carolingienne de l'enseignement, permise ici par le passage de l'écriture et de la liturgie wisigothique à l'écriture caroline et à la liturgie romaine, fournit la clef de la séparation entre le latin écrit - toujours plus rapproché du latin classique, et donc éloigné de la langue parlée - et les parlers vulgaires, encore non "susceptibles" de représentation écrite.

Peu après, dès le IXème siècle, commença de se faire jour en Europe le début de la conscience que le latin et la langue parlée constituaient deux entités linguistiques bien différenciées. Malheureusement la documentation relative à la langue catalane est peu abondante et peu explicite, surtout si nous la comparons à des témoignages aussi clairs que les Serments de Strasbourg (14 février 842) pour le français. Au sujet du catalan, nous trouvons, par exemple, dans une description par le géographe arabe Ibn Khordâbeh (mort en 885) des langues utilisées par les marchands juifs pour leur commerce méditerranéen, une allusion aux langues **andalusiyya** et

afrangiyya: il s'agit certainement des parlers romains dans la zone soumise aux Arabes - le ou les mozarabes - et la zone placée sous le pouvoir franc - le catalan. D'autre part, en 839, trois jours après la rédaction de l'"Acte de consécration et dotation de la cathédrale d'Urgell", où sont énumérées les possessions de l'évêché d'Urgell, est confectionné un Censier où plusieurs des toponymes sont transcrits en catalan, signe d'une claire conscience de la différence entre le latin et la langue parlée. Nous trouvons enfin: dans un diplôme de 988, une allusion de l'évêque Eroïgi à la langue vulgaire; et dans la <u>Vita Petri Urseoli</u> (XIème siècle), la mention de la langue particulière qu'un siècle auparavant parlait l'abbé Père Ursèol, doge de Venise retiré au monastère de Cuixa.

Alors commence une période qui chez nous durera jusqu'au XIIème siècle: tout ce que nous pouvons savoir du catalan, nous devons le déduire des textes, écrits fondamentalement en latin. C'est pour cela que nous parlons de catalan prélittéraire. En ce temps, de la fin du VIIIème siècle à la fin du XIème siècle, la seule langue littéraire était le latin, appris par les seuls clercs, d'abord dans les monastères, puis dans les écoles cathédrales.

L'équilibre précaire maintenu entre la langue érudite antique, le latin écrit, et le catalan vulgaire, fut définitivement rompu au XIIème, et plus encore au XIIIème siècle, lorsque le développement de la bourgeoisie entraîna la naissance d'un nouveau public, laïque, ignorant du latin, et que par suite fut brisé le monopole exercé par celui-ci dans l'écrit. Nous pouvons alors commencer à parler de catalan littéraire. Cette rupture se produisit dans trois domaines: le monde de la religion, le monde juridique, et celui des marchands.

1) **La littérature religieuse en catalan**: au XIIème siècle s'était répandu en Languedoc le catharisme, contre lequel fut organisée la Croisade qui à Muret en 1213 brisa l'intervention des Catalans outre Pyrénées. En Catalogne, contrairement à ce que l'on croyait récemment encore, le catharisme fit nombre d'adeptes, surtout parmi les marchands et les féodaux. Le Valdéisme et le mouvement des Pauvres Catholiques, plus ou moins hétérodoxes, plus ou moins reliés au catharisme, s'étendirent aussi en Catalogne. Les aspects de ces mouvements qui intéressent le plus l'historien de la langue catalane sont leur caractère fondamentalement laïque, et leur prétention de briser le monopole exercé par le clergé dans la prédication. Cette irruption des laïcs impliquait évidemment un recul de la langue sacrée qu'était le latin, et un progrès correspondant de la langue

vulgaire, que l'on commença d'utiliser pour traduire les Saintes Ecritures. Pourrions-nous en douter devant l'ordre que donna Jacques Ier aux Corts de 1234: que personne ne possède "d'Ancien ou de Nouveau Testament en roman", ou que ces livres soient remis par qui en posséderait; "sinon, qu'il s'agisse d'un clerc ou d'un laïc, il sera suspect d'hérésie jusqu'à ce qu'il en soit purgé". Dès lors abondent les nouvelles relatives à des textes bibliques romanisés: ainsi, en 1278, Alfonse II charge Jaume de Montjuic de traduire les Saintes Ecritures de français en catalan. Cet usage écrit du catalan paraît toujours en relation avec le monde de l'hétérodoxie qui prédomine en Languedoc (comme dès la fin du XIIème siècle les Homélies d'Organyà).

2) **La littérature juridique en catalan:** l'unification progressive du pays autour du comte ou du comte-roi, surtout à partir de Ramon Berenguer II, exigeait l'élaboration d'un droit territorial qui pût à la longue remplacer, d'une part les **convenientiae** féodales, d'autre part les lois wisigothiques de moins en moins adaptées aux nouvelles réalités. Ce nouveau droit commença d'être compilé vers 1150 dans les Usatici. C'est alors que "le comte ou marquis de Barcelone ... vit et reconnut qu'en de nombreuses causes et affaires de ce pays les lois gothiques ne pouvaient être observées", - bien qu'elles eussent été traduites en catalan au début du XIIème siècle, ainsi que l'a prouvé la publication d'un fragment du Forum Judicum par A.M. Mundó -, et qu'il "établit et créa des usages à l'aide desquels en tout temps les plaintes et méfaits soient redressés, plaidés, jugés et ordonnés, amendés, ou punis"... Les Usatges furent traduits en catalan, au plus tard au XIIIème siècle.

Il ne faut d'ailleurs pas oublier que c'est au XIIIème siècle que se placent les conquêtes de Majorque (1229) et du royaume de Valence (1238) par les Catalans. La nécessité de régulariser la situation juridique de ce dernier, tout en le rendant indépendant du droit qui prédominait en Catalogne et en Aragon, se concrétisa dans la compilation, faite en latin, des Furs de València (1261), mais aussitôt traduite en catalan.

3) **L'usage du catalan dans le commerce: le développement de la note écrite.** Au XIIème et XIIIème siècles, le commerce en tant que profession s'épanouit, et par suite l'usage de la note écrite dans les affaires.

Nous pouvons penser - sans nous risquer en ce domaine au-delà de simples conjectures - que nos commerçants utilisèrent le catalan pour

ces notes écrites. Les "Ordonnances des courtiers de la Loge", de
1271 (dont Joan de Corominas a publié un extrait) sont assez
révélatrices de cet usage du catalan dans le monde du commerce: il
n'aurait guère été possible d'écrire un texte tel que celui-ci avec un
vocabulaire et des formules aussi précis, à la fin du XIIIème siècle, si
l'utilisation de la langue catalane en ce domaine ne remontait pas
assez haut.

   4) **L'usage de la langue vulgaire dans la poésie: le problème de
l'occitan.** Si étroites s'établirent depuis le XIIème siècle les relations
entre Languedoc et Catalogne, que s'introduisit dans celle-ci la poésie
des troubadours qui fleurissait au nord des Pyrénées. Phénomène
fondamental: car, en un temps où débutait à peine l'accès des langues
vulgaires à la littérature écrite, il était assez logique que le modèle
littéraire imité - dans le cas présent la poésie des troubadours -
favorisât l'usage de la langue - occitane ou provençale - dans laquelle
il s'était diffusé. Il ne faut donc pas s'étonner si, au-delà des Alpes
comme des Pyrénées, les troubadours "italiens" et catalans
s'exprimèrent en une langue qui ne leur était pas propre - fait,
d'ailleurs, auquel les ont accoutumés les usages spécialisés dans la
langue latine. D'ailleurs, dans le cas de la Catalogne, l'adoption de
l'occitan pour la poésie des troubadours fut facilitée par deux autres
facteurs. En premier lieu, les affinités linguistiques entre les langues
catalane et occitane. Certes, les deux langues sont distinctes: il n'y a
aucun doute à ce sujet aujourd'hui, et les troubadours eux-mêmes,
nous allons le voir, n'en doutèrent pas; mais leurs rapports très étroits
ressortent toujours plus de l'étude qui en a été faite.

   En second lieu, lorsque les Languedociens, aidés par le comte-roi
Pierre Ier, subirent la déroute de Muret (1213), et que s'imposa peu à
peu le pouvoir du roi de France en Languedoc, le centre d'activité
littéraire occitane se déplaça au sud des Pyrénées. Divers sont les
textes qui témoignent de ce que nous venons de dire. Ainsi d'un
côté, Ramon Vidal de Besalù, dans ses Razós de trobar (fin du
XIIIème siècle), nous informe de l'étroite relation entre le genre
littéraire et la langue dans laquelle il convient de la pratiquer: "Le
parler français vaut mieux, il est plus aisé pour composer romances
et pastourelles, mais celui du Limousin vaut mieux pour composer
vers, chansons et sirventès. Et, dans toutes les terres de notre langue,
les chants en langue limousine ont plus d'autorité qu'en tout autre
parler." D'un autre côté, Jofre de Foixà, dans ses Règles de trobar

(1290) nous informe de la conscience alors prédominante de l'identité linguistique du catalan lui-même en rapport avec l'occitan.

Par contre il est plus surprenant que cette dépendance vis-à-vis de l'occitan dans la poésie se soit prolongée jusqu'au XVème siècle, époque où Ausias March, "laissant de côté le style des troubadours", y imposa définitivement la langue catalane. Bien qu'on puisse considérer la poésie lyrique classique des troubadours comme du passé à la fin du XIIIème siècle, les écrivains catalans continuèrent à écrire leurs poésies en occitan: ainsi Ramon Muntaner lorsqu'il incorpora à la Crònica un fragment en vers, le "Sermon" sur l'expédition en Sardaigne; Ramon Llull, un des fondateurs de la prose catalane, dans des poèmes qui fort souvent ne contenaient guère d'élément "troubadouresque"; Bernat Metge, pour son poème allégorique Libro de Fortuna e Prudència ...

Cependant, il faut signaler que l'occitan utilisé par les poètes catalans s'est progressivement catalanisé, au point que depuis la fin du XIVème siècle, on peut justement parler d'un catalan plus ou moins provençalisé.

C'est encore au XIIIème siècle, essentiellement pendant le règne de Jacques Ier (1228-1276), qu'acheva de se délimiter le domaine de la langue catalane: le renoncement à l'expansion vers le Nord, légalisé par le traité de Corbeil (1258) consolide les limites entre la langue occitane et le catalan, sur les Corbières; d'autre part, la conquête de Majorque et de Valence donne forme à la langue de chacun des nouveaux royaumes et, dans le cas de Valence, à la frontière du catalan avec l'aragonais et le castillan.

Joaquim Nadal Farreras et Philippe Wolff,
Histoire de la Catalogne pp. 91-98

Les Catalans, les notables et l'Europe

Qui t'ha enganyat un cop, t'enganyarà mès si pot.

Quand le peuple se révolte, c'est que les représentants qu'il s'est
choisi n'ont pas rempli leur contrat.

Par représentants, nous entendrons, d'un côté les élus politiques,
Conseillers Généraux, Sénateurs, Députés et d'un autre côté, les
responsables des Syndicats, des Chambres d'Agriculture, de
Commerce, d'Industrie, etc... Ces "notables", appelons-les ainsi, ont
été dernièrement désavoués par deux événements. Les deux aspects,
que certains voudraient distincts et séparés mais qui, en réalité,
demeurent intimement liés, sont la Culture catalane et l'Economie
catalane. Nous le répétons inlassablement: les aspects culturels et
économiques ne peuvent jamais être dissociés. Voyons ces deux
événements.

Du point de vue culturel, deux associations particulièrement
dynamiques, la **Bressola** (école maternelle catalane) et **Arrels** (écoles
maternelle et primaire catalanes et radio catalane) demandent chacune
une subvention au Conseil Général. Il les refuse. Conséquences:
grève de faim des membres de la **Bressola** et protestation véhémente
d'**Arrels**. Précisons que notre Catalogne était l'une des rares
"régions" du territoire français à ne pas avoir sa langue à la télévision
(un petit quart d'heure tous les quinze jours depuis mai 82).

Passons à l'aspect économique. Le monde paysan dans son
ensemble, se plaint depuis quelques années de la baisse de son
pouvoir d'achat et assiste impuissant à un glissement de marché.
Que font les notables? Des discours. Conséquence: camions
espagnols brûlés, wagons pillés, voie ferrée déboulonnée.

Nous ne portons aucun jugement de valeur sur les réactions des
uns et des autres: nous constatons.

Que ce soit dans la culture ou dans l'économie, l'incapacité des
notables vient d'éclater au grand jour. En fait, ils ne sont pas à leur
poste pour défendre les intérêts de leurs électeurs, mais pour
appliquer "écolièrement" la politique que le pouvoir parisien leur
dicte: ils n'ont aucune autorité. Les électeurs, devenus leurs
victimes, aperçoivent avec effroi qu'ils ont nommé des "serviteurs"

de Paris, avides d'honneurs et friands de médailles. Tout le reste
n'étant que remplissage, à l'aide d'une machine à fabriquer le vent
pour donner l'impression d'activité. Aujourd'hui le masque est
tombé.

Curieusement, nous retrouvons ces mêmes notables, drapés dans
leur dignité, pour s'opposer à la fermeture de l'usine Bella. Une
manifestation est organisée. Pourquoi vient-elle si tard? Autrefois
aussi, il fallait se battre pour installer quelques industries dans notre
petite Catalogne. Celles qui existaient ont disparu et celles, trop
rares qui ont été créées, ont fermé. Oui, à cette époque aussi, il
fallait manifester. Au lieu de cela, notre force vive prenait le train de
20h55 pour Paris.

Déjà en 1907, le Midi viticole s'était révolté. N'oublions pas que
le mouvement était né à Baixas (en février 1907) et avait trouvé écho
à Argeliers (Aude) en la personne de Marcellin Albert. Après une
dixaine de manifestations impressionnantes d'avril à juin (15.000
personnes à Coursan, 180.000 à Perpignan, 700.000 à Montpellier),
Clemenceau envoya la troupe; elle tira sur la foule à Narbonne: sept
morts et plusieurs blessés le 19 juin. Le lendemain, la Préfecture de
Perpinyà fut investie et son grand salon dévasté: le Préfet dut
s'enfuir. Le 23 juin, le député catalan Emmanuel Brousse, à la
Chambre des Députés, s'adressa à Clemenceau: "Quoi que vous
fassiez aujourd'hui, Monsieur le Président du Conseil, votre nom sera
maudit désormais par les générations républicaines et votre ministère
restera dans l'histoire, comme un ministère de meurtre, de carnage et
de sang." A cette époque-là, quelques esprits avisés avaient bien
exposé le vrai problème du Midi: sa pauvreté par rapport au Nord,
son sous-équipement et son manque d'industries..., bref, la
domination du Nord. La conscience générale n'avait pas encore la
maturité nécessaire pour saisir d'abord la réalité de l'hexagone
français, puis la réalité européenne. Deux catastrophes allaient se
produire: la première guerre mondiale, bientôt suivie de la seconde.

Malheureusement, ces deux guerres n'ont pas résolu les problèmes
complexes de l'Europe. Bon gré, mal gré, les états ont fini par
admettre qu'il était préférable de s'entendre pacifiquement. Un projet
d'entente avait déjà été exposé à la fin de la première guerre
mondiale par Wilson, Président des Etats-Unis d'Amérique. Il
proposait en Europe le "self-government et le développement sans
contrainte de tous les peuples ... aucun peuple ne doit être contraint
de vivre sous une souveraineté qui lui répugne." En 1925, c'est

Edouard Herriot qui publie un livre très remarqué, "Europe". En
1926, se forme l'Union Economique et Douanière Européenne. En
1929, Aristide Briand dépose à la Société des Nations un projet pour
les Etats-Unis d'Europe, sorte de lien fédéral entre les peuples
d'Europe, mais ce fut un échec. Il fallut attendre 1946 pour que W.
Churchill demande à l'Allemagne et à la France de construire les
Etats-Unis d'Europe. Ainsi, naquit l'idée de la Communauté
Economique Européenne: ces trois mots ont suffi à bouleverser les
données de chaque état. A l'intérieur de l'hexagone, ce qui semblait
utopique en 1907 est probable en 1982 et sera réalisé en 1984: la
naissance d'une nouvelle Europe avec l'entrée de l'Espagne et du
Portugal dans le Marché Commun.

Quand nous considérons le territoire français, nous voyons que la
moitié nord est tournée vers le nord et l'est de l'Europe: mer du
Nord, Grande-Bretagne, Pays-Bas, Allemagne; la moitié sud est
tournée vers la Méditerrannée, Espagne, Italie, Afrique du Nord,
Moyen-Orient. Malgré le brassage désiré, organisé et appliqué par le
pouvoir parisien, chacune des deux moitiés a su conserver son
identité. Aussi, n'y a-t-il rien de choquant à dire que les gens du
Nord ne raisonnent pas comme nous. Nous n'avons pas la même
philosophie de la vie. Ce qui revient à dire que si nous, les gens du
Midi, nous avions notre République, nous ne vivrions pas comme
nous le faisons aujourd'hui; nous aurions nos lois et nos coutumes
propres, notre économie et notre culture particulières. Au lieu de
cela, le Midi a été victime du développement de l'Etat français.

Revenons donc en 1984, date à laquelle sera réalisée
géographiquement la Communauté Economique Européenne. Cette
institution oblige chacun des états à appliquer une réelle
uniformisation dans certains domaines, tout en préservant l'essence
même des peuples. Voici deux exemples. Tout individu, quelle que
soit sa nationalité, peut aujourd'hui travailler dans n'importe quel
pays de la Communauté et bénéficier de la retraite quand il aura
atteint l'âge requis, ainsi que de tous les avantages sociaux-
professionnels. Très prochainement, il va être mis en application
dans tous les pays de la Communauté un même plan comptable pour
les entreprises. Chacun des états perd dans des domaines particuliers
son imdépendance.

La Commission Européenne détient certains pouvoirs au-dessus des
gouvernements; elle peut diriger ou punir. Ainsi a-t-elle autorisé le 4
février 1982 le gouvernement français à accorder des aides de

trésorerie d'un montant de 4,43 milliards de francs à Usinor et
Sacilor (sidérurgie) tandis qu'elle contrôlera et vérifiera les prix de
vente des produits de ces sociétés; la même Commission Européenne
a autorisé des opérations semblables au gouvernement italien et au
gouvernement belge. D'un autre côté, la Commission infligeait une
amende de 5,6 millions de francs à la Société allemande AEG-
Telefunken pour avoir imposé pendant quatre ans, un système de
distribution contraire au Traité de Rome. Le 5 mars 1982, la Cour
Européenne de Justice condamnait la France dans l'affaire des vins
italiens.

De plus, de nouveaux rappports de force, d'exemple ou
d'émulation sont apparus. Ainsi, la plupart des états concernés
appliquent la régionalisation depuis longtemps. L'Etat français restait
le seul à conserver une centralisation outrancière et paralysante;
désormais elle est périmée. Le pouvoir actuel se trouve confronté à
des problèmes que seule la régionalisation pourra résoudre.

Pour trouver une solution aux crises qui secouent le grand Midi,
les Pouvoirs Publics ont songé à créer l'Office du Vin et l'Office des
Fruits et Légumes. A première vue, cette intention part d'un bon
sentiment et reflète une réalité économique. Enfermées dans le cadre
des frontières hexagonales, ces institutions auraient eu leur place il y
a cinquante ans. Aujourd'hui, avec le Marché Commun, tenter de
mettre sur pied un Office en ignorant ses voisins est une aberration:
il convient plus que jamais, d'oublier les frontières des Etats. C'est
ce qui se passe déjà dans les Flandres, en Alsace, et c'est ce qui se
passera chez nous avec la Catalogne du Sud, c'est ce qui se passera
avec le Languedoc et le Sud de l'Italie.

Désormais, la politique de notre petite Catalogne du Nord doit
impérativement tenir compte de trois points primordiaux.
Premièrement: au sein de la Communauté, il est temps d'organiser
les productions maraîchères, fruitières et vinicoles, non plus par état,
mais par régions productrices. En ce qui nous concerne, nos
productions, très différentes de celles du Languedoc, s'apparentent
davantage de celles de la Catalogne du Sud; il faut donc que nous
ayons la possibilité de nous accorder avec le Sud sans passer par
Montpellier ou Paris.

Deuxièmement: quelle sera la situation quand l'Espagne sera entrée
dans le Marché Commun? Barcelona à 180 km de Perpinyà, trois
millions d'habitants, septième centre industriel d'Europe (avant
Lyon), pourra traiter directement et plus facilement avec les capitales

de régions; rappelons que le gouvernement de Barcelona a déjà obtenu un prêt international pour moderniser ses chemins de fer. Dans notre cas, Barcelona s'adressera par-dessus Perpinyà à la capitale de région qui est Montpellier et réciproquement. Ne serait-ce que pour cette raison, le département des Pyrénées Orientales devrait devenir une Région Catalane séparée du Languedoc.

Troisièmement: aux prochaines élections du Parlement Européen, on comptera des députés catalans puisque la Catalogne du Sud possède son autonomie en Espagne. Défendront-ils à Strasbourg les intérêts de la Catalogne du Nord? Les notables ont-ils tenu compte de ces nouvelles données? Ont-ils établi des prévisions de production? de distribution? de Marché? Créer des Offices qui oublient ces transformations radicales, nous sera inévitablement préjudiciable. Les Offices ayant la connaissance exacte des potentiels maraîchers, fruitiers et viticoles des états et des régions, devront avoir les pouvoirs de traiter soit avec le Pouvoir Parisien, soit avec les autres régions, soit avec les régions des autres états. Les Offices ne doivent pas être des organismes obéissants, mais des organismes pleinement souverains.

Vu qu'il existe déjà un Office de la Culture (Languedoc-Roussillon), si les Pouvoirs Publics fondent un Office agricole tel que nous l'avons décrit, on ne voit plus comment ils pourront échapper à la véritable régionalisation économique et culturelle qui est en fait "l'autonomie des provinces", comme c'est déjà le cas en Belgique (Wallonie et Flandre), en Allemagne (les Länder), en Grande-Bretagne (Galles, Angleterre, Ecosse, Irlande du Nord), en Espagne (Catalogne, Pays Basque, Galice) etc... Nous pouvons d'ailleurs envier les Corses qui ont déjà depuis juillet 1981 deux députés à Strasbourg. Bien sûr, dans l'Etat Français le mot "autonomie" effraie! Alors, employons le terme de "statut particulier" qui nous permettrait d'avoir des députés au Parlement Européen. Cela signifie qu'il ne faudra pas obligatoirement s'adresser en "haut" pour résoudre les problèmes régionaux ou locaux.

Nous assistons à une uniformisation de la "politique régionale" en Europe. Chez nous, cette politique sera menée par des hommes neufs, fidèles à leur terre et à leurs habitants, et se souvenant que le gouvernement catalan se nommait la Généralité, ils ne se préoccuperont que du bien général. Ainsi, seront écartés la plupart des "notables" d'aujourd'hui qui acceptent que notre Catalogne puisse devenir une vaste maison de retraite avec ses cimetières et un immense camp de vacances avec ses touristes. Nous voulons que vive notre Catalogne conformément à ses traditions en respectant son identité, en s'intégrant dans la nouvelle Europe qui se forge lentement, difficilement et inexorablement. Maîtriser notre destin, telle doit être notre seule et unique ambition dans les vingt ans à venir.

Légalité officielle et légalité populaire

"Cada casa es un món"

Le système moderne de communication entre les hommes est si habilement fabriqué, maintenu et contrôlé par le pouvoir que tout ce qui tend à s'écarter de l'opinion répandue s'apparente à l'illégalité. Ainsi, le fait pour un peuple de demander sa reconnaissance, revendication qui n'est ni exprimée, ni discutée à la télévision, à la radio ou dans la grande presse, apparaît à une partie du public comme une demande suspecte.

Or, comment fonctionne le pouvoir? Qu'il soit mis en place après les guerres, ou vainqueur des révolutions internes, le pouvoir choisit suivant son idéologie, un système propre de gouvernement et de gestion économique et culturelle de son territoire: le centralisme, l'autonomie, le fédéralisme, la confédération entre autres. Les états capitalistes et socialistes utilisent indifféremment l'un ou l'autre de ces systèmes. Citons quelques exemples significatifs. La Suisse a choisi la Confédération; la Suisse moderne porte bien officiellement le nom de "Confédération" Helvétique, mais sa constitution actuelle depuis 1803 (Napoléon ne réussit pas à en faire un état unitaire) en fait une Fédération avec la primauté du gouvernement central, sécession des Cantons interdite ...; le territoire est partagé en 23 Cantons souverains qui exercent tous les droits du canton sauf ceux qui appartiennent au pouvoir du gouvernement (douanes, poste, monnaie...); ce système confédéral a permis de maintenir les trois langues reconnues officiellement, l'allemand (70% de la population), le français (19%) et l'italien (9%); dernièrement, c'était la reconnaissance du rhéto-romanche (1%).

En Belgique, le gouvernement a accordé une réelle autonomie culturelle aux Wallons et aux Flamands et même aux Allemands d'Eupen annexés en 1918 (le roi s'adresse à eux en langue allemande); c'est ainsi que les télévisions, les radios, les journaux diffusent en langues différentes des informations et des programmes distincts; les écoles dispensent un enseignement différent (notamment en littérature et en histoire) dans la langue locale; précisons que les entreprises flamandes doivent utiliser uniquement le néerlandais (langue officielle unifiée de la Flandre belge et des Pays-Bas).

En Espagne, l'autonomie, refusée par le dictateur, est aujourd'hui à la fois culturelle et économique pour la Catalogne, le Pays Basque et la Galice; à titre d'exemple, voyons l'article 5 du statut d'autonomie de la Galice: 1. La langue propre de la Galice est le galicien. 2. Les langues galicienne et castillane sont officielles en Galice et tout le monde a le droit de les connaître et de les utiliser, etc... Dans la République Fédérale Allemande, le gouvernement de Bonn est compétent pour tout ce qui concerne le territoire allemand (monnaie, défense,...) mais l'éducation, la police, la sécurité, sont du domaine de chacun des dix Etats Fédérés appelés Länder...

Que ce soit dans le bloc capitaliste ou dans le bloc socialiste, les peuples qui se sentent opprimés, se sont élevés et s'élèvent encore, face à l'état, pour faire entendre leur voix, pour réclamer tous leurs droits, pour obtenir la reconnaissance, l'autonomie ou l'indépendance. Nous citerons pour mémoire les Musulmans d'URSS, les Biafrais du Nigéria, les Irlandais du Nord du Royaume-Uni, les Allemands de Pologne, les Hongrois de Roumanie, les Québécois du Canada, les Berbères d'Algérie ...

Signalons que les revendications du Québec, qui a déjà son autonomie comme toutes les Provinces du Canada, ne peuvent pas se placer sur le même niveau que celles des Berbères d'Algérie. Ces minorités incluses au sein du Territoire de l'Etat par le pouvoir, peuvent être écoutées, comprises, intégrées, rejetées ou combattues. Dans les fédérations ou les confédérations, la solution se trouve facilement et souvent elle arrive avant que le problème n'explose. Par contre, dans les états centralistes et unitaires, la reconnaissance ne peut s'effectuer qu'après une longue période de luttes plus ou moins violentes; l'expérience l'a prouvé.

Que ce soit dans un système ou dans l'autre, l'un où le pouvoir emploie un réalisme intelligent ou l'autre où le pouvoir cède à la force virulente, la légalité officielle finit par admettre la légalité populaire qui devient à son tour officielle.

Chaque état contemporain règle la gestion économique, culturelle et ethnique suivant ses propres choix politiques. Dans l'Etat Français, le choix fut toujours le centralisme. Cet ancien système remonte aux Capétiens, mais il fut habilement structuré par la révolution française, solidement exécuté par Napoléon et scrupuleusement respecté par les républiques successives. Une France différente aurait pu naître en 1793, mais l'écrasement dans le sang de la contre-révolution fédéraliste ruina l'espoir et la vie même des provinces: le centralisme jacobin l'avait emporté. Ainsi, l'Etat Français se trouvait être jusqu'à ces derniers mois, l'état le plus centraliste d'Europe. La régionalisation entreprise par le nouveau pouvoir sera-t-elle suffisante pour combler le retard accumulé en ce domaine? Le gouvernement socialiste s'appuiera-t-il sur un réalisme intelligent?

--Joan et Clàudia Villanove, Réflexions et commentaires catalans

Catalonia, like its neighbor Occitania, boasts an unbroken literary tradition dating back to the Middle Ages. Approximately two hundred of the 2500 extant troubadour poems were written by the twenty-four known Catalan troubadours, of whom four were from Roussillon. After the annexation of Roussillon by France in 1659, the province's literary tradition came under the influence of French classicism, which, in the opinion of the greatest Roussillon poet, Josep Sebastià Pons, made positive contributions to the Catalan literary language, and during the eighteenth and nineteenth centuries, North Catalan literature was greatly influenced by French classicism.

The works below are examples of twentieth-century literature in the Catalan language from Roussillon. Of the poets presented, Pons is the best-known, and the most influential. Pere Verdaguer calls him "le poète le plus indiscuté du Roussillon". (Pere Verdaguer, Histoire de la littérature catalane, c. 1981 by Editorial Barcino, Barcelona, p. 355.) His sister Simona Gay, also a poet, is represented by the selection "Lluita amb l'angel". Carles Grando was a poet, playwright and organizer of the Jocs Florals de la Ginesta d'Or, a Catalan literary festival. Joan Amade was a professor at the Faculté des Lettres of the University of Montpellier and a leader in the regionalist movement. Jordi Pere Cerdà, a former butcher, bookseller and politician from Cerdagne, is perhaps the Pons of his generation, though very different from Pons in his emphasis on human solidarity and fraternity. Verdaguer describes his "Oh món" as "un sommet de la poésie catalane par le don total à la cause de tous, par sa fraternité poignante qu'il dit à tous les hommes, et en particulier à ceux dont l'obscur travail et l'abnégation ont permis de sortir de la nuit." (Verdaguer, Histoire, p. 359.)

Vall closa

A la vall closa del poeta
de matinada hi canta el vent,
i entre les pedres, la fonteta,
amb un delit inconscient.

Allà, quin bàlsam porta l'hora!
El sol n'és l'hoste benvolgut,
oh, soledat inspiradora,
on mou la pluja un cant perdut!

Nostra finestra és blaupintada.
A estones brilla un mirallet
de fusa antiga i ben daurada
en la blancor de la paret.

I vas torcint emmirallada,
sobre el teu front, l'aire senzill,
ta cabellera humitejada,
i espessa com un camp de mill.

mentre la pluja al lluny remulla
la grogor fina d'un teulatl
i murmureja tota fulla,
inspiradora soledat.

Josep Sebastià Pons

El Somni d'un matí

El somni d'un matí de primavera
no té paraula i no el podria dir.
Contra tota raó mon cor espera.
L'amor sense l'amor vol reverdir.

En aquest clot de riba, amor, venies.
Es tot cintat de plata i d'abandó.
Bàlsam de romeguera, oblit de dies,
ignorància del pas del segador.

Ara és poblat de ton absència, llisa
com la terra i la pedra del camí
i el respirar distret que té la brisa.
El sanglot de la font sembla dormir.

La imatge blanca és fosa en la parpella,
desert de l'aire on la traça la mà.
Oblida el que no sigui el record d'ella.
El temps és massa pur per s'escolar.

-- Josep Sebastià Pons

Les Feres

Plantejada la qüestió
del greu conflicte actual
lo gran consell animal
presidit per lo lleó
obre sessió general.

Des del primer crit de guerra,
orsos, tigres, llops cervers
ixen de tots los senders
amb llenguasses fins a terra,
flairant els pròxims carners.

"Germans, diu la reial fera
en dos mots, mi ci l'afera:
l'home és lo nostre enemic,
mes tenim allí un amic
que ens ajuda de primera.

Amb delícia sens igual,
mata, mata... i fa més feina!
Eixorits! Quin festanyal!
Mes, si nos fa fer la teina,
***al menos**, li fem pas mal."*

"És jurat! diu la pantera;
des d'avui, la nova fera
proposi d'admetre acf."
I muntà un horrible: "Sf",
que esglaià la terra entera.

-- Carles Grandó

En temps de guerra

L'estimada a l'estimat, soldat de França

Per què m'ets sorpresa, o trista pensada?
Serà la tardor que me munta al cor?
La veig a venir una altra vegada,
    com vella endolada
    al fonse de l'hort.

Sempre a tu pensant, jo, ton estimada,
i fent, a l'altar del meu pobre amor,
cremar dia i nit la flama sagrada,
    me som confiada
    a la bona sort.

Encara un hivern que s'apropa; encara
un rosari llarg de sospirs i planys,
lluny del raig de sol de la teua cara,

amb el mal record dels darrers dos anys,
i el temor de rebre, o soldat de França,
la nova que fa morir l'esperança.

L'estimat a l'estimada de Rosselló

Estimada meua, els teus ulls veuran
lo que avui ma mà t'ha volgut escriure,
aqueixos ulls clars que enfosqueix l'espant
i que eren per jo la raó de viure.

Deixa-té de plors, de plors d'un infant:
vull que, lluny de jo, floreixi ton riure,
que ton esperit, més fort i més gran,
de tota dolor se guardi més lliure.

Sí, la terra és santa i mai, com faig ara,
l'havia sentida a mon cor tan cara,
la terra que vol, del pobre soldat,

per se conservar més pura pel blat,
la vermella sang amb amor donáda...
Guarda mon record, o mon estimada!

-- Joan Amade

Lluita amb l'angel

Sola, ben sola en la tenebra,
l'inquietud em dava febre;
vingué l'Inconegut, sense tocar
les portes de la nit, i contra mi lluità.
Si era foll, si era savi,
jo no ho sabia, i com desesperava
de poder vèncer - era tan fort! -
lluitava de valent, amb tot el cor,
en la via insegura
d'aquella nit obscura.
Ne perdia l'alè
sense voler mercè.
Eri en la mar aturmentada
on me feria cada onada;
i sempre dreta pel combat
esperava l'embat.

Quan la fosca esdevingué blava
i l'alba puntejava,
l'Inconegut em tocà els ulls,
del llibre de la vida es giraven els   fulls.
Dintre la nit el meu voler s'entenebria,
contra d'un àngel combatia.
Com un sentit amagat que es desclou
m'era ensenyat el néixer de bell nou;
veia amb goig verdader la pàgina nevada,
calia aquesta nit pel crit d'alba gemada.
L'àngel digué: "L'aurora veux lluir,
Déu t'ha provat, ja tens la llum, deixa m partir."
--Si em tens de beneir, àngel! I el retenia
llavors em beneí ... S'aixecava el nou dia...

-- Simona Gay

Oh món

Oh món
t'escolto i assajo de comprendre't
Ganyides tot girant
com el plany rovellat d'un rodet de molí
quan l'abasta
el doll majestuós d'una aigua sobirana.
Avui el respirar dels pobles és tan gran
Que glateix contra meu ajagut dins la prada
i, encara que em tapés les orelles, el sento;
el meu ritme s'ajunta amb el seu, triomfant.

Oh món,
tot sembla aquí tan lluny de tu!
No fossin
les torres d'aquests puigs
passant en llur viatge estàtic,
gratant amb caps de dit
llums de lluna i de sol
que escambellen els pins.
No fossin
crits que brollen

com d'uns pous artesians
del pit de les fàbriques,
reboten fins aquí
en la carn de la roca.

Oh món,
m'ha costat de pensar que jo era també dels teus
que portava a l'esquena
la meva càrrega d'home.
El dia que la carn deixi la carcanada,
quand tornaré a la terra
a fer fems de la calç,
al ritme de ma vida
seguiré el teu compàs,
emmotllat d'argamassa.

Món,
trobo fraternals
l'herba i el forment,
la dona de poble,
l'obrer de la fàbrica;
sóc closcaestellat
un cop de garrot
de la policia,
tinc damunt el front
la marca de sang,
grana tardana
de sembres del quaranta.

Em recorda...
la derrota a ma boca tapava els meus vint anys.
Jo buscava la vida
ditejant son fullatge
sens poder trobar el cor.
Mes mans parteres d'alba
s'embrancaven
en el crepuscle d'un ordre
que portava alliçonat.
Ensurt del cos,
quan sento el mur de l'aire

com un morter
pesant a les espatlles.
Ensurt del pit
quan els narius li porten
l'olor seca, podrida,
de roses de paper,
santes de guix
i els mmateixos apòstols ·
seguint les dues cares
de la República
i de l'Estat francès.

Em recorda...
Espanya finava exsangüe.
Del clot que França li cavava,
sobresortia
el cos
a trossos.
Desplegant nafres en bandera
al cap d'una aspa de cadàvers,
un poble ingressava
a l'infern del calabós.
Em recorda...
era l'any quaranta.

El món es reüllava en el matí petit,
escletxa metàllica de guillotina,
encairats per l'engany com una institució.
El meu poble s'hi encarava capbaix,
com un ramat s'encara
al tren de mercaderies...
"Cavalls, vuit. Homes, quaranta."

Em recorda...
jo buscava la vida,
sentia el seu fullatge
i no encontrava el cor.

Llavors començaren, al secret de les prades.
petjades decantant el rem nocturn de l'herba.

Pere Verdaguer

Llavors, en la por sideral que estamordia l'arbre,
la saba remota provà l'encaminada.

Llavors, en la boca de cendres arcadura
electrocuda,
la brasa d'una llengua s'assajà amb parla muda.

Llavors en la pell de la pàtria com tabal rebentat
venes noves lligaren filbastes de sang fresca.

Llavors la muntanya aixecà torres de voluntat.

Llavors se sobreposà a la vila una altra vila.

Llavors la cara es doblà d'una cara de nit.

Llavors la pell de cada obrer revestí un soldat.

Jo vaig entrar dins l'arbre com un ocell dins el
fullam,
i vaig sentir la força dels seus brancs
a dins dels braços i en el cos,
i vaig sentir la saba barrejant-se amb ma sang.
Tingué la vida en el niu calent de mes mans;
la vida tenia la cara del poble
i de seu combat.

-- Jordi Pere Cerdà

Poèmes tirés de Pere Verdaguer, <u>Poesia Rossellonesa del segle XX</u>, Barcelona: Edicions 62, 1976..

Histoire de la confrérie du très précieux sang de Jésus-Christ

Le culte de la Passion qui fut rénové au XVème siècle, se développa dans toute l'Europe au milieu des malheurs qui s'abattaient alors sur ses habitants (guerres, famines, pestes, Grand Schisme).

Le Christ souffrant sur la Croix, semblait plus proche des hommes qui vivaient à une époque de misère, de douleurs et d'incertitudes. L'Europe vécut une sorte d'angoisse collective. Les habitants crurent que tous ces maux venaient à cause des péchés. C'est pourquoi le culte de la Passion parut à ces hommes comme le seul espoir d'être sauvés de la mort éternelle.

Ce fut le moment où la mort était la reine des spectacles présentés et appréciés du public. Sur les parvis des églises, les acteurs des théâtres religieux représentaient les scènes les plus déchirantes de la Passion. En Espagne se développait une sculpture polychrome sur bois, dont les oeuvres exclusivement religieuses s'efforçaient de montrer avec un réalisme poignant les souffrances du Christ. Les artistes de l'Europe entière reprenaient les thèmes du Christ flagellé et de la Vierge des Douleurs.

Les hommes conscients d'un profond besoin de repentir cherchaient des formes d'expression d'une véritable foi. Le grand schisme, la licence des moeurs et paroifs le laisser-aller du clergé avaient ébranlé la confiance que les hommes du Moyen Age avaient en l'Eglise. Cela se traduisit dans les pays du Nord de l'Europe par l'adhésion à la Réforme de Luther, au XVIème siècle. Les pays méditerranéens avaient amorcé un changement dès le début du XVème siècle grâce à des prédicateurs dont l'ardeur pour soulever les foules fut particulièrement vive. Ils prêchèrent la pénitence et ils surent aussi faire prendre conscience aux hommes que le plus grand malheur était le péché. Ils s'attachèrent à défendre les opprimés et les persécutés en dépit de toutes les lois. Après leur passage en Roussillon, selon la tradition, des confréries se formèrent pour conserver et perpétuer leur doctrine. Ce fut le cas de la confrérie de "La Sanch" de Perpignan qui fut érigée après le passage dans cette ville du Dominicain Saint Vincent Ferrier. Contrairement aux confréries de pénitents de Provence, les attributions de la confrérie de

Perpignan ne se bornent pas à des pratiques religieuses. Elle fait aussi figure de confrérie charitable. Pour expliquer le rôle que jouera cette confrérie dans la vie "religieuse" du Roussillon, il nous paraît indispensable de préciser le contexte religieux et social de notre région à la veille de la "fondation".

Contexte religieux

L'arrivée de Ferdinant d'Antequera sur le trône d'Aragon coïncida avec l'épilogue du grand schisme d'Occident à Perpignan. Le monde catholique avait été soudain déchiré entre deux papes, Urbain VI à Rome et Clément VII en Avignon. Rapidement le pape d'Avignon et celui de Rome avaient fait appel aux armées des princes temporels pour s'assurer la couronne pontificale. Parmi les princes chacun avait pris parti au mieux de ses intérêts. Il en avait résulté un monde catholique coupé en deux, chacune des forces en présence prétendant détenir la legitimité. Par gallicanisme, Charles V, roi de France, avait soutenu le pape d'Avignon, tandis que ses ennemis, le roi d'Angleterre et les princes italiens avaient soutenu le pape de Rome. La France entraîna dans son alliance le Portugal, la Flandre, la Castille, l'Aragon et l'Ecosse ennemie de l'Angleterre.

Les intérêts religieux avaient été rapidement mis au service des intérêts politiques. Mais au cours des années, les conseillers du roi de France décidèrent que l'intérêt de leur pays résidait dans la fin de cette lutte. Dès la nomination de l'Aragonais Pierre de Luna qui fut élu, sans le consentement du gouvernement français, pape d'Avignon sous le nom de Benoît XIII, la France sans ôter son appui au pape d'Avignon retira son Eglise de l'influence du Saint-Siège. Depuis ce jour, les difficultés s'accumulèrent pour Benoît XIII. L'Eglise catholique avait besoin de paix et d'ordre. En 1408, le pape d'Avignon fut chassé de son palais, par le pape de Rome. Il revint dans son pays et résida à Perpignan. Il fut reçu par le roi Martin qui l'avait reconnu comme souverain pontife. Aussitôt installé, l'anti-pape convoqua un concile en l'église de N.-D. de la Réal. Un second concile suivit un an après, sans plus de succès, à cause de l'entêtement de Benoît XIII. Le pape s'assura la protection de Ferdinand de Antequera en facilitant son accession au trône d'Aragon. EN 1415, l'empereur d'Allemagne Sigismond, vint en personne à Perpignan pour inviter Benoît XIII à renoncer à la tiare; il s'y refusa mais privé de soutien, il courut s'embarquer pour

Peniscola, en Espagne, où il mourut en 1424. Le grand Schisme ébranla la confiance que les chrétiens avaient portée à l'Eglise. Il était nécessaire de rénover la piété, d'offrir aux hommes l'assurance de leur salut par des prières en commun et des oeuvres de charité...

Si on admet d'une façon unanime que la confrérie ait été créée au début du XVème siècle, il faut aussi croire que sa fondation est liée aux différents séjours que fit à Perpignan le dominicain Saint Vincent Ferrier...

Saint Vincent Ferrier fit un rapprochement entre les condamnés à mort souvent injustement accusés et le Christ mourant sur la Croix pour expier les péchés de tous les hommes. Le sang des mourants devint le symbole du salut vers la vie éternelle. La confrérie que Saint Vincent inspira par ses sermons, prit le nom de confrérie du **Très précieux sang de Jésus-Christ**, car elle honorait les souffrances de la Passion du Christ, tout en répandant son oeuvre bienfaisante parmi les condamnés à mort, en qui les membres de la confrérie reconnaissaient le Christ mourant pour les hommes.

C'est pourquoi les confrères de "La Sanch" allaient en grande pompe le matin du mardi de Pâques, chercher tout ce qu'il restait des cadavres des condamnés de toute une année et après une cérémonie religieuse, la confrérie les faisait enterrer à ses frais...

Les confrères ne s'en tenaient pas à trouver une sépulture aux condamnés, ils les réconfortaient avant le supplice. Une délégation de confrères, dont un prêtre, passait toute la nuit qui précédait l'exécution dans la prison, avec le condamné, pour prier afin qu'il se repente de sa faute et pour lui donner l'assurance du pardon de Dieu et le courage pour subir le châtiment ordonné...

Les dépenses de la confrérie étaient essentiellement réparties en deux catégories: les frais qu'entraînaient les exécutions capitales et les préparatifs de la procession nocturne du Jeudi Saint...

La plus importante cérémonie que la confrérie organisait, était la procession nocturne du Jeudi Saint. Elle se déroulait dans toutes les villes et dans tous les villages où avait été érigée une confrérie de "La Sanch", mais aussi dans les autres villages qui n'avaient pas officiellement de confrérie mais qui possédaient des "Misteris"...

La confrérie de "La Sanch" eut son apogée au XVIIème siècle à Perpignan. Malheureusement nous devons nous contenter, faute de mieux, de deux descriptions de la procession nocturne du XVIIIème siècle. L'une du Révérend Père Lestrange, date de 1708, l'autre est de François Carrère, qui rapporte les faits qu'il a vus ou des témoignages qu'il a recueillis dans son Voyage pittoresque de la France, publié en 1787. Au XVIIème siècle, la procession sortait sur le coup de onze heures du soir de l'église Saint-Jacques; le cortège était ouvert par deux trompettes et par un "caperutxe rouge" (pénitent en costume rouge) portant une clochette; suivaient deux pénitents habillés de noir portant des bannières noires où figurent les instruments de la Passion. Apparaissent ensuite les pénitents noirs ayant à la main des cierges rouges. Puis, venait la Croix des "Improperis", c'est-à-dire des injures. C'est une grande croix chargée des attributs de la Passion, la couronne d'épines, le coq qui éveilla le repentir de Pierre, la bourse des trente écus de Judas, le fouet de la flagellation, ... la tunique et le manteau de pourpre et de dérision... Après cette croix, la procession se poursuivait par le passage des régidors, portant l'étendard noir de la confrérie. Les régidors portaient également à la main une baguette noire, symbole de leurs fonctions. Puis, venaient les pénitents en tous genres, et dans le plus grand désordre. Les plus célèbres étaient les flagellants. Ils étaient tous de blanc vêtus. Ils portaient une capuche plus haute que celle des autres pénitents. L'habit des flagellants est bordé de rubans noirs et ouvert dans le dos. Les flagellants se lançaient de forts coups de fouet ayant des bouts de fer ou d'argent. Le sang ruisselait le long de leur dos nu et tachait bien souvent l'habit blanc. Les plus riches se faisaient suivre par un chirurgien qui essuyait leurs plaies avec une petite éponge et quand par hasard le sang cessait de couler, il leur faisait, avec la pointe d'une lancette, de petites ouvertures en forme des Cinq Plaies de Jésus...

Derrière les pénitents apparaissaient les "Mistéris" qui appartenaient aux différentes corporations que comptait la ville. Avant chaque "Mistéris", on pouvait voir les hauts dignitaires de la corporation propriétaire du "Mistéris". D'abord venait le "Mistéris" de l'hort ou du jardin des oliviers qui appartenait à la corporation des jardiniers, les menuisiers suivaient avec le "Mistéris" de la flagellation, le "Mistéris" des procureurs représentait le couronnement d'épines et il était suivi du "Mistéris" du "Ecce Homo" qui appartenait à la noblesse; il était toujours précédé d'un grand nombre de flambeaux. Un groupe d'ecclésiastiques en soutane noire et chapeau carré, portant un cierge blanc à la main précédait le "Mistéris" du "porte-croix" ou Jésus conduit au Calvaire. Le dernier "Mistéris" était un grand crucifix porté généralement couché sur un lit noir et couvert de crêpe noir; au-dessus du lit, des "caparutxes" portaient un pavillon en forme de dais, en taffetas noir à dentelle d'argent. Derrière chaque "Mistéris" des choeurs, des violons et des instruments assuraient la partie musicale. Ils chantaient les goigs de "La Sanch", dont nous reparlerons.

Puis apparaissait un autre genre de spectacle, qui était fort apprécié au moyen âge et qui continua à être représenté dans la province jusqu'à la fin du XVIIIème siècle. C'était une sorte de représentation théâtrale de la Passion: l'on pouvait y voir une troupe de soldats romains au milieu de laquelle se trouvait une personne vêtue de violet qui symbolisait le Christ. Les diverses scènes de la Passion étaient successivement jouées en marchant. La scène la plus appréciée du public était celle de Sainte Véronique essuyant le visage de Jésus et présentant le voile de la Sainte Face. La procession se terminait par le clergé de Saint-Jacques et des autres paroisses de la ville.

A la fin du moyen âge et à l'époque baroque, la mort présidait à tous les spectacles. A la procession de "La Sanch" ce rôle était joué par un homme jeune et léger, qui sautait comme diable au son d'un tambour. Il paraissait vêtu d'un habit collant au corps et où apparaissait peints tous les os du squelette. Un masque de carton simulant un crâne décharné lui couvrait le visage; ... ce personnage armé d'une faux, semblait vouloir trancher la tête de tous les spectateurs, ce qui impressionnait et faisait reculer les curieux qui voulaient regarder de trop près le spectacle...

La confrérie organisait une autre manifestation le mardi de Pâques où se regroupaient seulement les confrères. En effet, régidors en tête, ils allaient chercher sur les lieux d'exécution... les restes de tous les prisonniers exécutés dans l'année, car les autorités civiles ne prenaient pas la peine d'ensevelir ces malheureux. Les confrères ramenaient donc les restes à l'église Saint Jacques et après un service funèbre, les enterraient au cimetière de l'église. Cercueil, service religieux et enterrement étaient aux frais de la confrérie. La confrérie participait aussi à des manifestations religieuses organisées par l'Eglise...

Durant toute la cérémonie, participants et spectateurs chantaient des chants religieux populaires ou "goigs". Le mot "goig" vient du latin **gaudium**; le sentiment exprimé par le mot associe le sentiment de joie et le sentiment de grande tristesse, comme les goigs "dolorosos de Notre Dame del Roser". L'époque de Pâques et surtout de la Passion, inspira particulièrement les auteurs des goigs.

Prenons donc ceux que l'on avait l'habitude de chanter pendant la procession. Le chant de la "Passio sagrada de Jesus-Christ Nostre Senvor" relate l'histoire de la passion de Notre Seigneur. C'est un poème de strophes de huit vers chacune, qui était chanté par un chantre local, dont la voix puissante descendait du haut de la tribune et planait sur toute l'assemblée..."El Rellotje de la Passio" relate heure par heure, les gestes symboliques de Jésus durant la passion...

Bilan humanitaire

Avant l'exécution, le rôle des confrères consistait à aider le prisonnier à se repentir et à croire en la bonté divine. Par des paroles apaisantes et également par leur foi, ils arrivaient à impressionner les condamnés, qui étaient alors plus forts et plus sereins pour attendre et affronter le moment suprême. Nous n'avons pas malheureusement les listes des condamnés à mort ayant reçu aide et conseil de la confrérie pour l'ensemble de cette période. Dans le registre des dépenses de la confrérie de 1732 à la révolution, nous pouvons voir le coût de telle ou telle sentence, sans précision ni sur le nom du condamné ni sur le motif de la condamnation... D'après l'abbé Toreilles, au XVIIIème siècle, deux cent trente-huit condamnés à mort se sont affiliés avant leur mort à cette association. Parmi eux, soixante-douze soldats pendus ou fusillés pour désertion, nombre conforme aux notes du registre des dépenses de la confrérie où l'on retrouve une forte majorité de "sentance de soldat". Les condamnés civils ayant appartenu à la confrérie sont beaucoup moins nombreux: cinquante-deux hommes et douze femmes, condamnés pour banditisme, vol de confiance ou assassinat. Sur les douze femmes condamnées, onze l'ont été pour des vols minimes: l'une du linge, l'autre une boucle d'oreille, une troisième un louis d'or. La justice était alors très sévère. Quand la faute était vraiment très grave, après avoir pendu le prisonnier, on lui rompait les os ou on le brûlait au Pont de la Pierre... Une femme de Palau-del-Vidre ayant tué son mari fut condamnée, avant de mourir, à avoir le poignet tranché; après avoir été pendue elle fût brûlée et ses cendres jetées au vent. Connaissant toutes ces souffrances, comment le condamné pouvait-il rester calme la dernière nuit? C'était à force de paroles réconfortantes surtout inspirées par les souffrances de Jésus durant la passion et par la bonté infinie du Créateur, que les confrères arrivaient à faire accepter au condamné son supplice et lui faire assurer le salut de son âme par un sincère repentir.

Le fait qu'il y ait une majorité de soldats condamnés, membres de la confrérie, s'explique par la cause même de leur condamnation: la désertion. Leur métier consistait à veiller sur le maintien de l'ordre dans la province nouvellement conquise, ce qui impliquait beaucoup de sévérité et encore plus d'injustice envers les Roussillonnais suspects de comploter contre les Français. Ce n'était pas une besogne bien agréable. C'est pourquoi les confrères n'avaient aucun mal à les faire se convertir et même à les faire adhérer à cette oeuvre pieuse et humanitaire. Cela était plus délicat lorsqu'il s'agissait d'un criminel ou d'un bandit de grand chemin, qui n'avait ni foi ni loi, mais cela restait une exception. ... C'était surtout des gens condamnés pour vol ou crimes passionnels et dont la plupart regrettaient l'acte qu'ils avaient commis dans un moment d'égarement ou de besoin.

Les Misteris

Les "misteris" sont des représentations grandeur naturelle, des différentes scènes de la Passion du Christ. Ce sont à l'origine des drames religieux joués devant les églises surtout à l'époque médiévale. En effet, les Mystères proprement dit apparaissent au XVème siècle et sont joués surtout par les Confrères de la Passion. Encore de nos jours, ces pièces dramatiques d'origine biblique, sont interprétées à Elx en langue "llimosina" (dialecte occitan du Limousin médiéval). Les anciens ont voulu évidemment matérialiser toutes ces scènes émouvantes de la Passion ce qui a donné le statuaire saisissant de réalisme et de beauté dont certains exemplaires ont traversé les siècles jusqu'à nos jours.

LES CORSES

La Corse: Introduction

The Isle of Beauty, as Corsica is aptly named, lies 80 kilometers from the coast of Italy, 180 kilometers from the southern coast of continental France, and a mere 12 kilometers from Sardinia. The ancient Greeks called it **Kalliste**, "the most beautiful"; in modern times, its loveliness has been enhanced by the use of pesticides during World War II, which eliminated the mosquito population, and the risk of malaria, from the eastern coastal plain, the Plain of Aleria. Corsica has more than 1000 kilometers of sandy beaches, as well as snow-capped mountains reaching as high as 2000 feet, higher than those of any other Mediterranean island. The center of the isle is a virtual wilderness, long a refuge of the native population fleeing from Greek, Roman, barbarian, Saracen, Pisan, Genoese and French invaders over the centuries of Corsica's history.

That history begins in the early paleolithic period, with the first traces of human occupation in Corsica. The island had been cut off from the continent since the end of the last ice age, so that all the subsequent populations originated somewhere else. The earliest inhabitants were gatherers, and, as was the case in most of Europe, agriculture became established during the neolithic period. The megaliths of Filitosa, Corsica's outstanding prehistoric site, date from the second millennium B.C., and include dolmens (**stazzone**), menhirs (**stantare**), and blocks of stone sculptured into rudimentary human figures (statue-menhirs). Most prehistoric settlements were in southern Corsica, including those of the next wave of invaders, known to today's anthropologists as the Torreans, a warrior people who wore leather armor, used iron and perhaps bronze weapons, and constructed circular fortresses six to eight meters high, known as **torri**. Just north of Porto Vecchio is the site known as Torre, from which the name Torrean is derived, and the site of one of the earliest **torri**, where ritual cremation of animals and human beings took place. Similar towers, called **nuraghi** are found in Sardinia; however they functioned as dwellings for chiefs, rather than in burial rituals.

Between 1000 and 600 B.C. the Torreans migrated south to Sardinia and new waves of invaders came to Corsica, Iberians, Ligurians, Libyans and Phoenicians. There may have been Phoenician trading posts in Carthage by the time the first Greek colonists founded Alalia (now Aleria) in eastern Corsica in 565. In any case, the Greek colonization was a turning point in the history of the island, drawing it into the commercially active Mediterranean world. The Greeks of Alalia, pirates as well as traders, soon provoked retaliation from a coalition of Carthaginians and Etruscans, who attacked the city in 538 B.C., but were defeated by the heavily outnumbered Greeks. Judging that Alalia was too difficult to defend, they transferred their capital to Massilia (Marseille) and made Alalia a simple outpost between Massilia and the new Greek colony Veleia in southern Italy. Nevertheless Alalia was a bustling port, with an impressive production of Greek-style pottery, when first the Carthaginians, then the Romans took it over in the third century B.C.

The Romans occupied Aleria in 259 B.C., but their conquest of Corsica, interrupted by Punic Wars and numerous revolts among the peoples of the island, was not completed until 163 B.C. By that time Corsica's population had decreased by more than half.

The peoples of the interior, known as **Corsi**, from which the island itself takes its name, are occasionally mentioned by Greek writers such as Strabo, Pausanias or Diodorus of Sicily, but their references are vague and based on hearsay. In the writings of these Greeks, according to Francis Pomponi, may be found "les premiers stéréotypes qui traverseront les siècles concernant le Corse farouche, fainéant, sournois mais aussi hospitalier et cultivant l'esprit de famille." (p. 18, Corse). The Corsicans of the interior, barely touched by the brilliant Greco-Roman civilization on their eastern coast, were a semi-nomadic people of shepherds and hunters, with a tribal form of society.

The Romans ruled Corsica for nine centuries, yet on most of the island few traces of Roman civilization remain. An exception is the city of Aleria, which prospered and grew especially during the early days of the Roman empire, the reign of Augustus, when the city walls, the amphitheater and the acqueduct were built and the forum and pretorium restored. The ruins of the forum, baths, pretorium and a temple have been excavated and are open to visitors.

It seems certain that Christianity became established on the island by the fourth century, and Corsica's own saints became incorporated into the **acta sanctorum** of the Dark Ages. The archeological excavations at Mariana have unearthed the remains of a fourth-century Christian basilica and baptistery, as well as the foundations of other Roman buildings in what was the second city of Roman Corsica. (Mariana was finally abandoned by its inhabitants during the ninth century, because of the prevalence of malaria in its mosquito-ridden setting and because of its vulnerability to barbarian raids.

The Dark Ages were as dark for Corsica as for the rest of Europe. During the fifth century, the Vandals, already established in North Africa, briefly controlled Corsica; Ostrogoths invaded the island as well, and the Byzantine empire, according to F. Pomponi, "apporta un cortège de maux et de destructions plus qu'elle ne libéra le pays..." (p. 23). In the early eighth century, Corsica came under Lombard rule, only to be ceded to the Papacy by Pepin the Short in 754. Well before that time, Pope Gregory the Great had become involved in protecting the Corsican population from the worst excesses of the Byzantine administration, and had begun the construction of churches, chapels and priories. These early Corsican churches were the first of the **pievanie** or parishes that were to be the principal administrative division of Corsica for many centuries. For the still somewhat nomadic population of the interior, who continued to live in isolated huts and hamlets, the new churches became the only meeting place.

The Saracen invasions which began in the eighth century and continued until the eleventh were especially destructive for Corsica. The cities of Aleria and Mariana were abandoned, the population fled to the mountains or to continental Europe. Even the efforts of the Obertenghi family of Tuscany, invited by the Papacy to establish the feudal system in Corsica and fight off the invaders were only partly successful. Gradually a number of Tuscan and Ligurian nobles set up feudal domains in Corsica, and the period between the tenth and thirteenth centuries was dominated by their frequent armed conflicts. The thriving city-states of Pisa and Genoa both sought to fill the power vacuum at the top of the Corsican administrative pyramid. After Urban II chose to give ecclesiastical control of Corsica (i.e. the power to choose and invest its bishops) to the diocese of Pisa, for all practical purposes Corsica was under Pisan control.

The era of Pisan domination was an era of relative peace and prosperity for Corsica, and Pisa's efforts to repopulate the coastal plain included the reconstruction of cathedrals, which gave Corsica her beautiful Romanesque churches, such as the church of La Canonica at Mariana, Santa Maria Assunta of Saint-Florent, and San-Michele of Murato. But the rivalry between Pisa and Genoa became more intense, the Genoese persuaded the Pope to give them control over the Corsican bishoprics of Accia, Nebbio and Mariana, and

finally the decisive defeat of Pisa at the naval battle of Meloria in
1284 put Corsica under Genoese domination for the next five
centuries.

The Genoese did not immediately make their influence felt, and
the Corsican people were left to the mercies of the local feudal lords.
In the fourteenth century attempts by the kingdom of Aragon to take
control of the island were fought off by the Genoese, supported by
the Corsicans themselves. The struggle between these two factions
ended only in 1434 with the execution of Vincentenello d'Istria, the
last "lieutenant of the King of Aragon in Corsica."

In 1358, a much more significant event helped shape Corsican
society in a way that has endured to the present time. Under the
leadership of Sambucuccio d'Alando, an army of peasants swarmed
over first the east, then the west of Corsica, attacking the feudal lords
and destroying their châteaux. In the east, the revolt was successful,
and the people of Corsica, under the protection of Genoa, set up the
"Terre du Commun", a regime of collective ownership of property in
which all inhabitants could graze their livestock freely on the
communal territory. In the west, the revolt was short-lived and the
people lived under feudalism until the eighteenth century.

The communes also chose representatives, known as **caporali** or
corporali, to defend their interests; these men were chiefly
distinguished by their efforts to establish themselves as new feudal
lords. Eventually, in 1453, the republic of Genoa, unable to keep up
with the demands of its colonies, ceded Corsica to a private
organization, the Bank of St. George, which was to take
responsibility for the administration and economic management of the
island. The Corsican population seems to have accepted the charter
established by the Bank, the **Capitula Corsorum.**

The new governor of Corsica, Antonio Spinola, fortified the coast
of the island with new cities and watch towers which also served as
refuges in case of Saracen attack. He brought to an end the rule of
the last two great feudal lords of Corsica. His administration,
however, did not significantly improve the lot of the Corsican people,
and in 1553 they responded to a call to revolt from one of the most
picturesque and controversial figures in Corsican history, Sampiero
Corso. Sampiero had interested Henri II of France in the strategic
value of Corsica, and, accompanied by a French expeditionary force
and the fleet of the corsair Dragut, he landed in Corsica, intending to
conquer the island in the name of the French king. By 1557, he had

succeeded in driving the Genoese out of Corsica, and had declared the island "incorporee à la couronne de France".

Two years later, however, the Treaty of Cateau-Cambrésis restored Corsica to the Republic of Genoa. Like most of Henri II's subjects, Sampiero Corso was dismayed by this solution, and refused to stop fighting. In 1564, he once again landed in Corsica, and the the ranks of his small band of fighters quickly swelled as the Corsicans rallied to him. The Genoese, unable to defeat Sampiero in battle, then contacted the Ornano family.

In 1547, Sampiero Corso had married Vannina d'Ornano, and his marriage made him a member of the nobility as well as of one of Corsica's most powerful families. But in 1563 he had strangled his wife with his own hands, for reasons that are still debated; some scholars have suggested that Vannina was in league with the Genoese against her husband. In any case the murder alienated Sampiero's in-laws, who were only too willing to help the Genoese put an end to him. In 1567, they ambushed him near Eccia-Suarella. At Sampiero's insistence, his son fled, and lived to carry on the fight another two years before surrendering. Sampiero however, facing a whole troop of Genoese cavalry alone, was killed and cut to pieces. His head was put on a pike and displayed at Ajaccio.

Genoa granted amnesty to all Corsicans in 1571 and proceeded to develop the island's institutions. A Council of Twelve, composed exclusively of Corsicans acted as advisory body for the governor, who, however, was elected in Genoa. Corsica was divided into 10 provinces and 66 **pievanie**, each of which was administered in turn by a **podestat** aided by a **juge de paix** and two Commune Fathers elected by the inhabitants of the communes. For the 160 years following the defeat of Sampiero Corso, Corsicans lived in relative peace, but the Genoese presence grew steadily more oppressive, especially in its taxation. A noteworthy development was the rise of a new class of rural **notables** and urban magnates who formed a new ruling class beginning at the lower echelons of the Genoese administration.

In 1729 widespread rioting in Corsica protested increased taxation and the refusal of the right to bear arms. During the next forty years the Corsicans fought to liberate their country from Genoese domination and to establish an independent Corsica. Led by the new ruling class, whose members were no longer content with subordinate positions in the power structure, and aided by the clergy, the

Corsican insurgents invaded the coastal fortresses of the Genoese. An early compromise solution in 1733 failed to bring peace. The insurgents' efforts to install Baron Theodore de Neuhof as king of Corsica in 1736 also failed. By 1738 the Genoese had appealed to France for help in putting down the insurrection. The first French envoys, the Comte de Boissieux and the Marquis de Maillebois, set about making peace between the two factions, but the War of Austrian Succession led to their early departure.

They were followed in 1748 by the Marquis de Cursay, who attempted to reorganize the island's economy and judicial system, and was rewarded with imprisonment by the Genoese, who considered him to be undermining their authority. The French troops left the island in 1753, and Gian Pietro Gaffori was proclaimed General of the Corsican nation and given responsibility for continuing the struggle for independence. That same year he was killed by professional assassins in the pay of the Genoese.

The next General chosen by the Corsicans nearly changed the course of the island's history. Pascal Paoli, still the rallying point not only for Corsican autonomists and nationalists, but for all Corsicans who take pride in their heritage, assumed leadership of the revolt in 1755, at the age of 30. During the next fourteen years, he established his capital at Corte, drew up a constitution affirming the sovereignty of the Corsican nation and the separation of powers, set up new political and judicial institutions, organized the educational system, founded a university at Corte, and attempted to inculcate into his compatriots a spirit of public service to couteract the factionalism and clan structure of Corsican society.

By 1764, the Paoli government controlled most of the island. The Genoese, unable to persuade him to negotiate, once again turned to France, and the French minister Choiseul, by skillful negotiation, obtained from them a "temporary" cession of their rights to the island. Paoli immediately called the Corsicans to revolt against this new arrangement, but the French had won many friends during their expeditions to the island, and many prominent Corsicans, including one Charles Bonaparte, took their side. Paoli won a resounding victory against the French at Borgo in late 1768, but on May 8, 1769 his forces were defeated at Ponte Nuovo and forced to flee the island. Paoli went into exile in England.

The new French governor of Corsica, Marbeuf, began work on economic redevelopment of Corsica, retaining some of the unique characteristics of the island's society, but opposing cherished elements of their heritage, such as the communal pastures. The majority of Corsicans found the new ruling power not to be an improvement over Genoa, as far as taxes and agricultural production were concerned. They welcomed the winds of change that blew through France in 1789.

The Assemblée Constituante proclaimed Corsica an integral part of the French nation, and the Législative, where Corsica was represented by Charles-André Pozzo di Borgo, made Corsica a **département**, endowing the island with the same administrative, judicial and religious structures as mainland France. Paoli returned from exile in 1790 and was elected president of the departmental council, then chief of the national guard. In 1792, as commander of the Twenty-third military division, he was appointed to lead an expedition to Sardinia to free the people from oppression. The expedition was unsuccessful, and Paoli was brought to Paris and stripped of his command by the Convention. Returning to Corsica, he was proclaimed Generalissimo by a **consulte** at Corte and led another successful revolt, this time against France, in 1793. Outlawed by the Committee of Public Safety, he turned to the English for help, and was supported by the fleet of Admiral Horatio Nelson, which blockaded Toulon and later took possession of Saint-Florent, Bastia and Calvi. In June 1794, the **consulte** at Corte approved the establishment of an Anglo-Corsican kingdom, but Sir Gilbert Elliot, not Paoli, was appointed viceroy. Paoli was called back to England by George III, and died there in exile in 1807. The Anglo-Corsican kingdom lasted only two years before the English troops left the island and the French reoccupied it peacefully.

The Revolution did not continue to be universally acclaimed in Corsica. The excessive centralism of the Convention and subsequent governments alarmed the Paoli faction, among others, and its anticlericalism and wars alienated many Corsicans. Napoleon's rise to power did not benefit Corsica; on the contrary, deciding that Corsica was to become French "une fois pour toutes", he allowed the police state government of General Morand to rule the island with a heavy hand. He did make some fiscal concessions to the inhabitants, which set a precedent for Corsica's claim to a **statut particulier**.

The early nineteenth century witnessed considerable economic growth in Corsica, which included the rise of local industry, the growth of the middle class, and the modernization of agriculture. The population also increased. Village life remained largely unchanged, and the Corsican language continued to be the main vehicle of communication. The political life of the island did not develop at the same pace. Most of the regimes of France, Restoration, July monarchy, Second Republic, even the Second Empire, were content to leave the rural population largely undisturbed. Napoleon III did make special efforts to include the bourgeoisie of Corsica in his administration, thus beginning the "brain drain" of talented and ambitious young Corsicans that continued during the colonial era and continues to this day, provoking considerable protest from twentieth-century autonomist movements.

The political system under which Corsicans live today is largely an inheritance from the days of the Third Republic. The clan, the basic unit of local society from the days of Genoese domination (if not before!), had by then taken on the function of intermediary between the French state and the local population. Under the Third Republic, Corsica's fragile agricultural and industrial recovery broke down under competition from the cheaper products of mainland French industry and agriculture, transported on the new railroads and steamships. The clans turned the economic debacle of the island to their advantage, setting up a system of what John Loughlin calls "patron-client relationships", finding positions for aspiring emigrants in the colonial government, and for stay-at-home Corsicans in the local civil service. In return, most Corsicans colluded in the widespread electoral fraud which returned clan leaders to political office in election after election (and still does, despite efforts on the part of the Mitterrand government to end electoral fraud in Corsica). The economic debacle in Corsica was followed by the human disaster of World War I, in which 30% of the island's male population were killed or wounded.

By the Second World War, Corsica had fulfilled Napoleon's ambition to a large degree and had come to identify strongly with France. The centralized education system of the Third Republic played no small part in this, spreading the use of the French language, and the study of French history and culture throughout the island. It is a source of pride to almost all Corsicans that the first part of France to be liberated from Axis rule was Corsica, and that the Corsicans accomplished this without any outside help. In the postwar period, Corsicans rallied to the De Gaulle government, in spite of the fact that his regime (and those of the Fourth Republic) failed to include Corsica in the great French economic recovery. Plans for development of agriculture and of the tourist industry which had been developed under the Fourth Republic were abandoned by the De Gaulle régime.

De Gaulle's interest in Corsica was reawakened in 1962 when France prepared to reabsorb the **pieds noirs**, or **rapatriés**, the French nationals emigrating from newly independent Algeria. Twenty-thousand **pieds noirs** settled in Corsica and were given low-interest loans to purchase land in the eastern plain of Corsica, the plain of Aleria, which the Fourth Republic **Plan d'Action Régionale** had targeted for agricultural development. In this land distribution, **pieds noirs** were given preference over Corsicans. Hainsworth and Loughlin, in "Le Problème Corse", cite examples: at Alzitone 17 lots of land were sold to **pieds noirs**, one to a native Corsican; at Linguizetta, 32 lots to **pieds noirs** and 8 to Corsicans, etc. Although SOMIVAC (Société de la mise en valeur agricole de la Corse) had originally stipulated that only 25% of the available land was to be used for wine production, the **pieds noirs**, intent on building their fortunes rapidly, eventually converted 63% of the land to that use. (Hainsworth and Loughlin, p. 355). Native Corsicans also failed to benefit from what tourist-industry development did take place, the prime beneficiaries being the large hotel chains, whose employees came from mainland France.

Three major protest movements grew in Corsica during the sixties and early seventies: the Front Régionaliste Corse (later renamed the Partitu di U Populu Corsu, PPC), a group composed mostly of left-wing intellectuals whose Marxist analysis of the problems of Corsica may be found in the 1973 book <u>Main basse sur une île</u>, the Action Régionaliste Corse (later renamed the Union di U Populu Corsu, UPC) which represents the Corsican middle classes, and the Front de Libération nationale de la Corse, FLNC, a clandestine separatist group which has, until the recent past, advocated and used violence (political assassination, the planting of bombs) to achieve its objective, complete independence. The FLNC has, however, moderated its stance since the re-election of Mitterrand in 1988, declaring a truce on violent activity, and, in early 1990, presenting its own plan for the political and economic autonomy of Corsica.

The UPC developed a program of reform of the electoral system to break the power of the clans (under Mitterrand, a modest amount of progress has been made in this area), and the establishment of a statute of autonomy for Corsica which would give to the Corsican people a large degree of economic and cultural independence. The events of Aleria in 1975, where the non-violent APC occupation of a **pied noir** farm near the city was violently disrupted by 1200 CRS supported by helicopters and armored cars, mobilized a great outpouring of support for the autonomist movement. Although as of 1990 only a small number of Corsican local representatives belong to the autonomist movements, at times of crisis they have been able to command the support of a majority. The Aleria incident also heralded a wave of bombing attacks, which continued intermittently until 1988.

The election of Mitterrand in 1981 was followed fairly quickly (in 1982) by the passage of a **statut particulier** for Corsica, which provided for a Corsican Regional Assembly to be directly elected by proportional representation. The **statut** expressed recognition of Corsican cultural specificity and supported language instruction and development. The Assembly was to have budgetary, legislative and consultative functions. The **loi Defferre** (see Mark Kesselman's article in the Introduction) further strengthened French decentralization, suggesting that for Corsica and for the rest of France, there was no turning back. However, because of the austerity measures the Mitterrand government was forced to take, the Corsican Regional Assembly has not had the economic power to become an effective instrument of regional change.

The problems of economic decline, exploitation of natural resources and agricultural land by mainland France, emigration of native Corsicans who cannot find work in their homeland, all continue to plague the island.

Violent incidents, instigated both by the FLNC and anti-separatist terrorist groups, continued throughout the eighties. The Corsican Regional Assembly was paralyzed early on by disagreement among its members (the autonomist walkout in June 1984 led to the dissolution of the Assembly and election of a new one later that year.) The cycle of terrorism and repression continued to occupy the government and media to the exclusion of Corsica's very real economic and political problems. Signs of hope, remain: the dialogue between the autonomists and the Mitterrand government continues; the FLNC has come out with a political program of its own, calling for participatory democracy in Corsica, a sweeping educational reform and an economy with a European perspective; and Max

Simeoni, leader of the UPC, became a delegate to the European Parliament. The European Economic unity scheduled for 1992 offers the potential for real change in Corsica, a fact that autonomist leaders have been quick to recognize.

Le port d'Ajaccio

Menhir anthropomorphe,
site archéologique de Filitosa, Corse

Interview avec M. J.B. Stromboni, de Scola Corsa

Audrey Gaquin: Quel est l'état actuel du mouvement autonomiste en Corse?

J-B Stromboni: Le mouvement autonomiste (autonomie interne) est en perte de vitesse; c'est le mouvement nationaliste, le droit à l'autodétermination, qui a le vent en poupe et est très actif.   Les autonomistes luttent pour l'autonomie interne, c'est-à-dire ils veulent rester dans le "giron" français, qui aura toujours l'armée, la police, les affaires étrangères. Les nationalistes sont moins nombreux, mais très actifs, et jeunes. Ils veulent une Corse indépendante.

AG: La Corse a un statut particulier en France, et une assemblée régionale? De quels pouvoirs l'Assemblée régionale dispose-t-elle?

JBS: La Corse a une Assemblée régionale et un statut dit particulier, mais en fait c'est un piège qui ne peut résoudre le problème corse. Le statut spécial a amené certes une certaine décentralisation mais n'a pu avoir d'effets positifs, car c'est une manière nouvelle de frustrer le peuple corse de ses droits à l'autodétermination. Le gouvernement Chirac n'a fait qu'appliquer le statut; il ne pouvait pas lui nuire, mais il s'en est servi pour continuer la politique de tous les gouvernements français: une politique d'assistance et de sujétion, de monopoles et de colonialisme culturel économique et politique.

   Le colonialisme français en Corse est **d'abord** culturel. La langue et la culture françaises sont obligatoires, la langue et la culture corses sont tolérées, mais n'ont aucun droit légal. Légalement elles n'existent pas. Le colonialisme français est ensuite économique et politique.

AG: Pouvez-vous parler un peu de la situation économique de l'île?

JBS: La situation économique de l'Ile est catastrophique. La Corse ne produit presque rien, pour toutes sortes de raisons, entre autres parce que les produits français qui viennent dans l'Ile du continent français ont leur transport payé par l'enveloppe dite de la continuité territoriale. C'est-à-dire que l'état français encourage par des primes au transport les produits français à être consommés dans l'Ile. C'est le colonialisme économique; la Corse importe 90% de ses besoins pour vivre.

AG: Vous avez dit que le colonialisme français est culturelle et économique mais aussi politique. Quelle forme est-ce que le colonialisme politique va prendre en général?

JBS: L'Etat français s'appuie sur des relais pour gouverner l'île à sa façon, c'est-à-dire pour ses "intérêts".

AG: Il s'agit du clanisme, n'est-ce pas? Il semble qu'en Corse les partis de droite (MRG, qui est malgré son nom un parti de droite, UDF, RPR) soient les mieux implantés en Corse. Pourquoi? Quel est le rôle du clanisme actuellement?

JBS: Les partis MRG, UDF et RPR sont les mieux implantés dans l'Ile. Ils représentent des clans, le clan MRG et le clan UDF-RPR, parce que depuis la conquête de l'Ile un des deux clans est l'agent du gouvernement à Paris. Quand le gouvernement change, c'est le second clan qui est son correspondant dans l'Ile.

AG: Est-ce que Le Pen a pu exploiter le fossé entre les Corses et les rapatriés?

JBS: Le Pen dans l'Ile n'a pas exploité ce qui sépare les Corses des colons rapatriés.[2]

AG: Pouvez-vous caractériser les attitudes des différents secteurs du peuple corse vis-à-vis de la France?

JBS: Il y a des Corses qui ne se sentent pas une minorité: ils se sentent corses, certes, mais français - ils parlent français et très peu corse. Il y a des Corses qui se sentent Corses, parlent français, mais parlent aussi corse, et veulent rester français. Il y en a qui ne se sentent pas une minorité de l'Etat français, mais une nation vaincue qui redeviendra nation - avec la langue corse comme langue nationale des Corses. Il y en a qui voudraient rester français mais avec une large autonomie insulaire.

AG: Croyez-vous que le nombre de Corses qui se considèrent une nation vaincue et qui s'intéressent à redevenir nation soit en train d'augmenter?

JBS: Oui, je pense que leur nombre ne cesse d'augmenter.

AG: Vous m'avez dit en été 87 que la Corse est arrivée à un moment d'importance capitale. Pourquoi?

JBS: La Corse est arrivée à un moment d'importance capitale parce que le sentiment national s'est réveillé, s'est transformé en conscience nationale et que la plus grande partie de la jeunesse corse va dans le sens des thèses nationalistes...

AG: Autrefois le programme d'action régionale pour les viticulteurs favorisait nettement les rapatriés, remboursait leurs dettes, etc. En 1975 80% des caves viticoles appartenaient à des rapatriés. Est-ce que c'est toujours pareil?

JBS: Oui, les dettes des rapatriés ont été "effacés" encore une fois. Oui, la plupart des caves viticoles appartiennent aux rapatriés.

AG: Pouvez-vous parler un peu des rapports des Corses avec les autres minorités régionales?

JBS: La plupart des Corses ne s'intéressent pas tellement aux autres "minorités" françaises, qu'ils soient Bretons, Basques, Occitans, Catalans ou Flamands. Nous particulièrement, nous avons des relations avec eux par l'intermédiaire de l'enseignement en langue régionale (méthode dite d'immersion.)
Je crois que, comparativement, l'action violente des Corses a été plus "payante". La Corse a obtenu un statut spécial, les autres non; elle a certes été "roulée" dans ce statut, qui n'apporte pas grand'chose, mais ce Statut en appelle d'autres, qui devront aller plus loin, et ça grâce à l'action violente et psychologique du FLNC. Il existe actuellement, je crois, un début de lutte armée de libération nationale en corse qui ne fait qu'intensifier. Jusqu'où ira-t-elle?

AG: Quelle est la situation de la langue corse dans l'enseignement?

JBS: D'abord, à peu près la moitié des habitants le comprend, le quart le parle, surtout à un certain âge adulte. A l'école, il est toléré, mais on ne lui donne pas les moyens pour l'enseigner correctement. Il y a du corse oral et écrit au baccalauréat, et il y a une maîtrise. Mais la formation des enseignants est presque inexistante. En général, l'enseignement du corse n'a pas les moyens, les horaires, la formation des maîtres, les manuels. A cause de tout cela et de la discontinuité de l'enseignement, celui-ci n'est pas très efficace. De plus, étant facultatif, ce n'est pas toujours pris au sérieux.(Note: see U Ribombu article, p. 285, sur le CAPES de Corse.)

Dans les média, il est employé de temps en temps, mais peu. Dans les services et le commerce, cela dépend de beaucoup de facteurs.

AG: Pourriez-vous parler un peu de Scola Corsa, votre association?

JBS: Notre association, Scola Corsa, que je préside, est la plus ancienne des associations culturelles corses. Elle est dans la mouvance nationaliste, c'est-à-dire le droit du peuple d'être maître de sa terre, de sa langue, de sa culture, de son économie, etc. Je préside également une autre association, "Cultura di lingua corsa" qui gère deux maternelles où l'enseignement du corse est seul dispensé, comme dans les **ikastola** du Pays Basque, les **diwan** de Bretagne, les **calandretas** d'Occitanie et les **bressola** en Catalogne. Nous avons des rapports suivis avec toutes ces Associations amies.

AG: Quel avenir voyez-vous pour le Peuple corse?

JBS: Les perspectives me paraissent assez sombres pour un avenir rapproché, vu l'aliénation actuelle d'une grande partie de notre peuple, qui admet difficilement, pour la grande majorité, sa séparation d'avec la France, qui a une mentalité "d'assisté", voire de "colonisé"...

Si la classe montante ne se bat pas "avec tous les moyens" y compris les moyens violents, pour que le peuple corse récupère ses droits de peuple, il est évident que dans quelques décades nous serons progressivement francisés, et la langue et la culture corses auront disparu. Mais tout peut encore être sauvé, et la preuve ce sont

ces trois douzaines d'incarcérés politiques, qui sont selon moi
d'authentiques patriotes corses. Beaucoup disent un peu partout que
la Corse est malade de la violence. Moi je dis que cette violence du
FLNC est un acte de bonne santé et de légitime défense de notre
Peuple à ceux qui veulent l'enterrer.

Evidemment il y a des Corses qui ne sont pas de mon avis!

*En fait, dans les élections de 1995, Le Pen a enregistré de fortes
baisses dans les deux circonscriptions de la Corse: il a eu moins de
10% des voix dans le Nord de l'Ile, et au Sud, 11.6%, ce qui
représente une baisse de 3.2%, une de ses baisses les plus fortes,
selon l'article de François Koch dans L'Express du 4 mai 1995, p.
12.

Panorama de l'exil

Si les problèmes corses peuvent se résumer en quatre lettres, ce sont, à mon avis ces quatre-là: EXIL. Les Corses se sont de tout temps exilés. Ils se sont exilés au cours de leur histoire, à Pise, à Florence, à Gênes, à Rome et dans le monde entier. Cela vient du fait que la Corse est une île et que la conformation géographique (superficie habitable) de cette île ne permet pas à une population nombreuse d'y vivre. Même si les Corses voulaient être deux millions dans l'île, ils ne le pourraient pas. Cela tient bien sûr aussi à d'autres facteurs.

Ils sont pourtant 1 million par le monde, chiffre approximatif, qui englobe:

- les 120 000 Corses vivant en Corse (le reste de la population: 240 000 habitants étant composé d'éléments allogènes: Français continentaux, Italiens et un certain nombre de Maghrébins: 22 000 environ.)

- les 600 ou 700 000 Corses vivant sur le continent: là encore les chiffres sont difficiles à obtenir: on compte 100 à 150 000 Corses dans la région parisienne (chiffre plus important que celui des Corses résidant en Corse même), à peu près autant à Marseille, beaucoup également sur la côte, et dans la région lyonnaise, le reste étant réparti d'une manière inégale sur tout le continent français;

- enfin une bonne partie, là encore les chiffres sont difficiles à obtenir, vivant à l'étranger: avec la répartition suivante: une grande partie en Amérique latine, en particulier à Caracas au Venezuela (où ils se sont exilés à partir de 1850: le dernier président vénézuélien était un Corse, M. Léoni, et il faut signaler qu'à Caracas un journal est publié quotidiennement en langue corse), en Colombie (Bogota) et à Porto Rico (300 000 environ).

Selon les renseignements fournis par le professeur J.-L. de Passalacqua, professeur de droit international à l'université de droit de Porto Rico, 300 000 personnes à Porto Rico se reconnaissent des attaches avec la Corse, de par les noms qu'ils portent et l'attachement que leurs familles ont encore pour l'île (certains y reviennent tous les étés, l'exil sud-américain ayant surtout été un exil des Cap-Corsins), mais 1 million de personnes dans cette même île de Porto Rico portent des noms corses même s'ils n'ont plus conscience de leur origine. Il y a aussi de nombreux Corses en Amérique du Nord

(New York en particulier) et aux quatre coins du monde: quelle n'a pas été la surprise d'un médecin corse de Médecins sans Frontières débarquant à Sydney de l'**Ile de Lumière** et trouvant un bar, le **Propiano**, où il découvrit une camarade de classe de sa mère!

La colonie et son importance

L'avant-dernier exil, et le plus important car il a beaucoup pesé dans l'histoire de l'île, même s'il est aujourd'hui terminé, a été l'exil colonial dans l'empire colonial français: on a dit, et c'est vrai, que les Corses "avaient fait l'empire colonial français". Ils l'ont fait un peu partout, c'est vrai, par leurs remarquables qualités de fonctionnaires et d'administrateurs, à l'extérieur de l'île, en même temps que de pionniers: le Corse semblant plus apte à l'aventure et à la découverte à l'extérieur, que chez lui.

Ce qui s'explique, nous le verrons plus loin, par une fermeture de la société insulaire, (c.f. <u>A Cabia</u> de D. Tognotti), la passion et la vie intérieure qui sont dans chaque individu et qui sont engendrées par l'île elle-même et l'attachement à une terre, ne pouvant pas toujours s'exprimer en actes concrets: l'individu étant "étouffé" par la collectivité, étouffement qui est à nuancer car la vie et la passion qu'il a en lui lui viennent de la force de cette collectivité. Ceci a d'ailleurs été remarquablement analysé dans les romans d'Angelo Rinaldi. Le côté intérieur de l'exil devra donc être analysé plus loin.

Pourquoi, s'est-on souvent demandé, le Corse réussit-il mieux à l'extérieur que chez lui? Quelles forces curieuses d'inertie le rendent plus passif chez lui qu'à l'extérieur? Quel est ce **lacemu core** (laissons courir) intérieur, dont d'aucuns ont voulu faire avec partialité - il faut le dire - un caractère atavique des insulaires, qui, à l'extérieur, se transforme en esprit combatif?

Dans l'empire colonial, les Corses ont surtout bâti l'Indochine où ils étaient 22 000 et où ils ont occupé une place très importante, depuis l'ère des pionniers (fin du XIXème, Mariani et tant d'autres) jusqu'à celle des fonctionnaires-administrateurs: le maire de Saigon, Gassano, était un Corse, les propriétaires des plus grands hôtels de la ville dont <u>Le Continental</u> de Mathieu Franchini, des Corses, (d'ailleurs très curieusement originaires pour la plupart de Bastelica), la police, l'enseignement étaient dominés par des Corses. Il y avait aussi de grands avocats comme Cancellieri, des journalistes. Les Corses formaient une société dans la société, différente du reste des "colonisants" quoique bien évidemment du côté du colonisateur. Ils étaient plus intégrés que la plupart des autres Français et certains avaient épousé des Vietnamiennes, s'étaient "encongaiés". Philippe Franchini a montré dans son livre Continental Saigon ainsi que dans un récent article du Provençal: "Etre corse et vietnamien", la parenté qu'il y avait entre les Corses et les Vietnamiens: pour lui, ce qui était frappant chez les seconds, c'est qu'ils se comportaient comme des insulaires! Ce qui explique leur rapprochement. De nombreux Eurasiens ont des pères corses. Ils ont aussi bâti l'Afrique noire coloniale et le Maghreb: on les trouve très nombreux au Maroc où ils sont administrateurs et dans l'armée, en Tunisie et en Afrique: le gouverneur Colombani, gouverneur du Niger et du Tchad, se souvient que sa province était entièrement administrée par des Corses. Il fut lui-même adjoint d'un certain Colombani de Belgodère qui avait été lui-même secrétaire d'un Coppolani de Marignana.

Il faut voir comment, à ce moment-là, la "colonie" a compté dans la vie de l'île. On allait à la "colonie" pour un temps et l'on envoyait de l'argent à la famille. On revenait tous les trois ans. Au point que certains, tel Alexandre Sanguinetti (Lettre ouverte à mes compatriotes corses) ont voulu faire commencer le "problème corse" le jour où la France a perdu ses colonies. Un des débouchés de l'exil étant perdu et de nouveaux équilibres devant s'instaurer. Ce qui est contestable, le problème corse ayant de tout temps existé, ce qui est d'ailleurs peut-être unique dans l'histoire d'un pays, une histoire "normale" n'ayant pu avoir lieu.

L'histoire "anormale" (ou une histoire qui n'a pas eu lieu)

Il faut plutôt se demander comment, à deux pas de la Toscane, un développement harmonieux, générateur de civilisation, n'a pu avoir lieu. La Toscane si proche et si parente. Cela tient à notre avis à deux facteurs: l'un géographique, qui a engendré l'exil (le peu de surface habitable); l'exil est alors une conséquence du problème - l'autre historique - là, l'exil devient une cause.

Dans un pays vide de ses habitants, une histoire normale ne peut avoir lieu. Les Corses ont passé leur temps à se battre ou à partir. Se battre pour défendre leur pays et leur culture contre les envahisseurs ou les occupants. On se souvient par exemple des "descentes" des Niolins contre les Gênois. Une civilisation nécessiteuse de paix n'a jamais eu le temps de se dessiner. C'est pourquoi cette culture est devenue quelque chose de tout à fait intérieur, que l'on porte en soi et n'a pu donner naissance à une civlisation qui aurait eu besoin de paix pour s'épanouir. Le problème de l'intériorisation de la culture est intéressant, nous le verrons plus loin. S'il y a eu une culture corse, il n'y a jamais eu de civilisation que l'on puisse retrouver dans un art qui la caractérise , comme il y a eu des civilisations pisanes, florentines, ou siennoises: mais Pise, Florence et Sienne ont été des républiques ou des grands duchés qui ont toutes eu une autonomie politique.

Pourquoi se sent-on si bien à Sienne avec cet être corse intérieur que nous portons en nous, si ce n'est pas pour dire: ici, tout n'est qu'harmonie et paix, ce que nous aurions voulu être, et la Toscane ... c'est la Corse avec ... la civilisation en plus, cette civilisation qui n'a pas eu le temps, pas pu se développer chez nous mais que nous portons au fond de nous-mêmes comme une culture, un être intérieur. L'histoire que nous n'avons pas eue et que nous portons en potentialité au fond de nous-mêmes.

Cette histoire "anormale", cette absence de civilisation, les Corses l'ont-ils vraiment mérité? Est-ce une bonne question? Il est certain que "vu d'en face" on comprend beaucoup de choses. Pourquoi ce sentiment si violemment anti-français lorsque l'on rentre de Toscane à Paris, comme si on nous avait enlevé quelque chose auquel nous avions droit de par ce que nous étions, comme si quelque chose n'était pas arrivé? N'était-il pas plus normal que les Corses fassent partie de la Toscane, dispensatrice de civilisation et dont les composantes humaines, en particulier celles des Siennois et des Pisans, sont les mêmes? Et qui fait dire à celle qui se promène dans Pise ou dans Sienne: la Toscane c'est mon pays ... avec une histoire profonde, interne, civilisée que nous n'avons pas eue et dont nous avons un besoin profond.

Lorsque l'on se promène dans Sienne, on est presque choqué de rencontrer un cousin ou un parent, tant les types physiques sont identiques. J'ai eu pour ma part ce choc à cinq ou six reprises. Les manières d'être sont les mêmes. Pourquoi se sent-on tant chez soi là-bas? Pourquoi l'être corse intérieur se sent-il si bien? La Toscane, c'est l'histoire que nous n'avons pas eue. Les Corses ont-ils mérité cette absence de civilisation? Quelque chose n'est pas arrivé auquel nous avions droit et qui s'appelle développement, histoire tout court.

Il ne faudrait pas voir dans ces lignes un bête et stupide retour à l'irredentisme, spectre tant agité. Mais on peut comprendre comment certains ont eu la tentation d'un retour à Pise, ou même à Rome. Le mouvement irrédentiste corse n'est pas né par hasard, entre les deux guerres. Certains se sont sentis, et je crois qu'ils ont été tout à fait sincères, une parenté, une identique communauté d'être avec ce qu'il y avait en face. Ils sortaient aussi des souffrances de la Première Guerre mondiale. Ils ont été ensuite les victimes d'une période historique qui n'a pu aller que contre eux: celle du fascisme et des désirs de Mussolini de récupérer la Corse. Mais je crois que le fait que le mouvement de "A Muvra", de 1925 à 1938, ait été essentiellement un mouvement culturel est tout à fait significatif: c'est au niveau littéraire et culturel que les échanges ont été les plus importants. Dans un besoin de reconnaissance, aux deux sens du terme: être dans un terrain où l'on se reconnaît, où l'on reconnaît ce que l'on est, et être reconnu par les autres pour ce que l'on est, pour sa propre culture, ce qui était nié par la France.

Ce mouvement a malheureusement été un terrain favorable aux manipulations politiques, si faciles, d'un côté comme de l'autre, France et Italie, en cette période troublée de la préparation de la Deuxième Guerre mondiale et de l'apogée du fascisme en Italie. Mais on peut se demander à juste titre ce qu'il serait devenu si la guerre n'avait pas eu lieu.

... le problème corse ne vient pas de la perte de l'empire colonial français comme le suggérait Alexandre Sanguinetti, mais ... il a de tout temps existé: une histoire n'a pas eu lieu. Il a des racines beaucoup plus profondes, dans l'exil en particulier comme sa cause et sa conséquence, et dans la coupure artificielle qui s'est faite avec un milieu naturel.

Le problème corse a de tout temps existé.

Le dernier exil

Le dernier exil et le plus déterminant, puisqu'il a vidé l'île de ses habitants, a été l'exil "français", celui vers le continent avec trois pôles d'attraction: Paris, où l'on compte 100 000 à 150 000 Corses (plus que dans l'île elle-même), la région lyonnaise, et Marseille (avec la Côte d'Azur): on a dit qu'à Marseille, un habitant sur deux était corse. Cet exil, qui avait commencé au XIXème siècle pour certains, a vraiment "démarré" dans les années 1925-1935, juste après l'exil colonial. On ne pouvait plus vivre au pays. On s'expatriait donc en masse, l'un faisant venir l'autre une fois qu'il était installé. De véritables communautés villageoises se reformaient. On a vu des immeubles entiers à Paris, comme celui du 117 boulevard Voltaire par exemple, occupés par les gens d'un même village: Corsica, village de la haute vallée du Niolu (Centre-Corse). On comptait, dans les années 69, 305 habitants de ce petit village à Paris (sur 350 exilés).

Cet exil dure toujours, le peu d'emplois fournis en Corse en étant une des causes principales. Mais il a évolué au cours du temps, l'exil actuel n'était pas du tout celui des années 1935 et un phénomène nouveau s'amorçant même: rester au pays ou rentrer après un séjour plus ou moins long sur le continent.

Nous étudierons cette évolution de l'exil et ses conséquences sur la vie de l'île à travers l'exemple de ce village du Centre-Corse, tout à fait typique de par son exil tant géographique qu'historique. Corsica a vu son exil se faire d'abord à la colonie, puis presqu'entièrement à Paris à partir des années 1935. Nous approfondirons aussi ce qu'a été pour un Corse l'exil colonial, à travers un exemple que nous connaissons bien, celui de l'Indochine et comparerons les deux exils, le colonial et le français, la splendeur du premier et les difficultés du second.

Car si l'exil colonial a été souvent doré pour qui avait des diplômes et de l'initiative, et a rapporté un peu d'argent à ceux qui le pratiquaient (le but était là, il pouvait même faire partie d'un rêve), celui vers Paris a été beaucoup plus difficile et s'est établi par degrés: "l'exilé" ne trouvant au départ que des emplois de quatrième catégorie dans l'administration, le berger ne pouvant être que facteur ou gardien de musée.

Même si l'entraide et la communauté l'aidaient à vivre, il lui fallait attendre quelquefois six mois pour obtenir un emploi. Ce ne sont que les enfants de cette génération qui ont pu, par l'acquisition de diplômes, accéder à des emplois de fonctionnaire en général mais aussi à ceux, nettement supérieurs, de médecins ou d'avocats. L'exemple de Jean Santucci, ayant obtenu un poste dans la police à Paris en 1933 et dont la fille est actuellement professeur agrégée à Cochin, est à cet égard significatif.

Les deux exils, même s'ils ont eu les mêmes causes, ont été très différents, l'exil à la colonie étant souvent évoqué avec regrets. On était bien là-bas, car on était en position de dominant: on restait entre soi, la culture corse ayant été à cet égard beaucoup mieux préservée. La francisation y était beaucoup moins forte qu'à Paris où elle s'était révélée être un facteur déterminant d'ascension sociale. Il sera très intéressant de comparer, pour la Corse, ces deux types d'exil, d'essayer de comprendre la manière, tout à fait différente, par laquelle ils ont compté pour "l'être corse".

Nous terminerons enfin sur une étude de ce que nous appellerons "l'exil intérieur" ou l'intériorisation de la culture corse, comme conséquence du non-développement d'une civilisation ainsi que des attaques successives qui ont provoqué un système de défense et de rattachement de l'intérieur à une culture. Une étude de l'évolution de l'exil au coeur même de la personne, de l'individu, fera l'objet d'un chapitre particulier...

L'exil continental

L'exil continental a commencé "en masse" dans les années 1935. Il a succédé à l'exil colonial... Après un premier exil colonial, cet exil s'est entièrement fait à Paris. C'est entre 1925 et 1935 qu'ont eu lieu les plus gros départs.

Le lait et le fromage se vendent mal. Les femmes, veuves de 1918 souvent, triment. C'est le règne des facteurs, des "flics" , des gendarmes et des militaires de carrière. On part à Paris prendre des emplois de quatrième catégorie, et on y va parce qu'on "a quelqu'un". Constante que l'on retrouve: l'un fait venir l'autre. Jean Santucci, berger, parti en 1935 dans la police à Paris, Charles Maestracci, berger, parti en 1933 dans la police aussi, Pancrace Santucci parti en 1933 dans la police, Joseph Santucci dans la police, ... La liste est impressionnante. On part comme fonctionnaire prendre des emplois de quatrième catégorie. Il y a aussi les emplois réservés aux anciens de la colonie: tel, qui a fait quinze ans d'armée, à un emploi réservé de douanier. Cet exil n'a rien d'un exil doré, ni d'un exil de rêve. C'est un exil dur.

Pourtant, la communauté se reforme... "Pendant la guerre, tout le monde est resté au village. Puis à la fin de la guerre, ça a été l'exode pour tous. Toutes les familles sont venues à Paris, parce qu'ils avaient tous quelqu'un: une soeur, un frère...J'ai toujours reçu tout le monde. C'était la coutume." (Mme Réparate Giamarchi). Au 117 boulevard Voltaire, les lits pliants étaient prêts. Cet immeuble était presque entièrement habité par des gens de Corsica: Albertini, Santucci. La communauté se reforme donc dans l'entraide. On préserve les habitudes. "A l'époque, même s'il était difficile de trouver une place dans l'administration, les gens ne se sentaient pas seuls, dit Réparate Giamarchi. C'était ça l'important et ils ont pu rester."

... Pour tous ces Corses, le sentiment d'être ensemble, de ne pas être seul, aide à oublier les difficultés matérielles. Car les temps sont durs. Ce n'est pas le rêve colonial. Rien d'une aventure. Au contraire: "Les débuts ont été durs, dit Mme Giamarchi. Il fallait gagner sa vie à tout prix."...

Petit à petit, cette communauté va se désagréger pour ne se reconstituer que ponctuellement l'été, lors du retour estival au village. "Il est du village" voulait dire quelque chose il y a vingt ans. Beaucoup moins maintenant. Deux facteurs à cette désintégration: l'ascension sociale, la pratique du français et avec elle l'intégration au milieu social extérieur, parisien; l'arrivée d'une seconde génération, née à Paris, et aussi une perte d'identité. Avec une intériorisation de la culture devant ce qui constitue une "agression" (elle passera pour beaucoup dans l'inconscient).

Interiorisation de la culture

C'est au fond de soi-même que l'on se sent corse. Ça ne peut plus être extérieurement. On retrouve toujours ce passage de l'extérieur à l'intérieur devant l'agression, ce qui fait qu'il y a eu culture et non pas civilisation. Et qui explique aussi la violence avec laquelle cette culture, cet être corse s'expriment parfois. Comme quelque chose de violemment rentré qui ne trouve à sortir que par les mêmes voies: l'explosion de quelque chose de contenu que des agressions successives ont interdite.

...s'il y a eu beaucoup d'ascensions sociales, qui accompagnaient en général les diplômes, beaucoup de Corses sont restés en bas de l'échelle sociale. Et, plus que de difficultés matérielles, ce dont ils ont souffert, c'est de cette perte d'identité: le coeur là-bas, le besoin ici dans une dichotomie qui faisait souffrir. C'est pour cette raison aussi que les mouvements autonomistes ont surtout trouvé un écho dans les couches populaires des exilés, en même temps que chez les intellectuels, ceux qui réfléchissaient. Le danger de la perte d'identité y est beaucoup plus ressenti, tout simplement parce que ces

Corses se sentent encore corses, ne savent comment s'en sortir; alors que dans les couches plus favorisées, celles où l'ascension a été plus rapide, la culture a souvent purement et simplement disparu, avec en premier lieu, la perte de la langue. Extrême danger de l'ascension sociale pour la culture corse! Elle a été un danger sérieux pour cette culture populaire. Le français est la langue de la réussite...

On n'a plus conscience d'appartenir à quelque chose. Cette intériorisation de la culture va même jusqu'à un passage dans l'inconscient, une absence de conscience. Il faut ajouter à cela le poids des circonstances politiques. S'il n'y a plus conscience au grand jour d'une culture, c'est parce que les mouvements de revendication culturelle d'avant-guerre ont été noyés dans la guerre de 1945 et la lutte contre le fascisme. Apparenté à l'irrédentisme italien, tout ce qui était culture corse était soupçonnable après-guerre, car entaché par les difficultés qu'avait connues le mouvement de "A Muvra" et ce qu'avaient voulu en faire certains. La politique mondiale, l'occupation italienne étaient passés par là.

Il a fallu attendre les années soixante pour que des textes littéraires corses, je pense en particulier au journal d'Ignace Colombani, U Muntese, puissent reparaître. On avait toujours un soupçon vis-à-vis des textes littéraires. On avait vu où ça avait mené. Il faut se souvenir que Petru Rocca écrivait en français après la guerre. Et puis, il y avait eu les grands procès de Bastia: en 1946, ceux de Petru Rocca, de Hyacinthe Yvia-Croce, à nouveau reconnu aujourd'hui comme de grands écrivains corses.

Une pesanteur donc de la culture française sur la culture corse qui avait deux raisons, l'histoire, mais aussi l'ascension sociale: on ne réussissait que si l'on était instruit et l'instruction passait par la langue française...

"Plus encore qu'ailleurs, dit M. Giamarchi, l'instituteur laïc français a été en Corse un "institueur" (selon une formule célèbre). Il s'est substitué à une culture naturelle dans laquelle les choses de la vie n'ont pas besoin d'être dites parce qu'elles sont saisies par le contact avec la nature, et parce que l'enfant, vivant dans une famille élargie, participe à la vie d'adulte. J'ai vécu la communauté villageoise en situation de 46 à 64, dit-il. Le discours des adultes n'était pas censuré. Or c'est l'âge où la mémoire est la plus fidèle.

"C'était aussi l'apprentissage de la langue. Il y avait un sentiment de honte à connaître le corse. En classe de latin, on retrouvait les premiers mots par référence à la langue parlée. Mais on n'osait pas

dire qu'on avait compris parce qu'on se dévoilait. IL y avait quelque
chose d'occulté, de caché. On faisait comme si cette culture
n'existait pas.

"Si les gens ont oublié la langue, l'esprit, le sentiment, dit-il, c'est
qu'il y avait un poids énorme de la culture française et de la
promotion sociale. Pour beaucoup, la langue n'existait plus que dans
l'inconscient. Ils en avaient perdu la pratique." Cette intériorisation
d'une culture naturelle s'accompagne donc d'un passage à
l'inconscient.

D'où un travail considérable qui sera nécessaire pour certains, une
force intérieure, quelque chose qui "pousse" l'être corse à ressortir, à
s'exprimer à nouveau. Un véritable travail de redécouverte à
entreprendre, pour beaucoup. En même temps qu'apparaît
l'apaisement dans ces retrouvailles avec l'être, issues d'un travail
quasi "analytique". On en trouve une illustration dans un très beau
texte de P. Giamarchi.

Au départ la démarche est intellectuelle. On veut savoir, comme
au commencement d'une analyse... Mais cette démarche
intellectuelle se double vite d'une démarche intérieure, affective, celle
de savoir ce que l'on est. C'est là que l'on peut comparer ce travail
à un véritable accouchement psychanalytique. Il y a un mouvement
de forces intérieures qui s'accompagnera souvent de violence et
d'excès, comme celle de toutes les forces intérieures rentrées. Ce
travail aboutira à la création et à la vie...

Il y a eu une maturation, un accouchement après l'écoute, le
silence, l'appétit. Une deuxième jeunesse: celle de découvrir enfin,
après un long travail ce que l'on est. Autrement dit, une
extériorisation, enfin, de la culture intérieure, de l'être profond. Une
renaissance. Il n'est pas étonnant que tout ce mouvement ait été une
source énorme de création, d'enthousiasme, de combat (avec tous les
excès, la violence, que peut comporter une force inconsciente qui
s'extériorise), mais en même temps l'assurance, celle d'être dans le
vrai, celle d'être sûr de soi, de ce que l'on est, de sa propre vérité,
n'en déplaise aux structures sociales et politiques en place. Une
extériorisation s'est enfin produite.

Cette extériorisation de l'être profond va se concrétiser pour
certains dans le retour, l'extériorisation de la culture intérieure
aboutissant à la négation de l'exil, celui qui avait intériorisé la
culture... C'est un moment de vie, le résultat d'un mouvement

intérieur... certains en ont même fait un cheval de bataille: celui qui n'est pas rentré n'est pas un Corse. C'est le désir de rentrer...

L'exil a été une cause du problème corse: un pays vide ne peut fonctionner et avoir une histoire normale. Mais aussi une conséquence: une économie a été coulée et les gens ont été obligés de partir. Une histoire normale n'a pu avoir lieu: quand la Corse était pleine, les gens se battaient pour défendre leur pays, ou bien ils s'en allaient. Ce sont souvent ceux qui avaient quelque chose à dire qui sont partis. Car on ne pouvait y vivre normalement. En même temps, un attachement profond les a poussés à porter l'être corse au fond d'eux-mêmes, à intérioriser la culture comme s'ils portaient en eux-mêmes quelque chose qu'ils n'avaient pas pu vivre...

--M.F. Poizat-Costa, "L'exil", Le Problème corse

Le corse: prima lezzione

(Première leçon)

Ghjunghje Santu

(Arrive Toussaint)

1.   **O Sà! Sì ghjuntu!**
Français: *O Toussaint! Tu es arrivé.*

2.   **Cumu sì, o Ghjà? In casa? Tutti bè?**
Comment vas-tu, o Jacques? A la maison? Tout le monde va bien?

3.   **A' bastanza. Ci sì pè un pezzu?**
Assez bien. Tu es là pour longtemps (un bout)?

4.   **Pensa! Aghju trè simane. Fin'à San Roccu, ma mistaria ancu sempre, mì!**
Penses-tu! J'ai trois semaines. Jusqu'à la Saint-Roch. Mais je resterais même toujours, tiens! (regarde!)

5.   **Quessa, a sò. Quantu ti resta à fà?**
Cela (celle-ci), je le (la) sais. Combien [de temps] te reste-t-il à faire?

(Nous indiquons les mots nécessaires au sens en français, et dont on se passe en corse.)

6.   **Torna dui o trè anni, è po à Parigi u salutu chi l'aghju vistu ancu troppu.**
Encore deux ou trois ans, et puis à Paris je lui dis au revoir (le salue) car je ne l'ai que trop vu (l'ai vu même trop).

Difficultés de prononciation

Nous avons pris le taureau par les cornes. Vous voilà confronté, dès la première page, à une trinaire (GHJ) et aux mutantes.

Observez bien la trinaire GHJ, qui est elle-même mutante. Dans le titre de la leçon, vous la trouvez deux fois en un même mot. La première fois, après point; la deuxième fois, après consonne. Dans les deux cas, elle a le son fort: DY. Puis, à la phrase 1, vous la trouvez après accent: c'est encore DY. Mais à la phrase 2, elle n'est ni après point ni après accent, ni après consonne, et se trouve au début d'un mot: elle prend donc le son doux: Y. Enfin, à la phrase 4 et à la phrase 6, elle n'est ni après point, ni après accent, ni après consonne, et se trouve à l'intérieur d'un mot: elle reprend donc le son fort: DY.

Observez maintenant la mutante S. Vous la trouvez après point (phrase 1), après accent (deux fois à la phrase 4), après consonne (phrase 4) devant T (phrases 3, 4,5,6) et doublée (phrase 5). Dans tous ces cas, elle a le son fort. Partout ailleurs (on la trouve encore huit fois dans ce texte) elle a le son doux: Z.

Comparez, de la même manière, la mutante B de la phrase 2 avec celle de la phrase 3.

Notez que dans cette leçon la mutante P a partout le son fort, car elle se trouve après point (numéro de la leçon, phrase 4), après accent (phrase 3, phrase 6, deux fois), après consonne (phrase 3, phrase 4), ou doublée (phrase 6).

Nous vous laissons le soin, à l'aide de la prononciation figurée, de constater la mutation du T, selon la même règle.

NE VOUS EFFRAYEZ SURTOUT PAS: LA LECTURE DES MUTANTES VOUS DEVIENDRA FAMILIERE AU BOUT DE QUELQUES LECONS.

Observations

Et maintenant, revoyons la leçon, en faisant quelques observations.

<u>Le titre:</u> Vous noterez l'inversion, très fréquente en corse. Le sujet des verbes employés sans complément s'inverse. On dit: arrive Untel, parle Untel, est mort Untel, etc.

<u>Phrases 1 et 2:</u> le vocatif se fait avec O et en tronquant le nom de la personne que l'on interpelle. **O Sà** pour interpeller Santu, **O Ghjà** pour interpeller Ghjacumu, **O Pè** pour interpeller Petru, etc. Ainsi, **Dumè** que l'on croit être un prénom "à part entière" n'est en réalité qeu le vocatif de Dumenicu.

<u>Phrases 2 et 3:</u> D'ores et déjà nous vous signalons une variante locale. **Sì** (tu es) se dit dans une grande partie de la Corse: **sè**.

<u>Phrase 3:</u> Comme on ne peut pas mettre d'accent sur une majuscule, c'est une apostrophe qui en tient lieu: **A':**à.

<u>Phrase 4:</u> Vous avez certainement remarqué, en comparant avec le français, qu'on n'emploie pas en corse le pronom personnel sujet. **Aghju:** j'ai. On ne met ce pronom que si l'on veut insister ou marquer une opposition.

<u>Phrase 6:</u> **A' Parigi u salutu.** On dit "saluer à quelqu'un (ou quelque chose de personnifié, comme c'est ici le cas). Dans **dui**, le **d** ... est ici pratiquement muet.

-- Pascal Marchetti, <u>Le Corse sans peine</u>

Esquisse d'une histoire de la langue

...Au plus lointain, le substrat prélatin conserve le souvenir des plus anciennes civilisations "méditerranéennes" dont l'influence a pénétré la Corse, partie par le détroit de Bonifacio, partie par l'archipel toscan. Laissant aux spécialistes le soin de démêler - quand ils le peuvent - ce qui est ibère et ce qui est ligure, voire étrusque ... il nous suffira de constater l'abondance des bases préindoeuropéennes dans la toponymie corse, sans disposer d'ailleurs de statistiques... Il semble certain que le nom même de la Corse soit formé sur la base prélatine *KOR-S qui n'est pas sans homologues en Méditerranée et qui évoque un relief dentelé...

La latinisation

La latinisation de la langue semble avoir suivi avec beaucoup de lenteur la romanisation elle-même très inégale. La conquête, qui a duré un siècle et demi, est achevée en 111 avant J.-C., mais Sénèque, exilé en Corse de 41 à 40 après J.-C. constate que les Corses parlent toujours une langue barbare et incompréhensible; témoignage qui aurait beaucoup plus d'intérêt si l'on connaissait le lieu exact de son séjour, mais qui, tel qu'il est, atteste néanmoins qu'au premier siècle après J.-C. la latinisation de l'idiome parlé n'est pas faite. Quand sera-t-elle achevée? Il est difficile de répondre. On peut toutefois présumer que les dates seront bien différentes pour la côte orientale assez fortement colonisée et, par exemple, pour ce site de Capula, au-dessus de Livia, dont les fouilles menées par F. de Lanfranchi, ont révélé, du néolithique au XIVème siècle, la continuité d'une culture où les contacts avec les Romains se résument à une pièce de monnaie et quelques tessons. En tout cas, la latinisation est faite avant qu'au Moyen Age la Corse tombe sous l'influence toscane, et on ne peut soutenir, comme on l'a fait quelquefois, que le corse a été directement importé de la péninsule à l'époque où les langues romanes étaient déjà formées...

De l'évolution qui a conduit du latin parlé en Corse à la langue romane qu'est le corse il est très difficile de dire quelque chose de précis, faute de textes. A la différence du continent italien et même de la Sardaigne ... en Corse, où le toscan s'est imposé très tôt dans l'écriture, les témoignages écrits du parler local sont trop tardifs pour permettre de retracer l'histoire d'une langue qu'on ne peut guère saisir qu'à partir de son état actuel.

Aussi cette histoire est-elle surtout celle des superstrats linguistiques. Sur le fonds latin qui a évolué avec l'archaïsme propre aux îles, sont venus se déposer les sédiments, surtout lexicaux, apportés par les dominations successives. Rien de spécifique à dire sur le lexique d'origine germanique véhiculé par le toscan: guère de traces du grec de la lointaine Byzance dont la Corse, comme la Sardaigne, a dépendu politiquement pendant plus de deux siècles; quant aux Sarrasins, ils n'ont pas vraiment occupé la Corse et, contrairement à une croyance tenace, ravivée par les pirateries des Barbaresques, ils ont seulement laissé dans la langue des mots que les contacts culturels et commerciaux ont répandus dans tout le bassin méditerranéen ... Les seuls superstrats de quelque importance sont toscan, génois, français.

Corse et toscan

Capitale a été l'influence toscane. Elle s'affirme progressivement à partir du IXème siècle, rompant entre la Corse et la Sardaigne la vieille unité linguistico-culturelle du temps des **nuraghe** et des **torre**, que la conquête romaine avait maintenue en moulant les deux îles dans un même cadre administratif continué par Byzance. La divergence commence au moment où les Corses, plus proches du continent, ont subi le poids de la féodalité toscane, puis du commerce pisan, tandis que la Sardaigne, après un départ relativement autonome, tombe au XIVème siècle sous la domination catalano-aragonaise.

De cette influence toscane il reste dans l'usage d'aujourd'hui un nombre assez important de mots anciens (**avale** au lieu de **ora** ou **adesso**, **nimu** au lieu de **nessuno**, **ancu** au lieu de **anche** qui donnent parfois à la langue corse une couleur dantesque, mais que l'on retrouve aussi dans la montagne de Lucques, sans compter tels archaïsmes de syntaxe, comme de ranger les pronoms personnels atones d'objet direct et indirect dans un ordre qui n'est pas celui de l'italien actuel (**u mi da**, tu me le donnes, et non **me lo dai**).

Corse et génois

Malgré une domination politique de cinq siècles, les Génois ont peu laissé de leur dialecte en Corse, dans la mesure où ils avaient eux-mêmes adopté le toscan comme langue écrite: quelques centaines de mots du vocabulaire de la mer, de la ville (**carrughju**, rue) de techniques variées (**scagnu**, bureau, **spichjetti**, lunettes, **brandale**, trépied, **piola**, hache, etc.)

Corse et français

Quant à l'influence du français, elle a progressé avec une extrême lenteur pendant les cinquante premières années qui suivent l'annexion à la France. Mais vers 1840 Gioacchino Prosperi, prédicateur lucquois, signale à Bastia des gallicismes dont certains (**cregnu** pour **temu, mi sò trompatu** pour **mi sò sbagliatu**) sont encore nettement perçus comme tels aujourd'hui. A la fin du siècle, l'enseignement primaire obligatoire en langue française accentue de façon considérable la francisation de la langue corse dans le lexique, la morphologie et même parfois la syntaxe.

Au point de vue lexical, cette francisation agit par sélection, concurrence et finalement substitution. Elle impose parmi les mots corses celui qui ressemble le plus au mot français correspondant: **dumandà** (demander) aux dépens de **chere**; **sbarrazza** (débarrasser) aux dépens de **spachjà**. Elle double d'un gallicisme le vocable corse traditionnel (**lunetti** pour **spichjali**). Elle finit par substituer au vieux mot oublié un néologisme venu de France: les Corses ont commencé à dire **trussò** à partir du moment où les notaires, rédigeant leurs actes en français, ont écrit **trousseau** au lieu du juridique **abiti sponsalizj** dont l'équivalent dans l'usage parlé était **panni**. A plus forte raison, le français est-il grand pourvoyeur de modernité: les choses nouvelles pénètrent en Corse avec un nom français, comme elles pénétraient autrefois avec un nom italien: **usina** et non **fabbrica**, **greva** et non **sciopero**, **camiò**, avec l'accent sur la finale comme en français et non sur l'initiale comme l'italien **camion**.

Pendant longtemps la langue corse a intégré tous ces emprunts dans son système phonologique et morphologique, en transformant par exemple les sons **eu** et **u** du français qui lui sont inconnus. Quand la présence en Corse d'étrangers qui ne pouvaient être désignés, selon l'usage traditionnel, soit par un simple prénom, soit par un prénom précédé de **ziu** ou de **sgiò**, suivant les rapports sociaux entretenus par les intéressés, imposa le recours au mot français **monsieur**, celui-ci fut d'abord **munsiù**, comme **bureau** substitué à **scagnu** était prononcé **burò**, et ce n'est que dans une phase plus récente que se sont imposés le **eu** et le **u** français. De même le mot **épicerie** substitué à **butteca** subissait une normalisation de sa finale et de son accent (**episseria**) avant d'être prononcé par la suite **episseri**. Quant à la syntaxe, la marque française est moins importante, sans être négligeable, comme par exemple la tendance à remplacer par un imparfait de l'indicatif l'imparfait du subjonctif qui était la règle après un si potentiel ou irréel: **s'è sapia** au lieu de **s'è a sapessi** (ou **sapissi**).

Les problèmes actuels

Langue et dialecte

Les problèmes actuels de la langue corse sont nés de la francisation. Pendant des siècles, toscan et corse ont formé un couple linguistique perçu par les locuteurs comme deux niveaux de la même langue plus que comme deux langues différentes. Tandis que le corse était réservé à l'usage parlé de la grande masse du peuple, le toscan jouait le rôle de langue écrite, parlée aussi par une frange assez mince des classes supérieures, tel ce médecin de village malicieusement campé par Mgr de La Foata vers le milieu du XIXème siècle:

> **Parla in Crusca ma incappucia**
> **Chi hè un tuscanu di Carbuccia.**

(*Il parle comme à l'académie de la Crusca, mais il bute, car c'est un toscan de Carbuccia.*)

La substitution progressive du français à l'italien comme langue écrite à partir du Second Empire, puis l'entrée en force du français dans le champ de la langue parlée à la suite des lois scolaires de la IIIème République et de l'émigration, ont transformé la situation de relative complémentarité en une situation de concurrence entre deux langues dont l'une ne pouvait plus être un dialecte de l'autre. Il fallait pour le corse, soit se résoudre à disparaître, soit s'affirmer de

façon pleine et entière comme langue écrite. C'est en réponse à ce
dilemme que se manifesta, chez un certain nombre d'écrivains de la
fin du XIXème siècle, la volonté de faire du corse une langue écrite
et que parut en 1896 A tramuntana de Santu Casanova, premier
journal en langue corse.

La langue et l'Etat

Il s'en est fallu toutefois de beaucoup que les droits de la langue
corse aient reçu d'emblée ce minimum de reconnaissance officielle
faute de quoi les meilleures intentions restent impuissantes. Sans
refaire l'histoire, aujourd'hui mieux connue, des rapports entre le
français et les autres langues parlées à l'intérieur des frontières de la
France, on notera l'admission tardive (1974) du corse au bénéfice de
la loi Deixonne (1951) sur l'enseignement des langues dites
"régionales" et à une époque où cette loi avait amplement démontré
son insuffisance. Cet ostracisme, dû en partie à des raisons
politiques et au souvenir de l'irrédentisme italien, révélait aussi la
persistance d'une certaine idée du corse comme "dialecte allogène"
au même titre que l'alsacien "dialecte allemand" et le flamand,
"dialecte néerlandais", eux aussi exclus de la loi Deixonne.
    Le retard de la législation, puis son inefficacité reconnue
expliquent la naissance d'un enseignement de la langue corse par
voie associative, tel celui qui est dispensé bénévolement depuis 1972
par **Scola corsa** ou la tentative faite par **Cultura di Lingua corsa**
d'ouvrir, sur les modèle des **ikastolak** basques, des maternelles en
langue corse dont la première fonctionne à Aleria en 1977-78. Mais
les limites aisément perceptibles de ce genre d'actions a fait
progresser dans les esprits l'idée d'un enseignement obligatoire dont
la revendication a été lancée par les associations culturelles et
certains syndicats d'enseignants.
    Que l'enseignement soit facultatif ou obligatoire, officiel ou privé,
la pédagogie appelle une doctrine de la langue chez ceux qui se
proposent d'enseigner. L'attitude la plus courante dans la première
moitié du XXème siècle consistait à prendre modèle sur les langues
officielles normalisées dont le français est le type le plus
caractéristique. Déplorant le manque d'unité de la langue corse, on
estimait, à la suite de Paul Arrighi, son enseignement impossible, à

moins d'une codification par une académie dont on souhaitait la constitution sans se demander d'où elle aurait pu tenir son autorité.

Depuis une dizaine d'années, les nouvelles générations, conscientes des dangers d'une normalisation linguistique... admettent comme un fait - nullement dommageable, voire au contraire enrichissant - la variété de la langue corse à l'état "naturel", du moment que l'intercompréhension n'en souffre pas. Les écrivains d'aujourd'hui écrivent chacun sans concession dans son parler natal et les enseignants s'efforcent de développer chez leurs élèves le sens de la différence comprise et acceptée. Par contre, est admise par tous la nécessité d'une orthographe unifiée. Cette orthographe existe d'ailleurs depuis longtemps, héritière, comme on pouvait s'y attendre, de l'orthographe italienne qui, à 80%, suffit aux besoins de l'écriture corse. Mais sur ce fond traditionnel, un lent effort se poursuit de génération en génération, ... pour adopter une notation des consonnes qui permette à des locuteurs prononçant sourd ou sonore, suivant les régions, de s'accorder sur la même orthographe...

Situation du corse parlé

Le problème principal reste toutefois celui de la langue parlée, soumise à la pression croissante du français appuyé sur l'administration, l'enseignement et les moyens de diffusion. La diglossie corse-français qui, au sens précis du terme, oppose une langue dominée à une langue dominante, s'exprime, comme ailleurs, par les phénomènes bien connus de la commutation et de l'amalgame. L'usage alterné de la langue nationale et de la langue de l'Etat se distribue selon les sujets dont on parle, celui qui parle et celui à qui l'on parle. En corse le quotidien et le familier, la vie rurale, la politique du village; en français, le langage technique, les considérations d'**alta pulitica** (c'est-à-dire celle qui apparaît à la télévision), l'expression du monde extérieur. Dans cette perspective le corse est senti communément comme la langue du passé, le français comme la langue moderne. Conscient de ce danger, un groupe de corsisants ... travaille à constituer un vocabulaire des techniques, entreprise qui, en soi, ne présente pas de difficulté majeure, la langue corse étant capable de tout dire, (avec, s'il le faut, l'aide de ces racines gréco-latines dont usent toutes les langues occidentales) mais qui se heurte à un problème de diffusion, lequel relève d'autre chose que de la langue.

A côté de l'usage alterné, l'amalgame prend de moins en moins la forme d'un français corsisé, de plus en plus celle d'un corse francisé.... L'heure est aujourd'hui venue où les Corses parlent assez correctement français, mais où beaucoup d'entre eux massacrent allègrement leur propre langue...

Un avenir? Et à quelles conditions?

Après la commutation et l'amalgame, l'étape suivante sera-t-elle la substitution, c'est-à-dire la disparition pure et simple de la langue corse, ce qui est quasiment de règle en situation de diglossie, si aucune modification n'est apportée au statut de la langue dominée? La réponse variera selon qu'on attribue plus ou moins d'importance au mouvement de renaissance culturelle de ces dernières années et à sa traduction politique. Une chose toutefois est certaine: dans l'état actuel de disproportion entre les moyens mis à la disposition de chacune des deux langues qui se partagent la Corse, l'une étouffera l'autre dans un avenir assez aisément prévisible.

F. Ettori, <u>Corse</u>, pp. 173-184

Quelle politique culturelle pour les Corses?

Le constat culturel

La Culture corse, c'est notre identité et à la fois ce qui nous unit et nous différencie des autres.

Une politique culturelle dans l'Ile devrait tendre a ce que la langue corse redevienne la langue maternelle des Corses.

Hélas! La transmission orale ne se fait presque plus.

Et tout cela pour toutes sortes de raisons:

-Démographiques, économiques, d'émigration et d'immigrations, système éducatif centraliste, etc... l'assimilation culturelle programmée de longue date semble se parachever.

-L'Eglise corse francisée, la migration maghrébine, le tout tourisme, les médias, la langue française unique langue de promotion sociale, etc. ... et même des mères corses qui refusent de transmettre à leurs enfants la langue corse, qu'elles connaissent pourtant.

-Il existe aussi un phénomène de rejet, qui est dû en grande partie, à la récupération du mouvement culturel à des fins politiques et partisanes:

-appropriation de la Première Université d'Eté, du sigle SCOLA CORSA, du projet Filastrocche de l'Operata Culturale, etc.... et le Conseil de la Culture a perdu toute sa crédibilité.

-Il y a les Cours de langue corse par correspondance, ou les émissions radiotélévisées en langue corse, mais toujours en parler du nord, les publications du C.R.D.P. qui ignorent le parler sartenais, les campagnes faites contre les chanteurs corses engagés, le manque de moyens donnés à l'enseignement du corse dans sa diversité, il y a toute la propagande faite pour un bilinguisme trompeur, parce que ne mettant pas en cause le système éducatif français en corse, etc....

Le problème culturel corse est bloqué parce que c'est essentiellement un problème politique.

Ce ne sont que des solutions politiques, qui reconnaissent les droits collectifs du peuple corse qui pourront donner la volonté et les moyens de retrouver et de sauver la langue et la Culture insulaires.

Problème culturel et problème politique

Est-ce la lutte culturelle, c'est-à-dire le sentiment d'être frustré de sa Culture, sa manière de penser, de vivre, de s'exprimer, qui n'est pas reconnue par le système des lois en place, qui fait avancer le problème politique?

Peut-on être apolitique et lutter pour la sauvegarde du patrimoine culturel corse?

Le culturel et le politique ne seraient-ils que les deux volets d'un même combat approfondissant le sentiment national en conscience nationale? D'après F. Fanon, la conscience nationale serait la forme la plus évoluée de la Culture.

On ne peut donc séparer le problème politique du problème culturel: c'est le même problème.

A ce problème, il peut être répondu de différentes façons:

1. - Se sentir Corse et Français, c'est-à-dire, garder un certain particularisme mais l'appartenance est français (C.F.R.)

2. - Etre Corse, d'identité corse, de Culture corse, mais pas en dehors de l'ensemble français (réformistes, U.P.C., P.C.F., P.S.)

3. - Etre Corse, mais pour le droit à l'autodétermination du peuple corse et la reconnaissance de ses droits politiques et culturels (M.C.A.)

4. -Les thèses de l'ex-F.L.N.C. (emploi de la violence) etc. le problème culturel ne pourra être résolu qu'après le problème politique.

Ainsi donc, le problème culturel corse peut être appréhendé de différentes manières, selon les idées politiques de chaque individu.

PROGRAMME CONSERVATOIRE A MOYEN TERME

D'un côté, il y a donc une partie du Peuple corse qui continue à vivre sa Culture et à employer sa langue dans la vie de tous les jours, avec des difficultés toujours plus grandes.

De l'autre, il y a un mouvement associatif plus ou moins réformiste et aliéné au système en place.

Il y a enfin tous ceux plus ou moins organisés qui sentent qu'il faut des réformes radicales pour la salvation de leur Culture et de leur existence en tant que communauté. Ce sont tous ceux qui ont un sentiment national corse, plus ou moins assoupi et ce, à travers tous les organismes, partis ou mouvements.

Sur le plan des institutions, il y a la majorité actuelle à l'Assemblée, qui ne pourra faire le changement que nous attendons.

Dans toutes ces conditions, que pouvons-nous proposer, qui puisse être pris en compte par cette Assemblée?

Ces mesures ne sauveront pas la langue corse, mais ce sont des mesures de conservation, en en attendant d'autres.

1) Une enquête approfondie sur la langue corse orale utilisée dans les différentes régions linguistiques de l'Ile.

2) L'amorce de la décentralisation culturelle.

3) Un émetteur radio émettant toute la journée dans tous les parlers de l'Ile.

4) Un statut de la langue et de la Culture corses.

5) La continuité de l'enseignement de la langue corse en partant des deux filières, mais en faisant en sorte que toutes les classes maternelles soient de langue corse, la langue française venant par la suite en Cours Préparatoire.

6) La mise en place d'équipes et de Centres de Recherches, composés de corsophones, des différentes régions linguistiques de l'Ile, pour Confection de Manuels, grammaires, livres d'Histoire de la Corse, etc... dans tous les parlers de la langue corse.

Il est évident que ces mesures sont un programme minimum acceptable par une majorité d'Elus, mais que c'est le militantisme culturel qui doit "pousser" beaucoup plus loin sur le terrain...

CLANISME, CULTURE ET NATIONALISME

Nous pensons que si on gratte sous l'appartenance à un parti politique, ou à un clan de l'insulaire, il reste toujours l'homme corse au sentiment national corse plus ou moins assoupi.

Nous pensons que dans chaque Corse, il existe une mentalité claniste, et que dans les clanistes de la base, il y a des Corses sincères qui vivent leur culture corse, et qui sont des nationalistes corses qui s'ignorent.

Car, ce qui unit tous les Corses, c'est leur culture, leur idée d'appartenance à un même peuple, et qu'ils le veuillent ou non, se retrouvent dans la même mémoire collective, un jour ou l'autre. Ainsi le nationalisme corse n'est pas un parti ou une partie de la Corse, ou quelque chose de marginal, mais au contraire ce qui unit tous les Corses dans tous les partis, c'est-à-dire leur Culture.

A notre avis, dans les rapports actuels de domination entre le pouvoir centraliste et la Corse, on ne peut pas apprendre la Culture corse et la Culture française en même temps, parce qu'elles ne sont pas traitées à égalité.

Mais on peut passer à la connaissance de la Culture française et à la Culture universelle, si on est déjà de Culture corse, mais pour être Corse, il faut acquérir en premier la Culture corse.

LES CORSES DE L'EXTERIEUR

Il est certain que dans une nouvelle politique culturelle, doivent être pris en compte les problèmes concernant la continuité culturelle entre les Corses de l'Ile et ceux de l'extérieur.

Entre autre, ces derniers doivent avoir un représentant au Conseil de la Culture. Il s'agira en particulier d'aider les jeunes Corses de la nouvelle génération, nés à l'extérieur de l'Ile, pour qu'ils puissent retrouver leurs racines insulaires: cours de langue corse gratuits, animation culturelle corse, séjours dans l'Ile chez les Corsophones, rapports avec l'Université de Corté, etc... le jeune Corse doit pouvoir rester en liaison avec la terre corse et la culture de ses aïeux.

LA NAISSANCE D'UNE NOUVELLE CULTURE CORSE

Elle ne pourra se réaliser que lorsque une majorité de Corses aura pris conscience qu'elle doit se battre pour retrouver ses racines dans sa mémoire collective.

Cette renaissance est liée à la volonté des Corses de s'autodéterminer culturellement, c'est-à-dire de choisir les nouveaux rapports politiques et culturels entre l'Ile et l'Etat français.

Cette nouvelle Corse ne pourra être enfanté que par la volonté de notre jeunesse de travailler en commun pour le renouveau de l'Ile, car la Culture et la langue ne sont que le reflet d'une civilisation.

Nous pensons que cette période d'enfantement de la Culture corse ne se fera pas contre la Culture française, bien au contraire, mais il y aura égalité véritable entre les deux Cultures.

Mais, ce seront la langue et la Culture corses qui seront en premier pour la formation de l'homme corse et sa mobilisation pour le développement de l'Ile.

Ainsi, avec l'application du droit à l'autodétermination et la Corse ayant la maîtrise de son destin, voilà les mesures qu'elle pourrait proposer:

1. La langue corse devient la langue nationale des Corses.

2. Un Ministère de la langue et de la Culture corses est institué pour tous les problèmes culturels corses.

3. Le Ministère de l'Education Nationale française a un représentant en Corse, et les Corses ont un représentant à Paris pour tout ce qui concerne les relations culturelles entre l'Ile et le Continent.

4. Un effort matériel énorme doit être fait pour que, sur un plan de cinq ans, l'enseignement en langue corse puisse être institué dans toutes les écoles de l'Ile et à l'Université.

5. Des commissions bilingues français-corse seront instituées pour harmoniser l'enseignement et la publication de manuels aussi bien en français qu'en corse, pour toutes les écoles de l'Ile, et celles du Continent qui le désirent.

6. Mise en place de structures nouvelles, où les militants qui se battent sur le terrain puissent enseigner le corse (cet enseignement ne doit plus être le monopole de l'E.N.) et un Office de la Culture pour tout ce qui concerne le théâtre, le chant, le cinéma, etc... en langue corse. Ce sera aux Etats Géneraux de la Culture corse d'en préciser les modalités.

7. Relations étroites avec le monde méditerranéen, en particulier avec les Sardes de la Gallura dont le parler est si proche du parler sartenais.

Il est fort possible que nos propositions ne soient pas retenues par ceux qui décident de notre politique culturelle.

Néocolonialisme et contre-pouvoirs

La collusion actuelle antiviolence et antinationaliste des clans, du F.N., de l'U.P.C., du P.S. ou du P.C.F. pourrait se traduire sur le plan culturel par la mise en place d'un néocolonialisme culturel officiel: le bilinguisme (sans le définir.) Par réaction, nous pourrions assister à un sursaut national corse et à la mise en place de contre-pouvoirs culturels, qui politiseront encore plus la revendication culturelle.

Nous pensons qu'il ne faut pas confondre l'action des associations culturelles et des partis politiques. Parce qu'il va se poser une fois de plus l'indépendance du mouvement associatif culturel vis-à-vis de leur récupération par les partis politiques.

Les associations auront encore plus de difficultés avec la radicalisation des luttes. Il y aura certainement une certaine desaffection, comme lors de la récupération du grand combat culturel de la première Université d'Eté en 1973, par les tenants de l'autonomie interne...

Une de ces priorités, ce serait de ne pas remplacer le centralisme culturel français par le centralisme culturel corse.

Parce que ce sont les parlers locaux qui ont été la plus sûre barrière contre notre intégration à la Culture française. Nous devons donc avant tout, maintenir leur diversité linguistique, orale et écrite...

La récupération culturelle

Il y a actuellement chez les Corses un intense bouillonnement culturel qui ne demande qu'à s'épanouir et manifester sa vitalité; mais les Corses se méfient, avec juste raison, parce qu'ils ne veulent pas laisser récupérer leur Culture par certains organismes en place.

Comme on les comprend!

-Ne pas se laisser récupérer sur le plan culturel, c'est la seule et dernière chance pour le peuple corse de s'ouvrir librement des voies nouvelles, redevenir lui-même et pouvoir ainsi maîtriser son destin.

-- J.B. Stromboni

U Corsu in Scola: A Verità
(Le Corse à l'école: la vérité)

Ghjuvan-Maria Comiti, Prufessore in Aiacciu
(Jean-Marie Comiti, Professeur à Ajaccio)

Sous ce titre, l'an dernier à la même époque, <u>Arritti</u> avait rendu compte d'un entretien avec Jean-Marie Comiti, Professeur de Corse au Lycée Fesch. Avec lui nous avions pu mesurer à quel point d'abandon était notre langue: pas de manuels, des horaires délirants, pas d'emplois du temps prévus à l'avance, dépréciation constante par rapport aux autres enseignements, etc...

Voilà une vérité qui nous mettait bien loin des discours de Joxe, Jospin, Verlaque ou Arrighi de Casanova. Et un an plus tard, alors que l'Assemblée de Corse a voté solennellement et à l'unanimité, en octobre 1988, en faveur de l'enseignement de la langue corse, nous avons pu constater avec Jean-Marie Comiti que nous en étions toujours au même point, et que, dans ces conditions, un seul avenir est certain pour notre langue: la disparition. Au gouvernement de comprendre enfin qu'il y a là matière à "casus belli" avec les nationalistes corses.

<u>Arritti</u>: Jean-Marie Comiti, qu'est-ce qui a changé en un an pour ce qui est de l'enseignement de la langue corse?

Jean-Marie Comiti: On a multiplié les déclarations de forme. L'augmentation du nombre d'enseignants est effective, mais elle n'apporte rien puisqu'il n'y a pas plus d'enfants pour suivre les cours. Il s'agit uniquement d'une mesure "politique", au mauvais sens du terme parce qu'elle n'apporte rien qu'un peu de bonne conscience aux Ministres qui ont fait des promesses. La mesure concernant le Capes est elle aussi une mesure symbolique permettant au gouvernement de se dégager "politiquement". Il aurait fallu agir plus concrètement, sur le terrain, pour enregistrer quelques progrès. Ce n'est absolument pas le cas.

A: Comment expliques-tu ce constat d'échec malgré les discours officiels?

J-M. C.: Il n'y a eu aucun travail préparatoire. Les enquêtes auprès des parents n'ont pas été faites le plus souvent (le rectorat met en avant le prétexte des grèves), et quand elles ont été faites comme dans mon lycée, elles n'ont été suivies d'aucun travail d'approfondissement. Résultat: il y a moins d'inscrits à la rentrée qu'il n'y a eu de réponses positives de parents au moment de l'enquête. C'est dire ... On régresse au lieu de progresser. Par exemple cette année, il n'y a plus de classe LV2 au lycée Fesch, en 4ème et en 3ème, avec 3 heures de Corse. Pour tous les enfants la seule possibilité, c'est une heure par semaine. C'est-à-dire rien du tout ou presque.

Quant aux conditions matérielles, elles sont toujours aussi déplorables, il n'y a pas d'emploi du temps à la rentrée, le Corse n'est pas intégré au départ et il reste toujours à la remorque des autres matières. Les horaires sont exécrables, concentrés de 4 à 6 h. alors que la politique générale de l'établissement est de libérer les enfants à 4 heures pour des raisons pédagogiques (heures non productives) et de commodité pour le ramassage scolaire.

De ce fait, pour un enfant, faire du corse, c'est faire un effort considérable pour une gratification absolument nulle puisque ses résultats n'influent en rien sur sa scolarité ou presque.

A: Personne n'a essayé d'améliorer les choses?

J-M. C.: De notre côté, enseignants de corse, nous avons réagi, nous nous sommes plaints. Le résultat a été une circulaire du recteur a posteriori, demandant notamment de changer les horaires les plus dissuasifs. Aussi intervenant après coup, cette circulaire a fini aussitôt dans les tiroirs. Ce n'est qu'un alibi. Le résultat, c'est que l'augmentation du nombre d'enseignants obtenu l'an dernier se trouve en porte-à-faux puisque, faute de politique cohérente, on aboutit à un sur-effectif!

A: Peut-on parler d'une volonté de dévalorisation de la part des pouvoirs publics?

J-M. C.: Sur le terrain, on constate cette dévalorisation. Pour les parents ou les enfants, une matière qui n'est pas prévue à l'emploi du temps ne peut pas être considérée comme vraiment sérieuse. Au début de l'année, on ne sait pas quand les cours vont réellement commencer, on craint l'absence d'encadrement des enfants et beaucoup finissent par les retirer.

Du côté des enseignants, le découragement gagne là aussi. Ils se démotivent; certains baissent les bras ou cherchent à dispenser d'autres enseignements.

Comment voulez-vous qu'il en soit autrement pour une langue enseignée de telle façon que le recrutement des élèves se fait le plus souvent par voie d'affiches, au lendemain de la rentrée, pour des horaires dissuasifs, sans programme établi, sans manuels, etc?

Ce bricolage est en fait un véritable sabotage, si bien que pas un jeune n'est en mesure d'apprendre le corse à l'école.

Arritti, 3-9 novembre, 1989

La littérature orale ou populaire

Pendant des siècles, la langue corse a servi de véhicule à une littérature orale qui constitue peut-être la meilleure part du patrimoine littéraire et qui a duré jusqu'à nos jours, trait remarquable dans l'ensemble français où ce mode d'expression a eu tendance à disparaître plus tôt qu'ailleurs et qui rappelle l'appartenance de l'île tyrrhénienne à l'aire culturelle italique. L'oralité implique un mode particulier de création et de transmission qui fait de chaque interprète un re-créateur, rend vaine la recherche du texte "authentique" et définit l'originalité de tout autre manière que dans la littérature écrite. La notion du peuple créateur retrouve tout son sens, même si des individus privilégiés par leur talent prennent statut de poète communal et imposent parfois leur nom hors de leur village l'espace d'une ou deux générations avant que leur oeuvre, repétrie par d'autres, ne tombe dans l'anonymat de la tradition.

... la poésie domine largement. La prose est représentée surtout par le conte merveilleux (*fola*) dont existent plusieurs recueils (malheureusement traduits en français sans adjonction de l'original) et par des histoires et anecdotes plaisantes appelées parfois *stalbatoghji*...

Le reste de la production littéraire orale est poésie, généralement chantée quand elle est d'essence purement populaire, plus rarement récitée. Des collectes de chants par enregistrement ont été faites entre 1948 et 1961, d'autres sont en cours, mais l'étude de la musique corse en est encore à ses débuts ... De toute manière, il faudra rendre compte d'un double aspect, et d'extrême simplicité et de grand raffinement. Si, dans les chants monodiques, une ligne mélodique relativement simple semble destinée à assurer la mémorisation et à mettre en valeur la parole (c'est le cas du *vocero*), il en est tout autrement du chant polyphonique et notamment de la célèbre *paghjella* à trois voix où le texte se fond dans la trame vocale. Quelle que soit l'origine du mot et la solution apportée au problème discuté de ses rapports avec le chant grégorien, la *paghjella*, qui présente le paradoxe d'un langage musical très élaboré au sein d'une tradition populaire orale, paraît bien être la survivance de formes archaïques héritières, comme sans doute aussi le *tenore barbaricino* de Sardaigne, du vieux fonds méditerranéen.

Une littérature de la société rurale

Dite ou chantée, prose ou poésie, cette littérature était partie
intégrante des travaux et des jours dans les villages de la Corse
d'hier et sa fonction s'insérait dans la trame du tissu social à des
temps marqués de la journée, de l'année, de la vie. A la veillée se
racontent *fole* et *stalbatoghji*. Les grandes fêtes de l'année ont leurs
chants propres: voeux psalmodiés par les bandes de gamins qui
visitent les maisons au Premier de l'an, complainte burlesque aux
funérailles du roi Carnaval, couplets échangés entre jeunes gens et
jeunes filles autour du feu de la Saint-Jean, *chjama è rispondi*,
improvisations alternées du plus pur style virgilien à la fête patronale
et à toutes les occasions de réjouissances, comme, par exemple, la
tonte des brebis. A partir du XIXème siècle, la chanson électorale
(succédant au chant de guerre) se fait instrument de propagande avant
le scrutin et chant de triomphe après la victoire.

Tous les chants, en effet, à des degrés divers, remplissent une sorte
de "fonction". Endormir un enfant, voici la berceuse (*nanna*); régler
les jeux des garçonnets et des fillettes, voilà les comptines
(*filastrocche*), les rondes (*ghjiratonde*). La sérénade (*sirinatu* ou
sirinata) permet à l'amoureux de faire sa cour (*dumandà l'amore*) ou
sert à honorer les jeunes mariés, comme aussi le toast versifié et
chanté (*brindisi*) au banquet des noces. Au moment de la mort, les
rites funèbres s'accompagnent du célèbre *vocero* (dit aussi *buceratu,
buciaru, ballata*, ou *baddata, compitu*).

A la différence du *vocero* rituel chanté par les femmes sur le corps
du défunt, le *lamentu* est, au sens précis du terme, la complainte (non
rituelle) du malheur. Malheur généralement individuel: complainte
de l'amant malheureux ou jaloux, de la femme abandonnée,
complainte du départ du conscrit, *lamentu* enfin du bandit, à la fois
plainte, justification et défi. Mais les grandes catastrophes collectives
connaissent aussi des déplorations chantées, depuis le naufrage des
Sette nave au XVIème siècle sur les rochers de la Giraglia jusqu'à la
caravelle Ajaccio-Nice abîmée dans les flots en 1968, et les deux
guerres mondiales ont donné naissance à des chants de soldats, sortes
de *lamenti* épico-narratifs d'un ton très particulier... Quant à la
chanson satirique, très florissante, elle exprime un des aspects
majeurs des communautés paysannes avec leurs tensions et leurs

jalousies, qui sont comme l'autre face de la solidarité, et elle censure
volontiers la faute de vouloir se distinguer des autres.

La répartition des fonctions sociales suivant les sexes se traduit
évidemment dans cette littérature. Pour la femme, la *nanna* (plus
spécialement pour la grand-mère), le vocero. Pour l'homme, la
sérénade, la *paghjella* et, généralement le *chjama è rispondi*. Mais le
lamentu, selon les situations, est le fait des deux sexes et,
contrairement à ce que l'on pourrait croire, la femme concurrence
l'homme dans le genre de la chanson électorale, ce qui confirme que,
même sans voter, elle participait ardemment aux luttes politiques.

Une littérature populaire

...En Corse, pendant longtemps, les différences de fortune et de
rang (réelles, mais bien moins marquées que dans le monde
méridional italien) n'ont pas détruit une certaine homogénéité
culturelle au sein des communautés rurales, et ce n'est qu'à une
époque plus récente que la littérature populaire en langue corse a pu
apparaître comme un phénomène résiduel abandonné aux classes
inférieures.

Une littérature ouverte

... la littérature orale, produit de la société villageoise, n'est jamais
restée fermée sur elle-même. Non seulement les oeuvres circulaient
d'un bout à l'autre de la Corse, véhiculées par les bergers
transhumants et les colporteurs, diffusées dans les foires, mais elles
s'exportaient parfois au-dehors: on chante en Sardaigne une version
de la **Canzona di u Trenu di Bastia** composée en 1889 par une
aubergiste ruinée par le chemin de fer. Plus souvent, la Corse
accueille les nouveautés venues de Terre ferme et conserve dans son
patrimoine des chansons médiévales, telle la ballade de la **Fontanella**
(ou **Bevanda sonnifera**) bien connue dans toute l'Italie, ou celle de
la **Pasturella** (ou **La pastora e il lù**) dont un manuscrit de la
Bibliothèque Nationale de Paris donne une version remontant à la fin
du XVème siècle.

De façon plus remarquable encore, s'est exercée sur la poésie
populaire corse (comme ce fut le cas aussi en Italie) l'influence des
grandes oeuvres de la littérature italienne du XIVème au XVIIème

siècles, Dante, Pétrarque, l'Arioste de l'**Orlando furioso** et le Tasse de la **Gerusalemme liberata**, sans compter d'autres auteurs de moindre envergure. L'image du berger illettré nourri de l'Arioste et du Tasse ou apprenant à lire sur un vieil exemplaire de Dante n'est pas une légende...

Déclin et renaissance

Née au sein des communautés villageoises, la littérature a suivi le sort de ces communautés, dépérissant avec elles, et les genres ont disparu en même temps que les fonctions qu'ils remplissaient. La berceuse s'en va quand le petit lit remplace le berceau et quand la grand-mère reste seule dans la maison désertée. Le vocero s'éteint avec les rites traditionnels du deuil; le *lamentu* du bandit avec la fin du banditisme, la complainte du départ avec la facilité des communications, la sérénade de l'amoureux avec une société où jeunes gens et jeunes filles n'ont plus besoin de l'intermédiaire du chant et de la guitare pour se parler librement.

Mais la chanson électorale reste aussi vivace que la passion pour les élections, et la sérénade aux époux s'adapte à de nouvelles fonctions: au moment des congés d'été, la jeunesse, rassemblée pour quelques semaines au village, valide d'une certaine manière par les sérénades suivies de réception les mariages contractés à l'extérieur. Le **Lamentu d'Aleria**, composé en 1975 par Ghjuvan Paulu Poletti à la chaleur de l'événement et le succès qu'il a recueilli, montrent qu'une certaine forme de complainte est encore susceptible d'émouvoir des coeurs formés à une antique tradition.

De même, la *paghjella*, en voie de disparition il y a dix ans, connaît un regain de faveur auprès de la jeunesse, et pas seulement comme spectacle, mais comme pratique; et la messe en *paghjella*, conservée en quelques rares points de la Castagniccia (dont Sermanu et Rusiu) est remise en honneur. Enfin, à côté des groupes folkloriques traditionnels comme la **Manella** de Corti, des équipes de jeunes chanteurs traduisent dans un chant souvent engagé les principaux aspects de la renaissance corse: **Canta u populu corsu** de réputation déjà bien assise, dirigé par Poletti; **I Muvrini**, autour du fils du poète populaire Giuliu Bernardini prématurément disparu; le chant féminin est représenté par **E due Patrizie**, deux camarades de

classe dont la vocation s'est éveillée sur les bancs du lycée de Bastia
et qui chantent leurs compositions en s'accompagnant de la guitare.

Cette renaissance, pour encore limitée qu'elle soit, n'est pas sans
poser des problèmes. Il est certes permis, à l'époque où des masses
muettes consomment des produits étiquetés littéraires, de rêver avec
nostalgie au vieux temps où tout un peuple chantait. Il est plus
difficile de savoir si, au sein d'une civilisation qui semble vouloir
passer de l'âge de l'écrit à l'âge de l'audio-visuel, l'ancienne poésie
populaire conserve quelques chances de renaître sous des formes
nouvelles adaptées à un contexte économique et social bien différent.
Si cette chance existe, peut-être la Corse est-elle un de ces lieux
privilégiés où elle pourrait se manifester.

-- Fernand Ettori, "La littérature orale et
populaire,", <u>Corse</u>, éd. Christine Bonneton

Littérature corse

The following selections are taken from Une heure et demie de grande poésie et de littérature corses, textes corses traduits en français par Scola Corsa.

Anima corsa (Ame Corse)

Lingua corsa!
Lingua sacrata!

Lingua prima intesa, dolce e carezzante quandu,
chjughi, e nostre mamme si penticavanu soprà u
nostru veculu per facci fà cun elle a nannarella.

Lingua di i vecchji in tondu à u fucone, lingua di
i nostri figlioli, cun tè si nasce cun tè si more,
cun te si chjama a mammana cun tè si face vene u prete.

Langue corse!
Langue sacrée!

Première langue entendue (par nous) douce et caressante lorsque, enfants, nos mères se penchaient sur notre berceau, pour nous faire faire avec elles "a nannarella" (berceuse).

Langue des vieux autour du foyer, langue de nos fils, avec toi on naît, avec toi on meurt, avec toi on appelle la sage-femme, avec toi on fait venir le prêtre.

-- Santu Casanova, 1850-1936

A **voceru** is a funeral chant, a lament on the death of a significant and/or beloved person. This anonymous **voceru** commemorates the defeat of the pro-independence Corsican forces at Ponte Nuovo at the hands of the French army in 1769. (see Introduction)

Voceru di Ponte Novu

Quandu ghjunsse la nutizia
Di tamantu scumpjmentu
ne partimu a mezanote
A pedi da lu conventu
Centu fiacule di deda
Da Vicu partinu a tempu.

Poi païsaïmu la muntagna
In Corti ghjunsiamu a ghjornu
Sunavanu le campane
Un dolu di l'altru mondu
Guardate lu mio patrone
Cun tre ferite in lu spinu

Sotu li mio dui figlioli
Senza croce ne cuscinu
Poi fala lu fiume rossu
Di sangue Cristianinu
Avvedecci a l'altru mondu
Cusi bruta sta sintinza

Persimu li nostri cari
Cun la nostra indipendenza
Persimu li nostri cari
Cun la nostra indipendenza.

-- Anonyme

Quand arriva la nouvelle
D'une si grande extermination
Nous partîmes à minuit
A pied du couvent.
Cent torches de résine de pin
De Vicu partirent ensemble.

Puis nous passâmes la montagne
A Corti nous arrivâmes au jour,
Les cloches sonnaient
Un deuil de l'autre monde.

Regardez mon maître
Avec trois blessures dans le dos.
Sans mes deux fils,
Sans croix ni coussin.
Puis elle descend la rivière rougie
Du sang de chrétien.

Au revoir dans l'autre monde
Si affreuse cette sentence
Nous perdîmes nos êtres chers
Avec notre indépendance.
Nous perdîmes nos êtres chers
Avec notre indépendance.

Visioni Care (Chères Visions)

Ancu s'o un vederaghju più
La miò terra prima di more,
A mi patria a mi portu in core
E l'aghju sempre à tu per tu.

Vegu u so celu gonfiu e tesu
Cume un preziosu ballacchinu:
Sopr'à i paesi, lu marinu
L'empie tuttu e l'alza di pesu.

Vegu e so coste innargentate
Ch'ella riccama l'alga nera;
Vegu e so città chi di sera
Hanu voci d'innamurate.

Vegu e so machje chi l'imbernu
Lascia intatte e si ne commove;
E so canalette e le piove
Chi danu à l'orte un bon guvernu.

E vegu l'omi e le zitelle:
A chi m'impreca, à chi mi ride,
A chi mi feghja e un si decide.
Poi, pensu à ciò chi ci divide.

O core, inchjoda e to bulelle.

Anton Francescu Filippini
(1908-1985)

Même si je ne voyais plus
Ma terre avant de mourir
Ma patrie je la porte au coeur
Et je l'ai toujours intimement.

Je vois son ciel gonflé et tendu
Comme un précieux baldaquin
Par-dessus les villages, la brise marine
L'emplit tout entier et l'élève.

Je vois ses côtes argentées,
Que brode l'algue noire,
Je vois ses villes qui le soir
Ont des voix d'amoureuses.

Je vois ses maquis que l'hiver
Laisse intacts et s'en émeut
Ses canaux et ses conduites d'eau
Qui donnent au potager un bon soin.

Et je vois les hommes et les filles,
Qui m'injurient, qui me rient,
Qui me regardent et ne se décident
Puis je pense à ce qui nous divise.

O coeur, encloue tes loquets.

Vindetta (Vengeance)

M'avii 'jurat' amore
M'avii prumess' anellu,
O faccia d'un impustore,
O core d'un ciammanellu!
Cu tamantu disonore
Un aghju manc' un fratellu!

Quand tu gjunghjist', o' ndegnu,
Còrse focu in ogni core;
Di tutte fusti lu pegnu,
Qual' è ch'un vulia more?
Or, parch' un fui di legnu
Ch'un peingnaria quell' ore!

M'ai stracciatu lu core,
M'ai arrustitu la fronte.
S'ellu c'era sempre sore
Iste carne èranu pronte.
Cusi mi tocc' à more
Indi l'aqua, sott' un ponte.
Ma prima, o maladettu,

Cume juda traditore,
D'una punta di stilettu
T'ogliu scrive lu m'amore;
Omancu po' sarà dettu
Ch'è vindicatu l'onore!

-- Ghjacumu Santu Versini (1867-1922)

Tu m'avais juré amour,
Tu m'avais promis le mariage,
O visage d'imposteur
O coeur d'être sans volonté!
Dans un si grand déshonneur
Je n'ai même pas un frère!

Quand tu arrivas, ô indigne,
Il courut du feu dans chaque coeur.
De toutes, tu fus le gage,
Qui ne voulait mourir (pour toi)?
Or, pourquoi je ne fus pas de bois?
Ainsi, je ne pleurerais pas cette heure!

Tu m'as déchiré le coeur!
Tu m'as fait rougir le front,
S'il y avait toujours des soeurs,
Ces chairs étaient prêtes.
Dès lors, il me reste à mourir
Dans l'eau, sous un pont.

Mais d'abord, ô maudit,
Comme Judas, le traître,
D'une pointe de stylet
Je veux t'écrire mon amour;
Au moins sera-t-il dit
Que l'honneur est vengé!

   Dominique Andreotti represents here the still vital oral literature of
Corsica. He was famous for his verbal jousts and poetic
improvisations produced for family and village celebrations, and local
elections. The dialogue of insults which is deceptively entitled
"cuntrastu" recalls some of the tensos of the troubadours of Provence,
as well as other forms of literary insult. The "cuntrastu" is not
always an exchange of insults, but it always involves not only a
dialogue, but some sort of opposition.

Cuntrastu (Conversation)

Bona sera, o camaratu,
In cu tanta ligadria
Duva site incamminatu
Solu e senza cumpagnia
Chi marchjate cume un latru
Per la più sicreta via?

Caru amicu, mi consola
D'andà ligiadru e spiditu;
V'hanu insignatu à la scola
A parlà cusi impulitu,
Forse un avaete magnatu
E site sempre famitu?

Anc quessa hai pinsatu,
O latru di circatone!
Cambii suvente pilame
Cume le quatru stagione,
Ti ne stai sempre piattu
Cume lu furmiculone.

Tu sè di razza tupina,
Di quella 'rossa sumente;
Porti malanni e ruina,
Fughje e scappa à chi ti sente.
Per pussede ste calunnie
Quantu paghi di patente?

Asinacciu cu la briglia,
Fattu par esse insumatu,
Hai listessa sumiglia,
Ancu listessu parlatu;
Di la razza sumerina
Tu ne fusti ingineratu.

S'ella di vede distante
Fughje e scapa la paura,

Stramurtiscenu le piante,
Sèccanu fiori e virdura,
Ghjetta timpesta lu tempu
E l'aria diventa oscura.

Iscule pien' di difetti,
Indu e tu passi la fumata
Sterpa li cattivi insetti
D'una, pesta abilinata;
Hai li stesse sembianza
Di la trista malannata

Sè ancu più e maldicente
E di razza micidiaghja;
Chètati, un ti fa più sente,
O spezia di circataghju!
Ch'è un ti vega mai più.
Vai e fà lu to viaghju.

Dominique Andreotti, dettu
"Minicale" (1868-1963)

Bonsoir camarade.
Avec tant de facilité
Où vous acheminez-vous?
Seul et sans compagnie,
Qui marchez comme un voleur
Par la plus secrète voie?

Cher ami, cela me console
D'aller facilement et expéditif
Vous a-t-on appris à l'école
A parler si impoli?
Peut-être n'avez-vous pas mangé
Et êtes-vous toujours affamé?

Même cela tu as pensé,
  O voleur de mendiant!
Tu changes souvent de poil

Comme les quatre saisons.
Tu t'en restes toujours caché
Comme la grosse fourmi.

Toi, tu es de race de rat (murine)
De cette grosse semence-là
Tu portes malheur et ruine.
(Il) fuit et se sauve celui qui t'entend
Pour posséder ces calomnies
Combien paies-tu de patentes?

Sale âne avec la bride
Apte à être chargé (de somme)
Tu as la même ressemblance
Aussi le même parler
De la race des ânes
Tu en fus engendré.

Si elle te voit à distance,
La peur fuit et se sauve,
Se flétrissent les plantes,

Se dessèchent fleurs et verdure.
Le temps jette tempête
Et l'air devient obscur.

Garnement plein de défauts
Là où tu passes ton odeur
Détruit les mauvais insectes
D'une peste empoisonnée;
Tu as les traits mêmes
De la triste mauvaise année.

Tu es plus que médisant
Et de race homicide.
Tais-toi, ne te fais plus entendre
O espèce de mendiant!
Que je ne te voie jamais plus.
Va et fais ton voyage.

Miraculu di Natale (Le Miracle Noël)

*I fiocchi falavanu trimulendu e scarsi cume si u meccanisimu a fà
a neve, persu in qualchi locu nu lu celu era scundisatu. A luna si
cincinava nantu i nuli culore di piombu, lasciava vede ogni tantu a
so'faccia bianca e sbiguttita, chi paria stunata d'ave ricevutu qualchi
ghjornu fà, a visita di i navigatori di u celu, quelli chi collanu di
quandu in quandu a riguarà qualchi petra chi ghjuveranu a fà un
munimentu a l'orgogliu umanu. In terra, era veghja di Natale; noi
altri zitelli, scegliamu nu a catasta di legne e sbrangule e più grandi
e u tizzone u più grossu, era pè'u focu u più bellu i l'annu, quellu
chi metti tutte e famiglie a paragone, da u più riccu a u più poveru.
Tutti i carmini fumavanu cun listessa putenza, su miraculu venia
una volta l'annu. Su ghjornu tuttu u mondu si sentia appena
cunfusu, e li dispiacia forse in ellu stessu d'avè fattu pienghje o
soffre, e quellu chi dentrava in chjesa cu i sentimenti, stava ripentutu
e zittu chi quessu dinò ghjera un miraculu.
Nu a chjesola era festa più che in ogni casa. A sola notte duv'ella
si truvava aperta per riceve n'importa quale; e custi tutt'orgogliu
sparia, ùn c'era più che pietà e fratellanza; Tu, a miò chjesola
paisana, testimone di speranza a i battezimi, di gioie a i matrimoni, e
di lacrime a l'interri, sta sera pari un'altra. Tuttu si cunfonde,
sirpettu, amore e vuluntà. Si canti chi collanu e passanu e tittelle chi
tremanu a u sonu di e campane, si ne vanu versu u celu, purtandu
cio chi c'è di pié bellu in l'anima corsa, u core.
In rataghju u fucone era imburratu, e futene cullavanu per
appullassi natu a pertica di ficatelli, appiccata a a catena a paghjola
bullia. Nantu a panca, i vecchj vighjavanu anch'elli sta sera, e
pensavanu più a i Natali a vene che a quelli passati. Mammone
c'imparava e razioni ch'un si ponu umparà che a notte di Natale, usi
cusi belli chi si sò spapersi nu u bisbigliu e u tramustu di sti tempi
muderni duve lu s'avanza cusi in furia, per andà induve?
Dopu avè manghjatu a pulenta cu'u caprettu in salza;
tutt'unghjunu si ritirava in stanza, chi nisumu era avvezzu a vighja
cusì tardi; i zitelli ùn ci scurdavanu di mette i scarpi a l'orici di u
fucone; miraculi di zitellina chi spariscenu quandu omu ùn mette più
i scarpi nu u carminu; ghjè a prima disgrazia di l'omu d'ùn crede
più in Babbu Natale. Mi ricordu di a cuntentezza di truvà a mane
un pacchettu cun dui aranci nentru, un ghjoculu fattu da babbu, una*

*tauletta cun quattru rote, fatte cun bùcini di filu e una curdicella
azzingata per tirallu, ghjoculu chi facia più piacè a i zitelli di nenzu
che n'importa chi ghjoculu a quelli d'avà; e quandu vegu ste vitrine
chi riumanu di ricchezze, pensu sempre a quella tauletta che no'
battizavamu: carru, rimorca, secondu e nostre cumpetenze in
transportu.*

*Ricordi o sogni chi rivenite di Natale per pruvà a l'omu ch'ell'è
statu zitellu e ch'ùn si scurdarà mai di quelle vighjate natalesche
duve a simplicità era più bella e franca e u misteru più forte che
avà.*

-- Tintin Pasqualini (1925-1988)

Les rares flocons tombaient en tremblant comme si la machine à
faire la neige perdue dans un coin du ciel s'était déréglée. La lune
faisait des cabrioles sur les nuages couleur de plomb, elle laissait voir
par moments sa face blanche et déconcertée et semblait étonnée
d'avoir reçu dans les jours précédents la visite des navigateurs du
ciel, ceux qui montent de temps en temps ramasser quelque pierre qui
servira à élever un monument à l'orgueil humain.

Sur la terre c'était la veille de Noël; nous autres enfants,
choisissions dans le tas de bois les branches les plus grandes et le
tison le plus gros, c'était pour le plus beau jour de l'année celui qui
mettait touts les familles sur le même pied d'égalité, du plus riche au
plus pauvre.

Toutes les cheminées fumaient avec la même ardeur, ce miracle se
produisait une fois par an. Ce jour-là tout le monde se sentait un peu
confus et regrettait d'avoir fait souffrir ou pleurer, et celui qui
pénétrait dans l'église avec ses sentiments, se repentait et se taisait,
car ceci était aussi un miracle.

Dans la petite église, la fête était encore plus belle que dans les
foyers, c'était la seule nuit où elle restait ouverte pour recevoir
n'importe qui; et là, tout orgueil disparaissait, il n'y avait que piété et
amitié.

Toi, ma chapelle de village, témoin de l'espoir aux baptêmes, de la
joie aux mariages, et des larmes aux obsèques, ce soir tu me sembles
une autre.

Tout se confond, respect, amour et volonté. Ces chants qui
s'élèvent et traversent les ardoises (toiture) qui vibrent au son des

cloches s'en vont vers le ciel emportant ce qu'il y a de plus beau dans l'âme corse, le coeur.

Dans le séchoir, le "fucone" débordait. Les parcelles de bois brûlé allaient se percher sur la perche où étaient les "ficatelli", pendus à la crémaillère, le chaudron bouillait.

Sur le grand banc, même les vieux veillaient ce soir et pensaient plus aux Noël à venir qu'à ceux qui étaient passés.
Grand-mère nous apprenait les prières contre le mauvais sort que l'on ne peut apprendre que ce soir-là; toutes ces coutumes si belles, qui se sont perdues dans la confusion et l'agitation de ces temps modernes où l'on va si vite, mais dans quelle direction?

Après avoir mangé la "pulenta" et le cabris en sauce, chacun se retirait dans sa chambre car personne n'avait l'habitude de veiller si tard. Nous autres, les enfants, nous n'oubliions pas de mettre nos chaussures près du "fucone".

Miracles de l'enfance qui disparaissent quand on ne met plus de chaussures au pied de la cheminée. C'est le premier malheur de l'homme de ne plus croire au Père Noël. Je me souviens de la joie quand nous trouvions le matin un paquet contenant deux oranges, un jouet fait par notre père, une planchette et quatre roues faites de bobines de fil et d'une cordelette accrochée pour la tirer; jouet qui contentait les enfants d'alors plus que n'importe lequel d'aujourd'hui.

Et quand je vois ces vitrines débordantes de richesses je pense à cette planchette que nous baptisions char, remorque suivant nos compétences.

Souvenirs et rêves qui revenez à la Noël pour montrer a l'homme qu'il a été enfant et qu'il n'oubliera jamais les veillées de Noël où l'humilité était plus belle et plus sincère et le mystère plus fort qu'aujourd'hui.

Almanach de la Corse (extraits)

La Cuisine corse

Chaque région, chaque saison apporte ses spécialités dans le grand livre de la cuisine corse. Mais avant d'entrer dans le détail de chacune, retrouvons le quotidien, celui que des générations de Corses ont connu et vécu. L'hiver, au petit matin, on prend la **cullazione**, repas léger constitué de café avec du lait, et de châtaignes fraîches grillees dans la **calda rustita** ou dans le **testu** (rôtisserie à châtaignes).

L'été, la **cullazione** se fait en pleine nature. Paysan ou berger, on mange alors un morceau de fromage ou de porc salé avec du pain et le petit vin de la vigne familiale. Le repas de midi (**a merenda**) est pris, lui aussi, au-dehors. C'est bien souvent la traditionnelle **pulenda** coupée en tranches (ou le pain) que la maîtresse a préparée la veille. Le matin, elle a cuit au-dessus du fucone le **figatellu**, imprégnant la tranche de son jus avant l'y enfermer et de placer le tout dans la musette de celui qui part au travail. C'est en pleine nature, à l'heure de la **merenda** que l'on sort son repas: Au-dessus d'un feu de bois, on réchauffe le **figatellu** qui grille au bout de la broche improvisée que le berger ou le paysan s'est fabriquée avec une petite branche. L'été, on préfère la saucisse, le jambon ou le lard au **figatellu** des journées froides. Enfin, lorsque la nuit ramène la famille au foyer, on partage la **cena** (dîner) tous ensemble. C'est une soupe paysanne ou un bon ragoût qui récompensera les efforts du jour, et qui, l'hiver, précédera le temps de la veillée.

Un vieux proverbe niolin dit: **Pane di legnu è vinu di petra** (Pain de bois et vin de pierre); façon de dire que l'eau des ruisseaux et les châtaignes dont on faisait la **pulenda**, étaient les deux éléments qui assuraient la survie des Corses. En effet, pendant des siècles, **u castagnu** (le châtaigner) fut l'arbre à pain des Corses. Poussant partout en moyenne montagne (de 400 à 1000 mètres), le châtaigner s'est principalement développé dans la région de la **Castagniccia** qui porte son nom, y développant une activité bien spécifique ... son fruit mangé frais, bouilli ou grillé, fut aussi transformé en farine (**pisticcina**) qui longtemps remplaça la farine de blé dans les régions où la céréale poussait difficilement. Objet d'échange intéressant our ceux qui les cultivaient, les châtaignes corses avaient la réputation d'être plus riches en sucre et en matières grasses que celles du Continent. Les Corses ont donc développé tout un art culinaire pour les intégrer à différents niveaux dans leur alimentation...

Hier encore, les châtaignes constituaient dans certaines régions la base même de l'alimentation. On s'évertuait donc à les préparer de toutes les manières possibles. On disait que dans plusieurs villages de l'Alisgiani, un père faillait à la tradition si, le jour du mariage de sa fille, il ne savait présenter à ses convives vingt-deux plats différents préparés avec de la farine de châtaignes.

Les châtaignes se mangent en soupe, cuites avec du fenouil. On les apprécie aussi grillées, en fin de repas, ou le soir, à la veillée: rôties dans le **testu** ou le **caldarastu** fabriqué par le potier dans la terre amiantée du pays, les **fasgiole** (châtaignes rôties) ne sont jamais meilleures qu'accompagnées d'un bon petit verre de vin du pays. Pour éviter qu'elles n'éclatent au feu, les châtaignes sont fendues avant d'être placées dans le **testu**...

Nous n'avons pas encore épuisé tous les aspects de la cuisine corse! Sucrées ou salées, les **fritelle** (beignets) tiennent une place importante dans la gastronomie corse... La farine employée pour faire des **fritelle** ... peut être de blé ou de châtaignes selon les intentions de la cuisinière. La pâte des beignets à la farine de blé se compose généralement de deux jaunes d'oeufs, d'une cuillerée à soupe d'huile et d'un quart de litre d'eau pour une livre de farine. On ajoute au mélange deux cuillerées à soupe de levain légèrement salé. Lorsqu'on n'y fait aucune adjonction, cette pâte est plongée, cuillerée par cuillerée, dans l'huile bouillante. Les beignets sont alors consommés avec du sucre.

En ce qui concerne la farine de châtaignes, la pâte se fait à peu près de la même manière que précédemment. Les jaunes d'oeufs sont facultatifs. Les **fritelle castagnine** (beignets à la farine de châtaignes) se cuisent dans la poêle.

La pâtisserie corse est si variée que les gourmands ont de quoi satisfaire leur appétit. Les **falculelle**, préparés de deux manières, sont cuits au four, sur une feuille de châtaigner: dans la région de Corti (Corte), on prépare la pâte avec un kilo de **brocciu** (fromage corse), autant de sucre en poudre, et douze jaunes d'oeufs. Le tout doit être bien mélangé. Cette pâte est ensuite étalée sur les feuilles de châtaigner. Cuisson à four chaud. Dans la région de Vicu (Vico), on fait une pâte semi-molle avec de la farine de blé et de la farine de châtaignes en parties égales; les **falculelle**, qui ont la taille de la main, sont faits avec cette pâte dont on enveloppe le **brocciu** frais. Les deux méthodes sont aussi délicieuses l'une que l'autre.

Coutumes et Croyances: Les confréries

Il existe aujourd'hui encore un grand nombre de confréries qui, dans les villages et dans les villes, conervent ainsi la responsabilité des fêtes religieuses du lieu. Chaque confrérie a son habit, sa bannière, décore son église, participe avec faste aux processions...La plupart des confréries de village se composaient exclusivement d'hommes. Parfois, tous les hommes en faisaient partie. Mais certaines confréries admettaient des femmes, tandis que d'autres leur étaient uniquement réservées, comme celles placées sous la protection de la Vierge.

Fêtes: La Semaine Sainte

Les cérémonies de la semaine sainte sont prises en main par les confréries ...ou, quand elles n'existent plus, par des laïcs qui perpétuent ainsi les traditions. Le clergé, lui, est pratiquement absent de ces rites. Confréries masculines et féminines conduisent les processions: en Corse du Nord, elles dirigent la **cerca**, la **parata**, la **granitula** ... A **Bunifaziu** (Bonifacio) elles protent processionnellement les "grandes châsses" appelées **i casci**. Dans les régions comme **Sartè** (Sartène), Calvi, **Corti** (Corte) où les rites consistent à représenter la Passion du Christ, la place du clergé est également très réduite.

Les trois premiers jours de la **settimania santa**, les femmes ou les confréries préparent les sépulcres... Le sépulcre est décoré de fleurs (blanches et rouges), de cierges et de verdure...

Le vendredi saint, ont lieu dans toute la Corse des processions particulières et qui diffèrent du Nord au Sud; au Nord, ce sont **a cerca**, **a parata**, et **a granitula**.

A cerca (du verbe **circà**, chercher) est une procession rurale qui entraîne un vaste déplacement de la population. Elle s'effectue à l'aube du vendredi saint et se déroule sur un trajet de plusieurs kilomètres, pour s'achever à midi. Précédée par les enfants, porteurs de crécelles, elle est conduite par les confréries sous la direction du prieur et des sous-prieurs (appelés **mazzeri**, massiers, dans la région de Brandu). Ce terme de **mazzeru** désigne aussi dans plusieurs villages corses le sorcier ... Les **mazzeri** portent des **mazze** (bâtons de confrérie) et sont suivis par les confrères habillés de surplis blancs. Derrière eux viennent les femmes, habillées de la **faldetta**, habit cérémoniel fait d'une jupe bleu nuit recouvrant les habits: elle est remontée par l'arrière sur la tête, et devant, retroussée jusqu'à la ceinture comme pour former une poche dans laquelle sont transportées quelques provisions que l'on consomme pendant la longue marche de la **cerca**. La **faldetta** est aussi un habit de deuil et de désolation. Autrefois, les femmes la portaient à l'occasion des funérailles. Dans les sépulcres, la Vierge en deuil en est revêtue.

Pour la **cerca**, toutes les confréries de la commune de Brandu (Brando) quittent en même temps leurs oratoires respectifs, et visitent les autres reposoirs (sépulcres) de la région. Chaque confrérie effectue donc le même circuit, de sépulcre en sépulcre, empruntant les sentiers qui relient encore les villages. Les processions de la **cerca** se poursuivent sans jamais se rejoindre. C'est à l'occasion de la **cerca** que les confréries exhibent le "grand palme" (**pullezzula**) qu'elles ont tressé les jours précédents, et qu'elles ont fixé au sommet de la croix portée en tête de la procession...

Un autre type de procession ... prend place le vendredi saint dans le nord de la Corse; il s'agit de la **parata** (du verbe **parà**, arrêter)... La **parata pasquale** a lieu le vendredi saint au soir. Les maisons et les ruelles sont illuminées par des bougies posées sur le rebord des fenêtres, sur les murettes qui longent les rues, dans les anfractuosités des murs. Si au cours de la **cerca** (voir ci-dessus), les gens des villages se poursuivent en rond, au cours de la **parata** ils se visitent réciproquement: la **parata** se fait entre deux villages. La population du village visité se range le long des murs et forme ainsi deux haies entre lesquelles s'infiltre la procession du village visiteur. On se rend ensuite au sépulcre où l'on chante des chants liturgiques, puis une cérémonie symétrique s'effectue dans l'autre village.

Dans certains régions comme la Casinca, la rencontre des deux communautés se fait à mi-chemin, au niveau du cimetière. Là, deux processions se réunissent et partagent un repas fait de beignets au riz (**panzarotti**), de vin muscat ou de vin ordinaire. Cet échange de nourriture auprès des tombes est sans doute un rite de commensalité avec les morts.

La **granitula**, troisième forme processionnelle en usage le vendredi saint dans le nord de la Corse, achève souvent la **parata** que nous venons d'évoquer. Il s'agit d'une procession en spirale effectuée par les confréries qui, par ce rite particulièrement difficile à exécuter, marquent l'un des temps forts du cycle cérémoniel corse en période de Pâques...

Le terme **granitula** est le même que celui qui désigne un coquillage marin, le bigorneau, car la procession appelée **granitula** reproduit dans son tracé la forme exacte de sa spirale. Sous la conduite du **massier** ... la procession s'enroule sur elle-même jusqu'à former un point compact; puis elle se désenroule jusqu'à former un cercle qui tourne sur lui-même et finalement se défait.

Ces beaux rites traditionnels (**cerca, parata, granitula**), accompagnés par des chants aux tonalités très anciennes, font toute la richesse symbolique de la semaine sainte en Corse du Nord.

Les processions qui se déroulent dans la Corse du Sud à l'occasion de la **semaine sainte** portent le nom de **casci** et de **catenacciu**.

I casci (les grandes châsses), ce sont les statues ou reliques des saints qui patronnent les oratoires disséminés dans la ville de **Bunifaziu** (Bonifacio). Chaque quartier a sa chapelle et sa confrérie: Sainte-Croix, Saint-Erasme, Saint-Roch, Saint-Dominique et Sainte-Marie-Majeure. Les confréries de **Bunifaziu** représentent chacune un corps de métier (avocats, charpentiers, jardiniers, etc) comme au temps du compagnonnage.

Le vendredi saint, à l'aube, les quartiers de la ville derrière leur confrérie font la visite des reposoirs. A certains points du circuit qui comprend la ville haute et la ville basse s'étalant au pied des falaises, les confréries se croisent, se saluent en silence en faisant toucher leurs bannières puis continuent leur longue marche. A midi, chacune fait son repas rituel au cours duquel on consomme des fèves fraîches et des harengs.

Le vendredi au soir, les confréries sortent les "grandes châsses" (**i casci**) représentant le saint patron de l'oratoire, et malgré le poids considérable, les portent en procession jusqu'à la cathédrale de Sainte-Marie-Majeure. En somme, les **Bunifazinchi** (Bonifaciens) font avec leurs statues d'oratoire la même cérémonie que les **Capicursini** (Cap-Corsins) avec leur **pullezzula**...

Le **catenacciu** (de **catena**, chaîne) est une cérémonie qui se déroule en plusieurs points de l'Ile, le vendredi saint. Le plus célèbre est celui de **Sartè** (Sartène). Il s'agit d'une mise en scène du chemin de croix que le Christ fit pendant sa Passion; on la retrouve dans plusieurs pays méditerranéens, notamment en Espagne où elle est parfois très spectaculaire.

Le **catenacciu** est littéralement "le porteur de chaînes". Il représente le Christ. Habillé et cagoulé de rouge, son identité est strictement secrète; car celui qui a choisi de porter la lourde croix et de traîner les chaînes sur le chemin de la Passion est quelqu'un qui expie une faute grave. Il circule ainsi, pieds nus, dans les rues de la ville, il gravit la colline jusqu'au sanctuaire rural où il s'arrête quelques instants, puis revient jusqu'à l'église, suivi par la foule. Il est entouré de neuf compagnons haibllés et cagoulés de noir, parmi lesquels on reconnaît Simon de Cyrène qui, de temps à autre, l'aide à porter son fardeau ...

Nous retrouvons le **catenacciu** qui, après avoir gravi la colline et être redescendu sur la place de **Sartè** (Sartène), achève son chemin de croix au pied de l'autel. Là, il s'affale sur sa croix dont le sommet est appuyé contre la table de cet autel. Il tourne le dos au public. Les fidèles qui ont suivi la procession défilent maintenant dans le choeur. Ils s'approchent de lui, le touchent, se signent et s'en vont. Dès lors, la cérémonie est terminée pour le public. Mais le **catenacciu** est emmené en secret vers la cellule où, pendant trois jours, il est resté enfermé, dans le silence et le jeûne. Il quittera la ville aussi mystérieusement qu'il y est arrivé... Comme nous avons pu le voir, la semaine sainte, en Corse, est une période d'intense activité religieuse. Une activité qui mêle les traditions chrétiennes et des rites dont le symbolisme se nourrit à des sources plus archaïques.

Fêtes: Noël

Depuis plusieurs jours déjà, on se prépare dans chaque village à célébrer la fête de la Nativité du Christ. A l'église, les femmes et les enfants en particulier ont installé la crèche toute décorée de **caracatu** (houx) et de **vischiu** (gui) qu'ils ont été cueillir dans la nature. Cette tradition se perpétue ainsi depuis des siècles. A différentes époques, les observateurs ont décrit le détail de ces crèches villageoises toujours admirablement réalisées par les mêmes membres de la communauté qui en assument fidèlement la charge.

La nuit du 24 au 25 décembre est marquée par toute une série de rites religieux et profanes qui concernent d'abord la communauté

villageoise dans son ensemble, puis, un an plus tard, le groupe
famiilial. En effet, après la traditionnelle messe nocturne au cours de
laquelle, jadis, les bergers faisaient leurs offrandes, les familles
regagnent leur foyer où un formidable repas de réveillon les attend.
Autrefois, ce repas était toujours précédé de la cérémonie du **cunfocu**
qui consiste à placer dans la cheminée autant de bûches que l'on
compte de personnes dans la famille, vivant sous le même toit.

Ce rituel du **ceppu di Natale** (bûche de Noël) varie selon les
régions, mais dans tous les cas, il s'agit bien de mettre dans le feu
autant de bois, de végétaux ou d'aliments que la famille compte de
membres: "La veille de Noël, on met une grosse bûche au feu et l'on
prépare un bon souper. Au moment de se mettre à table, le père de
famille fait mettre tous ses enfants à genoux autour de la cheminée,
tenant, ainsi que lui, une feuille de laurier. Le père de famille tient
de plus un verre rempli de vin. Lorsque chacun a pris place, il récite
quelques prières. Il ordonne ensuite à ses enfants de jeter leur feuille
de laurier dans le feu, par rang d'âge, en commençant par le plus
jeune. La mère les imite et, après elle, le père y jette aussi à la fois
sa feuille et son vin." (Van Gennep, Manuel de folklore
contemporain)...

Au cours de cette cérémonie, le maître de maison avait soin de
compter et nommer à haute voix tous les siens, sans quoi il risquait
de mettre en péril la vie de celui qui était oublié. Parfois, seuls les
hommes étaient comptés. En d'autres lieux, les plus petites
lorsqu'elles désignaient les femmes ou les filles de la maison. A
l'issue de cette cérémonie familiale, on récitait une prière à haute
voix, adressée aux morts...

C'est aujourd'hui Noël, la fête de la Nativité du Christ à Bethléem
que l'Eglise fixa au 25 décembre à partir du IVème siècle. Cette fête
traditionnelle est marquée par un office religieux particulièrement
solennel, et par des réunions familiales importantes qui commencent
dès la veille au soir.

Malgré l'aspect religieux qui la recouvre depuis des siècles, la
cérémonie du **cunfocu** ... n'en est pas moins la réminiscence d'une
vieille coutume païenne qui remonte à la nuit des temps. Avant la
christianisation, cette période de l'année était en effet marquée par
des feux solsticiaux comme c'était aussi le cas au mois de juin. Les
feux du solstice d'été furent ensuite associés a la fête de la Saint-
Jean, et ceux du solstice d'hiver, à la fête de la Nativité. Ces feux

collectifs en l'honneur du soleil ont ainsi été détournés de leur sens originel au profit des fêtes chrétiennes.

Si les feux de la Saint-Jean ont conservé leur caractère collectif, ceux de Noël se sont peu à peu individualisés: chaque famille se met à faire son propre feu, la nuit de Noël. Puis la coûtume évolua encore, et ce furent les pâtissiers qui la reprirent en fabriquant des "bûches de Noël"; ces gâteaux perpétuent désormais un usage que la vie moderne ne permet plus d'assurer comme hier dans sa forme ancienne, la cheminée familiale ayant perdu la place et la fonction déterminantes qui lui revenaient dans la maison traditionnelle.

On continue néanmoins aujourd'hui, dans certaines localités, à faire des feux collectifs la nuit de Noël sur la place du village. Ainsi, à **Casamacciuli** (Casamaccioli), les enfants vont toujours faire la quête des bûches pour allumer un grand feu le soir de Noël, chaque famille leur donnant le même nombre de bûches qu'elle compte de membres. (Pomponi, F. et al. Corse). A Penta-di-Casinca, on tient encore à ce que le bûcher enflammé le soir de Noël brûle jusqu'au premier janvier, comme le veut la tradition. Car tous ces feux, qu'ils soient individuels ou collectifs, doivent tenir jusqu'à la nouvelle année pour que les êtres vivants, symbolisés par les bûches, soient assurés de bien accomplir ce passage.

Le repas du réveillon et celui du jour de Noël se composent traditionnellement de **sangui natalecci** (boudin de Noël), de cabri ou d'agneau à la broche, ou d'anguilles grillées. Ceux qui mangent du boudin, suite à la tuaison du cochon, se partagent aussi le fameux ventre, cette panse farcie qui fait le régal des connaisseurs. Pour dessert, la maîtresse de maison prépare **a strenna**, le gâteau réservé aux festivités du jour.

-- Tiévant, Claire et Desideri, Lucie, Corse:
Almanach de la mémoire et des coutumes, Albin
Michel, éditeur.

Contes populaires et légendes de Corse

La Destinée

Il était une fois un moine, qui présidait à la naissance des enfants de bonne famille. On l'appelait pour qu'il dise l'avenir d'un nouveau-né. Visitant un ménage ayant vingt ans de mariage sans avoir eu d'enfants, il leur annonça qu'il leur en naîtrait un prochainement.

Le jour de la naissance venu, le moine averti s'empressa de se rendre à cette maison. L'enfant était un garçon qui fut appelé Cyprien. Le moine consulta les astres, et prédit qu'à l'âge de vingt-cinq ans, il tuerait son père et sa mère. La douleur des parents fut grande, ils étaient inconsolables; le curé du village, en homme bien inspiré et très sage, vint les tirer d'inquiétude. Il leur dit: "Elevez votre enfant, en lui donnant la meilleure éducation pour devenir un honnête homme et un bon chrétien; quand il aura vingt ans, éloignez-le de vous, et lorsque le temps de la fatale prédiction sera passé vous le ferez revenir: alors vous n'aurez plus à craindre ces malheurs auxquels je ne crois pas du tout."

Les conseils du curé furent exécutés rigoureusement. Cet enfant devint un homme accompli en tout; son caractère était beau, il adorait ses parents et il aimait le prochain comme il doit être aimé et respecté. Quand il eut vingt ans, ses parents lui dirent: "Cyprien, tu dois te séparer de nous pendant cinq ans, voilà de l'argent, des habits et tout ce qu'il te faut; ne reviens pas ici tant que nous ne t'aurons pas dit de revenir; c'est pour empêcher un grand malheur dans la famille, que ton absence peut seule éviter de s'abattre sur nous; pars, sois toujours honnête et bon, donne-nous de tes nouvelles; nous te donnerons des nôtres, et surtout attends nos ordres avant de revenir ici."

Le garçon partit, le coeur navré de quitter les siens. Il s'en alla dans un autre arrondissement, où il s'acheta une petite maison, et un champ qu'il cultiva lui-même. Un an après il se maria avec une jeune fille qui le rendit heureux, car elle était belle et bonne; elle aimait éperdument son mari, qui le lui rendait. Le jeune ménage fut béni par la naissance de deux enfants qui faisaient leur bonheur, et celui des grands-parents, qui furent bien joyeux en apprenant qu'au lieu d'un fils ils avaient maintenant quatre enfants à aimer.

Cependant les vingt-cinq ans arrivaient. Huit jours avant, les deux pauvres vieux tinrent conseil; ils se dirent qu'ils mettraient au moins dix jours, en marchant à petites journées et à pied, pour arriver chez leurs enfants. Ils partirent; mais le malheur voulut qu'ils arrivassent juste le huitième jour. Cyprien était aux champs, il travaillait lorsque ses parents arrivèrent. La belle-fille les reçut à bras ouverts, elle leur donna à manger et les coucha dans sa chambre pour faire une agréable surprise à son mari quand il rentrerait sur le tard, car il ne revenait qu'à la tombée de la nuit.

Pendant qu'il travaillait, il entendit une voix qui chantait:

> Cibrianu, Cibrianu
> Lu d'amore estadu banu.
> Lu d'amore estadu un fizu,
> La to moglia ha un amazu.

> Cyprien, Cyprien,
> Ton amour a été vain.
> Ton amour a été une figue.
> Ta femme a un ami.

Cette voix et la chanson le poursuivaient partout. Quand il rentra, le soir, la voix chantait encore le long du chemin. Lorsqu'il fut près de la maison, la voix lui dit: "Ta femme est couchée avec l'ami dans ton lit." Cyprien entre directement dans la chambre et va au lit; il touche les deux corps qui reposaient là; il tire son couteau de sa poche, et il s'acharne après eux. Sa femme, entendant du bruit, voit son mari, elle accourt et le calme: "Laissez-les dormir, ils sont fatigués."

Le malheureux reconnaît ses pauvres parents. Hélas, ils étaient morts! Cyprien tombe sur eux; et quand on l'arracha du lit, il était fou. Le moine avait dit vrai, on n'échappe pas à sa destinée.

-- Julie Filippi, <u>Contes populaires et légendes de Corse</u>, éd. Claude Seignolle

Ghjuvanuccu, le rusé voleur

Ghjuvanuccu était un jeune homme qui ne voulait pas travailler. Il vivait avec sa mère et passait son temps à épier tout ce qui se passait autour de lui.

Il y avait devant chez eux une maison où la fiancée disait à son fiancé:

-Demain, je vais te donner quatre-vingts francs pour que tu achètes un **castradu** (*on appelle ainsi un bouc qu'on a castré pour le faire engraisser*), que l'on servira au repas de noces.

Quand Ghjuvanuccu a entendu cela, il a volé un **castradu** dans une bergerie des environs. Il connaissait bien le fiancé, qui était un peu simple. Alors, il prend les devants et descend à Bastia. Là il attend le fiancé sur le bord du chemin.

-Oh bonjour mon ami! lui dit-il en le voyant venir. Etes-vous en voyage de noces?

-Non, pas encore. Je vais acheter un **castradu** pour le repas.

-Tiens! en voilà un qui vient de débarquer du bateau!

Ghjuvanuccu l'avait bel et bien volé, mais cela ne l'a pas empêché de faire voir au fiancé un joli bouc (il n'avait pas pris le plus laid!)

-Combien en voulez-vous? demande le fiancé.

-Quatre-vingts francs.

-Cela va. Je vais prendre ce **castradu**.

-Mettez-le donc sur le dos, et faites le tour de la route.

C'était la nuit. Voilà que le fiancé remonte au village avec le bouc. Ghjuvanuccu arrive, par un raccourci, avant le fiancé, à cent mètres d'un aqueduc. Là, il a laissé tomber le fourreau d'un fleuret, à cinq mètres.

Après cela Ghjuvanuccu se cache dans le maquis, pour voir ce qui va se passer.

Le fiancé arrive, avec le bouc. Il aperçoit quelque chose par terre et regarde. Il a eu peur, mais il n'y avait qu'un fourreau. Le voilà qui pose le bouc à terre, et dit:

-Je vais retourner en arrière, pour voir si je trouverai le fleuret.

Il retourne sur ses pas. Alors, Ghjuvanuccu descend, ramasse le bouc, et se cache dans l'aqueduc avec le bouc.

Le fiancé revient vers l'aqueduc, sans avoir rien trouvé, bien
entendu; et il ne voit plus de bouc (le bouc, lui, ne criait pas, car il
connaissait déjà Ghjuvanuccu).

Quand le fiancé est rentré au village, la fiancée l'a grondé.

-Oh! je le savais d'avance. Tiens! Je te donne encore quatre-
vingts francs: tu descendras demain pour en acheter un autre.

Ghjuvanuccu attendait encore le fiancé sur la route de Bastia:

-Eh bonjour! êtes-vous en voyage de noces, aujourd'hui?

-Oh non! je ne suis pas en voyage de noces. Oh! si vous saviez ce
qui m'est arrivé hier...

-Je vous avais dit de filer tout droit, et de ne vous arrêter nulle
part.

-En tout cas, j'ai perdu le **castradu**...

-J'en ai un autre dans ma bergerie, à peu près pareil. Je vais vous
le faire voir.

-Oh! mais c'est le mien qui est là!

-Oh! le tien? mais celui-là débarque du bateau. Ecoute, prends-le,
mais fais bien attention! file tout droit, et ne t'arrête nulle part!
prends la route comme hier.

Ça fait que le fiancé met le bouc sur le dos et le charge. Pendant
ce temps, Ghjuvanuccu prend un raccourci, et se cache dans le
maquis, pendant la nuit; et là, il fait "bé bé"...

Voilà que le fiancé s'approche; Ghjuvanuccu le voit arriver là-bas,
et l'entend s'écrier:

-Ah! mon bouc d'hier est dans le maquis, là-haut!

Le fiancé monte; alors Ghjuvanuccu redescend, prend le second
bouc, et se cache dans l'aqueduc.

Etonné de ne plus entendre bêler, le fiancé se dit:

-Comment vais-je faire pour rentrer encore ce soir! Voilà ce qui
m'arrive!

Il avait honte d'en parler à sa fiancée; enfin il fallait bien lui
avouer. Elle lui dit:

-Maintenant, écoute. Je te donne encore quatre-vingts francs. Si
pour la troisième fois tu n'arrives pas à ramener un **castradu**, demain
chacun de nous restera chez soi.

Quant à Ghjuvanuccu, il rapportait l'argent à sa mère; il ne voulait
pas travailler, mais il lui disait toujours:

-Ne t'inquiète pas: tu ne manqueras de rien.

Le lendemain matin, en sortant de chez lui, il rencontre le fiancé, qui était désolé. Ghjuvanuccu lui parle encore:

-Qu'y a-t-il?

-Oh! hier soir, je suis arrivé au même endroit où j'avais déposé mon bouc la veille, et j'ai cru le retrouver...

-Tu es un imbécile! il ne fallait pas t'arrêter!

Et le soir, Ghjuvanuccu va encore sur la route de Bastia, où allait passer le fiancé pour la troisième fois. Il le voit arriver ...

-Allons! comment ça se fait-il? tu es marié, maintenant! et te voilà en voyage de noces?

Le fiancé, mécontent, se plaint encore de sa mésaventure.

-S'il ne faut que cela, j'ai encore un troisième bouc (c'était toujours le même!), si tu veux le voir...

Et il mène le fiancé à la bergerie:

-Le voilà!

-Mais c'est le mien!

-Mais non! ils sont tous pareils, ceux du continent.

Pendant que le fiancé s'attardait à regarder le bouc, Ghjuvanuccu arrête un boucher qui passait avec son cabriolet; auparavant, il s'était déguisé en docteur, avec un grand livre, comme ça, et il déclare au boucher (sans se faire voir par le fiancé):

-Tu vas embarquer le bouc dans le cabriolet, et le fiancé, je le ferai marcher à pied, par un raccourci.

Le fiancé arrive avec le bouc, devant le cabriolet; il ne reconnaît pas Ghjuvanuccu dans ce docteur, avec son grand livre, qui lui offre:

-Mettez donc votre bouc dans le cabriolet, cela vous fera moins lourd que de le porter jusque chez vous. Et vous monterez à pied par le raccourci.

Le boucher était d'accord avec Ghjuvanuccu pour partager les quatre-vingts francs (chacun avait quarante francs, c'était beaucoup alors!). On charge le bouc dans le cabriolet, et le fiancé monte par le raccourci.

Arrivé là-haut, il attend sur le bord de la route l'arrivée de son bouc. Mais le cabriolet n'est pas encore arrivé maintenant ...

-Comment faire? se dit le fiancé.

Et il se décide à aller trouver sa fiancée.

-Je le savais, dit-elle. Et maintenant, moi je reste chez moi, et toi, va-t'en chez toi. Il n'est plus question de repas. (Cela faisait la troisième fois qu'il avait perdu quatre-vingts francs...)

-Le mariage est brisé, dit encore la fiancée. Je ne veux plus de toi!

Ghjuvanuccu avait porté l'argent à sa mère; quand l'argent fut
dépensé, il lui dit:

-Il faut que j'aille prendre le coffre dans le château du roi.

Mais autour du château du roi, il y avait des sentinelles;
qu'importe! Ghjuvanuccu monte sur le toit, descend par la cheminée,
dévalise le coffre du roi, mais n'y prend que cinquante mille francs.

-Tu vois, dit-il à sa mère, tout étonnée, j'ai réussi!

Le roi se doutait bien que le voleur était Ghjuvanuccu. Il l'envoie
chercher.

Ghjuvanuccu s'amène tranquillement, et il arrive devant le roi.

-Eh bien! Ghjuvanuccu, n'est-ce pas toi qui as dévalisé mon
coffre?

-Si!

-Pourquoi n'en as-tu pas pris davantage?

-Eh bien! parce que je vais y retourner.

Le roi était assez surpris.

-Alors, quand est-ce que tu veux y retourner?

-Ce soir.

-C'est entendu. Et par où viendras-tu?

-Par la fenêtre. Laissez le volet ouvert.

Le roi avait mis des gardes autour du château, mais ils se sont
endormis. Ghjuvanuccu avait préparé un bonhomme de paille, avec
des bras; il commence à le faire monter jusqu'à la fenêtre; le roi était
prêt, sur le lit, avec un fusil. Voilà Ghjuvanuccu qui se met à faire
descendre et remonter le bonhomme de paille, devant la fenêtre.

Le roi, lui, tire à coups de fusil sur le bonhomme; Ghjuvanuccu
laisse tomber le bonhomme par terre. Et le roi dit à sa femme:

-Maintenant, je l'ai tué! Comme il est absolument défendu à un
roi de tuer un homme, il faut l'enterrer immédiatement.

Le roi part, en caleçon, et appelle un serviteur. Ghjuvanuccu s'est
dérobé. Quand le roi est descendu pour s'occuper de l'enterrement
du bonhomme de paille, Ghjuvanuccu monte, et se fait passer pour le
roi, auprès de la reine.

-Comme il fait froid dehors! dit-il.

Et il embrasse la reine, prend le pantalon du roi, et se sauve.

Selon le pari qu'il avait fait avec le roi, il devait recevoir cent
mille francs. Il arrive chez sa mère en disant:

-Cette fois encore, j'ai réussi.

Pendant ce temps, le roi s'amène chez la reine et lui demande:

-Que se passe-t-il?

-Mais tu m'as embrassée tout à l'heure...

-Ah! ... c'est qu'il m'a encore joué un tour!

Alors, le lendemain matin, le roi se lève; il cherche son pantalon: il n'était plus là.

Voilà qu'il envoie chercher Ghjuvanuccu (toujours aussi tranquille); et Ghjuvanuccu s'en vient devant le roi, et lui rapporte son pantalon.

-Comment as-tu fait?

-Eh bien! je suis monté par les escaliers. Comment voulez-vous qu'on fasse?

Le roi ne s'en tient pas là. Il avait une brigade de gendarmes avec un capitaine pour défendre le château:

-Tu as réussi un coup, puis un deuxième, dit le roi à Ghjuvanuccu; maintenant, il faut que tu en fasses un troisième. Il faut que tu ramènes le cheval du capitaine de gendarmerie.

Ghjuvanuccu a rencontré un moine en route; il lui dit:

-Mon père, je vous donne vingt mille francs, mais il faut que vous me donniez votre habit.

Ce qui fut fait.

Alors, Ghjuvanuccu s'amène chez son parrain qui était pharmacien.

-Donne-moi une bouteille d'**allobiu** (*breuvage pour endormir*).

-Mais tu sais bien que c'est défendu...

Ghjuvanuccu donne trente mille francs au pharmacien, et il a l'**allobiu**; il remplit un tonneau, mais conserve sa gourde de vin pur.

Une fois la bouteille d'**allobiu** mise dans le tonneau, il s'amène devant les gendarmes du roi, qui étaient alertés; ils se tenaient tous à cheval, à faire le guet.

Ghjuvanuccu, habillé en moine, frappe à la porte de la gendarmerie.

-Je demeure au loin, dans un couvent, et suis trop fatigué pour y rentrer ce soir. Pouvez-vous m'héberger?

-Si c'est un moine, faites-le entrer! dit quelqu'un.

-Interdit! s'écrie le capitaine. Ghjuvanuccu s'est vanté d'entrer ici, pour prendre mon cheval.

-Eh! je le verrai bien, alors! Je ne le laisserai pas entrer.

Ghjuvanuccu, qui avait aussi acheté une corde de quinze à vingt mètres de long, se met à manger tranquillement. Les gendarmes, et le capitaine avaient vu le tonneau (qu'il devait soi-disant apporter à

son couvent), tandis que le moine buvait à la gourde. Alors,
Ghjuvanuccu dit au capitaine:

-Descendez donc boire un verre de vin!

-C'est défendu, répond le capitaine; Ghjuvanuccu pourrait venir ...

Le moine reprend:

-C'est vite fait. Allez!

Le capitaine donne l'ordre; et l'un après l'autre, les gendarmes
descendent boire un coup; et ils ne tardent pas à s'endormir.

Ghjuvanuccu a placé la corde le long des chevaux; il enlève
chaque selle, avec les gendarmes assis dessus, et les met à cheval sur
la corde, qui était très grosse: toutes, sauf celle du capitaine.

Et puis il laisse là son tonneau, et prend le cheval du capitaine.

Le voilà qui arrive chez le roi. Cette fois, le pari devait lui
rapporter deux cent mille francs.

Lorsque le roi vient, il est entré en colère en voyant les gendarmes
et le capitaine à cheval sur une corde ... Ils commençaient justement
à se réveiller ... Tous ont été renvoyés par le roi.

Le roi n'avait pas attrapé Ghjuvanuccu; alors qu'est-ce qu'il a fait?
Il a fait annoncer ceci:

-A tous les bouchers, ordre de vendre la viande vingt-cinq mille
francs la livre.

Personne ne pouvait acheter à ce prix-là.

La vieille mère de Ghjuvannucu voulait faire un bouillon; elle
revient chez elle en disant à son fils:

-La viande est trop chère.

-Ne t'en fais pas! dit-il.

Et il achète pour cinquante mille francs de viande.

La police le remarque, elle avait reçu des ordres du roi; on le suit;
pendant la tombée de la nuit, la police prend un pot d'eau chaude
rouge, et fait une croix sur sa porte.

Mais Ghjuvanuccu s'en va, prend un pot et un pinceau, et fait la
même croix sur les autres portes du village.

Le matin, la police cherche à trouver sa porte pour venir l'arrêter,
mais ne peut y parvenir.

Ça fait que Ghjuvanuccu maintenant a tout gagné; il est libre, mais le roi, lui, se l'est tenu pour dit.

> Conté en français en mars 1959 par M. François
> Santini, facteur retraité, 63 ans, natif d'Olcani,
> canton de Nonza, Cap Corse, <u>Contes populaires et</u>
> <u>légendes de Corse</u>, éd. C. Seignolle

La Musique

On peut répartir les diverses formes de la musique vocale à la fois selon leur structure et les circonstances pour lesquelles on les emploie. Certaines formes se chantent en solo quoique la notion de soliste soit particulière dans la tradition musicale insulaire. Celui qui chante n'est jamais seul et moins encore prépondérant, soit parce qu'il est souvent relayé par d'autres solistes soit parce qu'il exprime toujours par son chant la présence effective des autres participants. C'est à la fois "le porte-parole" et le "guide-chant" de la collectivité.

Ces formes sont la **nanna** (berceuse), le **voceru** (déploration mortuaire) et le **lamentu** (complainte). C'est l'apanage des femmes en Corse de célébrer par le premier chant le sommeil de l'enfance et par le second celui de la mort. La **nanna di u Cuscioni** fameuse dans l'île réunit les souhaits d'avenir d'une grand-mère par une mélodie où alternent l'incantation religieuse et l'allégresse dansante. Les **voceri** très nombreux permettent difficilement de séparer le rythme du sanglot. La pleureuse, assise ou accroupie, balance son corps d'arrière en avant ou latéralement, les bras levés ou les coudes au corps dans une attitude de prière. Un véritable état de possession accompagne souvent ce rituel vocal. La mélodie en est simple, répétitive et le rythme saccadé, parfois violent. Le mot **ballata** définit cette déploration dans le sud de l'île, cela en prouve l'origine dansée.

Le **lamentu** est, ou bien une plainte amoureuse pleine de tendre délicatesse à l'occasion d'un départ momentané ("lettera d'amore du Vizzanèse" et "Bartulumea" du Niolu abandonnée à cause de la transhumance ...) ou une plainte déchirante déplorant l'absence définitive du disparu de mort naturelle. D'autres formes sont de véritables duos: **chjam e rispondi; cuntrastu** dont l'origine est à rechercher dans les usages antiques qu'a célébrés Virgile: concours improvisés de virtuosité vocale et d'invention poétique.

Certaines formes enfin sont polyphoniques mais authentiquement populaires. La **paghjella** est un morceau à trois ou quatre voix masculines, dont la mélodie (en plein chant, de mode dorien mineur, dont l'accord final sur la tonique est majeur) se décompose en trois parties: **a prima**: celle qui commence et donne le ton, **u boldu**: la basse qui la soutient et suit ses variations et **a terza**: la tierce en voix de haute-contre, à la ligne mélodique indépendante, aux intervalles en quart de ton, qui s'appuie sur les deux autres pour tracer ses arabesques sonores. Les origines les plus diverses et les plus inattendues ont été attribuées à la **paghjella**; il n'en demeure pas moins qu'une étroite parenté de melodie de rythme et d'interprétation avec les choeurs populaires ligures et berbères, avec la musique liturgique copte permet de lui attribuer une origine pré-grégorienne qui ne renie pas cependant l'influence du madrigal italien. Il faut enfin parler du **sirinatu** (la sérénade) qui est plus une coutume qu'une forme musicale - choeur ou solo - hommage vocal et instrumental souvent collectif, à une jeune fille ou une épousée.

L'hymne national corse: "Diu vi salvi Regina", composé au début du XVIIIème siècle est encore aujourd'hui chanté avec ferveur en toute circonstance solennelle. A la quasi-exception de ce dernier le chant corse est improvisé sur un thème musical: **u versu**, qui se transmet oralement: cela permet une grande liberté d'interprétation. Des innombrables variations possibles sur ce thème musical laissent à l'art vocal et instrumental en Corse une large part à la virtuosité du chanteur ou de l'exécutant. On retrouve cependant des procédés constants dans cette improvisation "pré-structurée": le goût des tessitures haut-placées, du vibrato largement employé, l'usage, analogue à celui de la musique arabe, des modulations vocales rapides et l'assourdissement des sons par la bouche fermée en finale.

De nombreux instruments peuvent soit accompagner la voix soit jouer seuls (**a sunata**); les instruments à vent comprennent différentes formes de flûtes: **a ciallamela**, de roseau, courte; **u fiscarolu**, de bois et plus long; **a zampugna**, flûte de Pan de roseaux; une sorte de haut-bois d'écorce roulée et chevillée; **a caramusa**, petite cornemuse en peau de chèvre; et un grand nombre de sifflets (**un fischju**) d'écorce, d'herbe ou de terre cuite.

Si la guitare n'est d'un usage courant que depuis la fin du XIXème siècle, **a cetera**, sorte de cythare à sept cordes et de forme apparentée à celle du **bouzouki** grec, était l'instrument obligé des complaintes et des **sirinati**; **a currente** est une forme typique d'accompagnement instrumental en Corse. C'est une sorte de contrepoint à motif répété sur un rythme très rapide soit au violon soit à la **cetera**, qui soutient la mélodie...

Les Danses

Les danses en Corse se répartissent en danses de groupe, circulaires ou en file, et danses par couples, les premières étant plus anciennes que les secondes.

Les danses circulaires sont en général d'origine religieuse. Ce sont des rondes ou des **tarantelle**. Celle-ci est, contrairement à son pays d'origine, l'Italie, liée en Corse aux cultes agraires. Ses pas martellent le sol fécond pendant que les danseurs, les bras levés, tournent rapidement. La "Zilimbrina" (ou "Zalambrina") et "l'Imbasciadori" sont aussi des rondes à rythme de tarantelle. Elles rappellent les rites d'union primitifs "Aliscia, aliscia, ô Zilimbrina; chi ti vulemu marità" et de détournement du mauvais oeil. Un homme travesti mime l'épousée pour attirer sur sa trompeuse apparence les malédictions et la stérilité. Ces deux danses devenues profanes se faisaient aux noces et au Carnaval, mêlant hommes et femmes. A l'origine, la communauté formant un cercle tourné vers l'intérieur s'isolait du monde et retrouvait son unité pour célébrer les rites nécessaires à la sauvegarde de sa fécondité.

La "Manférina" est aussi une danse mixte et sans doute venue des cultes solaires, sa chorégraphie évoquant par ses tours et ses voltes les mouvements planétaires.

La "Moresca" est, elle, exclusivement masculine. C'est l'intermède dansé d'une véritable reconstitution de bataille commémorant la victoire des Corses sur les envahisseurs barbaresques. Cette danse, qui s'exécute avec des épées ou des bâtons est commune à bien des rivages méditerranéens. Elle regroupe les danseurs sur deux cercles concentriques costumés en Maures avec turban blanc, cape jaune brodée et masque de cuir, et en "Cristiani", cape bleue à croix blanche et cuirasse dorée, en cuir bouilli. La mélodie s'en joue à la caramusa, au violon et sur le hautbois, le rythme à deux temps scandé par les **chjoche** (castagnettes plates en bois de châtaignier) et les mains. Cette danse fait son apparition à la fin du Moyen Age. En Corse elle n'est pas seulement une parodie ou une réjouissance chorégraphique, elle devient l'occasion de célébrer les vertus guerrières et le pouvoir de résistance de la Nation.

D'autres danses sont spiralaires. Elles sont mixtes, comme le **saltarellu**. C'est sans conteste la danse la plus ancienne, d'origine étrusque (analogue à la danse des prêtres saliens de Rome, c'était au début une danse guerrière ou chasseresse). Elle se compose de trois principales figures où les danseurs alternent en se donnant la main puis pirouettent, forment des entrelacs et sautent sur un rythme saccadé, très rapide, à quatre temps.

Le **caracollu** est aussi, comme semble l'indiquer son nom, une danse spiralaire, mais exclusivement féminine. C'est la danse des funérailles. Les danseuses vêtues de la **faldetta**, se tiennent par la main, formant une chaîne ouverte, et tournent très rapidement autour du cadavre à petits pas. Celle qui mène la danse se retourne lorsqu'elle le rejoint et reforme la spirale en sens inverse. Cette danse sans accompagnement musical débute toujours par un cri perçant sur deux notes. Le tourbillon que forment les danseuses est symbolique: la femme, source féconde, en qui est le pouvoir de donner la vie et dont la communauté en cercle reconstitue la matrice, appelle le mort à une seconde vie. La spirale qui dessine ce mouvement évoque, elle, le long dédale des séjours infernaux où l'on doit guider le mort pour qu'à la fin de la danse, le cercle rétabli et tourné vers l'extérieur, la lumière éternelle l'environne. Il faut rapprocher ces danses spiralaires des processions liturgiques qui ont lieu pour les fêtes de Pâques. ("Cerca" :la Recherche de la lumière), "Granitula", du nom d'un coquillage spiraliforme)...

-- Rennie Pecqueux-Barboni, "La Musique", "Les Danses", <u>Corse</u>, éd. Christine Bonneton

LES BASQUES

Le Pays Basque Français: Introduction

The Basque people have reason to be proud of their antiquity. Jesus Altuna, professor of biology at the Universidad del País Vasco, connects the Basques of today with Cro-Magnon man, tracing a direct line of descent through the intermediary stages of Urtiaga man and representative skulls from the Azilian culture in Basque country. Thus, as Altuna points out: "La race basque... ne s'est pas formée ailleurs, arrivant par immigration au Pays où elle vit aujourd'hui, mais elle s'est formée dans le Pays Basque même..." The distinct racial identity of the Basques is confirmed by numerous physiological studies of European peoples. As Altuna says, the Basques are "la population la moins hybride de l'Europe".

The Basques had long been established in the Pyrenees region by the time Indo-Europeans arrived there, around 2000 B.C. Along with the early Indo-Europeans, they developed a civilization characterized by megalithic tombs, pottery and the use of metals. They remained a somewhat nomadic race of sheepherders. At the time of the Roman conquest, the peoples of Aquitaine and the northern Iberian peninsula had formed a culture distinct from that of the Iberians and Celtiberians of the rest of Spain.

The Romanization of the peoples of this area was rapid, but a small core of tribes did not welcome even partial colonization. The Romans called these tribes the Vascones, deriving the name from their mispronunciation, *wask*, of the root of tribes' name for themselves and their language, *eusk*. The Basques did not fiercely resist Roman domination, but Roman occupation of their territories was very limited, especially in what is now French Pays Basque. The early Christianization of the area did not extend beyond Lapurdum (modern Bayonne), which at the time was not occupied by Basques but by a Celtiberian people, the Tarbelli.

Between the fall of the Roman empire and the year 1000, the Basques had to contend with the invasions of the Visigoths, and the feudal sovereignty of the Merovingians and Carolingians, who sent a number of punitive expeditions to the Basque region to force the Basques, their recalcitrant vassals, to swear fealty and pay tribute. None of these expeditions was an unqualified success, although the Merovingian king Dagobert did succeed in defeating a Basque army and obtaining a temporary oath of fealty from the Basque chiefs.

The Basque role in the best-known historical event in the France of the Dark Ages was completely eliminated in later accounts and is not widely known even today. In 778, Charlemagne invaded Spain during a campaign against the Moors and destroyed the walls of the city of Pamplona in passing. The same year the Basques took their revenge, attacking the rear guard of the Frankish army on its return to France through the Ports of Cize. Several important Frankish leaders were killed, including Roland, count of the March of Brittany. In the early Anglo-Norman epic Chanson de Roland and the many other legendary versions of the battle of Roncevaux, the Basques are transformed into Saracens, and the battle becomes a prototype of the Crusades.

The Arab invasions of France had little or no impact on the French Pays Basque. The Normans, who subjected the area to constant attack and pillaging between 844 and 982, are credited with fragmenting the structure of Basque society to such an extent that it was finally possible for Christianity to take root among the Basques and also with having provided the inspiration and know-how for Basque mariners.

The three provinces of French Pays Basque have somewhat different histories during the Middle Ages and even until the Revolution. Labourd depended sometimes on the kingdom of Navarre, sometimes on the Duchy of Gascony, and was finally annexed to France in 1430. Soule fluctuated between dependency on the Duchy of Gascony, the Vicomté of Béarn and the kingdom of Navarre. Navarre itself was an independent kingdom from the thirteenth century but, as a result of a war of succession, was divided in 1530 into Alta Navarra, now part of Spain, and Basse Navarre. Basse Navarre became joined with France when Henry of Navarre became king of France in 1589, and the inhabitants abandoned all claims to a separate identity during the French Revolution.

During the Middle Ages, the three French Basque provinces, like Brittany and most of Occitania, were free of the institution of serfdom and all lands were free. The aristocracy of the Pays Basque, at first very powerful, had only a very limited role in the political life of the area by the end of the Middle Ages. Many Basque towns had purchased fishing and hunting rights, as well as the right to construct and operate grain mills, from local aristocrats. In Labourd and Soule, which were for three centuries under the rule of England, the English kings forced barons and viscounts to give up their rights to the public

domain. The public assemblies of heads of households which
characterized local political life until the French Revolution were the
chief means of administration under the English kings, who were
represented at their deliberations by civil servants who usually let the
Basques do as they saw fit. (See Maïté Lafourcade's article on p. 360
for a discussion of the unique popular assemblies of the Basque
provinces.)

Christianity was firmly implanted in the Pays Basque by the
eleventh century and the great pilgrimages to Compostela passed
through Basque provinces. Romanesque architecture is represented in
the French Pays Basque by the abbey of Sainte-Engrâce in Soule and
the Hôpital Saint-Blaise, also in Soule, near the borders of Béarn.
The great Gothic cathedral of Bayonne was begun in the thirteenth
century and completed, for the most part, by the sixteenth. The
steeples were not built until 1880.

The French Pays Basque was spared most of the destruction and
bloodshed that accompanied the Hundred Years War. Strained
relations between French Basque mariners and their counterparts in
Spain culminated in the burning of St. Jean-de-Luz by a mob of
Guipuzcoans in 1419, in an act of violence which had nothing to do
with the war. Tensions also rose between the inhabitants of Bayonne,
who had been given a monopoly on trade by the English rulers, and
Basque smugglers from the hinterland, and violence occasionally
broke out, notably in 1343-44.

At the end of the Hundred Years War, the people of Soule
accepted French sovereignty peacefully, but the inhabitants of
Labourd, and particularly the citizens of Bayonne, continued to resist
until the last possible moment. Troops holding the Place de Bayonne
finally agreed to negotiate a surrender. The day before the entry of
the conquerors into the city, the people of Bayonne saw in the sky a
cloud formation in the shape of a white cross surmounted by a
crown. As they watched the cross changed in shape to form a **fleur
de lys.** The belief that heaven had pronounced itself on the side of
the French king helped the people of Bayonne to resign themselves
to their new status as subjects of the king of France. Charles VII also
began the work of winning their loyalty by softening the terms of
surrender and allowing them most of their municipal franchises.

The first two centuries of French rule were dominated by the
rivalry between France and Spain. Bayonne became less important as
a commercial port while its military importance grew. The armorers

of the city invented the bayonet. The Reformation was especially influential in Soule and Basse Navarre, and the first translation of the Bible into Basque (1571) dates from this period. Jeanne d'Albret, queen of Navarre, tried to convert her kingdom to the reformed religion by force, and successfully repulsed invasions by French troops seeking to re-establish Catholicism. At the death of Jeanne and the accession of her son Henry (later Henry IV of France), a policy of tolerance replaced that of enforced conversion.

The Jansenist movement was also very strong in the French Pays Basque. Jansenius spent two years at Bayonne as principal of the Collège de Bayonne, and his austere doctrine concerning divine grace was widely accepted among Basque clergy. Jesuits, on the other hand, were driven out by mob riots.

The Treaty of the Pyrenees, signed in 1659 in the French Pays Basque, guaranteed peace between France and Spain, a peace cemented by the marriage of Louis XIV and the infanta Maria Teresa a year later. Despite the peace treaty, Louis XIV devoted some attention to fortifying several cities in the Pays Basque, especially Bayonne, Socoa, Hendaye and St. Jean Pied de Port, all of which were renovated by Vauban.

During the seventeenth and eighteenth centuries, the bustling activity of the ports of Bayonne and St. Jean-de-Luz began to wind down. The silting of the mouth of the Nivelle river made St. Jean-de-Luz inaccessible as a port. At Bayonne, as whales grew more rare, mariners shifted from whale hunting to cod fishing and even, during the eighteenth century, to the slave trade. From the time of Louis XIV until the early nineteenth century, corsairs were active in the ports of the Pays Basque.

By the end of the eighteenth century, the French Pays Basque was enjoying what Veyrin has called "a reasonable prosperity". Two thirds of the rural houses in the area were rebuilt during that period and primary schools and some secondary schools were established. Even girls had access to a form of higher education, the **pensionnat**.

The middle of the eighteenth century saw, in the Pays Basque as well as in other French provinces, a revival of feudalism, as the aristocracy attempted to regain prerogatives and privileges that had been slowly eroding. Even in the Pays Basque, where the nobility had comparatively little prestige and power, lawsuits concerning their "marques de respect" sprang up frequently, sometimes resulting in violence. Most of all, the financial policies of the **ancien régime** had brought about the economic ruin of many Basque communities, especially the coastal parishes of Labourd which were already in dire straits because of the decline of the fishing industry. In particular, the sale of newly-created administrative positions, the monarchy's chief source of revenue, had caused the Basque provinces, like many others, to accumulate huge debts. By 1789 the population of the Basque provinces, although more conservative than most French, was ready for a measure of political change. The change which they sought, was greater local autonomy and privileges, the royal **intendants** having gradually taken over more and more of provincial administration.

The change which they obtained, however, was the exact opposite. On the night of August 4, the Basque deputies to the Assemblée Constituante voted for article 10 of the new constitution, abolishing not only the privileges of the aristocracy and clergy, but also those of provinces, principalities, **cantons**, cities and communities, financial privileges and others. The Garat brothers, the most distinguished Basque deputies at the Assemblée, later tried to make amends by proposing the creation of an entirely Basque département in the new administrative structure of the nation, but without success. The Basques lost their special political identity and much of their local autonomy.

The Basque country was spared most of the excesses of the Reign of Terror. Guillotines were set up in Bayonne and St.-Jean-de-Luz; the Bayonne guillotine claimed sixty victims. The nearby Spanish Basque country provided a refuge for priests who refused to take the oath of the **Constitution civile du clergé**. The moderation of the revolutionary governors of Soule and Navarre may have been due to the enthusiasm with which the citizens of these provinces defended the border against attack from Spain. In particular the volunteer corps of Chasseurs Basques successfully held off Spanish attacks until the army of the Pyrenees was ready to take on the much larger Spanish army on its own soil.

During the nineteenth century the Basques were for the most part loyal citizens of France, but took very little interest in political matters, adapting without protest but without enthusiasm to the bewildering series of changes of government which characterized nineteenth-century France. During the Second Empire, the Spanish-born Empress Eugénie, finding resemblances to her homeland in Biarritz and the Côte Basque, began a custom of vacationing in the area which European aristocrats and exiled kings were quick to follow. From that time to the present, Biarritz has been a tourist's mecca.

Great changes began in the French Basque country during the First World War. Basque volunteers were scattered among different regiments and came in contact with compatriots from all corners of France. Their sense of belonging to France was strengthened as they shared the sufferings of war with their comrades in arms, and the Basque contribution to the survival of the nation is attested by the long lists of war dead on the monuments in every Basque village.

Events in Spanish Basque country began to influence French Basques at about this time. The Partido Nacionalista Vasco in Spain, founded by Sabino Arana Goiri, attracted more and more members, and the end of the dictatorship of Primo de Rivera and the proclamation of the Spanish republic were greeted with enthusiasm by Spanish Basques in general. Internal autonomy was granted to Catalonia in 1932 and to Euskadi in 1936, when the Civil War was already in progress. The Basques of Euskadi rallied to the Loyalists, but within a year the area had fallen to Franco's forces, after the bombardment of Gernika, the fall of Bilbao and a heroic last stand of the Basque *gudari* (combatants).

Beginning in July 1936, a stream of Spanish Basque refugees poured into French Basque country. For French Basques, these refugees offered something of a paradox, a belief that loyalty to Christian principles did not exclude participation in a leftist government. The traditionally conservative French Basques, who had recently voted against the leftist Front Populaire government in their own elections in 1936, were slow to welcome the refugees. Solidarity between the two groups increased during the Second World War, when Spanish refugees participated courageously in the Résistance alongside the French Basques.

Armed resistance to the Franco regime in Spain began in 1959, with the formation of E.T.A. (*Euskadi ta azkatasuna* - Pays basque et liberté). For French Basques, this national liberation movement heralded the next wave of political refugees from across the border, and the creation of the French Basque journal Enbata, organ of an equally new Basque nationalist and European federalist party, which affirmed from the beginning the identity of the Basques as a people, their right to unity and to self-determination. Other organizations have joined <u>Enbata</u> in seeking autonomy for the people of French Basque country and possible unification with the Basques of Spain. Although their success in local elections is limited (5-6% of the vote as recently as 1988) they have tremendous influence on the younger voters.

Since the death of Franco in 1975 and the granting of a large measure of autonomy to the Basque provinces of Spain, contacts and exchanges between Basques on the two sides of the Pyrenees have multiplied. The *ikastola*, combined preschools and primary schools where the language of instruction is Basque, have made encouraging progress in Spain, where the number of speakers of Basque has increased by 3% between 1983 and 1988, and are holding their own in France.

Although modern technology has brought many changes to the Basque way of life, the Basque people still have a strong sense of their own identity. They hope that an increasingly unified Europe will help break down the nationalist barriers which have prevented full development of Basque society and culture and bring about a new renaissance for Europe's ethnic populations.

Nef d'une église basque traditionelle,
entourée de trois étages de galeries

Danse basque

Interview avec M. Jean Haritschelar

The following interview was conducted in Bayonne on June 29, 1983. M. Jean Haritschelar is Professor of Basque Language and Literature at the University of Bordeaux and Director of the Musée Basque in Bayonne. His description of Basque literature and French translations of the poems of Pierre Topet Etchahun are also included in this section of the anthology.

AG: Est-ce que les chaînes privées en langue minoritaire sont quand même autorisées par le gouvernement ou permises par le gouvernement?

JH: Oui, elles viennent d'être autorisées il n'y a pas si longtemps que ça. C'est à dire qu'elles ont reçu un avis favorable d'une première instance. Elles n'ont pas encore reçu l'autorisation officielle. Mais on considère que l'autorisation officielle est pratiquement donnée, dans la mesure où a été reçu l'avis favorable de la commission. Mais pour le moment elles ne touchent pas de subvention.

AG: Mais il est possible qu'elles en touchent plus tard.

JH: Il est possible qu'elles en touchent, on ne sait pas combien, d'ailleurs.

AG: C'est un des actes qui tardent à venir.

JH: Oui, de même qu'il y a d'autres qui tardent, dans la mesure où on n'accorde pas à la langue basque toutes les possibilités qu'elle pourrait avoir dans l'enseignement. Là encore, il y a le service public pour lequel, à l'école primaire, dans les maternelles, il existe la possibilité d'avoir trois heures d'enseignement par semaine, trois heures sur vingt-sept, et que pour cela il y a un corps d'itinérants, c'est-à-dire des gens qui vont de classe en classe, pour enseigner le basque. Or, ce corps d'itinérants qui était de dix en 1981 est passé à 24, c'est-à-dire qu'il y a quand même un effort qui a été fait; il est possible qu'il passe en octobre prochain à cinq de plus, c'est-à-dire à 29.

Je dis qu'il est possible, parce que cela, on n'en sait rien encore.
Dans l'enseignement de second degré le basque est admis comme
deuxième langue, mais là encore, l'effort suffisant n'a pas encore été
fait. Quand à l'enseignement supérieur, celui que je considère comme
étant capital, puisque c'est lui qui forme les enseignants, certes il y a
une chaire de langue et de littérature basques à l'université de
Bordeaux, et c'est moi qui l'occupe, mais nous avons plusieurs fois
réclamé un cursus complet pour le basque, c'est-à-dire un D.E.U.G.
(Diplôme d'Etudes Universitaires Générales), et ensuite une licence et
une maîtrise de basque. Malheureusement, même si la maquette que
je présentais au C.N.S.E.R. a eu l'accord de la Commission Lettres et
Arts, et ensuite celui du C.N.S.E.R., qui est un organisme officiel, le
Ministre n'a pas donné l'habilitation.

Actuellement ils sont en train de renouveler l'habilitation pour ce
qu'ils appellent eux-mêmes un module de troisième année, qui
correspond, par rapport à la maquette que j'ai faite, à 175 heures
d'enseignement annuelles. Mais je considère que c'est un ersatz, je
considère que ce n'est pas avec ça que l'on formera les professeurs.
Et par conséquent, là aussi je dis que les actes tardent à venir.

AG: Oui. C'est déjà mieux, comme on voit, mais...

JH: Il y a une évolution qui s'est faite. Il faut reconnaître, le
gouvernement de la gauche a effectivement promu quelque peu la
langue basque et puis les autres langues de l'Hexagone, c'est certain.
Mais c'est totalement insuffisant. Alors je voudrais dire que
parallèlement, il existe aussi un enseignement que l'on pourrait
qualifier de privé, et qui est le système des *ikastola*.

AG: Ah, c'est ça! Je me suis demandé ce que c'étaient que les
ikastola.

JH: Le système des *ikastola,* ce sont des parents qui se sont créés des
lieux et qui se sont groupés autour d'une association qui s'appelle
l'association Seaska. *Seaska,* en basque, veut dire le berceau. Et ils
ont commencé à partir de 1969, c'est-à-dire maintenant 14 ans, ils
ont commencé un enseignement parallèle, privé par conséquent, qui a
débuté par les maternelles. C'est pour ça que ça s'est appelé Seaska,
le berceau. Mais petit à petit, ils sont allés plus loin. Des maternelles

ils sont passés à l'enseignement de premier degré, et même ils sont passés au premier cycle du second degré. Ils en sont actuellement au niveau de la quatrième. Il faut dire qu'il y a environ 650 enfants qui suivent l'enseignement donné par les *ikastola*. L'originalité des *ikastola* c'est que l'enseignement est donné en basque.

AG: L'enseignement de toute matière?

JH: De toute matière.

AG: Elles remplacent complètement les écoles d'Etat.

JH: C'est ça. Autrement dit, la langue basque est l'objet d'enseignement mais elle est en même temps moyen d'enseignement, ce qui est, évidemment, du point de vue réel, et du point de vue idéologique, c'est une avancée extraordinaire. L'égalité des chances ce n'est pas de faire de la langue basque un objet d'enseignement; c'est de placer la langue basque au même titre que le français, comme moyen d'enseignement.

AG: Oui. Ça permet en même temps d'enrichir la langue basque, comme c'est un moyen d'expression technique, scientifique aussi, et de la mettre au pas avec toutes les autres langues du vingtième siècle. C'est la mettre au vingtième siècle.

JH: C'est ça, c'est la promouvoir et en faire un instrument de culture. Je crois que de ce point de vue-là, les idéaux, les buts recherchés sont très nets et très nettement établis. C'est une promotion de la langue basque, pour que la langue basque soit authentiquement à la fois langue d'enseignement et aussi langue de culture.

AG: Alors j'ai une autre question que je voudrais poser à propos de la politique. J'ai appris qu'il y a en France maintenant des assemblées régionales. C'est quelque chose qui a été mis en valeur par le gouvernement de Mauroy, bien qu'elles aient été créées en principe avant. Est-ce qu'il y a une assemblée régionale pour le Pays Basque?

JH: Non, il n'y a pas d'assemblée régionale pour le Pays Basque. Il y a une assemblée régionale pour l'Aquitaine. Il faut bien dire que le Pays Basque de France représente les deux cinquièmes du département des Pyrénées Atlantiques. Or, dans la région Aquitaine, il y a cinq départements. Il y a la Gironde, il y a ensuite en deuxième lieu les Pyrénées Atlantiques, ensuite il y a la Dordogne, les Landes et le Lot-et-Garonne. Voilà les cinq départements. Dans la région Aquitaine, le Pays Basque représente donc les deux vingt-cinquièmes de la région. Alors, ce que nous avons demandé aussi c'est que soit accepté (et M. Mitterrand l'avait placé dans son programme électoral) un département Pays Basque. C'est-à-dire faire scission dans le département des Pyrénées Atlantiques et avoir un département Pays Basque. Car le Pays Basque de France n'a pas d'existence administrative. Il n'est qu'une partie du département des Pyrénées Atlantiques, et même, certains, demandent que ce futur département-Pays Basque soit aussi en même temps une région.

Car en fait, lorsqu'on regarde ce qui a été fait pour la Corse, qui a un statut particulier, et qui est une région, comprenant deux départements, parce que le régime antérieur avait décidé qu'on diviserait la Corse en deux, avec la Corse du Sud et la Haute-Corse. Je pense que c'était "diviser pour mieux régner". Mais quand on regarde les deux départements de la Corse, qui forment toute la région, ils ont certes pour eux l'insularité, le fait qu'ils sont une île, et par conséquent ils peuvent représenter une entité. Mais c'est une entité de deux cent vingt mille habitants. Or, le département Pays Basque, s'il était constitué, lui tout seul représenterait deux cent trente mille habitants. Par conséquent je ne vois pas pourquoi il ne pourrait pas y avoir aussi un département Pays Basque et même doté des attributs d'une région avec la nouvelle loi, qui n'est pas encore entièrement en application, parce que les décrets ne sont pas sortis, mais qui a été votée, aura un certain nombre de pouvoirs, et en particulier en matière linguistique et culturelle.

Alors je crois que de ce point de vue-là, nous sommes les déshérités, nous sommes les désavantagés. Pourquoi? Parce que l'Alsace, qui forme deux départements, forme une région. La Bretagne, où il y a cinq départements, il y en a quatre d'entre eux qui forment une région et puis il y a la Loire Atlantique avec Nantes qui est dans une autre région. Ce que les Bretons demandent c'est que ce soient les cinq départements qui forment effectivement une région. Il y a la Corse qui est une région, il y a l'Occitanie, mais l'Occitanie est très vaste, elle représente trente et un départements, et par conséquent elle est divisée en un certain nombre de régions. Mais ces régions sont finalement quand même homogènes.

AG: Les régions respectent la culture de l'Occitanie, les frontières culturelles, si on peut les définir.

JH: Finalement, il ne reste plus que le Pays Basque. Le Pays Basque n'est même pas un département; le Pays Basque n'est pas une région, le Pays Basque, il est tout seul dans son petit coin. Et il se trouve quand même, que même s'il est tout seul dans son petit coin, il a une langue qui est certainement la plus ancienne de l'Europe occidentale, dans la mesure où les Basques se trouvaient déjà là où ils sont au moment où les Romains sont arrivés, c'est-à-dire 200 ans avant Jésus-Christ. Par conséquent cela représente plus de deux mille ans. Or, les auteurs latins ont bien remarqué que les Basques existaient; en fait les Basques sont là depuis la préhistoire, cela ne fait aucun doute.

Et nous ne sommes pas venus d'ailleurs. Nous étions ici, et c'est ici que nos ancêtres ont élaboré, cette langue originale, qui était certainement apparentée à d'autres langues, en particulier celles qui se parlaient dans l'Aquitaine, avec la seule différence que nous, nous avons gardé cette langue, et que tous les autres peuples ont perdu la leur au profit du latin.

Ce latin a donné diverses langues, certaines de très grande culture, comme le français et l'espagnol, d'autres de moins grande culture, comme l'occitan et le catalan, parce que ni l'Occitanie ni la Catalogne n'a jamais été un état...S'ils avaient été des états, peut-être que les choses auraient été tout à fait différentes. L'espagnol par le castillan s'est imposé en Espagne et est devenu ensuite l'espagnol, il s'est imposé d'abord par les armes, avec la conquête qui a été faite, imposé aussi par sa valeur créatrice, pour devenir une langue de grande civilisation et une langue très répandue dans le monde aussi. D'autre part, en France, il se trouve que *oïl* l'a emporté sur *oc* et que par conséquent le français s'est imposé aussi et par les armes et ensuite par l'excellence et la richesse à la fois du langage, de la littérature, de la civilisation, et ça nul ne saurait le nier.

En ce qui concerne l'enseignement du basque; en bref, ils ont donné une licence et une maîtrise au breton. Ils ont donné le

D.E.U.G. au catalan. François Mitterrand, lorsqu'il est allé en Corse dernièrement, a remporté avec lui le D.E.U.G. de corse, comme cadeau. Il n'y a que nous qui sommes à l'écart. Nous sommes les oubliés. Et je crois que c'est une image très fausse des Basques qui est donnée, et qui se trouve là-haut dans les différents ministères. Nous faisons peur. Je suis persuadé de cela, tout simplement d'ailleurs, parce que de l'autre côté de la frontière, le peuple basque est extrêmement vigoureux, et j'ai l'impression qu'il y a une sorte de peur. En plus le peuple basque de l'autre côté représente quand même deux millions cinq cent mille habitants, même si tous ne parlent pas basque. Ici nous sommes deux cent trente mille et tous ne sont pas bascophones. Autrement dit il y a un rapport de un à douze, et par conséquent on a peur en haut lieu - et c'est une erreur politique - d'une possible sécession, on a peur d'un séparatisme.

Il y a en France des erreurs qui sont commises sur le plan du lexique. Parlez d'autonomisme en France, et immédiatement on voit séparatisme. C'est-à-dire que c'est le procès d'intention qui est fait constamment. Or, être indépendantiste est une chose; être autonomiste c'est autre chose. Je dirai même que l'autonomie s'oppose à l'indépendance. Car qui dit **autonomie** suppose effectivement un certain nombre de pouvoirs, qui sont les pouvoirs y compris de type législatif, de gérer sa propre éducation, sa propre culture, etc., mais suppose aussi la dépendance par rapport à l'Etat central. Or l'indépendantisme refuse cette dépendance, tandis que celui qui est partisan de l'autonomie l'accepte.

Mais en France depuis le concept d'Etat-nation, c'est-à-dire d'une France **une** et **indivisible**, tout ça a été faussé. Et quand le Parti Socialiste, avant qu'il ne soit au pouvoir, parlait d'une France au pluriel, parlait de statut des langues et cultures des peuples de France, c'était là un vocabulaire nouveau, et derrière un vocabulaire il y a une idéologie. Mais dans leurs raisonnements depuis qu'ils sont arrivés au pouvoir, les socialistes n'emploient plus le même vocabulaire. Voulez-vous que je vous donne un exemple?

AG: Oui.

JH: Alors que le Parti Socialiste, le 18 décembre 1980, c'est-à-dire cinq mois avant l'élection à la présidence de la République, déposait une proposition de loi sur un statut des langues et cultures des peuples de France, actuellement au Ministère de l'Education

Nationale, mené par un socialiste, M. Savary, il existe simplement une mission des cultures et langues régionales. Alors je vous laisse faire la comparaison. Statut des langues et cultures des peuples de France, vous voyez dans quel ordre c'est donné d'abord, **statut, langues, cultures, peuples de France**. Et vous voyez ensuite que c'est **mission, cultures, langues régionales**. Autrement dit, on fait passer la culture avant la langue, comme si - et ça c'est significatif - c'est-à-dire que la culture à ce moment-là peut être enseignée aussi en français.

AG: Et indépendamment de la langue.

JH: Et indépendamment de la langue. Voilà les problèmes tels qu'ils sont. Alors, pour moi c'est une dérive idéologique assez remarquable et qui en dit long.

AG: Oui, c'est vraiment un affaiblissement.

JH: C'est un affaiblissement total.

AG: Qui pourrait finir par les faire disparaître entièrement. J'espère que non!

JH: Moi non plus! Je pense qu'ils se ressaisiront. Peut-être se ressaisiront-ils au moment des échéances électorales.

AG: Mais j'espère que ce sera avant.

JH: Je trouve que ce serait souhaitable que ce soit avant. On ne peut pas lancer des mots au hasard. On ne peut pas impunément avoir écrit La France au pluriel, on ne peut pas avoir parlé d'un statut des langues et cultures des peuples de France, je m'amuse parce que si moi j'avais dit cela, on m'aurait évidemment taxé de séparatiste, ce qu'on fait d'ailleurs habituellement. Mais je crois que, à partir du moment où c'est le Parti Socialiste qui le dit, il est difficile de taxer le Parti Socialiste de séparatiste. C'est ça le gros avantage. On peut jouer avec les minorités, on ne joue pas avec le Parti Socialiste.

AG: J'espère que le Parti Socialiste ne va pas jouer avec les minorités.

JH: Ça c'est une autre question.

AG: Mais puisqu'on a déjà des preuves de leur bonne foi pour les Bretons et pour les Corses, j'espère que ça se produira bientôt pour les Basques.

Lehen Ikasgaia
Première Leçon

Jainkoak dautzula egun on, Jauna.
Dieu vous accorde une bonne journée, Monsieur.

Bai zuri ere, anderea.
A vous de même, Madame.

Nola zira?
Comment allez-vous (êtes-vous)?

Ongi niz; eta zu?
Je vais (suis) bien, et vous?

Ni ere bai.
Moi aussi.

Agur Jaunak!
Bonjour, Messieurs.

Bai zueri ere, Andereak!
Bonjour à vous, Mesdames!

Ontsa zirezte?
Vous allez (êtes) bien?

Arras ontsa gira, Jainkoari esker.
Nous allons (sommes) fort bien, grâce à Dieu.

Hobe segurki.
Tant mieux certes.

Aita eri da?
Papa est malade?

Ez; aita eta ama, biak ontsa dira.
Non; papa et maman, tous deux vont (sont) bien.

Vocabulaire

Jainko: *Dieu*	**Arras:** *tout à fait*
Egun: *jour*	**Esker:** *grâce*
On: *bon*	**Hobe:** *tant mieux*
Zuri: *à vous*	**Segurki:** *sûrement*
Ere: *aussi*	**Aita:** *père*
Andere: *dame*	**Ama:** *mère*
Nola: *comment*	**Bi:** *deux*
Ongi: *bien*	**Biak:** *les deux*
Ontsa: *bien*	**Bai:** *oui*
Jaun: *monsieur*	**Ez:** *non*

Grammaire

L'article: **nominatif** singulier: **a**
pluriel: **ak**
pour les mots sujets de verbes intransitifs
ou mots compléments directs.

actif singulier : **ak**
pluriel: **ek**
pour les most sujets de verbes transitifs.

Pas de genre (masculin ou féminin)
ni pour les substantifs, ni pour les adjectifs.

La Colonisation culturelle

I. La Dépossession de notre histoire et de notre culture par l'école

L'école? Mais quelle école? ...ciment de la "nation", l'école au Pays Basque a été le meilleur agent d'assimilation des Basques.

Certes, dira-t-on, il s'agit là du passé et nous n'allons pas réécrire l'histoire, encore qu'il ne faut pas la nier. Mais non seulement l'école a exclu la langue basque, mais tout un peuple a été exclu de sa culture.

Pensons un peu à ce que représentait pour les Basques l'école de cette fameuse IIIème République.

L'instituteur impose à ses élèves une culture française étrangère qui véhicule une conception du monde, de l'homme, de la vie totalement étrangère, qui reflète un nouveau type de société très différent.

L'enfant basque se trouve devant un univers inconnu, aux idées produites par une autre société, ne correspondant en rien ni à l'orientation de sa pensée, ni à sa psychologie. Heurt entre le milieu socio-culturel naturel et celui artificiel, imposé et étranger de l'école: n'importe quel psychologue averti, n'importe quel pédagogue un peu expérimenté en mesure les conséquences désastrueuses. Sauf à l'école de Jules Ferry.

Par la politique de contrainte et de répression menée à l'école, cette culture étrangère a été inculquée de force aux Basques. Ne pouvant la rejeter, ni l'assimiler d'une manière régulière, elle a été traumatisante pour le petit Basque.

Ses structures mentales, ses modes de pensée, de vie - dont la langue maternelle a été l'expression - ont été battus en brèche. Bref, son milieu naturel de vie qui correspondait à un authentique milieu de la culture basque a été agressé par une culture extérieure bourgeoise de surcroît. Il s'en est suivi un réel désarroi et de profonds complexes chez l'enfant. Cela s'est traduit d'abord par la honte de sa langue maternelle, de son pays natal et des milieux naturels de culture qui y sont rattachés. Le Basque colonisé essaie d'acquérir la culture du colonisateur, sans pouvoir l'assimiler vraiment; il essaie aussi de faire oublier ses propres origines pour échapper au mépris et monter dans la hiérarchie sociale. Il s'agit là d'une attitude caractéristique essentielle de l'élite intellectuelle, du monde des affaires et de l'administration. Les fils de famille aisée, les membres de professions libérales, grâce à l'instruction reçue à l'intérieur du système français de l'université, atteignent les postes tant jalousés de l'administration, de la fonction publique. Bref, ils réalisent leur ascension, mais grâce à la culture bourgeoise française. En même temps, ils abandonnent leur langue maternelle, considérée comme la langue des paysans, des ploucs, signe du passé, et se figent désormais dans une attitude de mépris des cultures populaires.

"Chez les Basques, rien n'est plus rare que de savoir lire et écrire. Ils ne parlent et n'entendent que leur propre langue: voilà le grand obstacle à la propagation des lumières dans cette contrée, où c'est déjà beaucoup fait d'avoir appris le français. Ce n'est que dans la classe aisée... qu'on trouve des citoyens instruits, ils sont même en petit nombre, soit qu'ils manquent de goût pour la culture des belles-lettres soit qu'il y ait dans le pays peu de familles en état de fournir à la dépense qu'exige une bonne éducation." (Gal Serviez: Statistique du département des Basses-Pyrénées, p. 192)

L'école provoque la dépersonnalisation du Basque, lui fait perdre une conscience claire de son identité. L'instituteur le revêt d'une nationalité française, lui remet un carnet d'obligations du citoyen français, lui trouve une filiation gauloise, dévalorise ses anciens lieux de culture et refoule son identité véritable. Il travestit sa personnalité, personnalité qui s'exprimait jusque là par la langue basque et s'épanouissait dans un milieu culturel naturel, celui du peuple auquel il appartenait. En agressant sa langue maternelle, sa culture, culture essentiellement populaire, l'école dépersonnalise le Basque qui ignore ses origines et sa destinée, devient étranger à lui-même.

Le Basque à l'école française est atteint par "l'amnésie culturelle" pour employer une expression chère à Albert Memmi, qui explicite: "Le colonisé semble condamné à perdre progressivement la mémoire." (A. Memmi, Portrait du colonisé).

Pas de registre d'état civil basque, pas de fête basque: notre fête "nationale" est le 14 juillet. Notre centre culturel c'est Paris.

Roncevaux c'est l'affaire ... des Maures.

Perte de personnalité, perte de mémoire, mais aussi perte de dynamisme. Le traumatisme psychologique entraîne l'atonie. Incapable de prendre en main ses intérêts, son destin, le manque d'esprit d'entreprise qui caractérise les Basques du Nord désormais, le voue à une attitude timorée que les solutions hardies et neuves exigées par l'évolution effraient. La société basque se fige, se sclérose et s'installe en marge de la civilisation industrielle, en marge de la technique, du progrès. C'est l'arrêt de l'audace, de la confiance, de l'activité créatrice. L'homo faber basque disparaît pour plus d'un siècle. Et ce n'est que tardivement qu'il s'ouvrira au monde de la science et de la technique modernes, ainsi qu'au progrès économique et social.

Sa culture devient tradition figée, référence au passé ressassé nostalgiquement. Dominé par une culture expansionniste traumatisante car assimilée d'une manière contraignante, il se referme sur la seule réalité qui lui reste, car sienne et incommunicable à l'étranger: le passé historique avec toute sa charge émotionnelle. En un mot, il se rabat sur ce qu'Albert Memmi appelle les "valeurs refuges" et qui deviennent des valeurs traditionnelles.

Destruction d'une culture et d'une certaine organisation sociale, dégradation de la vie collective ainsi que des relations de communications, traumatisme dans la sensibilité commune, c'est-à-dire dans la manière de percevoir le sens de la vie et de donner un sens à la vie. Aculturation et sous-développement socio-économique: le bilan de l'école française en Pays Basque Nord est sinistre.

Une telle politique ne pouvait que servir les intérêts de la bourgeoisie parisienne. Les victimes en sont les classes populaires laborieuses: bergers de Soule et de Basse-Navarre, paysans d'Amikaze et du Labourd, marins de Saint-Jean-de-Luz-Ciboure, ouvriers d'Hasparren, garçons de café et bonnes à tout faire des hôtels de la Côte Basque, Lourdes ou Bordeaux.

Ces mêmes masses populaires connaissent déjà le sous-développement économique, le chômage, l'émigration forcée, l'exploitation sociale, les bas salaires. La bourgeoisie locale, de complice avec la bourgeoisie française, non seulement méprise leur langue et leur culture, mais pratique une politique de francisation forcée afin de mieux dominer les classes défavorisées et les intégrer dans le cadre de la culture bourgeoise française.

La dépossession des mass média (ou moyens de communication)

La radio-télévision est le véhicule moderne important de communication sociale d'information, de loisirs. Toute une vie culturelle nouvelle est née autour des mass média, qui peuvent rester, c'est vrai, un simple élément de consommation. Mais les mass média peuvent constituer aussi le support de la création culturelle d'un peuple.

Et là aussi, toute possibilité d'existence légale de la culture basque est exclue; elle n'a pas droit de cité à la radio-télévision. Ou plus exactement nous sommes tenus en tutelle et le pouvoir nous concède par ci par là quelques minutes.

Dans cette fin du vingtième siècle, l'impérialisme français a trouvé là un instrument idéal de débasquisation, d'autant plus qu'en apparence aucune contrainte n'est exercée.

Le pouvoir n'a jamais pris en compte la culture du Peuple Basque dans les mass média. Il est bon de rappeler que la création de la première émission radiodiffusée basque répond à des préoccupations d'ordre touristique. A la mi-juillet 1960, la première émission basque a débuté dans le cadre "Radio Côte Basque Vacances" destinée aux estivants. Le studio de production était même installé au Casino de Biarritz.

Chaque été, la cité parisienne descend sur la Côte Basque avec ses vedettes, ses milieux affairistes et ses spectacles. En 1976, en plein mois d'août, c'est FR3 qui consacre une émission quotidienne en direct de l'Hôtel du Palais de Biarritz, rendez-vous de la haute bourgeoisie parisienne et européenne.

Tout ceci nous rappelle en même temps que le pouvoir pratique une culture de classe; il n'y a aucune politique financière de promotion de la danse, du théâtre et des arts populaires basques; tout ce monde vit de maigres subventions locales...

III. De la comédie du "don royal" aux manoeuvres électorales des troupes parisiennes

Mais, dira-t-on, on ne punit plus à l'école parce qu'on parle basque, comme cela se faisait autrefois.

C'est vrai que depuis la loi Deixonne de 1951, la langue basque n'est plus interdite à l'école.

Mais on continue néanmoins à refuser à la langue basque toute possibilité d'existence légale, car selon le mot Camille Julian "toute langue que l'on n'enseigne pas est une langue que l'on assassine".

Ces derniers temps, les déclarations à ce sujet se multiplient de la part d'hommes d'états-majors parisiens:

-Valéry Giscard d'Estaing vient même en parler jusqu'à Arhansus, alors qu'en 1963 il s'est opposé lui-même à l'inscription à l'ordre du jour de l'Assemblée Nationale de deux projets de loi.

-Chirac, lui y va de sa tirade lors de la tournée à Saint-Palais, alors que depuis 1958, pendant les vingt années de règne du gaullisme et de ses héritiers plus de vingt projets de loi ont été successivement refusés par les gouvernements de De Gaulle, Pompidou, Giscard...

Politique contradictoire, tout comme deux déclarations de Pompidou:
-1968: "Auvergnat, donc Occitan, je suis particulièrement sensible à tous les efforts qui sont consentis pour sauvegarder les traditions linguistiques et culturelles de nos provinces et pays."
-1972: "Il n'y a pas de place pour les langues et cultures régionales dans une France destinée à marquer l'Europe de son sceau."
Entre ces deux déclarations, Pompidou était devenu Président et les Basques en étaient pour leurs frais.

IV. Face à l'école de la décolonisation, les tentatives de récupération

Dans les pages précédentes, le processus du colonialisme scolaire a été suffisamment décrit: je n'y reviendrai pas dans le détail.

Mais je rappelle néanmoins les grandes lignes:
-école: appareil d'état français au service de la bourgeoisie qui "se souciait beaucoup plus de ses besoins en main-d'oeuvre et en chair à canon que du développement intellectuel et culturel de l'ensemble de la population." (Revue Viure à l'escola n°18, supplément).
-institution au service:
> *du militarisme cocardier
> *du colonialisme
> *du capitalisme
> *du nationalisme

La définition de l'*ikastola* pour moi est simple: c'est l'école populaire du Peuple Basque, c'est l'école de la décolonisation. C'est ainsi que je la perçois dans les objectifs lointains, même si à l'heure actuelle elle demeure à l'état embryonnaire.

Les réactions qu'elle a suscitées montrent en tout cas qu'elle occupe une place non négligeable dans l'échiquier basque.

-- Manex Goyhenetche

La langue basque

A l'encontre de ce que l'on déduit d'une croyance malheureusement très répandue, la question de savoir si une langue est plus ancienne qu'une autre n'a aucun sens. Pendant l'époque où nous savons quelque chose sur les langues grâce à l'écriture - disons durant les derniers 5 000 ans - toute langue (ou pour mieux dire, tout état de langue) procède de quelque état de langue antérieur. Bien au contraire, la question portant sur la plus ou moins grande ancienneté d'une langue dans un pays déterminé, est pleine de sens: ainsi la langue basque est dans ces contrées plus ancienne que les langues romanes voisines, étant donné que le latin, qui les précède, fut importé à une époque dont nous possédons d'abondants témoignages, lorsque les parlers euskariens étaient solidement implantés depuis longtemps. Nous n'en concluons pas toutefois que le basque a été, même dans les premiers moments de la conquête romaine, la plus ancienne des langues parlées en Gaule et en Hispania: elle est seulement la plus ancienne *in situ* parmi celles qui ont été conservées jusqu'à nos jours. Et puisqu'on a abordé ce point, il ne sera pas superflu de noter ce que cette conservation a d'exceptionnel.

Il est bien connu que la latinisation affecte tout l'Occident européen. Sans doute sait-on moins que cette latinisation n'est pas, dans une perspective plus vaste, autre chose qu'une phase tardive du long processus d'indo-européisation du sud et de l'ouest, dont la première impulsion se trouve, en accord avec l'opinion commune, dans l'immigration des peuples venus des régions centrales de l'Europe. Or il se trouve que la langue basque s'est conservée malgré la romanisation, quand celle-ci avait pour conséquence, dans la partie occidentale de l'Empire, la latinisation du territoire, sans autre exception dans les zones frontalières, que les provinces comme la Bretagne où le processus s'interrompit avant d'être achevé ou d'autres comme le nord de l'Afrique, qui touchaient à des zones non soumises à une langue analogue.

De cette conservation exceptionnelle, bien qu'elle ne soit pas nécessairement prodigieuse, a découlé un ensemble de faits qui ont marqué le caractère de la langue et ont conditionné sa survivance. En restant l'unique témoin de ce qui à une époque donnée a pu être le paysage linguistique de cette partie de l'Europe, le plus indigène des indigènes a pu être considéré comme une sorte de corps étranger.

...parmi les raisons de l'intérêt éveillé par la langue basque sur ses propres terres et à l'étranger, se trouvent son isolement génétique supposé et sa difficile survivance qui confère une valeur exceptionnelle à son témoignage sur le passé linguistique de cette partie du monde...Et, en dernier lieu, comme résultat de l'isolement et de la conservation, le basque montre aujourd'hui encore, malgré la durée et l'intensité des influences étrangères qu'il subit sans interruption, un type linguistique qui s'écarte beaucoup de celui des langues de l'ouest de l'Europe ou, dans ce cas précis, du nord de l'Afrique.

Cette langue constitue pour les Basques eux-mêmes un objet qui peut être considéré avec des sentiments divers, mais difficilement avec indifférence. Et puisque nous sommes passés de la langue aux Basques eux-mêmes, il sera opportun de dire quelques mots sur leurs relations mutuelles, qui ne sont pas aussi univoques que le nom pourrait le donner à entendre.

...Le basque est la langue des Basques, non parce que ceux-ci la possèdent tous en commun, mais parce qu'elle constitue l'unique propriété de ce genre que - en tant que collectivité et non comme individus - ils possèdent en exclusivité. On pourrait soutenir même, sans se rendre coupable de paradoxe, que les Basques, comme groupe humain nettement différencié, n'existent que grâce à la présence, encore tangible, de la langue. En d'autres termes, le maintien de la langue dans le noyau le moins cultivé du Pays a agi, par sa seule présence, comme facteur d'unification dans la conscience des gens. Nous ne voulons pas dire bien sûr, que la langue, non contente de se conserver elle-même, ait conservé les Basques comme tels. Sa survivance, due pour l'essentiel à des facteurs étrangers à la langue (il ne faut pas oublier l'autonomie politique, comme résidu ou comme rappel actif et revendicatif), impose une présence, aimée ou détestée, mais qui ne peut en tous cas être ignorée.

A en juger selon les apparences, ce rôle prédominant de la langue ne semble pas manquer d'une claire corrélation dans la nomenclature. On dirait en effet que, à voir les noms, ce qui vient en premier, c'est la langue dotée d'un nom qui lui appartient en propre, et ce qui vient en second, ce sont les Basques qui, uniquement parce qu'ils la connaissent et la pratiquent, reçoivent d'elle une dénomination dérivée. "Basque" se dit *euskaldun*, dont l'explication transparente est *euskara*, le nom le plus ancien de la langue (si nous faisons abstraction des deux premiers témoignages qui attestent *heuskara*, avec une lettre aspirée à l'initiale), plus le suffixe productif *dun*: "(quelqu'un) qui a, qui possède la langue basque."

Quelques particularités de la langue basque: la construction ergative

Il s'agit d'une particularité qui, sous diverses variantes, n'est pas rare dans les langues du monde; elle l'est en revanche parmi celles de l'Europe occidentale, de sorte que nous devrions aller jusqu'au Caucase pour trouver de bons parallèles. Mais pour ne pas entrer dans les explications techniques, le mieux sera de donner des exemples dans la forme basque grâce à quelques phrases.

Dans *anaia joan da* "le frère s'en est allé", avec le verbe intransitif, le sujet *anaia* ne porte aucune marque de cas, ou comme on dit aussi très souvent, il porte le suffixe zéro. On pourrait penser donc que d'une façon parallèle, le transitif *anaia ezagutu du* pourrait se traduire par "le frère l'a (re)connu", mais il n'en est pas ainsi. Cela se dit *anaia-k ezagutu du* dans, par exemple, *anaiak ezagutu du arreba* : le frère a reconnu la (c'est-à-dire sa) soeur: et la phrase transcrite ci-dessus, *anaia ezagutu du* n'est pas autre chose que "(quelqu'un) a (re)connu le frère". Il est clair par conséquent que l'élément nominal sans suffixe casuel correspond au sujet de la traduction seulement quand il est attribué à un verbe intransitif; avec un verbe transitif, il équivaut à l'objet direct de la traduction. Le sujet d'une proposition transitive, pourvu qu'il soit exprimé, constitue le cas actif ou ergatif, dont la marque formelle est -k, après une consonne -*ek*.

Le verbe pluripersonnel

Un autre trait qui mérite d'être abordé est celui du caractère pluripersonnel du verbe, de sorte qu'en basque, on n'accorde aucune valeur à la règle aussi souvent répétée dans les langues voisines, selon laquelle le verbe s'accorde avec le sujet (et seulement avec lui, bien que ceci ne se dise pas, parce qu'on le considère non nécessaire) en nombre et en genre pour le moins.

Il y a des formes verbales unipersonnelles comme *da* "est", qui sont toujours intransitives. Le verbe transitif contient au moins la référence à deux éléments nominaux de la phrase: *du*, par exemple, est nécessairement "(il, elle, cela) le (la) a ".Qu'on tienne compte qu'ici, dans l'indication de l'objet direct, bien que manque toute allusion au genre, son nombre est aussi nettement exprimé que celui du sujet: *du* est "il le possède" car *d-it-u* signifie "il les possède", de la même façon que *du-te* signifie "ils le possèdent" face à *d-it-uzte* "ils les possèdent". Une conséquence de ceci, c'est que l'emploi absolu d'un verbe transitif est, pour parler en puriste, impossible. *Video* "je vois" dans le sens de "je peux voir, j'ai la vue, j'ai retrouvé la vue", ne peut se dire en basque sans ajouter quelque chose d'autre. Et ainsi fait-on dire à l'aveugle de naissance *ikusten dut*, littéralement "je le vois", c'est-à-dire, "je vois une seule chose et non plusieurs".

Le verbe personnel a par conséquent une étroite relation, que l'on peut bien appeler de concordance, avec plusieurs éléments non verbaux de la phrase...

Conclusion

La guerre civile espagnole, ajoutée à la guerre mondiale avec l'occupation de la France, et par-dessus tout à une épouvantable post-guerre en Espagne, qui se prolongea de décennie en décennie, brisa ou défit les bases sur lesquelles traditionnellement s'appuyait la langue pour prolonger tant bien que mal son existence. D'immenses transferts de population, à l'intérieur et au dehors du pays, altérèrent dans certaines de ses régions sa démographie de façon radicale. On ne peut pas nier que ce mouvement supposa l'établissement de ces mêmes populations d'expression basque dans des lieux où la langue n'était plus qu'un lointain souvenir, comme c'était le cas à Vitoria. Mais ceci est insignifiant en comparaison des masses d'*erdaldunes* (étrangers), qui ignorent la langue du pays et qui viennent vivre et travailler dans des zones qu'on avait considérés comme ses fiefs les plus forts.

La gravité de la situation poussa beaucoup de gens à se rendre compte...que la survivance de la langue imposait de sévères exigences à eux-mêmes et aux étrangers. Les étrangers et les indifférents ne pouvaient continuer à soutenir qu'une politique d'apparente tolérance - difficilement et tardivement atteinte en territoire espagnol -, de "laissez faire", était suffisante: si une langue se voit refuser les moyens qui, dans la phase actuelle de développement..sont nécessaires pour sa survivance, alors, simplement, on est en train de tuer la langue tandis que l'on exalte ses valeurs comme ornement naturel. Les Basques eux-mêmes et ceux qui sont intéressés, d'autre part, ne peuvent pas fermer les yeux devant le fait que, s'ils n'exigent pas "de qui de droit" les conditions minima de subsistance pour leur langue et s'ils ne font pas eux-mêmes, par-dessus tout, l'effort nécessaire pour que celle-ci ait la formation indispensable pour faire face aux besoins actuels, c'est eux-mêmes qui, feignant de s'intéresser au destin de leur langue, l'abandonnent à son sort. Tout le monde doit se rendre bien compte que dans certains contextes "laisser vivre" signifie "laisser mourir."

On a vu bien vite que, si la transmission naturelle de la langue était mise en danger, il fallait assurer que l'enseignement (c'est-à-dire l'enseignement **en** langue basque) convertirait en soutien de la langue quelque chose qui auparavant avait été son grand ennemi. Et bien que les débuts de ce mouvement remontent fort avant, c'est dans les années de la post-guerre, précisément au moment où les conditions semblent être désespérées, que les *ikastola* acquièrent l'importance qui n'a fait que croître jusqu'à aujourd'hui. L'introduction de la langue dans l'enseignement impose la nécessité de fixer un type normalisé, **standard**, qui soit en principe le même, dans certains usages, pour tout le pays. Pour cette raison, en 1968, un demi-siècle après sa fondation, l'Académie de la Langue basque s'est décidée en fait pour un modèle de langue, de base centrale (guipuzcoan de Beterri, navarrais, labourdin), dont les lignes générales étaient déjà dessinées dans l'oeuvre de plusieurs écrivains. Ce *batua* ou langue écrite unifiée, malgré une très forte et très naturelle opposition, a fait plus d'adeptes que d'ennemis pendant les dix dernières années.

Il y a aujourd'hui, selon des estimations prudentes, plus de 600 000 personnes de langue basque. Le chiffre peut paraître élevé à ceux qui se basent sur les calculs courants qui atteignaient en général des chiffres plus bas; ce n'est toutefois qu'une quantité très réduite si nous la comparons à celle des locuteurs en d'autres langues. Ceux qui, d'autre part, se sont employés à assurer sa continuité, ne sont pas peu nombreux ni inactifs. Un observateur dirait que tout dépend pour une large part du bon choix qu'ils feront avec sobriété et sans trop d'illusion des buts qu'ils veulent atteindre et, en fonction de ces buts, des moyens les plus efficaces et les plus économiques qu'ils adopteront.

-- Luis Michelena, "La langue basque", Etre Basque, éd. Jean Haritschelar

Les Structures démocratiques de la société basque

"Etre Basque". Dans sa simplicité apparente, cette expression résume le profond particularisme du peuple basque qui se manifeste non seulement par des caractères physiques et psychologiques propres, une langue à nulle autre comparable, mais aussi par un système juridique dont la spécificité et l'unité sont remarquables; il a persisté à travers les siècles malgré les vicissitudes de l'histoire qui ont pu faire varier les institutions selon les lieux et les époques; certaines survécurent inamovibles parce qu'inhérentes à l'"Etre basque".

Né dans la nuit des temps, le droit basque est un droit coutumier, c'est-à-dire populaire et naturel, issu du groupe social qui créa lui-même ses propres règles de droit en fonction de ses besoins et de ses tendances profondes, en dehors de toute orientation systématique. Conçu par une population agro-pastorale, il est essentiellement communautaire. Il a été élaboré à partir de la terre qui appartenait collectivement à l'ensemble des habitants qui s'y étaient fixés, par familles, dans des maisons. Ces maisons assorties de terres mises en culture et de droits d'usage sur les terres communes, appelées dans les provinces basques de langue castillane: "caseríos", étaient les cellules de base de l'organisation sociale basque. Chacune abritait une famille qui faisait corps avec elle jusqu'à prendre son nom et qui, comme elle, institution multiséculaire, se perpétuait à travers les siècles, grâce à un système juridique conçu pour sa conservation. A chaque génération, elle était représentée par un responsable qui en assumait la gestion et devait la transmettre dans son intégralité aux générations suivantes. Et cette responsabilité n'entraînait aucune autorité sur les autres membres de la famille; elle était plus protectrice qu'autoritaire; elle impliquait plus de devoirs que de droits.

Cette responsabilité du maître de maison, de l'*etxeko-jaun*, ne se limitait pas à la famille et à son patrimoine; elle s'étendait au groupe social tout entier. Chaque cellule familiale, par l'intermédiaire de son représentant, participait à l'administration de l'ensemble de la communauté paroissiale dans un système de démocratie directe. Et, à un stade plus avancé d'organisation sociale, chaque paroisse déléguait des représentants à l'assemblée générale de la vallée ou du pays, puis de la province, appelée *juntas* en Biscaye, Guipúzcoa et Alava, *cortes*

en Navarre, *silviet* en Soule ou *biltzar* en Labourd, conjugaison
suprême de la liberté et de la solidarité dans laquelle résidait
l'essence d'une démocratie exemplaire. Ainsi, les institutions
juridiques basques servaient de fondement à une société stable,
égalitaire et pacifique, où les intérêts de l'individu étaient harmonisés
avec ceux du groupe social auquel il appartenait, tous au service
d'une idéologie commune.

Préservés par leur langue, la profonde originalité de leur race et
leur fierté naturelle, les Basques surent maintenir leurs institutions et
demeurer eux-mêmes, en dépit de l'invasion de concepts étrangers,
en particulier du droit romain qui partout en Occident se fit
envahissant, surtout après sa renaissance au XII siècle. Alors que les
pays d'Occident furent profondément influencés par la civilisation du
Bas-Empire romain, sa conception de la souveraineté de l'Etat, d'un
pouvoir suprême, absolu, indivisible et indépendant, de structures
hiérarchisées, centralisées et uniformes, d'individus protégés certes
mais isolés, assistés et sous l'emprise du Pouvoir, de la famille
soumise à l'autorité du *pater familias*, de la supériorité de l'homme
sur la femme qualifiée d'*imbecilitas sexus*, de la propriété,
individualiste et absolue ... les Basques, eux, conservèrent leur
système juridique séculaire, profondément communautaire, égalitaire
et démocratique. Ce système, qui apparaît dès lors comme une
exception dans un monde occidental romanisé, ils le défendirent avec
force tout au long de leur histoire, contre toute tentative d'intégration
dans un Etat construit par une élite politique mais auquel ils ne se
sentaient pas appartenir.

Après l'effondrement de la politique trop ambitieuse de
Charlemagne, alors que dans la confusion générale et l'anarchie de la
fin du premier millénaire les gens cherchaient refuge auprès de plus
puissants qu'eux dont ils devaient en échange de la protection subir
l'autorité, les Basques, avec leur sens inné de la solidarité,
préférèrent se grouper en *hermandades*, et assurer leur propre
protection armée. La plupart d'entre eux évitèrent ainsi le régime
seigneurial. Et s'ils durent subir malgré tout la tutelle d'un puissant
seigneur ou d'un monarque, ils prirent alors toujours la précaution de
"pactiser" avec lui; ils acceptaient sa suzeraineté mais à condition
qu'il jure le respect de leurs *fueros*, c'est-à-dire de leurs usages
séculaires. Le seigneur ou le roi n'était qu'un chef militaire, haut

justicier en matière criminelle. Mais le peuple demeurait libre et souverain.

...il semble que c'est en Labourd et en Biscaye que les institutions basques demeurèrent les plus pures et les plus authentiques. Mais la seigneurie de Biscaye présentant, à cause de son étendue et aussi de sa constitution qui se fit par ajouts successifs, une complexité organique plus grande que celle du Labourd, cette dernière province fera particulièrement l'objet de notre étude, étant bien précisé que le même schéma structurel se retrouve dans les sept provinces, à quelques nuances près.

Le droit labourdin traduit, en effet, le vieux fonds juridique basque primitif. En droit public, ce petit pays jouissait, plus qu'aucun autre pays d'Etat, d'une grande autonomie administrative, d'autant plus que l'intendant, exécuteur zélé de la politique centralisatrice de la monarchie absolue, ne put trouver un sub-délégué qui parlât la langue de ses administrés qu'en 1776 seulement! Quand au droit privé, il était régi par la coutume rédigée en 1514, que, à la veille de la Révolution de 1789 encore, les Labourdins appliquaient scrupuleusement.

A la différence cependant des *Fueros* rédigés dans le sud du pays, qui témoignent d'un grand respect pour la liberté, s'exprimant notamment dans la liberté de tester et le choix de l'héritier, la coutume de Labourd renferme de nombreuses règles impératives, en particulier le droit d'aînesse. Sans doute, les notables locaux chargés de sa rédaction voulurent-ils par là fixer les usages afin d'éviter leur éventuelle déformation par des practiciens et des juges, imbus de droit romain. Mais ils n'acceptèrent leur romanisation par les commissaires, membres du parlement de Bordeaux, envoyés par le roi pour présider a l'assemblée de publication, que dans le seul cas où elle n'était que formelle et ne modifiait pas les principes fondamentaux de leur système juridique.

La condition des personnes et des terres

Les Basques, des hommes libres

Les Basques étaient tous des hommes libres, et, tous, ils étaient propriétaires dans l'indivision des terres qu'ils tenaient de leurs ancêtres. Il n'y avait pas d'esclaves ou de serfs en Pays basque, sinon en Navarre et en Alava, où les serfs et les *collazos*, colons attachés à leur terre, furent importés par les Romains et maintenus au Moyen Age dans le système féodal...

(Au Moyen Age) La haute justice appartenait au seul roi d'Angleterre, duc d'Aquitaine, qui l'exerçait par l'intermédiaire de son bayle établi depuis 1247 à Ustaritz. Et toute tentative de concession par le roi d'une partie de ce droit de justice ou d'usurpation seigneuriale entraînait une réaction farouche de la part des habitants. Les exemples abondent dans les archives. Par une politique de rachats, les Labourdins évitaient toute tentative d'usurpation de la part de ces seigneurs féodaux dont la compétence avait cependant été strictement limitée par la Coutume rédigée en 1514 à leurs fivatiers et en matière civile seulement. Et, à la fin de l'Ancien Régime, les cahiers de doléances rédigés pour les Etats Généraux de 1789 signalaient comme une exception très regrettable l'existence de quelques maisons fivatières redevables d'un cens à l'abbaye des Prémontrés de Lahonce. Il n'y eut donc pas de féodalité en Labourd.

... Les Labourdins, comme les habitants des autres provinces basques, jouissaient tous sous l'Ancien Régime d'un statut qui, ailleurs, était le privilège de la seule noblesse. Tous francs, sans tâche d'aucune servitude, ils avaient le droit de port d'armes, assorti du droit de chasse. Ayant constitué des milices locales populaires, les Basques avaient le privilège de ne pas être requis pour le service armé hors des limites de leur pays; en Biscaye, cette limite était marquée par le célèbre arbre de Malato. Servant dans leur propre armée de défense, ils étaient exemptés de tout service militaire obligatoire dans les armées royales.

...On retrouve aussi dans la coutume de Labourd ces garanties judiciaires si importantes dans le droit basque qui connaissait bien avant la loi anglaise de 1679 et les déclarations françaises et nord-américaines des droits individuels, un système d'"Habeas Corpus"

Maïté Lafourcade

garantissant à tout prévenu la liberté jusqu'à ce que le délit ou le crime qui lui était reproché fût prouvé et à condition qu'il fournisse caution. La coutume de Labourd l'exprime nettement dans l'article 1 du titre 19: "Personne ne doit être accusé sans preuve."

Enfin, les Labourdins jouissaient du droit, ailleurs réservé à la noblesse, d'avoir des colombiers, de faire cuire leur pain dans leurs propres fours, de fouler le fruit de leurs vignes dans leurs pressoirs et d'avoir leurs moulins; ces moulins appartenaient généralement aux municipalités qui les affermaient à des particuliers.

La propriété collective

Les Basques ignoraient la conception romaine du droit de la propriété, absolue et individualiste. En Labourd, comme dans les autres provinces basques, les terres appartenaient de tous temps à la collectivité des habitants. Les terres incultes étaient réparties entre les paroisses ou les vallées, et les terres labourables entre les familles. La terre basque était allodiale, c'est-à-dire tenue des ancêtres et non d'un quelconque suzerain ou souverain. Cette propriété de leurs terres, les Basques la défendirent avec acharnement contre la féodalité mais aussi contre les prétentions monarchiques. Maintes fois, les Labourdins furent contraints de racheter leurs droits menacés, s'endettant afin de les conserver. Ainsi le Code Michau de 1629 ayant proclamé la directe royale sur toutes les terres du royaume, sous réserve expresse l'allodialité, les Labourdins, en 1639, se portèrent adjudicataires de leurs propres terres, moyennant la somme de 8 400 livres qu'ils durent emprunter, et ils payèrent en outre 9 500 livres au duc de Grammont afin qu'il ne se portât pas acquéreur...

Seules, les terres mises en culture faisaient l'objet d'appropriation privée. Mais elles n'appartenaient cependant pas à un individu, pas même au chef de famille; elles étaient la propriété de la famille toute entière, symbolisée par la maison, le *caserío*, être mystique sans début ni terme, qui demeurait immuable à travers les siècles. Le patrimoine familial comprenait la maison ancestrale avec ses dépendances, meubles et immeubles, instruments aratoires et animaux domestiques, terres labourables et droits d'usage sur les terres communales, le tout représentant une unité économique permettant de vivre à une famille élargie telle qu'on la concevait au Pays basque,

c'est-à-dire composée d'au moins deux couples, représentant deux
générations, avec leurs enfants mineurs ou célibataires...

Dans les premiers documents écrits concernant les Basques, dans
les coutumes rédigées au XVI siècle, comme dans les actes de la
pratique notariale, la femme basque apparaît comme ayant la même
condition juridique que l'homme. Ceci se manifestait d'abord par les
règles successorales. L'article 3 du titre XII de la Coutume du
Labourd établissait un privilège absolu en faveur de l'enfant aîné. Lui
seul, qu'il fût fille ou garçon, héritait de tous les biens papoaux
(biens acquis par leur actuel possesseur ou par son père et sa mère).
Des dérogations n'étaient admises que si l'intérêt de la maison
l'exigeait, ainsi, par exemple, lorsque l'aîné des enfants était infirme
ou "imbécile de naissance."

Une exception à la règle de l'aînesse absolue sans distinction de
sexe était cependant prévue par la Coutume pour les biens nobles où
l'aîné des mâles primait, comme partout en France, les filles. Mais,
après cette concession faite au droit féodal, le principe basque de
l'égalité des sexes reprenait ses droits: en cas de mariages successifs,
si du premier il n'y avait que des filles, l'aînée de celles-ci était
l'héritière coutumière, même s'il y avait des mâles des mariages
subséquents.

... Pendant le mariage, alors que régnait partout depuis le XVI
siècle le principe de l'incapacité juridique de la femme mariée, mari
et femme avaient en Pays basque des droits égaux sur les biens de la
famille. Tout acte de disposition nécessitait leur commun
consentiment. Encore en Biscaye de nos jours, le mari ne peut vendre
sans l'autorisation de sa femme, même s'il s'agit de biens provenant
de sa propre famille. Les deux époux administraient conjointement le
patrimoine familial. La femme était vraiment la *socia mariti* des
temps médiévaux.

...Si le principe d'origine romano-canonique de l'incapacité
juridique de la femme mariée n'avait pu pénétrer en Labourd où il
s'était heurté au principe plus fort de l'égalité des sexes, celui de
l'autorité parentale n'avait pas davantage entamé le patrimoine
juridique basque. Le titulaire de la puissance paternelle sur les
enfants était celui des père et mère qui était l'héritier de la maison
familiale. La voix de la mère, si elle était l'héritière, pouvait donc
prévaloir sur celle du père. Ainsi, en Labourd, en cas de dissentiment
entre les père et mère pour consentir au mariage d'enfants mineurs de

28 ans pour les garçons et 20 ans pour les filles, l'avis de celui qui était l'héritier de la maison l'emportait.

L'organisation publique

...Le régime politique en Pays basque était, en effet, une démocratie directe à base familiale. Les maîtres de maison se réunissaient pour décider des affaires communes au niveau de la paroisse et déléguaient des députés qui formaient l'assemblée générale ou *junta general* de la province, avec parfois, au niveau des vallées ou des pays, des assemblées intermédiaires. La souveraineté était populaire; le pouvoir appartenait à tous les maîtres de maison. Le pays de Labourd avait exceptionnellement conservé, même sous la Monarchie absolue, cette organisation fondée sur l'égalité juridique de tous les maîtres de maison. Il était un modèle de démocratie directe tant au niveau de la paroisse que du pays tout entier.

Les assemblées paroissiales

Dans chaque paroisse, les maîtres de maison se réunissaient le dimanche à l'issue de la messe en des assemblées dites capitulaires. Elles avaient lieu sous le porche de l'église ou dans la petite salle située au-dessus du porche, et destinée à cet effet...L'origine de ces assemblées se perd dans la nuit des temps comme l'ethnie elle-même. Ces assemblées groupaient tous les maîtres de maison de la paroisse. Les femmes héritières se faisaient généralement représenter par leur mari ou leur fils aîné. Mais les veuves pouvaient participer aux réunions au même titre que les hommes.

En Labourd, les nobles, à l'exception du Sieur ou Dame de la maison d'Urtubie d'Urrugne et du seigneur de Saint-Pée, étaient exclus de ces délibérations. Et le curé n'y participait que pour des questions intéressant son sacerdoce. Les maîtres de maison, ainsi assemblés, délibéraient et décidaient, à égalité de voix, des affaires concernant la paroisse et même l'ensemble du pays...

Le *Biltzar* du pays de Labourd qui se réunissait chaque année au château de la Motte à Ustaritz, groupait les délégués des 35 paroisses labourdines sous la présidence du bailli. Par son organisation très particulière et par ses très larges attributions, cette assemblée était fort différente des Etats-particuliers qui avaient exceptionnellement subsisté dans d'autres provinces du royaume pendant la période monarchique. Alors que les Etats étaient par tout, même en Soule et en Basse Navarre, composés de représentants des trois ordres: noblesse, clergé et tiers-état, le Biltzar du pays de Labourd ne comprenait que des délégués du tiers. Comme aux assemblées paroissiales, les nobles et les clercs en étaient exclus. Cette particularité vient probablement de ce que la division de la société en ordres fut bien postérieure à l'organisation politique du peuple basque et qu'elle n'y pénétra qu'imparfaitement et inégalement selon les régions (elle se retrouve d'ailleurs en Biscaye, en Guipúzcoa et en Alava.)

Par ailleurs, alors que les Etats provinciaux ne pouvaient, sous la monarchie absolue, en France, se réunir que sur convocation d'un commissaire du roi qui assistait aux débats et qui, en Espagne, était le "corregidor", équivalent espagnol de notre intendant, le *Biltzar*, lui, était convoqué par le syndic général qui était l'agent permanent du pays, élu par le *Biltzar*, soit à la demande du bailli ou du gouverneur, soit de son propre mouvement. En dépit de l'ordonnance signée par Louis XIV à Saint-Jean-de-Luz le 3 juin 1660, aucun commissaire du roi n'y assistait; sa présence y aurait d'ailleurs été inutile, tous les débats ayant lieu en langue basque.

...Le pays de Labourd jouissait de son propre budget qui était chaque année examiné en *Biltzar* et celui-ci pouvait créer et lever des impôts locaux. Ce pays jouissait donc d'une très grande autonomie financière. Il la conserva jusqu'à la Révolution de 1789. Seul l'entretien des routes, qui étaient en très mauvais état, lui fut enlevé en 1778 pour être confié à l'administration des Ponts et Chaussées.

Cette situation privilégiée ne peut s'expliquer que par l'acharnement mis par les Labourdins à défendre leur autonomie sans cesse menacée par la politique monarchique. Mais, respectueux de la tradition et des droits acquis, les monarques, même les plus absolus, cédaient devant l'obstination basque et, à l'exception d'un fisc de plus en plus exigeant, la tutelle royale n'était guère pesante. D'ailleurs les cahiers de doléances rédigés en 1789 par le Tiers Etat labourdin apparaissent réactionnaires au milieu du désir de changement qui animait l'ensemble de cet ordre en France.

Privilégiés au point de vue fiscal, préservés par leurs institutions juridiques tant de la domination seigneuriale que des investissements des capitalistes urbains, évitant par leur système social le prolétariat rural, tous propriétaires de leurs terres, libres, indépendants et égaux entre eux, participant tous à la vie politique de leur pays, les membres du Tiers Etat labourdin ne manifestaient à la veille de la Révolution aucun désir de changement. A leur grande stupéfaction, la nuit du 4 août 1789 mit fin aux privilèges. Dans leur candeur naïve, les membres du *Biltzar*... adressèrent en septembre 1789 une protestation indignée au président de l'Assemblée Nationale. Les révolutionnaires ne prêtèrent aucune attention au cas de ce petit pays perdu au pied des Pyrénées, qu'ils accusaient d'être "pétrifié dans une obstruction stérile."...les trois provinces basques furent réunies au Béarn pour former le département des Basses-Pyrénées avec Pau pour chef-lieu. L'oeuvre unificatrice des rois de France était achevée. Le pays de Labourd n'était plus qu'un district, intégré, contre le gré de ses habitants, dans la Nation française, une et indivisible.

Paradoxalement, les Basques, de tous temps libres, égaux et naturellement démocrates, perdirent en France, au nom de ces mêmes idéaux, leurs libertés, virent se développer au sein de leur communauté des inégalités sociales et la plupart, trop pauvres pour être des citoyens actifs, ne participèrent même pas à la désignation au suffrage censitaire des députés à l'Assemblée Nationale...

Les institutions juridiques séculaires qui constituaient le ciment de l'organisation sociale du Pays basque furent brutalement remplacées par une législation commune à tous les Français. C'était le triomphe de la loi, "expression de la volonté générale", sur la coutume d'origine populaire. C'était la consécration de l'unité nationale, abstraite et impersonnelle et la destruction inévitable de la réalité du Pays basque.

Telle était la société basque et telle pourrait être la nouvelle société qui s'édifie en Euskal Herri depuis que les trois provinces d'Alava, Guipúzcoa et Biscaye ont retrouvé leur statut d'autonomie au sein du royaume d'Espagne, si les Basques d'aujourd'hui ont la sagesse de leurs pères et si, sans se laisser impressionner par le modèle de nos sociétés contemporaines, ils savent retrouver dans l'histoire l'esprit de leurs institutions et l'adapter à notre monde moderne.

-- Maïté Lafourcade, "Le particularisme juridique", <u>Etre Basque</u>, éd. J. Haritschelar

La littérature basque: Pierre Topet Etchahun

The following poems are from the works of Pierre Topet Etchahun, a nineteenth-century poet from the province of Soule, and that province's greatest literary representative to this day. Many of his poems are autobiographical, drawing inspiration from an eventful and difficult life. As a young man, he was forced by his father to give up the woman he loved in favor of marriage to a rich heiress who loved someone else, like the narrator of *Ürx'aphal bat* below. Apparently his wealthy bride conspired to have him sentenced to a prison term, but the poet did not improve his situation on his release by assaulting a neighbor whom he suspected of being the object of his wife's affection. After his second prison term, his own family drove him out of his home, and he led the life of a hobo. Topet Etchahun is best known for his satires, of which two examples follow *ürx'aphal bat*. These selections are taken from Jean Haritschelar's L'oeuvre poétique de Pierre Topet-Etchahun, Bilbao, 1970.

Ürx'aphal bat

Ürx'aphal bat badügü herrian trixterik,
Nigarrez ari düzü kaloian barnetik,
Bere lagün maitiaz beit'izan ützirik:
Kuntsola ezazie, ziek adixkidik.

Oi! ene izatia dolorez betherik!
Mündian ez ahal da ni bezañ trixterik,
Ni bezala maitiak traditü dianik,
Habil Amodiua, hürrün ene ganik.

Traditü zütüdala deitazüt erraiten;
Bata bezañ bestia biak akort ginen,
Ene bihotza düzü zuri bethi egonen:
Kitatü behar zütüt lotsaz etxekuen.

Oi ene traidoria zer dyzü erraiten?
Elhe faltsü erraitez etzireia asetzen?
Ene flakü izanez zira prebalitzen,
Hortarik ageri' zü nunko seme ziren.

Maitia nahi zütüt segreki mintzatü,
Arrazuak dereitzüt nahi esplikatü;
Bihotz orzo züntüdan osoki maithatü:
Kitatü behar zütüt, hiltzera nuazü.

Thunba bat nahi dizüt lürpian ezarri,
Ene khorpitz trixtia gorde mündiari,
Ene ixter begiak ditian liberti:
Akort izanen zira zü ere haieki.

Une Tourtourelle

Nous avons au village une tourterelle triste,
Elle pleure de l'intérieur de sa cage
Car elle a été délaissée de son compagnon aimé:
Consolez-la, vous, mes amis.

Oh! mon existence est pleine de douleurs!
Il ne doit pas exister d'aussi triste que moi dans le
monde
Qui ait été trahie comme moi par son bien-aimé;
Va t'en, Amour, éloigne-toi de moi.

Vous me dites que je vous ai trahie;
L'un comme l'autre, tous deux nous étions
d'accord.
Mon coeur vous restera toujours;
Je dois vous abandonner par peur de mes parents.

Oh! traître, que dites-vous?
N'êtes-vous pas rassasié de dire des paroles
fausses?
Vous vous prévalez de ma faiblesse,

Par là, vous montrez bien à quelle famille vous
   appartenez.

Ma bien-aimée je veux vous parler en secret,
Je veux vous expliquer les raisons;
De tout mon coeur je vous avais donné entièrement
   mon amour,
Je dois vous abandonner, je vais mourir.

Je veux creuser une tombe sous terre,
Cacher mon triste corps au monde;
Que mes ennemis se divertissent,
Vous serez d'accord vous aussi avec eux.

Gaztalondo handian

Gaztalondo handian agitü niz arrotz,
Apaïdü bat egin düt ezpeitzen gorgotz.
Untsa barazkaltüren nintzala nintzan botz,
Khümitatzalia aberats nilakotz.
   Zopak nütin arthoz,
   Salda ahül gatxotx
   Godalia hur hotz,
Eta hetaik landa bi pattako erhotz.

Zopa jan nianian ni alde orori so
Zer othe ükhenen nin pattako hekiko.
Etxeko anderiak ekharri zin artho,
Ezpeitzian ogirik apaidü hartako.
   Zieta nin sakho,
   Gathülia manddo,
   Kullera zurezko,
Tahalla beltz ta xathar bat lunjeratako.

Etxeko anderia aberats zira zü,
Jenerus ere bai arrotza handi badüzü;
Bena nahi bazira izan uhuratü,

Eztüzü ez behar txipiez trüfatü,
  Zük botella hartü,
  Bester butillatü,
  Haier ez eskentü,
Holako kunpañetan eniz oano heltü.

Bazkari' ürhentzian bi paper nik hartü,
Bazkaria beitzeitaden hitzeman phakü.
Zük etxekanderia, ordin arud hartü,
Orori butillatü, eni ez eskentü.
  Nik hura galthatü,
  Nahiz ardu hartü,
  Zük ez konprenitü;
Hartakoz laur berset hoik ükhen dütüzü.

Dans le grand Gaztelondo

Dans le grand Gaztelondo je me suis trouvé invité;
J'y ai fait un repas qui n'était pas convenable.
J'étais heureux à la pensée que j'allais bien manger
      Mon hôte était riche.
      Les soupes étaient de méture,
      Le potage clair et insipide,
      La goudale d'eau fraîche,
Et, à la suite de cela deux pommes de terre à demi
      froides

Sitôt la soupe mangée, je regardais de tous côtés
Me demandant ce qui accompagnerait ces pommes
      de terre;
La maîtresse de maison apporta un pain de maïs
Car elle n'avait pas de pain pour ce repas;
      Mon assiette était ébréchée,
      Mon bol sans anse,
      Ma cuillère de bois,
La nappe était noire et j'avais un lange pour
      serviette.

Maîtresse de maison, vous êtes riche,
Généreuse aussi si votre invité est de marque,

Mais, si vous voulez être honorée,
Vous ne devez pas vous moquer des humbles;
    Vous avez pris la bouteille,
    Avez versé aux autres,
    N'avez pas offert aux humbles;
Je ne me suis pas encore trouvé en telle compagnie.

Lorsqu'approchait la fin du repas, je pris deux
    papiers
Car on m'avait promis le repas comme salaire.
Vous, maîtresse de maison, vous avez alors pris le
    vin,
Versé à boire à tous, à moi vous ne m'en avez pas
    offert,
    J'ai demandé de l'eau
    Voulant avoir du vin
    Vous n'avez pas compris:
Voilà pourquoi vous avez ces quatre couplets.

Lheille

Igaran Sen Bladiz, Ospitalesekin,
Hirur sos baizik enian ordian eneki;
Berriz agitzen baniz holako lagünekin,
Büria bethe gabe bertan bexuak goiti.

Eihartxe gañiala heltü nintzanin,
Iseia zunbait arte hartan egin nin;
Alde bata enia zela, bestia mementin,
Enintzala heltüren arras etsitü nin.

Etxerat nintzanina Añari oih' egin
Borta zabal lizadan barnilat sar nadin;
Eritarzün handi bat, hura dit khorpitzin,
Jaun bikariak behar dü hunat mementin jin.

Añak Añetari lehiatüki:
"Lheille heben diñagü hiltzen sübitoki,
Ekharran khürütxia ohe adarretik
Zeña dezagün et ezar Jinkuarekin".

Añetak Añari espiritüreki:
"Lheille eztün ez hilen oano horregatik;
Ama birjina din ikhusi broketaren xilotik,
Arren zeña dezagün Jinkuaren odoletik".

Lheille (a nickname)

Pour la dernière fête de Saint Blaise, avec les gens
      de l'Hôpital
Je n'avais que trois sous sur moi;
Si je me trouve encore avec de semblables
      compagnons,
Avant que cela ne porte à la tête, je lèverai le bras.

(Before it goes to my head, I will lift my arm to
      avoid being served more wine.)

Quand j'étais arrivé à Eyhartchia de haut,
J'avais fait quelques essais jusqu'alors;
Je pensais aller dans une direction, je pris l'autre
      sur l'heure,
Je perdis complètement l'espoir d'arriver chez moi.

Quand je fus à la maison, j'appelai Anna,
Qu'elle m'ouvrît la porte pour que je rentre chez
      moi;
Une grande maladie, j'ai de l'eau dans le corps,
Il faut que M. le vicaire vienne ici sur l'heure.

Anne à Annette avec empressement:
Lheille est ici et il meurt subitement;
Porte le crucifix de la quenouille du lit,
Après lui avoir fait le signe de la croix, mettons-le
      avec Dieu".

Annette à Anne avec esprit:
"Lheille ne va pas mourir encore à cause de cela;
Il a vu la Sainte Vierge par le trou du robinet,
(He had a vision of the Holy Virgin through the tap
        in the wine cask.)
Faisons-lui donc le signe de la croix avec le sang de
        Dieu".
        (le vin)

        --Jean Haritschelar, L'oeuvre poétique de
        Pierre Topet-Etchahun

La littérature basque: le *bertsolari, la pastorale*

Le *bertsolari* et son art

L'art littéraire basque connaît ce phénomène curieux qu'est le *bertsolari*, l'improvisateur. Sa production ne saurait être qu'orale, donc essentiellement fugitive. Elle a réussi parfois néanmoins a se fixer grâce à la mémoire de spectateurs émerveillés, qui ont retenu tel couplet particulièrement bien venu. Actuellement, le magnétophone permet de fixer cette intéressante production.

L'improvisation suppose un talent qui n'est pas commun. Le *bertsolari* doit posséder une mémoire prodigieuse, une vaste culture dans ce domaine propre de la chanson, le sens du rythme, une confiance en soi et en ses facultés créatrices, auxquels s'ajoute un esprit d'à propos qui permet une grande vitesse d'exécution. Croire à la spontanéité dans l'improvisation est, semble-t-il, une erreur, car le métier compte par dessus tout. On peut naître *bertsolari* - posséder les qualités innées indispensables - mais on devient bon *bertsolari*.

Comme l'auteur de chansons, l'improvisateur compose sur un aire donné. La différence, c'est que celui-ci compose sur le champ, sans avoir besoin comme l'autre de papier ni de plume. La mélodie suppose un certain nombre de rimes (*puntuak*). Le *bertsolari* doit donc avoir en tête les mots qui vont rimer, et son travail consiste à employer ces mots en finale de chaque vers. La difficulté s'accroît lorsque, passant des quatre rimes du *laur puntuko airea* (air à quatre rimes), on accède par l'air d'*Etxahun eta Otxalde* (cinq rimes) à celui de *Miñau eta Eihartxe* (huit rimes: quatre vers longs, trois vers courts, un vers long) ou à celui de *Hiltzerako khantoria* (neuf rimes: quatre vers longs, quatre vers courts, un vers long). Il est aisé d'apercevoir que l'entreprise est parfois périlleuse. En principe, le même mot ne doit pas revenir à la rime dans le courant de la même strophe: c'est ce qu'on appelle *poto egitea* (échouer). Il convient de dire cependant que la langue basque, grâce à sa flexion tant nominale que verbale, donne une abondance de rimes que n'ont pas d'autres langues. D'autre part, le *bertsolari* ne recherche pas la rime riche et se contente, tout comme le poète populaire, de l'assonance, qui peut porter soit sur une seule voyelle, soit sur deux voyelles sans tenir compte ni de la consonne finale quand il y en a une, ni de la consonne intervocalique. Cette facilité ne diminue cependant pas les mérites de l'improvisateur car, si "amour" rime avec "toujours" en français, improviser deux vers avec ces rimes requiert d'autres qualités...

Le *bertsolari* est l'homme de la fête basque. Il est rare qu'on le fasse venir seul; il a presque toujours un adversaire. Dans ces rencontres amicales, l'un d'entre eux propose le sujet en chantant et, par le fait même, l'air sur lequel se fera l'improvisation. Le concurrent se doit de répondre sur le même air. Dès lors la partie s'engage. Mais dans les concours d'improvisateurs, les sujets sont imposés par un jury, et ils peuvent mettre en présence deux ou plusieurs *bertsolari*. Ces sujets sont très divers, depuis les classiques oppositions montagne/mer, homme marié/célibataire, eau/vin, soleil/lune, robe longue/mini-jupe...jusqu'aux sujets fournis par l'actualité, y compris l'actualité politique ...L'esprit caustique du *bertsolari* lui permettra le dialogue plein d'esprit, de sel et de poivre, sinon du piment rouge. Le sujet aidant, l'improvisateur se permettra aussi les sous-entendus, les allusions grivoises, parfois même les mots crus.

Dans certains exercices, les rimes sont fournies par le jury; le *bertsolari* doit les retenir et si possible les redonner dans l'ordre. Dans d'autres on impose le premier vers et par conséquent la rime: l'improvisateur doit, sur le champ, trouver les autres (au moins trois), tout en poursuivant l'idée contenue dans le premier vers. Enfin, dans l'exercice intitulé *puntuka*, tous les *bertsolari* sont réunis: le premier donne le premier vers et impose l'air, chacun des autres improvise un seul vers en respectant la mélodie et la rime. On peut ainsi se rendre compte que le concours de *bertsolari* est une épreuve délicate au cours de laquelle il faut triompher de beaucoup de difficultés.

La pastorale

Parmi les théâtres ruraux de France, seul le théâtre basque de "pastorales" a survécu de nos jours...

Des tréteaux montés sur des tonneaux, soit dans un pré (Barcus, 1962; Sainte-Engrâce, 1976), soit sur la place du village ou le fronton (Gotein, 1963; Mauléon, 1966), sans autre décor que des draps surmontés d'une cahute destinée aux musiciens, tel est l'espace scénique de la pastorale. Deux portes, celle de droite (à gauche pour les spectateurs), par où entrent en scène les chrétiens ou bons, représentant les puissances du Bien, personnages dans le costume desquels domine le bleu, celle de gauche (à droite pour les spectateurs), par où entrent les Turcs, symbolisant les puissances du Mal, vêtus de costumes à dominante rouge, établissent cette division du monde en deux parties distinctes, que le spectateur ne peut confondre. Les acteurs, dirigés par le régent ou institutuer de pastorale, metteur en scène et souffleur à la fois, chantent leurs rôles sur une musique traditionnelle; ils évoluent sur la scène selon des règles fixes, la gesticulation étant de mise pour les méchants, et contrastant avec le rythme compassé des bons. La pièce, précédée par la "montre", défilé des acteurs dans le village jusqu'au lieu ludique, commence par un prologue (*aintzin pheredikia*), véritable résumé de la pastorale, chanté par l'acteur qui a la meilleure voix, et se termine par l'épilogue ou *azken pheredikia*, où l'auteur remercie l'assistance. Le spectacle est total, grâce à l'adjonction des "satans", envoyés du diable pour mettre la brouille, qui réjouissent les spectateurs par leurs saillies comiques, et les charment par leurs danses. Les batailles, rythmées par le cliquetis des épées qui s'entrechoquent, tiennent plus d'un ballet accompagné par la musique des instruments, qui règle aussi les entrées et les sorties de scène. C'est vraiment un théâtre populaire, joué par des acteurs de même sexe, monté par les gens d'un seul village pour divertir leurs semblables.

Hérelle (Georges Hérelle, professeur au lycée de Bayonne et historien du théâtre basque des origines à la guerre de 1914-18) pense que la pastorale est une littérature spécifiquement souletine...

Pour lui, leur origine est dans le théâtre médiéval français, dans les "mystères" dont elles ont gardé toute la technique. Quand il examine les deux répertoires (français et basque), il y découvre de très profondes analogies, et en particulier une répartition similaire en cycles relatifs a l'Ancien Testament, au Nouveau Testament, à l'Hagiographie, aux Romans de geste et d'aventures, à l'Histoire légendaire.

...Hérelle pense qu'à l'instar des autres théâtres ruraux, morts au cours du XIX siècle, le théâtre basque ne tardera pas à mourir...

L'analyse des causes de décadence et de mort à laquelle il se livre apparaît solide. Retenons-en: la transformation de la civilisation rurale (après 1920), le mépris des gens qui ont pu voir en ville d'autres formes scéniques, l'école - non point à cause de l'enseignement de l'histoire qui rendrait impossibles les anachronismes si charmants et naïfs des pastorales, mais parce qu'elle est l'instrument premier de la perte de la langue, qu'entrevoyait Hérelle. Thèse que l'évolution ultérieure semble corroborer: caractère irrémédiable de l'évolution des moeurs... dépeuplement des campagnes, et tout particulièrement de la Soule, perte continuelle de la langue basque...

Hérelle avait arrêté ses travaux vers 1925-1928; personne n'est venu ajouter le chapitre indispensable à l'histoire de la pastorale depuis 1918...Hérelle a montré, au cours des siècles, le passage des thèmes religieux aux thèmes profanes, en particulier relatifs à l'histoire de France, avec les pastorales écrites par Aguer au début de ce siècle. Il annonçait d'autre part la fin prochaine de ce théâtre. Or, très exactement au contraire, il s'est écrit depuis 1920 autant de pastorales que n'en produisit le XIX siècle, et, si l'on en juge par le nombre de spectateurs, (7 000 environ pour trois représentations de *Santa Grazi* en 1976), elles n'ont jamais suscité autant d'engouement.

Certes, on joue des pièces du répertoire ancien, mais en 1929 est représenté à Barcus Guillaume II, oeuvre de Pierre Appeceix: pour la première fois, des événements récents sont portés à la scène par ceux mêmes qui en ont été les acteurs. Le thème étant contemporain, les vêtements le sont aussi.

De l'attentat de Sarajevo à la signature de l'armistice se déroulent des tableaux originaux: siège de Liège, bataille de la Marne, bombardement de la cathédrale de Reims ... Le manichéisme traditionnel est conservé: les Alliés symbolisent les puissances du Bien, les Allemands ... celles du Mal. L'invocation à Jeanne d'Arc avant la bataille de la Marne est dans le droit fil du nationalisme français; elle correspond au climat de l'avant-guerre, qui a vu trois représentations en vingt ans de la pastorale de Jeanne d'Arc, reprise encore à Mauléon en 1928. Une scène va toutefois retenir notre attention: celle de la mort du poilu **barkoxtar**, faisant ses adieux à sa patrie et à son village dans une sorte de mélopée plaintive. D'un seul coup, la pastorale quitte les sentiers glorieux de l'histoire de France, et se fixe sur la terre natale. Ce ne sont plus empereurs, rois ou reines, martyrs ou saints qui entrent en scène, mais un homme de chair et de sang, un compatriote, un voisin même. La pastorale soudain s'enracine dans la terre basque, ce qui ne lui est jamais arrivé pratiquement, en dehors de *Üskaldünak Ibañetan*, ... C'est l'amorce de nouveaux thèmes, que nous verrons se développer après la Seconde Guerre mondiale.

Curieusement, c'est encore à Barcus que va naître la véritable pastorale du XXème siècle, qui prend ses sujets dans la vie même du Pays basque, s'empare de thèmes touchant son histoire. Le nouvel auteur est un paysan de Trois-Villes, Pierre Bordaçarre dit Extrahun, poète et improvisateur basque qui, à partir de 1953, écrit neuf pastorales nouvelles: ses règles sont qu'il y ait de l'action, que cette action se passe dans notre pays, et que le personnage principal meure, ce qui permet une très belle scène finale.

... *Matalas* (1955) évoque un événement de l'histoire politique des Souletins, la révolte contre le pouvoir central en 1661 sous l'impulsion du curé de Moncayolle, Bernard de Goyhenetche, surnommé Matalas. Les troupes placées sous le commandement de Calvo la répriment et s'emparent de Matalas, qui est décapité. Dans l'univers manichéen de la pastorale, les Bons sont les révoltés, tandis que les troupes de répression incarnent les Méchants.

... L'année 1976 voit la création d'une pastorale d'un type nouveau, due à la plume de Junes Casenave, natif de Sainte-Engrâce et directeur du cours Etchecopar à Saint-Palais. Il n'y a pas de "sujet", c'est-à-dire de personnage principal, dans *Santa Grazi*. Le village de Sainte-Engrâce est, en réalité, le héros de la pièce. C'est une anthropologie de ce village que l'auteur nous propose. Certes on y trouve deux batailles du passé: elles mettent les Basques aux prises avec Dagobert et son lieutenant Arimbert, qui sont écrasés dans les ravins d'Ehüjarre et Kakueta, puis avec les troupes de Jeanne d'Albret au moment des guerres de religion. Mais cette évocation rejoint celle de la construction de l'église romane, joyau du village, par les remarquables artisane de l'époque. Le pays est vivant par ses bergers et leurs antiques habitudes, leurs querelles, mais leur solidarité en face de l'ours; par les contrebandiers dont on rappelle les hauts faits (la contrebande passée dans un cercueil au temps du curé Haritxabalet), et aussi les dures épreuves (avec les morts de Lepoxine). Le retour du marché de Tardets, les angoisses des parents âgés dont le fils est resté célibataire, l'orgueil de celui qui demeure au pays, constituent la trame des petits faits divers de cette histoire interne - cette " intrahistoria", dirait Unamuno -, qui fait la vie de tous les jours, aujourd'hui comme autrefois.

La pastorale a abordé un nouveau tournant, le village protagoniste étant plus abstrait que le héros dont on raconte la vie. Cet essai original restera-t-il sans lendemain? En fait, on accourt de tout le Pays basque pour voir une pastorale qui au XXème siècle a su garder dans sa mise en scène l'essentiel de sa tradition, mais a su renouveler les thèmes en les basquisant. Théâtre populaire dès son origine parce que joué par le peuple pour le peuple, il devient théâtre national par son évocation du passé historique ou légendaire; s'il était l'école du peuple du point de vue religieux, il reste l'école où le peuple peut apprendre son pays et son histoire. Les deux dernières pastorales *Ibañeta* de Junes Casenave (1978) et *Iparragire* d'Etxahun (1980) ne font que confirmer ce dernier jugement.

-- Jean Haritschelar, "La création littéraire orale et écrite", Etre Basque, éd. Jean Haritschelar

Le folklore du Pays Basque Nord

Les Laminak à Saint-Pée

Il y a quelque deux ou trois cents ans, les *Laminak*, dit-on, avaient une demeure à Saint-Pée, sous le pont d'Utsalea. Mais, on avait beau y regarder, personne ne pouvait rien savoir de cette retraite.

Une fois, cependant, raconte-t-on, un de ces *Laminak* allait mourir. Ses compagnons savaient fort bien que son heure était venue; et, fatalité, il ne pouvait absolument pas trépasser, sans qu'un être humain -- qui ne fût pas un *Lamina* -- fût venu le voir et eût récité devant lui une prière, si petite fût-elle!

Les *Laminak* avaient un ami à Gaazetchea; l'un d'entre eux s'en fut donc auprès de lui:

« Par grâce, vous allez venir jusque chez nous!...Un de nos compagnons est très mal, et il ne pourra exhaler son dernier souffle que vous ne l'ayez vu et que vous n'ayez dit une petite prière pour lui. Vous aurez un beau salaire: une somme de cinquante francs, sans compter quelque étrenne. »

Cinquante francs n'étaient pas alors faciles à gagner...La femme de Gaazetchea se résout donc à l'expédition, et advienne que pourra!...

* * * * * * * * * * * * *

Tandis qu'ils s'acheminaient tous les deux vers le pont d'Utsalea, le *Lamina* dit à sa compagne:

"S'il vous arrive d'entendre quelque bruit, tout à l'heure, tandis que vous sortirez de chez nous, ne regardez pas, je vous prie, en arrière! Allez toujours votre chemin, droit devant vous. Sans cela, vous perdrez votre cadeau, et vous ne vous en serez même pas doutée.

-- C'est bien. Je ne vais certes pas regarder en arrière! "

Les voilà donc près du pont d'Ustalea. Il leur fallait traverser, pour entrer dans la maison. Le *Lamina* frappe l'eau avec une sienne baguette, et, tout de suite, l'onde se divise en deux parts. Tous deux ils passent; et, derechef, de sa baguette, le Lamina frappe l'eau qui reprend immédiatement sa place.

La femme pénètre dans la maison; elle dit une prière devant le *Lamina* expirant et s'apprête à sortir.

Mais les *Laminak* n'entendaient pas qu'elle s'en allât ainsi, sans s'être du tout restaurée: " Elle mangerait bien une bouchée tout au moins! "

Ils lui servent donc un fort bon repas; et puis, en plus d'une somme de cinquante francs, ils lui remettent une tabatière en or.

* * * * * * * * * * * * *

Ravie, elle s'en retournait donc chez elle. Tout à coup, entendant quelque bruit, elle tourne la tête...Adieu! Sans même qu'elles s'en rende compte, elle perd...sa tabatière en or!

Toujours avec son *Lamina*, elle arrive au bord de l'eau. Comme précédemment, le *Lamina* prend sa baguette et frappe. Mais, cette fois, l'eau ne s'est point divisée.

Il frappe encore une fois; mais, encore une fois, bien inutilement. Dès lors, le *Lamina* savait pourquoi l'eau ne se divisait pas; mais il n'osait pas s'en ouvrir encore à sa compagne. Une dernière fois, il frappe avec la baguette...Et l'eau de demeurer toujours immobile!

Le *Lamina* dit alors à la femme:

" Vous devez avoir, sur vous, quelque petite chose à nous et que vous aurez prise par mégarde? "

Elle veut dissimuler et répond:

" Je ne crois pas, Madame *Lamina*!...à moins que ce ne soit quelque épingle... "

Elle se fouille et dit:

" Non, non, je ne trouve rien.

-- Cependant, je n'arrive pas à diviser l'eau!...Et dès lors, si vous ne dites pas votre larcin, nous voilà ici pour un moment! "

Et la bonne femme de dire alors: " Tout ce que j'ai sur moi, c'est un tout petit peu de votre pain que j'ai pris dans le coin de mon mouchoir, afin de montrer chez moi combien il est blanc. (Il l'était, dit-on, plus même que la neige.)

-- C'est une chose qui peut arriver à tout le monde...Mais on ne peut rien emporter de chez nous. Voilà pourquoi vous me rendrez ce pain, je vous prie, personne ne devant jamais rien voir de ce qui nous appartient."

La brave femme lui rend donc le pain, et à peine la baguette a-t-elle effleuré l'eau, que, tout de suite, cette eau s'entrouvre et se range.

En même temps aussi s'évanouissait le *Lamina*...

* * * * * * * * * * * * *

La pauvre femme de Gaazetchea, cette nuit, y gagna d'avoir fait son voyage pour rien, car, tandis qu'elle s'en revenait, les cinquante francs fondirent eux aussi dans sa poche!

Voilà pourquoi, de nos jours encore, nous ne savons pas au juste des *Laminak*, ni ce qu'ils sont, ni de quoi ils se nourrissent, ni dans quelles habitations ils vivent.

Trentekutchilo

Un jour, dans le temps que le temps Seigneur Jésus et saint Pierre cheminaient en Pays Basque, ils rencontèrent un ancien soldat qui mendiait, parce qu'il avait été quelque peu blessé.

Le vieux soldat demanda donc une aumône au Seigneur Jésus. Et le Seigneur de lui répondre qu'il n'avait point d'argent, mais qu'il lui donnerait tout de même quelque chose: « Voulez-vous un <u>sac</u> tout de suite ou le <u>ciel</u> plus tard? »

Et saint Pierre lui soufflait à voix basse:

« Demande-lui le ciel...le ciel! »

Et l'homme de lui répondre tout haut:

« Vous en parlez à votre aise, vous!... S'il ne nous fallait pas vivre avant d'aller au ciel, oui!... Seigneur, donnez-moi, je vous prie, un sac. »

Et, lui donnant un sac, le Seigneur Jésus dit:

« Au moindre besoin, vous aurez assez de lui dire: *Trentekutchilo*!

* * * * * * * * * * * *

Bonjour et mille mercis, notre homme s'en fut, tandis que saint Pierre le gourmandait à voix basse. Et, tout de suite après, voilà que survient un boulanger avec une voiture remplie de pains encore tout chauds. L'ancien soldat demande au boulanger s'il veut bien lui donner un peu de pain.

« T'imagines-tu donc que j'ai mes pains pour toi? Tu n'en auras pas. Va ton chemin! »

Ah! oui bien?... Le mendiant de crier aussitôt: *Trentekutchilo*!... Et le sac de se remplir instantanément de pains. Notre homme s'en fut aussitôt joyeusement, ayant des vivres pour quelques jours.

* * * * * * * * * * * * * *

Vite après, un collecteur d'impôts vient à passer avec un âne tout chargé d'argent. Et notre homme de lui crier:

« Donnez-moi, je vous prie, quelques sous.

-- Quelques sous? Non! Pas un liard seulement! Penses-tu que ce soit pour ton joli minois que j'ai recueilli tout cet argent? »

Il tombait bien de parler ainsi! Le vieux soldat de crier aussitôt: *Trentekutchilo*! Et son sac de se remplir d'or instantanément.

Et il se trouva riche.

* * * * * * * * * * * * * *

Vite après, il se maria. Et il vivait heureux, allant béatement faire sa promenade de tous les jours.

Et voici qu'un jour, il se rend compte que sa femme devient sombre et s'étiole, tous les jours un peu plus:

« Qu'avez-vous donc pour être triste ainsi? N'auriez-vous pas tout ce que vous désirez? »

Sa femme, d'abord, n'osa lui rien avouer. Mais, ensuite, elle lui confia qu'à chaque fois qu'il était sorti, un homme grand et laid, un monstre, venait qui la mettait dans des transes terribles.

Le lendemain, le vieux soldat, ayant simulé une sortie, se cacha dans le coin de la porte.

Arrive l'homme monstrueux. Le vétéran de crier: « *Trentekutchilo*! » Et le monstre de s'enfermer aussitôt dans le sac, la tête la première. Le soldat le frappe alors et le roue de coups et fimalement... le tue.

Puis, il porte les ossement du monstre chez le forgeron du village, lui demandant d'en faire quelque chose.

Le forgeron voulut en faire une croix. Mais, en aucune manière il ne put parfaire l'ouvrage. Et c'est ainsi qu'ils se convainquirent que ledit monstre était un démon.

Le vétéran mourut enfin de vieillesse. Mais, auparavant, il demanda que sa femme lui fît la grâce de mettre le sac dans son cercueil.

Il s'en fut donc, avec son sac, à la porte du ciel.

Mais saint Pierre, sans le moins du monde ouvrir sa porte, le dévisagea d'une petite fenêtre, et ayant tout de suite reconnu l'homme, il se mit à lui crier:

« Où viens-tu?... Au ciel? Toi, au ciel?... Lorsque, jadis, le Seigneur te donna le choix entre ce ciel et un sac misérable, dare dare tu laissa le ciel pour le sac! Avec ton sac, va maintenant où tu voudras. » Et, vivement, il referma la petite fenêtre.

Le pauvre homme s'en allait donc en enfer. Mais, devant lui, aussitôt, des diables surgissent innombrables, qui, la fourche pointue dans les mains, se prennent à lui crier:

« Où penses-tu venir?...En enfer?...Polisson que tu es! Il y a de cela quelques années, sur terre, tu nous as tué notre père. Va-t'en d'ici, si tu es sage, et vivement encore!... »

Il s'en revient donc du côté du ciel.

Cette fois, par mégarde, saint Pierre avait laissé la porte entrouverte. Le vieux soldat entre donc dans le paradis.

Mais saint Pierre eut assez vite fait de le remarquer et lui cria d'avoir à vider les lieux, et un peu vivement!

Notre homme eût désiré dire quelque chose. Mais saint Pierre ne voulait rien entendre.

Ne sachant plus à quoi se résoudre, le vieux soldat alors de s'écrier: *Trentekuchilo!* Et saint Pierre se trémoussait, refusant d'entrer dans le sac...Mais, Dieu me pardonne! de gré ou de force, il lui fallut bien y entrer, le Seigneur Jésus, autrefois, l'ayant ainsi décrété.

Sur ces entrefaites, la Sainte Vierge s'approcha de cet esclandre.

Elle écouta les raisons du vieux soldat, et puis tout de suite, dans un sourire, elle arrangea toutes choses. Elle délivra saint Pierre, l'apaisa affectueusement, et...fit entrer le soldat dans le ciel.

Quand, un jour, nous y serons nous-mêmes, nous l'y verrons, tout à côté de la porte, sur la droite.

-- J. Barbier, J.-F. Cerquand, <u>Contes populaires et légendes du Pays Basque</u>, éd. Claude Seignolle

Le Basa-Jaun Aveugle

Deux soldats du même quartier, ayant obtenu leur congé, s'en revenaient ensemble à pied à la maison. En traversant une grande forêt, la nuit les surprit. Mais comme au crépuscule ils avaient aperçu une fumée dans une certaine direction, ils se dirigèrent de ce côté-là et trouvèrent une mauvaise cabane. Ils frappèrent à la porte; on demanda de dedans: « Qui est là? --Deux amis. --Que voulez-vous? --Un logement pour cette nuit. » La porte s'ouvrit; on les laissa entrer, et la porte se referma. Les soldats, quel que fût leur courage, furent effrayés de se trouver en présence d'un *Basa-Jaun:* tout le portrait d'un homme, mais couvert de poils et avec un seul oeil au milieu du front.

Le *Basa-Jaun* leur donna à manger. Après leur souper, il les pesa et dit au plus lourd: « Toi pour ce soir, l'autre pour demain » ; et tout aussitôt il perça le plus gras de part en part d'une grande broche, sans même lui ôter ses vêtements; il attacha les membres à la broche, le fit rôtir à un grand feu et le mangea. L'autre demeura tout effrayé, ne sachant que penser pour conserver sa vie.

Le *Basa-Jaun*, bien repu, s'endormit. Aussitôt, le soldat prit la broche qui avait servi à faire rôtir son soldat camarade, la fit rougir dans le feu, l'enfonça dans l'oeil du *Basa-Jaun* et l'aveugla. Le *Basa-Jaun*, hurlant, courut partout pour trouver l'étranger; mais le soldat d'était tout de suite caché dans l'étable, au milieu du troupeau de moutons du *Basa-Jaun*, ne pouvant sortir parce que la porte était fermée.

Le lendemain matin, le *Basa-Jaun* ouvrit la porte de l'étable et, voulant s'emparer du soldat, fit passer les moutons qui sortaient entre ses jambes un à un; mais il était venu à l'esprit du soldat qu'il devait écorcher un mouton et se revêtir de sa peau, afin que l'aveugle ne attrapât point. Comme le *Basa-Jaun* touchait tous les moutons, la peau de l'un d'eux lui resta dans les mains, et il pensa que l'homme avait passé par-dessous.

Le soldat s'échappa mais le *Basa-Jaun*, qui lui courait après comme il pouvait, lui cria: « Tiens, prends cet anneau, afin que quand tu seras chez toi tu puisses raconter quelle merveille tu as faite! » Et il lui jeta l'anneau. Le soldat le ramassa et le mit à son doigt; mais l'anneau se mit à parler et à dire: « Je suis ici! Je suis ici! » Le soldat courait, l'aveugle courait; c'était comme une seule même pièce. Le soldat, épuisé, craignant que le *Basa-Jaun* ne l'attrapât, pense, en arrivant auprès d'une rivière, à y jeter l'anneau, mais il ne put le sortir de son doigt. Alors, il se coupa le doigt et le jeta avec l'anneau dans la rivière.

L'anneau, du fond de l'eau, continuait à crier: « Je suis ici! Je suis ici! » Le *Basa-Jaun*, entendant cet appel, entra dans l'eau et s'y noya.

Le soldat passa alors la rivière sur un pont et s'échappa bien heureux à sa maison.

-- J. Barbier, J.-F. Cerquand,
Contes populaires et légendes du
Pays Basque, éd. Claude Seignolle

La Danse basque

La mascarade

La base de la mascarade souletine selon Eugène Goyhénèche, professeur à l'Université de Pau, est un acte guerrier: l'attaque d'un village par des guerriers d'un autre village.

Le cortège est constitué de deux partis: les rouges et les noirs. Les rouges vêtus avec recherche ont un rôle toujours flatteur; les noirs grossièrement travestis sont plutôt chargés des rôles bouffons. Les deux groupes sont séparés par deux musiciens, un *xirulari* et un *atabalari*. L'usage du *soinu* que le *xirulari* utilisait pour rythmer la danse s'est pratiquement perdu.

En tête du cortège rouge vient le *txerrero*, vêtu d'une veste rouge et d'un pantalon noir s'arrêtant au genou. Il porte des clochettes à sa ceinture et tient dans sa main un bâton terminé par une queue de cheval pour chasser les mauvais esprits.

Viennent ensuite *axuriak eta artzainak*, le berger et les agneaux. Ceux-ci ne dansent pas.

Le *gatuzain* à la veste bleue et au pantalon jaune. Il joue avec un pantographe qui représenterait les griffes du chat dont il est l'emblème.

Le *kantiniersa* (cantinière): ce personnage a remplacé la gitane des anciennes mascarades. Le clergé s'était inquiété de voir une femme dans un spectacle de danse et c'est à son intervention que nous devons ce personnage anachronique datant vraisemblablement du second empire.

Le *zamalzain* ou homme-cheval vêtu comme le *txerrero* mais coiffé de la *koha*, sorte de casque empanaché avec un miroir au-dessus du front. Autour de son corps, un bâti en forme de cheval richement orné, dont il tient les rênes de la main gauche, se balance au rythme de la danse.

Les *kukullero* qui sont au nombre de six ou huit sont vêtus d'une veste rouge galonnée d'or et d'argent, pantalons longs blancs et bérets rouges et blancs. Ils représentent les soldats du seigneur que figure le *zamalzain*. En principe sont brodés sur leur veste les attributs des différentes corporations qu'ils représentent. En 1972, dans la mascarade d'Aussurucq, à Mauléon et à Chéraute, ils étaient chargés de faire la quête.

Kerestuak (ou hongreurs) que Hérelle situe au milieu des personnages et Sallaberry après les paysans c'est-à-dire juste devant les noirs. Ils sont deux: le patron et son ouvrier.

Zapurrak (sapeurs) qui n'ont figuré que dans quelques mascarades de Basse-Soule.

Enseñaria, le porte-drapeau qui représente le mainteneur de la tradition. Ce personnage qui tient un rôle important en Haute-Soule est plus effacé en Basse-Soule où il ne danse pratiquement pas.

Pour terminer le cortège, nous trouvons *jauna eta anderea*, suivis de *laboraria eta laborarisa* (*etxeko andrea*), autrement dit un couple aristocratique suivi d'un couple de paysans.

Jauna, le monsieur est le personnage le plus important de la mascarade. Il en est le chef et tout le monde lui doit obéissance. Il est vêtu d'un habit et porte un chapeau haut-de-forme. Dans les temps plus anciens, il s'habillait d'un habit à la française de style Louis XV. C'est l'unique personnage de la mascarade à porter une épée.

Anderea, toute de blanc vêtue, donne le bras à *jauna* avec un chapeau à ruban de soie blanche, orné de fleurs et des souliers blancs. Naturellement, comme tous les autres acteurs, ce rôle est tenu par un homme.

Laboraria tient un *makila* (bâton) à la main, ce *makila* est orné de rubans rouges et blancs; l'*etxeko andere* se tient à sa gauche. Tous deux sont simplement vêtus d'un costume paysan.

Faisant suite au cortège des rouges, voici venir les noirs. Quelques rares fois, ils ont été l'exacte réplique des rouges, avec même un costume identique mais noir pour le *zamalzain*. Avec les nombreux *bulhame* (bohémiens) vêtus de costumes bigarrés et dépareillés, nous trouvons trois *kauterak* (chaudronniers), le patron, son ouvrier *Kabana* et leur apprenti, le *Pitxu*, turbulent et moqueur qui ne cesse de multiplier ses facéties. En 1972, à Mauléon, le patron *kauter* n'a cessé de commenter à haute voix les événements politiques ou autres d'actualité.

Les *txorrotxak* ou rémouleurs, qui portent sur leur casquette une dépouille d'écureil, sont deux et leur rôle consiste à affûter l'épée de *jauna* qui, en paiement, leur jette une poignée de piécettes que les *buhame* leur disputent âprement. Choisis parmi les meilleurs chanteurs du village qu'ils représentent, ils font le tour de la place en chantant des *kobla* (improvisations).

Quant aux autres personnages, ils peuvent être très variés et différents suivant les mascarades. Citons comme personnages apparus: les ramoneurs, le barbier, le médecin, le notaire, le charbonnier, les mendiants, pâtissiers et divers autres charlatans, et même, nous dit Augustin Chaho, un évêque.

Le déroulement de la mascarade a un aspect très traditionnel et ne varie pratiquement jamais.

Tout d'abord la prise de la barricade. Le village qui reçoit la mascarade dresse une barricade (aujourd'hui symbolisée par une simple rangée de bouteilles posées sur le sol). En premier lieu nous trouvons l'attaque générale par tous les personnages sauf les noirs qui ne dansent pas et se contentent de chercher des noises aux assistants. En principe les habitants du village dansent face aux rouges, de l'autre côté de la barricade.

Après l'attaque générale, les rouges dansent un par un et le *txerrero* saute par-dessus l'obstacle. Tous les participants se rendent alors sur la place (en général le fronton) prévue pour la représentation. Chaque personnage joue son rôle en le chargeant considérablement, à la manière des farces antiques et suivant un rituel mis au point avant la séance.

La fête se poursuit par une série de danses traditionnelles: *moneiñak, aitzine pika, satan dantza, gavota, godalet dantza*. Et tout se termine par *bralia* ou branle de Soule. Contrairement aux autres danses de cette journée qui sont exécutées par les seuls acteurs de la mascarade, *bralia* réunit tout le monde: acteurs et spectateurs.

Il se divise en trois parties: le *contrepas*, *brali jauztia* ou saut du branle et *karakoiltzia* ou escargot.

Le nom de contrepas est ici donné à un saut basque. *Brali jauztia* est une sorte d'intermède pour solistes. C'est le moment attendu par les connaisseurs qui jugent le danseur dans ses évolutions. Par contre *karakoiltzia* intéresse la chaîne entière et surtout l'*enseñari*, chargé de la guider. Car les évolutions du *karakoiltzia* se déroulent rarement comme le voudrait la théorie. Les jeunes gens qui reçoivent, incorporés à la chaîne, se font un plaisir d'en contrarier l'exécution.

Par contre les noirs de la mascarade protègent le branle de leur mieux, car si les assaillants parvenaient à immobiliser l'*enseñari*, ce dernier garderait la réputation de ne pas savoir mener le branle au grand déshonneur de la mascarade entière.

> -- Pierre Gil, groupe de danse Begiraleak, à Saint-Jean-de-Luz, from Association Lauburu: <u>La Danse basque</u>, Bidart: Association Lauburu, 1981.

Le Saut basque

... c'est à leurs danses masculines, et à la qualité de leurs exécutants, que les provinces basques de France doivent la réputation qu'elles se sont acquise en ces matières. Ces danses appartiennent à plusieurs types distincts. Le saut basque compte parmi les plus célèbres.

Réservée aux hommes, au moins dans l'exécution publique, cette danse difficile exige un apprentissage prolongé et une application soutenue. Par saut il faut entendre non une danse au sens étroit du terme, mais un genre représenté par des oeuvres nombreuses. Son unité tient à la nature de ses ressources techniques et aux principes assez stricts qui commandent leur emploi. Les constituants du saut sont des pas composés de dimensions variables, occupant le plus souvent de deux à six pulsations musicomotrices. Certains font progresser le danseur droit devant lui. D'autres lui font faire demi-tour sur lui-même et le laissent au terme à 180° de l'orientation qu'il avait au départ. Ces pas composés s'enchaînent entre eux selon des combinaisons multiples, qui se renouvellent sans cesse du début à la fin de la danse. Disposés sur un grand cercle, à distance égale les uns des autres, sans lien entre eux, les participants avancent tous ensemble, décrivant une portion de circonférence, font volte-face à la même seconde, cheminent dans l'autre sens, tournent encore, et ainsi de suite indéfiniment, suivant des trajets d'ampleur et de durée changeantes, toujours strictement mesurés. Les bustes sont droits, l'attitude hiératique, les bras collés au corps. Le travail savant des jambes absorbe toute l'attention.

... La fonction des sauts est à la fois récréative et cérémonielle. Ils ouvrent les bals et ils les concluent. Ils marquent les temps forts des journées de fête. Au dimanche de la fête patronale, à l'issue de la messe, ils sont après le "passe-rue" conduit par les musiciens, la première annonce des plaisirs profanes. On les danse devant la demeure des notables qu'on veut honorer, et, dans les tournées de quête de quelque apparat, devant les maisons dont on attend une gratification...

La danse la plus réputée est dite danse du verre (*godalet dantza*). Elle est, avec le *brale jauzte*, l'un des hauts moments de la fête. Un verre de vin est posé sur le sol. Les quatre *aitzindari* se rangent alentour, accompagnés du patron maréchal s'il est de force suffisante.

L'enseigne se joint à eux depuis une date récente. Tous, disposés en petit cercle, commencent par décrire des pas simples, dans un sens et dans l'autre. Puis, tandis que ses compagnons continuent leur danse d'ensemble, le patron maréchal - quand il y figure - se détache du cercle et se dirige vers le verre. Il danse alors autour et au-dessus de lui, sautant de côté et d'autre, et l'encadrant au plus près. Aux dernières mesures de l'air il quitte la danse.

Au couplet suivant le même rôle de soliste est tenu par l'enseigne. Au suivant par le *txerrero*. A la différence des précédents, celui-ci regagne le cercle de danseurs, son solo fini. Ainsi font successivement le *gatuzain*, la cantinière, enfin le *zamalzain*. Les quatre derniers interviennent tout à tour une fois encore, pendant quatre nouveaux couplets. L'épreuve est particulièrement redoutable pour la cantinière et le *zamalzain*, empêchés de bien voir l'obstacle, l'un par sa jupe, l'autre par la housse du chevalet. C'est d'eux pourtant qu'on attend les pas les plus savants, et ils ne les ménagent guère, frôlant à tout moment le verre, bondissant par dessus, retombant à le toucher dans des positions strictement définies. Au dernier couplet, la cantinière et le *zamalzain* se dirigent ensemble vers le verre. Cette fois le *zamalzain* monte sur le verre lui-même: il y pose son pied gauche et se dresse sur cet appui. La cantinière lui présente ouvert son tablier, censé contenir de l'avoine, et bat sans arrêt des "ailes de pigeon". Lui, cependant, trace calmement du pied droit un signe de croix. Puis tous deux d'un même élan s'élèvent verticalement, battent en l'air un entrechat double, et retombent face à face de part et d'autre du verre. Moment périlleux entre tous, dont l'issue heureuse déchaîne les applaudissements...

En d'autres ethnies la danse est agie par la communauté entière, qui trouve dans ce geste partagé un moyen d'exprimer et de renforcer son unité. Ici la danse n'est pas moins instrument de cohésion sociale, mais elle l'est d'une autre manière. Non plus par assimilation de chacun à tous, mais bien par délégation des pouvoirs à tout ou partie d'une classe d'âge, qui réalise la danse dans une forme supérieure, la jeunesse assurant ainsi dans la fête, avec le consentement et pour la joie du groupe entier, la fonction dont elle est plus particulièrement chargée.

Simultanément et inséparablement, tendance à la complication des structures. Dès le début du XVII siècle, parlant des branles, de Lancre note le goût des Labourdins pour la danse "découpée". Un rondeau landais, un branle berrichon, une *dañs-tro* bretonne, dansées en chaîne, répètent interminablement, dans un dispositif inchangé, une phrase de mouvement qui demeure fondamentalement la même. Geste simple, caractéristique du groupe local, et dont la succession uniforme conditionne l'efficacité qu'on en attend.

En Pays basque, même la danse mixte en chaîne, la moins éloignée aujourd'hui des anciens branles communs, s'agrémente habituellement de figures d'ensemble (retournements des danseurs, tours sur soi, enfile-aiguille, etc...) et ça et là rompt la monotonie du pas fondamental par quelques intercalations d'un style plus relevé. Elle tend elle-même à devenir un spectacle, fût-ce pour ses propres acteurs.

A plus forte raison les danses d'hommes effectivement destinées à la représentation ont-elles réalisé des structures complexes. La danse des *kaskarot* assemble, diversement selon ses phrases, trois ou quatre motifs de base. Les sauts, les danses de la pastorale et de la mascarade, organisent suivant des combinaisons renouvelables un nombre beaucoup plus élevé d'unités motrices. D'où résulte un psychisme de la danse fort éloigné de celui qui accompagne les danses à texture uniforme. Que l'expression demeure collective ou qu'elle s'individualise, toujours et partout il y a mémorisation et soumission appliquée à une leçon apprise. Toujours et partout la maîtrise consciente l'emporte sur l'abandon. Si jamais danse paysanne mérita le nom d'art c'est bien celle-ci, qui agence à des fins précises des matériaux soigneusement définis. Art savant quelquefois, par les ressources qu'il met en œuvre. Art populaire néanmoins par les milieux qu'il concerne et les fonctions qu'il y remplit.

-- Jean Michel Guilcher, "La danse traditionnelle dans les provinces basques de France", Etre Basque, éd. J. Haritschelar

La Pelote, sport national

Le sport qui exige à la fois force, adresse et agilité est la pelote.
Peut-être est-ce pour cela qu'il a ses lettres de noblesse en *Euskal
Herri*. Il semble que la pelote soit, selon toute vraisemblance, un
sport importé mais qui s'est si fortement enraciné au Pays basque
qu'il porte désormais le nom de pelote basque. Les premières variétés
pratiquées ont été ce que l'on appelle les jeux directs qui consistent à
se renvoyer la pelote directement. Il suffisait d'une pelote et d'une
aire de jeu suffisamment plate d'une cinquantaine de mètres de long
et d'une quinzaine de large. Pas de mur et l'on a, avec le sol en
herbe ou en terre battue, l'antique *sorhopil* des bergers que l'on peut
retrouver sur les hauteurs de Garzela, Erdigain, Meharroztegi dans la
vallée de Baigorri et des Aldudes. On joue à mains nues avec des
pelotes faites de laine et de coton recouvertes de cuir beaucoup plus
grosses qu'aujourd'hui et pesant fort lourd. Comme ces pelotes ne
rebondissaient que très peu on jouait surtout de volée...

Plus tard, on a cherché à protéger la main qui était soumise à une
rude épreuve et on a créé le gant de cuir d'une longueur à peine
supérieure à la main à l'origine et qui, petit à petit, a vu sa longueur
augmenter car elle permettait d'envoyer la pelote beaucoup plus loin.
On sait qu'à la paume les gants doubles avaiaent fait leur apparition
dès la fin du XV siècle et le début du XVI. Il est probable que leur
allongement est dû aux Basques. Avec le gant de cuir, on passe du
botaluze au *laxoa* avec des règles semblables. Même si un mur est
construit, le joueur n'a pas besoin de laisser ricocher la pelote contre
le mur, il peut la prendre de volée...

Le rebot... est bien dérivé du *laxoa*...Le rebot se joue en treize jeux
comme le *laxoa*, mais alors que le *laxoa* a pratiquement disparu (la
dernière partie à notre connaissance, s'est jouée à Santesteban en
Navarre en 1966), le rebot se joue plus et mieux que jamais. C'est
aussi parce qu'il a adopté un instrument nouveau qui est le chistera.
Cette invention, comme l'introduction du caoutchouc dans le noyau
central de la pelote, va révolutionner le vieux sport traditionnel. Les
gants de cuir, à force de s'allonger, deviennent très lourds, difficiles
à manier. L'utilisation du rotin ou de l'osier allège les instruments
d'une manière considérable. Le chistera est une sorte de panier
allongé ... fait avec des lattes de châtaignier, adaptées à une carcasse,
elle aussi en bois de châtaignier. On tresse ensuite de l'osier qui

donne à l'instrument la souplesse désirable. L'adoption du chistera se fait dans la décennie entre 1860 et 1870 et, dès lors, le rebot se différencie totalement du *laxoa*.

Le filet central, de 1,20 m de haut, se retrouve dans l'actuel jeu de *pasaka*, jeu direct qui se joue avec des gants de cuir entre des équipes de deux joueurs, un refileur et un cordier. On joue aussi en treize jeux comme au *laxoa* et au rebot, mais les pelotes sont plus volumineuses et le gant plus large et plus court. Il n'est nul besoin d'avoir un gant long, l'aire de jeu étant limitée par quatre murs...

Ces jeux directs sont sans conteste les plus anciens; leur filiation est reconnue, leur naturalisation faite. Ils représentent la manière de jouer qui nous vient au moins du Moyen Age et dont on a vu qu'elle avait subi de profondes modifications dans le courant du XIX siècle. Le bouleversement le plus important est dû cependant à l'apparition des jeux indirects, c'est-à-dire à l'utilisation d'un mur contre lequel on joue. C'est le jeu de **blaid** (*pleka* en basque)... On peut juger aussi de l'introduction de ces jeux qui devaient jouir d'un certain succès, mais auxquels on demandait de s'incliner devant le rebot, jeu direct, jeu noble par excellence. L'utilisation du mur de fronton et même de n'importe quel mur intéresse certainement les jeunes, dans la mesure où ils ont des pelotes qui bondissent plus qu'autrefois. C'est pourquoi on verra écrit sur de vieux frontons l'inscription: *Debekatua da pleka haritzea* (Il est défendu de jouer à blaid). Mais on peut difficilement lutter contre l'innovation...   Le blaid a donné naissance à une très grande variété de jeux qui dépendent du fronton sur lequel on joue et de l'instrument que l'on utilise. La main nue reste la discipline de base. Elle peut se jouer en place libre dans parties à deux contre deux en 30 points actuellement, en fronton mur à gauche court en 22 points (tête à tête ou deux contre deux) et en trinquet (tête à tête ou deux contre deux), en des parties en 50 points. Le petit chistera est utilisé pour le *joko garbi* ou *limpio* (jeu propre), car la pelote n'est pas gardée dans le gant, dans des parties en 50 points sur des places libres. Le même genre de chistera plus solide, en rotin, permet de jouer à **remonte** en faisant glisser la pelote le long du gant (*xirrixt*). Cette variété se pratique dans les *jai alai* et les parties sont en 35 points.

Quand on examine l'évolution de la pelote, on s'aperçoit qu'elle est le fruit d'une très grande imagination. A partir d'aires de jeu différentes qui ont pris naissance au nord des Pyrénées (place libre et trinquet) ou au sud (fronton mur à gauche court et long) et à travers des instruments fort divers, de cuir, de bois, d'osier, de corde, le Basque a créé un sport dont il a reçu de l'extérieur les premiers éléments (longue et courte paume), mais qu'il a modelé, façonné et élaboré lui-même avec toutes les ressources de son imagination...

La pelote, sport populaire, reste plus vivante que jamais en notre terre basque: elle est sortie sur la place et dans le monde...C'est certainement le gage de sa pérennité.

-- Jean Haritschelar, "La pelote, sport national", Etre Basque, éd. Jean Haritschelar

LES FLAMANDS

La Flandre française: Introduction

Flemish-speaking France, usually known as le Westhoek, is one of the smallest minority-language regions of France, bounded by the English Channel on the north, the Belgian border on the east, the Lys river to the south and the Aa River to the west. This represents about 250,000 hectares of land, populated by about 400,000 people, of whom approximately 25% are Flemish-speaking. A small group of towns north of Lille, along the right bank of the Lys, has also maintained use of the language.

The earliest known inhabitants of Westhoek were the Morin and Menapian peoples, who spoke a Celtic language, and resisted conquest by Julius Caesar, only to surrender to Augustus during the first century. These peoples did not construct cities, but dwelt in isolated hamlets and huts, protected from the sea by a wall of dunes. In De Bello Gallico, III, 28, Caesar described the Morin country as continentes silvas et paludes, continuous forests and marshes. Few traces of the Romanization of Flanders remain in the Westhoek today.

The first Salic Francs came to Flanders during the third century; by the fifth century, theirs was the dominant presence in the area. The present-day Flemish language is the descendant of their Germanic dialect. Under the Merovingian kings, Flanders was part of the Neustrian kingdom, but very little is known about this period of Flemish history. The Christianization of Flanders, begun under Clovis, took two centuries to complete, and resulted in the construction of such renowned abbeys as Saint-Bertin and Wormhoudt, which was to become the most influential monastic community in Westhoek. Until the sixteenth century, what is now French-speaking Flanders was part of the diocese of Thérouanne.

One of the recurring themes of Flemish life has been, since the seventh century, the struggle against the sea. The sea began to ebb away from the coast during the seventh century, encouraged by the inhabitants of Flanders. By the tenth century dikes were being built. The city of Bergues was originally constructed on an island, later connected to the mainland by a narrow isthmus. The inhabitants of what is now Westhoek became known during the Dark Ages for their fine woven cloth and their brave seamanship.

421

The **comté**, or county, of Flanders was established after the division of Charlemagne's empire and before the end of the ninth century. It became a fief of the French monarchy, and thus subject to intervention in its internal affairs by the French monarch. The early counts of Flanders, including Philippe d'Alsace, Baudouin IX, who was declared emperor of Constantinople after the Fourth Crusade, and Ferrand de Portugal were frequently in conflict with their French overlords, until, at the battle of Bouvines, the army of Ferrand de Portugal and his allies John of England and Otto of Brunswick was defeated by the troops of Philip Augustus.

French school children learn in their history classes that the battle of Bouvines was a turning point in the history of the French monarchy, affirming the sovereignty of Philip Augustus over his English vassal, John Lackland, and the strength of the French monarchy. Bouvines was a truly nationalist victory for France, since not only soldiers and mercenaries participated in the battle but also the town militias of Amiens, Compiègne, Beauvais and others. For the Flemish people, the defeat of their feudal lord at Bouvines meant the entry of Flanders into the French sphere of influence, and the growth of a **parti français** on Flemish soil. This **parti français**, whose members were known as **Leliaerts**, reached its apogee during the reign of Louis IX, later Saint Louis, whose moral prestige helped win acceptance and approval of the French monarchy throughout Flanders. The Flemish nationalists, who drew much greater support from the lower classes, were known as **Klauwerts**, a name derived from the claws of the lion of Flanders.

Under Philip the Fair, relations between Flanders and France worsened, as the French king, rival noble families and some municipalities all worked to undermine the power of the count of Flanders, Guy de Dampierre. By the end of the thirteenth century, the count had been imprisoned and Flanders annexed to the kingdom of France, but conflict between the Flemish nationalists and pro-French forces continued until 1319, when a marriage between the heiress of the Flemish count and the grandson of Philip the Fair brought a more lasting peace.

During the Middle Ages, a feudal system did exist in Flanders, but there does not seem to have been serfdom, and a great deal of property was owned by commoners. The fiefs of feudal lords could vary widely in size and nature, and commoners could be given noble status and lands, as was true in most of Europe. The fiefs of Flanders were united into larger domains, called **châtellenies**, of which there were four in Westhoek: Bergues, Bourbourg, Bailleul and Cassel. The **châtelains**, rulers of the **châtellenies**, were the military leaders immediately subordinate to the counts of Flanders, responsible for the defense of the region, economic administration and local justice. The **châtellenie** was a hereditary fief, and its lords became great landowners and the aristocrats of Flanders. They were, however, sometimes supplanted in power by the agents of the count, the **baillis**. At a lower echelon were the **ammans**, something like sheriffs in England, and in each village, a **hooftman**, analogous to today's mayors.

The cities of Flanders were in principle subject to the Count, but the great cities of the region became political forces in their own right, like the great Italian cities. None of the Flemish cities, Ghent, Ypres, Lille, Douai, Bruges, was located in Westhoek, but their economic domination seriously limited the development of the textile industry in that area. The four chief of cities of the **châtellenies** of Westhoek, Bergues, Bourbourg, Cassel and Bailleul, exercised a strong economic influence there also. Even among the smaller cities, rivalries existed, and the people of each town or village had a strong sentiment of unity, of belonging to the same collectivity, symbolized in many cases by the church tower and its bells, the night watchmen and their **tuithoorn**, which announced the passage of each hour of night, or the characteristics attributed to themselves by inhabitants of a particular town (the people of Cassel called themselves the **voorvechters**, the champions).

From the earliest times, the Flemish people had a reputation for toughness, which Emile Coornaert attributes to

> "l'âpre et constant effort, peut-être confinant à la
> démesure, qui fut nécessaire pour faire valoir un sol
> hostile: les Flamands de la côte et de ses abords, même
> lointains, d'une manière différent de celle des Hollandais,
> ont, eux aussi, créé leur terre: ce sont eux qui ont fait une
> campagne fertile d'une région ingrate." (Coornaert, Emile,
> La Flandre Française de langue flamande, pp. 53-54)

In this **campagne fertile** they grew wheat, barley, oats, beans, peas, flax and hops. Many inhabitants made their living in the textile industry, especially the processing of wool, an ancient industry whose

origins reach back to the Gallo-Roman period. Westhoek's trade with
continental Europe was limited by the bad state of her roads;
maritime trade was also limited by frequent regional or international
conflicts.

The most severe of these were the popular revolts of the fourteenth
century, interpreted by historians as signs of early
Flemish nationalism, which affected most of Westhoek. Revolting
against financial burdens imposed by the aristocracy, peasants and
small landowners terrorized the region, imprisoning nobles and royal
administrators, destroying their homes and property, rioting against
members of the Church hierarchy, and, for a time, holding the king
of France at bay. Finally in August 1328, Philip of Valois, newly
crowned king of France, invaded Flanders and defeated the insurgents
at Cassel, their stronghold.

This was probably the last time that Westhoek had the initiative in
a regional conflict. During the Hundred Years' War, the region was
the frequent victim of pillaging by both sides, and was itself divided
between **Leliaerts** and supporters of the English king, the latter
having won the loyalty of most Flemish cities. The **Leliaerts** of
Bourbourg won fame for their bravery at the battle of Roosebeke,
where the count of Flanders, Louis de Male, ally of the French king,
was victorious. As a consequence of their revolt, the cities of
Flanders had to hand over their charters of rights and privileges to
the French king. However, in 1384 Philip the Bold, Duke of
Burgundy, was named Count of Flanders, and his first act was to
return the charters to the cities.

Between 1384 and 1713, Westhoek, and for most of that period, all
of Flanders, came under the rule of the dukes of Burgundy (1384-
1482), the Hapsburg emperors (1423-1506), and the kings of Spain.
The different sub-regions of Flanders lost their autonomous
administrations and budgets, their military and diplomatic
independence. The dukes of Burgundy, like their counterparts
throughout Europe, worked to centralize power within their domains.

Nevertheless, local institutions with certain powers were developed
in the dukes' Flemish domains. On the local level, the **chef-collège**
was the collective administrative body, responsible in particular for
the calculation and collection of taxes, and for the selection of
deputies to the provincial assembly. The provincial assembly, in turn,
was made up of deputies drawn from the clergy, the aristocracy and
the citizens of towns and rural communities. By the sixteenth century

the assembly was almost exclusively made up of representatives of the great cities, Ghent, Bruges and Ypres. The Westhoek **châtellenies** of Cassel and Bailleul came under the domination of Ypres, while Bergues and Bourbourg, as well as the growing towns of Dunkerque and Gravelines were dependent on Bruges. The provincial assembly was also responsible for taxation. The defense of the region was assigned to the **gouverneurs**, representatives of the duke, usually chosen from the aristocracy.

During the fourteenth and fifteenth centuries, there was never a period of more than five years of peace in Westhoek (see Coornaert, p. 99). During the sixteenth century, the city of Hondschoote, known since the thirteenth for its woolen textiles, became one of the dominant textile producers of Flanders, its products traveling as far as the Levant, but a new era of conflict and dissension, the Wars of Religion of the sixteenth century brought this economic surge to an end. The city was destroyed in 1582, reconstructed and again producing textiles after the truce of 1609, but ruined again during the Thirty Years War.

It has been estimated that about 7-8% of the population of Flanders actually accepted the Reformation; nevertheless the impact of this movement on Flanders was out of proportion to the actual number of adherents, partly because of the zeal and boldness of the reformers, who became particularly entrenched in Hondschoote, partly because the resulting religious wars meant the frequent passage of armies through Westhoek and the rest of Flanders, with the usual consequent slaughter, pillaging and destruction. Many cities changed allegiance as often as necessary, merely to placate the nearest army. Peace returned briefly to Flanders in 1583, but war broke out after the death of Henri III of France, over the succession of the Protestant king Henri IV. The Twelve Year Truce of 1609 again brought peace for a short time.

During the sixteenth century also, the **chambres de rhétorique** reached the peak of their activity in Westhoek. They had been founded during the era of mystery plays in the late Middle Ages, and had appealed to the Flemish love of grandiose spectacle also reflected in their religious and secular processions (see chapter on Flemish giants, for example.) The **chambres de rhétorique** ran poetry competitions similar to the **puys** of Arras, met regularly in local pubs, participated in all local religious ceremonies, and also engaged in playful escapades. Most of the competitions were actually

theatrical presentations, including farces, comedies, tragedies, short
interludes and a type of comic opera called **zangspelen**. Although no
great literary work or tradition originated in these **chambres**, their
existence and number - three in Bergues alone, four in Bailleul, five
in Dunkerque, and quite possibly one in any village of some size
and status, - attests to the strength of popular culture in Flanders. The
chambres de rhétorique continued to flourish until the end of the
eighteenth century, with occasional revivals in the nineteenth. Efforts
by the Spanish rulers of Flanders to abolish their existence met with
no success.

Before the annexation of Westhoek by France, the language of the
entire region was Flemish; by the fourteenth century, French was at
least understood by much of the population. Many official acts were
promulgated in both languages. Under the dukes of Burgundy French
continued to infiltrate the region.

The archdukes who administered Flanders as a province of Spain
made an effort to preserve a certain degree of autonomy in the
region, but after 1633, Spanish domination grew more and more
burdensome to the Flemish people. Many of them welcomed the
invasion of French troops into the Netherlands in 1635, the beginning
of the Thirty Years War.

During this war and the series of wars that criscrossed western
Europe during the seventeenth century, the people of Westhoek once
more were frequent victims of pillaging and devastation. The treaty
of the Pyrenees awarded parts of Westhoek - Gravelines and most of
the **châtellenie** of Bourbourg. In 1662, France purchased the port of
Dunkerque from the king of England. After the French war with
Holland, the Treaty of Nimègue brought into France the Westhoek
châtellenies of Cassel and Bailleul, as well as those of Ypres and
Warneton in central Flanders.

Most of Westhoek was now under French control. At the end of
the War of the Spanish Succession, Western Flanders had been
divided between Austria and France, with three **châtellenies** (Ypres,
Furnes et Warneton) going to Austria and four (the three mentioned
above plus Bergues) to France.

The people of Westhoek reacted to each peace treaty by singing
Te Deums, not necessarily out of enthusiasm for their new
nationality, but out of relief for each brief respite in a century of war.
Some Flemish people may have continued to hate and resist French
domination, but the alternatives, the oppressive Spanish domination

of the early seventeenth century, an independent Westhoek at the
mercy of her powerful and warlike neighbors, were not appealing to
the traumatized West Flemish. From the first, many Flemish people
welcomed annexation to France. Even one of the great Flemish
writers of the seventeenth century, Michiel de Swaen, continued to
write exclusively in Flemish, but dedicated his tranlsation of the play
Andronic to the Sieur de Barentin, intendant of Louis XIV at
Dunkerque. The Sieur de Barentin was also chosen to be protector
and patron of de Swaen's **chambre de rhétorique**, and de Swaen
later chose as the subject of one of his poems the "glory" of Louis
XIV.

The administration of Westhoek by the French respected the
principle declared by Louis XIV: the preservation of the customs,
rights and privileges of the annexed region. One of the customs
unique to Flanders that was preserved was the equality of all people
with respect to taxation. This included the nobility and the clergy,
who however made it as difficult as possible for the new French
intendant to collect their taxes.

Under the French **ancien régime,** the local traditions of Westhoek
continued to flourish, especially the **chambres de rhétorique**, in
Bailleul, Bergues, Steenvorde. The Flemish language continued to be
the language of the people, as is demonstrated by Jacques Coppens,
chief bailiff of Dunkerque, who exhorted his fellow citizens in 1790
to elect a mayor "qui parle la langue du peuple, l'idiome flamand".
All communication with the central government in Paris had been
conducted in French since the time of the dukes of Burgundy, but in
local and regional administration Flemish was in daily use. The
Treaty of the Pyrenees had guaranteed the people of Westhoek the
right to speak whatever language they chose, and they chose Flemish.
The 1684 edict which required that all judicial documents be written
in French met with such extensive protest that it was never enforced;
the same is true of its reception in Alsace.

In Westhoek, the language used for a particular official or semi-
official document continued to be the language (or languages) of the
interested parties. The **chambres de rhétorique** were allowed
complete freedom of expression under the French **ancien régime.**

Nevertheless the French language continued to make progress in
Westhoek at the expense of Flemish. The political prestige of the
French nation at the end of the seventeenth century, the long
coexistence of French with Flemish, and no doubt the cultural

strength of France all contributed to this movement. Even the Curé
of Wormhoudt, Alexandre Van de Walle, who considered himself a
true Fleming and supported Flemish as the medium of instruction in
Westhoek schools, insisted that Flemish children needed to become
familiar with French at an early age, in order to take positions of
leadership in their new nation.

The sociétés de rhétorique began presenting Flemish translations
of French plays. The Austrian provinces which were later to become
Belgium, eclipsed by the brilliant neighboring civilizations of France
and the Netherlands, did not support the efforts of the Flemish of
Westhoek to preserve their language and culture. By the end of the
eighteenth century the Flemish language as a cultural medium was in
decline. In 1789, for the cahiers de doléances prepared for the
meeting of the Etats Généraux, only two villages chose to write in
Flemish.

The widespread criticism of the ancien régime that characterized
the late eighteenth century also prevailed among the citizens of
Westhoek. The most striking example of the new freedom of thought
is the "Lettre adressée au Roi par les Dames du Tiers-Etat de la ville
de Dunkerque". The ladies of Dunkerque demanded that they be
addressed as Citoyennes, represented at the Etats Généraux on an
equal footing with men, freed from "l'autorité maritale" and granted
equality with men. Abigail Adams was not alone in her proclamation
of the rights of women.

Economically, the eighteenth century brought greater prosperity to
Flanders, with new and improved roads, new canals, the revival of
agriculture and commerce. Unfortunately the traditional textile
industry and other local industries had died out by that time and new
ones did not take their place.

The Revolution brought great administrative changes to Westhoek,
with the abolition of aristocratic and clerical privileges, and the
redefinition of Westhoek as part of the département du Nord. The
four châtellenies were fused into two districts, Bergues and
Hazebrouck. Each département and each district had its conseil
général, its directoire, and a procureur syndic (in the case of the
département, a procureur général syndic).

The years following the Revolution were difficult for the people of
Westhoek. The great majority of priests in the region, and the great
majority of the population, rejected the Constitution civile du
clergé. Many prêtres réfractaires emigrated, but a few remained in

Westhoek, celebrating clandestine Masses, arrested and deported if discovered. The anti-religious policies of the Directoire were the most important reason for its vulnerability to Bonaparte's **coup d'état** at the end of the century.

A certain number of former aristocrats and their henchmen continued to oppose the Revolution, and in each village a handful of men resolutely supported it, but the majority of Westhoek inhabitants remained as uninvolved as possible in the conflicts that followed. Many of the peasants still spoke no French and simply did not understand what was going on.

The Napoleonic Empire had the support of the Flemish of France early on, when the Concordat with the Pope seemed to herald a new understanding between Church and State. But as tensions between the Emperor and the Pope mounted, opposition to the Empire grew in Westhoek. The Emperor's wars and military conscriptions also aroused the hostility of the people, and they mobilized against him on his return from Elba. Although the **sous-préfet** of Dunkerque declared that the people of Westhoek were in favor of the restoration of the Bourbon dynasty, the **sous-préfet** of Hazebrouck was to affirm a short time later "Ils ne tiennent à aucune forme de gouvernement." (Coornaert, p. 260)

During the Revolution, the **sociétés de rhétorique** had ceased to meet, but in 1796 they felt safe enough to organize competitions again. However, by this time, the influence of French culture had become dominant, and the Flemish-language productions of the sociétés no longer represented the language as it had been described by Andries Steven, but in greatly deteriorated, dialectal forms. Primary and secondary education continued to be given in Flemish, but an effort by the director of the **collège** of Bergues, Loorius, to use Dutch, a "perfected" version of Flemish, as the language of instruction, met with failure. For lack of committed writers, educators and grammarians, and of a committed public, the Flemish language of Westhoek fell into what seemed to be irreversible decline by the early nineteenth century.

During the nineteenth century, the textile industry in Westhoek abandoned wool in favor of cotton and linen; linen, newly introduced in the mid-eighteenth century, was especially popular. Many cottage industries flourished: lace-making, brick-making and pottery, as well as beer breweries, salt and sugar refineries, shipbuilding, and a joint Anglo-French industrial plant, in the modern, post-Industrial

Revolution sense, with mechanical weaving looms. The first beet sugar factory was established in 1812 in Dunkerque. The textile industry, involving both men and women weavers, continued to be a cottage industry well into the nineteenth century; farmers and agricultural workers could double as weavers, interspersing their textile work with the demands of their crops.

Between 1840 and 1860, the Industrial Revolution had a tremendous impact on Westhoek, especially the area closest to Dunkerque. The steam engine and weaving machines deprived many workers of employment, led to the concentration of industry in the cities, and gradually brought about the decline of cottage-industry weaving, lace-making and sugar production. Larger industrial establishments replaced small ones, and the Industrial Revolution was well-launched in Westhoek, although without the accompanying creation of local banks that had occurred earlier with its arrival in Lille. The port of Dunkerque was guaranteed a certain degree of prosperity by the construction of the railroad.

From the time of Napoleon, primary school instruction had been carried out by laymen rather than clergy and religious. In 1833, the Loi Montalivet, requiring the establishment of a primary school in every **commune,** was adopted, and as a result of this law instruction in Flemish was prohibited for the first time. There is evidence that the schoolmasters of the time did not take this prohibition very seriously, (Coornaert, p. 304; e.g. catechism lessons were allowed to be given in Flemish), but coupled with the new requirements for military service which affected large numbers of families, it allowed for much greater penetration of French into French Flanders.

By the middle of the nineteenth century, the **sociétés de rhétorique** which were still functioning (and these were now few and far between) announced in Flemish the themes for poetic competitions, but all the entries had French titles. The last Flemish poet in the **société de rhétorique** tradition, Benoît Van Rechem of Hazebrouck, read some of his poetry at the opening ceremonies for a public fountain in Bailleul in 1844, and the inauguration of the monument to Jean Bart at Dunkerque in 1845. Coornaert calls these "les ultimes manifestations publiques au Westhoek d'un sympathique effort de culture dans le peuple."
(p. 307)

In 1889, in Belgium, independent since 1830 with French as the official language, efforts by the Flemish Movement to win official

status for Flemish met with success, but it was the Dutch version of
the language that became official, to the great dissatisfaction of the
West Flemish of France, and of many Belgians.

Earlier, in 1853, responding to the revival of minority nationalities
across Europe, a group of six men founded the Comité flamand de
France at Dunkerque. Its objectives were the preservation and
grammatical and literary study of the Flemish language, and the study
of Flemish history. Much of what has been preserved in writing of
Flemish language and history has been the work of the Comité. In
response to accusations of separatism from the French government,
one of the founders, Ricour, from Godewaersvelde, declared:

> Nous devons être fiers d'appartenir à cette belle
> nation, dont le génie sert de guide à la civilisation de
> l'Europe et du monde. Mais, dans ce beau pays, nous
> avons une famille, dans cette histoire générale nous avons
> une histoire particulière, dans cette oeuvre de civilisation
> nous avons notre partie à nous. Pour nous, Flamands de
> France, Français de nation, Flamands d'origine, nous
> pouvons, nous devons, dignes enfants d'une noble mère, à
> côté de la gloire nationale, faire briller l'honneur de notre
> maison, de notre famille, de notre ancienne et belle
> Flandre." (quoted in Coornaert, pp. 309-310, no reference.)

From 1914-1918, Westhoek, part of the war zone, suffered
exceptionally from all the horrors of World War I. By the time
American troops arrived in Flanders in 1917, the people of Westhoek
had seen toxic gas used by the German army at Ypres, bloody battles
at Artois, the major offensives of summer and fall 1916, and were
soon to see the final offensives of spring 1918. The Flemish of
France lived in a state of constant danger and upheaval during more
than four years of war.

The agricultural revolution of the nineteenth century had brought a
sudden expansion of sugar beet cultivation in Flanders, including
Westhoek. The agricultural revolution reached Flanders, and industry,
from the famous Flemish breweries to the sawmills, modernized at a
dramatic pace after 1895. New industries, such as metallurgy and
production of chemical fertilizers, shipbuilding, were established in
Westhoek, and the textile industry became mechanized, although the
last of the cottage textile industry survived well into the twentieth

century. The port of Dunkerque was greatly modernized after the second World War and expanded westward.

The Comité flamand continued its work of preserving Flemish history and traditions, while accepting the **fait accompli** of Westhoek's integration into the French state. A different viewpoint was expressed by Henri Blanckaert and his friends, who declared, during the Boulanger elections of 1888, "Flamands, voilà ce que nous sommes, et nous ne sommes pas des Français. Nous n'avons pas d'autre patrie que la Flandre; et la France n'est pas notre patrie, mais elle est une pompe aspirante qui tire à elle notre sueur depuis trois cents ans." On the other side of the Belgian border, the Willemsfonds, a Flemish cultural association, began a regular correspondence with Blanckaert and attempted to win support in Westhoek for the distribution of their publications.

The Comité flamand, contacted by the Willemsfonds, responded that they considered themselves indissolubly attached to France, that their traditions and their language (quite different from the Dutch version of Flemish that had become official in Belgium) should be respected, and that they did not think it feasible to demand from the French government the right to teach their language in the schools. The outcome of the Willemsfonds-Comité flamand collaboration was the publication of several works in the West Flemish language.

Even in the nineteenth century the West Flemish language, while represented by authors who won international renown, did not develop as a literary language, unlike Breton and Occitan, both of which were spurred to new literary development as a result of the Romantic movement. Translation of Flemish works into French and the competition of the "other" Flemish that was a national language of Belgium prevented this type of literary revival in Westhoek. In the mid-nineteenth century, Guido Gezelle, a greatly gifted poet in Flemish, published several volumes of poetry which Coornaert has called "un mélodieux chant de cygne" for his language. Ironically his works are now used in Westhoek schools as an introduction to the Dutch language which he refused to adopt as a poetic medium.

From 1919 to 1928 <u>Le Beffroi de Flandre</u>, a bilingual journal, became the literary voice of Westhoek, joined in 1923 by <u>De Vlaemsche Stemme in Vrankryk</u>, and in 1929 by <u>De Torrewachter</u>. In 1929 also, the autonomist group Vlaamsch Verbond was formed. This organization unfortunately continued its activity during the Nazi occupation of Westhoek (1940-44), making compromises which aroused the hostility of Flemish people to the notion of regional autonomy and even to preservation of their culture, for many years after World War II. Only one member of the Vlaamsch Verbond, l'Abbé Gantois, was imprisoned after the war, and he was convicted of separatism rather than treason, but suspicion of the movement was slow to be dispelled. The various Flemish movements that exist today focus on the "souci de promotion et aussi de défense de la personnalité collective de l'ensemble des Flamands de France ou, pour certains d'entre eux, plus particulièrement de celle des Flamands d'expression flamande." (Qu'est-ce que la Flandre française? p. 4, see below) Rather than separatism or regional autonomy, they ask for economic stimulation for Westhoek.

Petite chaumière flamande près de Flêtre

Interview avec M. Jacques Fermaud
le 6 juillet 1987

La France et les langues minoritaires

AG: Une petite question: c'est Morvan Lebesque qui a mentionné que la France n'avait pas signé les accords de l'UNESCO pour la défense des langues régionales.

JF: Je crois qu'actuellement - il y a eu à un moment donné tout un problème autour de la déclaration européenne des droits de l'homme, que la France ne voulait pas signer. Ensuite elle l'a signée, mais en excluant, si je ne me trompe, l'article 25. Pourquoi l'article 25? Parce que l'article 25 c'est celui qui permettait des recours individuels devant la Cour Internationale de la Haye. Autrement dit, je signe une convention, mais je m'arrange à ce que personne ne puisse jamais invoquer cette convention contre moi. Ça c'est la France dans toute sa splendeur. Et je crois que maintenant elle a signé la totalité, depuis le gouvernement de la gauche, depuis Mitterrand. Je crois que la totalité a été signée, mais enfin ça n'a pas vraiment changé. Disons que ce qu'on faisait au grand jour avant, maintenant on le fait hypocritement, par-dessous, en essayant de fomenter des troubles. On a eu des choses qui étaient très douteuses vis-à-vis du président du Parti Fédéraliste Flamand, qui a été, lui, en prison dans des conditions vraiment douteuses, même du point de vue du droit français. Ça paraît complètement illégal. La France est le pays de la raison, vous savez, mais on oublie toujours de dire que c'est la raison d'état. Ça n'a plus rien à voir avec la raison, c'est même très souvent la déraison.

La raison d'état permet tout, c'est ce que dit déjà Tocqueville, c'est ce que redit en termes voilés, au fond, Peyrefitte, et ça reste vrai, à partir du moment où la raison d'état a parlé, il n'y a plus de droits en France. Moi, je n'ai pas une haute opinion de la façon dont la France se comporte sur le plan humain, sur le plan du respect des civilisations différentes.

AG: Est-ce que ça n'a pas changé du tout depuis le régime socialiste, par exemple?

JF: Ça a un tout petit peu changé. On a eu l'impression au départ,
où il y avait eu de belles déclarations d'intention, on a eu
l'impression que les choses allaient réellement changer. Et je connais
un militant breton, André Keravel, qui était socialiste, s'est dit "ça y
est, c'est arrivé!" Et il a dû au fond reconnaître que ça n'était pas du
tout arrivé, qu'au départ, on a cru véritablement qu'on allait avoir un
statut de langues régionales, on a vu même un personnage nommé
par le gouvernement venir faire des enquêtes parmi toutes les
minorités, on a même, tenez-vous bien, parlé d'un véritable
coefficient de réparations en quelque sorte, la France ayant l'intention
de réparer, il y a eu un projet de loi socialiste dans le début, je vais
voir si je l'ai. Il y a des paroles, vous savez, ils sont tous jacobins,
de la droite à la gauche, c'est une seconde nature en France, de
même que tous les Hollandais sont plus ou moins protestants, même
quand ils sont catholiques. Ecoutez ceci:

                        (Texte du projet de loi)

     "Exposé des motifs: Le temps est venu d'un statut des
     langues et cultures de France qui leur reconnaisse une
     existence réelle. Le temps est venu de leur ouvrir grandes
     les portes de l'école, de la radio et de la télévision,
     permettant leur diffusion, de leur accorder toute la place
     qu'elles méritent dans la vie publique."

JF: Je crois que c'est une citation de Mitterrand, ça.

AG: Ah bon!

JF: (continuant à lire le texte)
     "En proclamant ainsi le droit à la différence, en souhaitant
     que la France cesse d'être le dernier pays de l'Europe à
     refuser à ses composantes les droits culturels élémentaires,
     reconnues dans les conventions internationales qu'elle a
     elle-même signées. François Mitterrand, dans son discours
     de Lorient du 14 mars 81, rompait avec une tradition
     centraliste qui pendant des siècles avait appauvri la culture
     de notre pays, en interdisant et en humiliant des langues et
     des cultures riches d'un patrimoine de portée universelle,
     et douées d'une puissance créatrice vivante. Il se situait

ainsi dans le prolongement de la pensée démocratique la plus incontestable. Déjà en 1911 Jean Jaurès avait attiré l'attention sur le profit que tiraient les jeunes Occitans, les jeunes Basques, les jeunes Bretons, d'une connaissance approfondie, inculquée par l'école, de la langue de leur région."

JF: Il parlait des droits sacrés d'un peuple à parler sa langue. Et je vous dis que c'était vraiment, les considérants étaient très beaux, enfin, c'était vraiment très, très bien. Et il parlait d'une véritable réparation en quelque sorte de la France vis-à-vis des cultures régionales. En fait, ça a fait long feu, ça a débouché sur un conseil des langues minoritaires, qui en fait ne se réunit même pas d'après ses statuts, qui était une façon d'enterrer les choses. En fait, ça n'a rien donné du tout. Sinon, c'était très sympathique; le flamand y a été mentionné, et nous, nous avons demandé, et ça a été accepté par un des personnages qui ont signé en premier, M. Dolo, qui était un Breton, et Dolo, qui était tout à fait acquis à la loi, en avait demandé donc une refonte, et on l'a obtenue, de façon à ce que on puisse avoir un enseignement qui ne soit pas uniquement en flamand, mais en hollandais, parce que si on enseigne le flamand, c'est fini tout de suite. On est à peu près 80,000 locuteurs, il n'y a pratiquement plus de gens qui ne parlent que le flamand, le flamand n'est plus enseigné depuis 300 ans, donc il est devenu une langue de tous les jours. Mais il ne peut pas appréhender les nouveautés, on est obligé de prendre des termes neufs, par exemple, même le mot **grève**. On ne fait pas de **grève** dans le vieux flamand des travailleurs. Le mot **grève** est français... Pas en hollandais, d'ailleurs; en hollandais c'est **staking**. Mais donc, nous on avait demandé qu'ils prennent en compte, exactement comme pour l'Alsace, il fallait enseigner le hochdeutsch, eh bien, pour nous il fallait aussi enseigner le néerlandais, avec évidemment des comptines en flamand, regarder les liens avec le flamand, nous ne sommes pas des ennemis du flamand, bien au contraire. Vous voyez ici, ça semblait changer un petit peu, ça s'est un tout petit peu amélioré par exemple, Radio Uylenspiegel a été légalisé par la gauche.

AG: Et elle n'avait pas été légale avant?

JF: Non, non, non, mon ami Régis Demol, qui avait pris la responsabilité de cette radio, a été poursuivi en justice. Il risquait un an de
prison et une amende énorme.

AG: Dans un pays qui est pour la liberté de la presse, la liberté
d'information?

JF: Vous savez, la France a deux langages. Il y a ce que l'on dit, il
y a ce qu'on imprime, et il y a ce qui se pratique. Nous sommes le
pays de la raison, et c'est la raison d'état. Et quand la raison d'état a
parlé, tout peut se faire. On le voit, c'est un pays qui n'a aucun
complexe. Quand je parle de Russie douce, je pense aussi à ça.
Aucun complexe. Il faut savoir que les Français ont tué un million
d'Algériens. Il y a eu un million de morts. Sur neuf. Un million de
morts sur neuf. Vous avez vu le procès Barbie? Barbie, il fallait le
pendre. Je suis tout à fait d'accord. Barbie était un criminel. Mais
j'estime qu'un pays qui contient lui-même des milliers de criminels
de ce genre, devra avoir un peu plus de pudeur à toujours juger les
autres. Les Allemands, je crois, ont tué ici, pendant la dernière
guerre, la deuxième guerre mondiale, ils ont tué quelque chose
comme trois cent quarante mille personnes. Sur quarante-cinq
millions. Les Français ont tué un million sur neuf en Algérie. Et
moi, je suis de la classe d'âge qui est allé, je ne suis pas allé moi-
même parce que j'étais sursitaire à l'époque, je faisais mes études et
on avait droit à un sursis. Et la guerre s'est arrêtée avant que je n'y
aille. Donc, moi je n'y suis pas allé, mais j'ai beaucoup d'amis qui
sont allés, qui m'en ont raconté, ce n'était pas beau, hein? ce n'était
pas joli. Vous savez, des assassinats sans jugement, il y en a eu...

AG: J'ai vu le film <u>La Bataille d'Alger</u>...

JF: Moi, je crois que la guerre n'est jamais belle, elle est d'autant
moins belle qu'elle est faite par les Français, qui sont un peuple sans
discipline, sans respect au fond des autres, qui estime qu'il est
supérieur à tout le monde. Regardez l'immense mépris des Français
pour la culture américaine, l'immense mépris des Français pour la
balourdise des Allemands, l'immense mépris des Français pour la
bêtise des Belges et des Suisses, etc. C'est un peuple que je ne
supporte pas à ce point de vue-là. Moi, je préfère admirer. J'aime
beaucoup les Allemands, j'aime beaucoup les Suisses, j'aime

beaucoup tous les peuples au fond. Et quand on compare les films américains aux films français, moi je trouve que la comparaison n'est pas si mal pour le film américain. Il y a encore un peu de morale dans le film américain. Il y a encore un peu d'optimisme. Regardez le personnel habituel des films français, prostituées, drogués, policiers véreux, toute une pourriture humaine, jusqu'à la langue, qui est affreuse. Surtout le cinéma d'entre les deux guerres. Un peuple qui sortait un cinéma comme ça devait être battu. Il était pourri jusqu'à la moelle. Et moi je trouve que c'est encore le cas. Actuellement d'ailleurs c'est le déclin économique, mais c'est dans la loi des choses. Mais ça n'enlève pas aux Français leurs prétentions. Ils sont le peuple-phare. Moi j'ai vu un manuel de français qu'on utilisait aux Pays Bas, et qui s'intitulait naïvement "La plus belle langue du monde".

Le flamand, le néerlandais, et le français

JF: Moi je peux vous dire, je connais bien le néerlandais, le néerlandais est à peu près quatre à cinq fois plus riche que le français. Le français est une langue pauvre.

AG: Toutes ces réformes, toutes ces surveillances de l'Académie ont donc abouti à...

JF: Quatre-vingt-dix mille mots. Dans le dictionnaire de l'Académie on n'a que trente-cinq mille. Donc c'est une langue toute petite, c'est une toute petite langue. Le néerlandais en a plus que quatre cent mille. Il y a près de cinq fois plus de mots en néerlandais. Mais d'ailleurs le français est une langue récente en plus. Le français n'est pas fixé avant le seizième. Vous ne lisez pas un texte de Chrétien de Troyes sans dictionnaire, même un Français... Alors que le néerlandais vous le lisez depuis le douzième. Le néerlandais est fixé depuis très très longtemps. Mais il faut voir le mépris.

AG: Mais son dynamisme n'a pas été limité non plus.

JF: Non plus. Il est d'ailleurs foisonnant, le néerlandais, actuellement. C'est très amusant d'ailleurs. Je sors un peu de mon sujet, mais aux environs de 1900, il y a eu des linguistes néerlandais qui se sont dit "le néerlandais va disparaître devant l'anglais. Il faut nous y préparer." En fait, on s'aperçoit que c'est tout à fait le contraire. Le néerlandais est vivant comme on ne peut pas être vivant, il crée des mots, je dirais de façon continue. Il en emprunte à l'anglais, mais c'est pas grave, c'est la même langue.

AG: Il ne faut pas se faire de complexes pour ça, tout le monde fait des emprunts. En Amérique c'est fréquent, et au français comme aux autres langues.

AG: Alors si on peut revenir au sujet original, le mouvement régionaliste, tel qu'il a été accepté par les socialistes, ne vous a pas apporté grand'chose bien qu'il y ait un statut des langues régionales?

JF: Légère amélioration. Je voulais dire, on a accepté qu'il y ait une radio flamande, on a accepté également quelques cours de flamand dialectal, mais à mon avis, ça c'est quelque chose de bien calculé. Parce que si l'on met tout sur le flamand dialectal - je parle le flamand dialectal, donc je ne suis pas du tout contre le flamand dialectal - mais, c'est diabolique, à mon avis. Parce que si l'on met tout sur le flamand dialectal, on peut être sûr que dans une génération il est mort. Tandis que si l'on met tout sur le néerlandais, en y joignant le flamand dialectal, là c'est possible, c'est jouable. Parce que le néerlandais est une langue qui n'a absolument pas à avoir des complexes vis-à-vis du français. Le néerlandais est beaucoup plus riche que le français; d'ailleurs on a des arguments français pour le dire. Vous avez peut-être entendu de Parlez-vous franglais? d'Etiemble.

AG: Oh, oui!

JF: Eh bien, savez-vous qu'Etiemble, qui était donc assez monté contre l'anglais, souhaitait qu'on choisisse donc le néerlandais comme langue européenne. Parce qu'il disait "c'est une langue très riche, et qui n'a pas de visée germanique." Alors si on prend le néerlandais, pas de problème, le néerlandais ne tient pas du tout à conquérir le reste du monde, ils n'ont imposé leur langue nulle part, ce qui est vrai, et prenons donc le néerlandais. C'est un Français qui le dit! Langue très riche, c'est celle-là qu'il faut prendre. Evidemment personne n'a marché. Je crois que le néerlandais peut

facilement tenir tête au français. D'ailleurs, à Bruxelles, le
néerlandais est en train de gagner du terrain.

AG: Pourquoi?

JF: Parce que les néerlandophones sont beaucoup plus dynamiques.
Vous avez déjà vu un pays latin qui tournait, vous, économiquement?
Si, il y a l'Italie. Mais alors, là, parce que toute l'économie est
souterraine. Toute l'économie est une économie-ruse, c'est le marché
noir, c'est la **combinazione**, au fond il n'y a qu'eux qui sachent faire
marcher le système. C'est-à-dire qu'ils ne tiennent absolument pas
compte de leurs lois, ils ne tiennent absolument pas compte de leur
fiscalité, ils ne tiennent compte de rien, et ils finissent par s'en sortir
quand même. Mais aucun pays ne marche, aucun pays latin ne
marche, regardez l'Amérique Latine. C'est Peyrefitte qui le dit: elle
est potentiellement plus riche que l'Amérique du Nord. Mais
seulement c'est l'Amérique Latine, et ce sont des pays malades.
    Les pays germaniques fonctionnent beaucoup mieux. La Flandre
belge de l'autre côté, est en train de démarrer économiquement,
d'ailleurs quand on sort de petites choses comme ça, ça prouve déjà
qu'on a un certain standing. La Hollande réussit de véritables
performances. Est-ce que vous savez que le Bénélux ait un chiffre
d'exportation supérieur à celui de la France? Le Bénélux est la
quatrième puissance exportatrice du monde, avant la France et
l'Angleterre.

AG: Juste après le Japon et ...?

JF: C'est la quatrième. Donc j'imagine qu'il doit y avoir le Japon,
l'Allemagne, il doit y avoir les Etats-Unis, et tout de suite après, les
Pays-Bas! Est-ce que vous savez que les Pays Bas, les seuls Pays
Bas (je ne parle pas du Bénélux), les seuls Pays Bas, infligent à la
France un déficit du commerce extérieur équivalent à celui que lui
inflige le Japon? C'est quelque chose comme treize milliards de
francs.

AG: C'est vraiment impressionnant.

JF: Oui, c'est impressionnant. Ce déficit est en grande partie
agricole, d'ailleurs. Ça ne fait pas deux départements français, et au

moins un tiers des Pays Bas n'est pas cultivable. Ce sont des landes...Est-ce que vous savez, petit détail, que le mimosa provençal est vendu à Paris par des Hollandais? Tellement les Français sont de mauvais commerçants! Deuxièmement parce que tout le monde sait que les productions françaises sont mauvaises. J'ai vu des chiffres dans une revue française. Plaisanterie d'un professeur de la Faculté de Lyon, où on avait acheté des ordinateurs français. On avait acheté dix ordinateurs français. Et un professeur faisait la plaisanterie suivante: "et il y en a trois qui sont tombés en marche!"

AG: Mais c'était un hasard que le producteur aurait essayé de prévoir s'il avait su?

JF: Oui! Mais, enfin... Moi, je crois que ce qui fait que le néerlandais progresse, c'est l'immense puissance économique de la partie néerlandophone du Bénélux. Les gens de Bruxelles savent très bien qu'il n'est plus question d'arriver à un emploi important si on ne connaît pas le néerlandais, parce qu'on n'est plus capable de faire du commerce avec les Hollandais, on n'est plus capable de travailler avec les Flamands, il ne reste plus que la Wallonie, qui est en complet déclin, donc le néerlandais progresse, le nombre de cours de néerlandais qui sortent à Bruxelles c'est incroyable. Des cours de néerlandais pour francophones, il y en a, il y en a, il y en a.... Et tous les cours que des gens ouvrent à Bruxelles font le plein tout de suite. On en redemande. Le néerlandais peut parfaitement tenir face au français. Si vous prenez le mot intérêt français, moi je peux vous donner au moins quatre traductions néerlandaises, avec une différence entre l'intérêt intellectuel, **belangstelling,** l'intérêt personnel, **belanck,** l'intérêt que l'on va payer sur une somme, qui peut être le mot **interest**... Si je cherchais, j'en trouverais encore d'autres. Le néerlandais a toute une gamme de mots pour ça.

AG: Tandis que le seul mot français est surchargé.

JF: Dans le domaine de qualités, le néerlandais a également un nombre invraisemblable d'équivalents - je dis d'équivalents mais ce ne sont pas des équivalents, puisqu'en fait c'est beaucoup plus riche, chacun ayant un compartiment du mot, une partie du champ sémantique. Vous avez la même chose dans des termes pour la société. **Sammenleving!**. Allez traduire ça en français! La vie ensemble. Société? Mais ce n'est pas ça. Convivialité? Oui, mais convivialité c'est un certain caractère de la société. Vous n'avez pas d'équivalent. Alors que vous avez **renoodsrat, venoodsrat, maatsrape,** vous avez **sammenleving,** vous avez une quantité de mots, c'est très riche. Et l'anglais aussi d'ailleurs. L'anglais aussi a cette profusion.

AG: Et cette façon de former des mots.

JF: Oui, et cette capacité de former des mots. Et en anglais la capacité supplémentaire de les faire courts, parce que l'allemand fait des mots, mais les fait longs.

AG: Oui, Mark Twain a beaucoup satirisé cette tendance de l'allemand. Mais alors, maintenant, si ce que vous proposez en Flandre c'est l'enseignement du néerlandais avec des comparaisons avec le flamand dialectal, c'est ça?

La Flandre aujourd'hui

JF: Oui, si vous voulez, je crois que, moi je suis enseignant, ça se voit tout de suite, j'ai beaucoup parlé de la langue. Mais en fait, la langue n'est qu'un aspect de l'effondrement général de la Flandre. Dans la région qui correspond à peu près à cette carte, nous perdons tous les ans entre quinze mille et vingt mille intellectuels. Comme l'Etat français a mis toutes les industries de pointe autour de Paris, nous n'avons aucun moyen de garder notre substance humaine, et ça c'est très grave. Moi, je vois ici, une fille qui a fait HEC, hautes études commerciales, partie à Paris. Un autre a fait également une autre école, ISEG. Il est parti également. Il y a une véritable rafle des cerveaux. Pourquoi? Parce que la France n'a jamais jugé utile de nous mettre autre chose que des industries primaires, ou secondaires, rien qui soit vraiment de pointe. Il y a également une véritable destruction du patrimoine architectural. Je peux vous donner des documents là-dessus.

A Saint-Omer, le clocher était encore debout il y a une trentaine d'années. On l'a laissé s'effondrer, le clocher de l'ancienne abbatiale Saint-Bertin.

AG: Je ne croyais pas que ça se faisait en France!

JF: Oh, mais si c'est flamand, ce n'est pas important! Voici une bande dessinée qui en dit long, et qui montre les différents immeubles qu'on allait démolir. Celui-là on a réussi à le sauver. Mais ça présente de façon humoristique un petit peu le problème. Ici vous avez des idées sur l'architecture en Flandre, et là une réflexion qui n'est pas de moi, qui est du président actuel du Parti.

Ce pour quoi je me bats c'est pour mon peuple, ce n'est pas uniquement pour ma langue. C'est pour qu'on puisse garder chez nous nos cerveaux, c'est pour qu'on puisse nous battre à armes égales, ne pas avoir la fiscalité française qui nous tombe dessus, avoir la possibilité d'enseigner notre histoire, notre langue. Vous savez, ça fait un drôle d'effet quand vous voyez votre petite fille revenant de l'école en disant "Papa, on a eu une grande victoire à Bouvines!" Mais c'était nous les vaincus! Moi, j'estime ça inadmissible! On a droit à son histoire, on a droit à sa langue, on a droit aussi à gérer son économie comme on veut. Vous savez, quand on voit ce que donne le port de Dunkerque, le port de Dunkerque est actuellement en déclin. Alors qu'il est bien situé.

AG: Pour le commerce avec l'Angleterre, les Pays Bas, etc

JF: Oui. Et deuxièmement il a des profondeurs. Je sais que les grands hangars ce n'est plus à la mode. Mais c'est les plus grandes profondeurs de la Mer du Nord. Beaucoup plus profond que Rotterdam qui est le plus grand du monde, même plus grand que les ports américains, c'est le plus grand du monde, Rotterdam, mais il pourrait être beaucoup plus important que ça. Mais qu'est-ce qui s'est passé? D'après le professeur Brodeur, qui a écrit un article là-dessus il n'y a pas tellement longtemps, dans la Revue du Nord, ils'est passé ceci: il y a un monopole d'état de la SNCF. Alors il faut que tout arrive en train, bien entendu, pour le monopole d'état de la SNCF. Alors qu'un grand port suppose des voies fluviales. Si vous prenez une carte des canaux européens à grand gabarit, la France en a soixante-quinze kilomètres. Elle a le petit tronçon qui va de Dunkerque à Valenciennes. C'est tout. Autrement dit, voilà un port qui n'a pas d'arrière-pays, qui n'a pas de **hinterland**, et qui ne peut pas fonctionner.

Dans le même temps, on voit Anvers, qui marche très bien, Gand est arrivé à certains moments à avoir un trafic supérieur à celui de Dunkerque. Ça ne peut pas marcher, et moi je dirais d'une certaine

façon, je me réjouis que la France soit en déclin, parce que, au fond,
il faudra bien qu'elle se rende compte que, ayant assassiné l'une
après l'autre toutes ses composantes, eh bien, elle est vide. Est-ce
que vous savez, ça c'est un chiffre effrayant, la France a à peu près
quatre-vingt-dix départements. Trente départements français font
trois pour cent des exportations. C'est-à-dire qu'ils sont
complètement morts économiquement.

Il y a le fameux livre de Gravier; je ne sais pas si vous connaissez
ce livre? Paris et le désert français? Ça a été publié après la guerre.
Eh voilà, nous y sommes, c'est Paris et le désert français. Et il faut
donc supporter que les enfants à qui nous faisons faire des études
soient raflés par Paris. Il faut supporter que notre argent soit raflé
par les banques parisiennes. On n'a pas le droit de créer une banque
en France. Toutes les banques sont contrôlées par la Banque de
France. Autrement dit, tout est contrôlé, tout est tenu dans une
espèce de Russie qui contrôle absolument tout, qui contrôle le trafic
des hommes, les cerveaux, les gens, etc. Et il ne nous reste qu'à
mourir, il nous faut apprendre la langue du pays, il faut apprendre
l'histoire de France, il faut négliger la nôtre, il faut négliger notre
histoire, il faut laisser des architectes français venir flanquer nos
monuments par terre, il faut voir - vous connaissez Cassel? Voilà
une jolie petite ville historique. Il faut savoir que tout le centre de
Cassel est frappé d'alignement. C'est-à-dire qu'on n'a pas le droit de
réparer, en principe.

AG: Pourquoi?

JF: Parce que les Français ont décidé ainsi. Il faut élargir les rues.
Comme ça on va supprimer tout caractère flamand à la ville, et un
petit peu à la fois les gens oublieront jusqu'à l'idée qu'ils ont un jour
pu être flamands. Il faut casser tout ça. Il faut supprimer tout ça.
Ecoutez. Je vais lire la citation de Pompidou: "Dans une France qui
veut marquer l'Europe de son sceau, il n'y a pas de place pour les
cultures régionales." Ça c'est Pompidou. Maintenant on ne le dit
plus, mais ça n'a pas changé.

AG: Non. Il faut beaucoup de temps pour que ça change, et il faut
peut-être que la France soit dans un état extrême, comme celui-ci,
pour qu'elle se rende compte qu'elle peut seulement se réanimer en
réanimant toute la France, en devenant vraiment fédéraliste, en

donnant aux régions leur autonomie, leur possibilité de gérer leurs affaires...

Le fédéralisme et le désert français

JF: Mais les seuls pays qui marchent dans le monde sont fédéraux. L'Allemagne fédérale est d'une santé économique éblouissante. La Belgique est en train de se fédéraliser et elle se porte bien.[3] Au fond le Bénélux est une espèce de fédération.

AG: Mon pays aussi.

JF: Votre pays également. Les seuls pays qui marchent sont fédéraux. Mais ici non. C'est typique. Il faut écraser. "Nous allons marquer l'Europe de notre sceau." Ce sont des hollandais qui vendent des mimosas provençales à Paris. Et ils vont marquer l'Europe de leur sceau. C'est la grandeur. Au fond, ce sont des mots, c'est Louis XIV. Moi, je suis allé à Versailles, je n'y étais pas allé avant; mais je ne trouve pas ça beau du tout.

AG: C'est affreux! Je n'ai jamais aimé Versailles. C'est grand et c'est vide.

JF: C'est atroce! Je comprends Marie-Antoinette. Vous avez vu la ferme de Marie-Antoinette? Elle a fait un petit bourg germanique. Et ça c'est riant, c'est agréable. C'est curieux, on est allé avec les élèves, moi j'étais contre, j'estime que ce n'est pas à nous d'aller faire la propagande de la France. Mais c'était très utile, parce que les élèves ont rejeté. Ils ont rejeté. On les retrouvait à la ferme de Marie-Antoinette. C'est du toc, c'est du kitsch, hein? Mais je comprends Marie-Antoinette. Elle n'a pas pu vivre là-dedans. Elle s'est fait un petit coin de germanité vivable.

AG: Et je ne dirais pas que c'est du kitsch, quand même. Il y a un beau jardin, c'est à l'échelle humaine.

JF: Il y a une preuve par l'absurde qu'il faut se retrouver si on veut vraiment s'en sortir. C'est la Bretagne. La Bretagne s'en tire. La Bretagne est en train de s'en tirer. La Bretagne - j'ai lu dans des revues françaises qu'elle est la région de France la plus scolarisée.

Au-dessus de Paris. La Bretagne actuellement, sur le plan agricole, et sur le plan de l'élevage, c'est la première région de France. Le revenu à l'hectare est le double de la moyenne française en Bretagne. Les Bretons sont en train de s'en tirer. Ils se sont battus, ils sont fiers d'être bretons. Alors qu'ici le peuple est encore cassé. Il commencent à être fier d'être flamand, mais ils n'osent pas trop le dire encore. J'ai connu après la guerre, il y a eu une répression, il y a eu l'abbé Gantois, qui a plus ou moins parié sur l'Allemagne mais sans du tout être d'accord avec les théories allemandes; il a considéré ça comme une alliance, en se disant "Bon, ben, nous sommes germaniques, on va essayer de profiter des circonstances pour obtenir une certaine indépendance." Il a très vite vu que les Allemands n'en voulaient pas non plus. Hitler c'est une espèce de Louis XIV germanique; il a très vite compris.

Mais après la guerre on a fait très peur aux gens et les gens n'osaient plus dire qu'ils étaient flamands dans la région. On disait en flamand dialectal "Etes-vous flamand?" et les gens disaient "Je suis d'abord français!" C'est tout doucement en train de changer. Par contre en Bretagne les gens sont fiers d'être bretons. Ils restent en Bretagne. Et là il y a un mouvement - ils ont lancé les écoles **Diwan**, auxquels le gouvernement actuel est en train de casser les reins, ils sont en train de couper l'argent, de couper les subsides, de même qu'ils sont en train de casser les reins aux **ikastolas** basques, c'est ce que je vous dis, ça n'a pas changé. Pompidou a eu l'impudeur de le dire.

Mais les autres ne le disent plus, mais ça n'a pas changé. Vous voyez le gouvernement actuel qui dit "On va laisser jouer la démocratie en Nouvelle-Calédonie." Ça veut dire quoi? Ça veut dire que maintenant qu'ils ont rentré suffisamment de caldoches, français, pour que les kanaques soient minoritaires dans leur propre pays, maintenant il faut faire jouer la démocratie. On est le pays des droits de l'homme. Seulement, pour faire rentrer les caldoches, on n'a pas demandé l'avis des kanaques. Ça ce n'est peut-être pas tout à fait démocratique.

Ça c'est typiquement français. Et c'est ce qu'on a essayé de faire en Algérie. Ma soeur a habité l'Algérie. Tous les étrangers qui arrivaient en Algérie étaient français immédiatement, quasiment immédiatement. Parce qu'il fallait avoir plus de "Français" que d'Arabes. Malheureusement les Arabes avaient beaucoup d'enfants. Ça n'a pas marché.

AG: Je pense que ça doit être la solution pour les kanaques.

JF: Oui, bien sûr. Mais les Kanaques vont y arriver. Ils ont plus d'enfants que les caldoches. Il n'y a qu'une arme, et c'est la natalité.

AG: C'est une des armes les plus sûres.

JF: C'est la seule.

AG: En l'Union Soviétique, aussi, pour les Musulmans.

JF: Oui, les Musulmans ont une natalité supérieure, c'est ce que dit Hélène Carrière d'Encausse dans L'Empire éclaté.
Oui, les Bretons sont un bel exemple de ce que peut faire un peuple quand il redevient un peuple. Et une des voitures qui se vendent le plus en France c'est la BX de Citroën. Elle est faite à Rennes. Au dessus de l'usine, "mieux que Nippon, (mieux que japonais) Breton!" Mais les Français ne comprennent pas que la malfaçon - ce sont des ouvriers qui ne sont pas fiers de ce qu'ils sont. Un ouvrier qui fait de la malfaçon, c'est un ouvrier qui au fond s'en fout. Est-ce que vous avez lu L'Enracinement de Simone Weil?

AG: Je l'ai, mais je ne l'ai pas encore lu.

JF: Ça c'est magnifique. Parce qu'au fond, Simone Weil a très bien expliqué pourquoi la France ne fonctionne pas, pourquoi elle s'est laissé battre. Or, maintenant tous les films français parlent d'une Résistance, tous les Français étaient des résistants. Après la guerre. Au moment de la guerre, il n'y en avait pas, il y avait les poilus. Simone Weil a essayé de comprendre pourquoi la France s'est effondrée. Et elle a très bien trouvé la raison. Et l'effondrement économique français c'est toujours la même chose, c'est un manque d'enracinement, le titre de son livre le dit bien.
A partir du moment où les gens se battent pour une région réelle, charnelle, à ce moment-là on ne peut plus les battre. Mais quand ils sont au service d'une espèce de capitale à patrie, de Parisiens, où ils subissent d'ailleurs le mépris continuel, la France est le seul pays du monde je crois, où il y a un terme différent pour désigner ce qui n'est pas parisien: la province. Provincia veut dire "colonie", hein? Il faut voir le mépris de la capitale pour la province. Il faut voir

aussi ce que coûte, on m'a raconté, mais ça, le chiffre, je n'arrive pas à y croire, mais ça m'a été dit par quelqu'un de sérieux, il m'a dit que la ville de Paris elle-même, deux millions d'habitants, a le même budget que la Belgique.

En tout cas, ce qui est certain, moi, j'ai ce livre-là, c'est la question régionale de Gravier, mais c'est un livre qui est déjà assez ancien. Mais il faisait un calcul de ce que coûtait Paris à la France. En fait, Paris pompe les énergies, l'argent, et au fond, même grand train c'est tout ce pays qui est quasiment colonisé, c'est une structure latino-américaine, c'est un pays latin et on retrouve la maladie habituelle des pays latins, la grande ville qui bouffe les campagnes environnantes, les gens trop riches et les gens trop pauvres, etc. Tandis qu'en Amérique, celui qui a du tempérament il peut devenir riche, et c'est admiré! Au fond, il devient riche, mais il ne devient pas riche au dépens des autres! Il fait vivre l'économie.

AG: Une fois que ça va un peu trop loin, tout le monde va se battre pour redresser l'équilibre.

JF: Oui. C'est sûr. Il y a quelque chose de plus sain, au fond vous avez encore une autre mentalité. Moi, je dis toujours que les Français n'aiment pas l'Amérique. Ce n'est pas mon cas. L'Amérique c'est quoi? C'est une Hollande en grand.

AG: Un peu.

JF: C'est des types qui savent faire tourner une affaire. Les Hollandais savent faire tourner une affaire.

AG: C'était un peu la même situation, c'était ça ou ne pas survivre du tout.

JF: D'ailleurs beaucoup de votre Constitution est un peu marqué par les Pays Bas. Le fond de votre Constitution, cet aspect fédéral, cet aspect de respect des composantes, je ne dis pas que tout est parfait en Amérique. Mais...

AG: Mais justement toute la théorie derrière notre Révolution, et celle des Français, ça a commencé aux Pays Bas.

JF: Oui, et justement la vôtre est avant la Révolution française. Les Français oublient ça. C'est la leur la première. Quand on leur dit ça, ils sont obligés d'aller voir, ils sont malheureux, parce que, non, ils sont les premiers, c'est le pays des droits de l'homme. On en sait quelque chose.

Je vous donne quelques chiffres des massacres qui ont eu lieu dans cette région au moment de la conquête. Le pays était complètement vidé d'hommes au moment de la conquête. Les Français ont été les pires. Ils peuvent parler des Allemands! Il faut savoir qu'on a rôti des petits enfants Bretons à la broche devant leurs mamans, qu'on a tanné de la peau humaine en Vendée. Les horreurs nazies, les Français les ont faites avant, dans les pays qu'ils ont conquis. C'étaient les pires. Je trouve que ce pays qui joue toujours au juge du reste de l'humanité a vraiment un manque de pudeur écoeurant. Qu'il se regarde lui-même! La mise à sac du Palatinat commandée par Louis XIV, par Louvois; le Palatinat était complètement vidé d'hommes. Les consignes étaient de massacrer tout. Et on l'a fait. Ceux qui n'ont pas pu s'enfuir ont été massacrés. Il fallait faire une espèce de désert entre les pays germaniques et la France. La conquête de l'Alsace... on a dû vous raconter ça. L'Alsace a été occupée sans déclaration de guerre en dépit du droit des gens.

AG: Pour avoir une frontière naturelle pour la France, le Rhin!

JF: Oui, de toute façon, les frontières naturelles - ici elle n'est pas naturelle non plus. Finalement je vais au point de dire que le nazisme est une invention française. Vous connaissez l'Horace de Corneille?

AG: Oui.

JF: Eh bien, là-dedans, il y a des phrases tout à fait nazies. La raison d'état. "Rome vous a nommé, je ne vous connais plus." "Contre qui que ce soit que le pays m'envoie, j'accepte aveuglément cette gloire avec joie." C'est la morale du S.S. On m'a raconté qu'on a déjà joué Horace en habit de S.S. Moi, je dis que, au fond, c'est l'étatisme français qui est responsable de toutes les guerres mondiales. Parce qu'en fait, cet étatisme, il a été passé à l'Allemagne, qui était un brave pays de commerçants, de braves gens, qui en fait étaient terrorisés par les Français, et quand les petits enfants n'étaient pas sages on leur disait que les Französe allaient arriver.

AG: Ah bon!

JF: Oui, parce que régulièrement il y avait des campagnes. Et au fond, le nationalisme allemand est d'importation française. Ce sont les Prussiens - une bonne partie des cadres de l'armée prussienne étaient des Français, c'étaient des Huguenots. Mais ce sont eux, c'est l'esprit prussien, l'esprit prussien c'est l'esprit français. Il ne faut pas l'oublier. Et ce sont des immigrés français qui ont transporté cet esprit en Allemagne. Et à mon avis, à la base de tout les nationalismes étatiques qui ont déchiré l'Europe il y a la France. C'est la France la grande responsable à mon sens. A mon avis, il y aurait une thèse à écrire là-dessus, à mon avis on peut le prouver.

C'est son étatisme qui est à la base des guerres. Les Français, il est de bon ton de rire du Saint Empire Romain germanique, mais au fond ce Saint Empire Romain germanique il a une structure fédérale qui a traversé les siècles, qui est venu du fond des peuples, qui a tenu très bien, et qui finalement a rendu ses peuples heureux, le Saint Empire Romain germanique, avec une structure quasiment fédérale. Et en fait, moi je me dis c'est peut-être bien l'intrusion de l'esprit catholique dans la politique. Au fond, tout a commencé avec Richelieu, qui a fait une espèce de religion de l'état. L'état est devenu la véritable foi des Français à ce moment-là. La raison d'état permettait tout, vous voyez ça dans Tocqueville, Tocqueville le dit en propres termes. Moi je voudrais que ça change, seulement j'ai peur que les peuples ne changent pas.

AG: Ils changent s'ils sont vraiment forcés de changer.

L'Europe et les peuples minoritaires

JF: Contraints de changer, oui. Peut-être avec l'Europe. Mais vous voyez, la France a tellement peur de changer qu'elle a rentré les pays latins très vite. Je suis personnellement pour l'Espagne dans le Marché Commun. Mais on voit très bien, il faut rentrer la Grèce, il faut rentrer la Turquie, qui n'est quand même pas un pays européen,

AG: La Turquie va faire partie du Marché Commun?

JF: Oui, oui, bien sûr. Il faut rentrer le plus possible de peuples méditerranéens de façon à ce que la France puisse jouer le rôle de bascule entre les pays germaniques et les pays méditerranéens. On voit très bien où ça veut en venir. Parce que ça permettra au fond de ne pas changer, puisqu'on se retrouvera avec des gens qui ont les mêmes problèmes que nous. Encore qu'à mon sens l'Espagne est beaucoup plus fédérale et a fait beaucoup plus pour ses composantes...

AG: Oui, maintenant avec la Generalitat de Catalogne, par exemple.

JF: Je trouve que -je ne connais pas vraiment l'histoire du Pays Basque, mais je trouve que les Basques exagèrent un petit peu. La Catalogne a pas mal de droits. Le catalan est reconnu à égalité avec le castillan. L'Espagne, de ce point de vue-là devrait être un exemple pour la France. Mais la France de toute façon considéra toujours qu'elle est exemplaire, elle a raison. S'il y a un pays qui ignore l'humilité c'est bien la France. Je crois qu'il faudra un effondrement économique pour qu'elle comprenne.

AG: Et encore ce sera peut-être trop tard pour certaines de ses composantes.

JF: Vous savez que le problème aussi c'est que l'intégration est telle, que l'effondrement économique est impossible pour un peuple européen. D'ailleurs, même au point de vue mondial, vous voyez bien, vous, les Américains, qui avez beaucoup prêté aux pays du Tiers Monde, si les pays du Tiers Mondre s'effondrent, vous vous effondrez.

AG: Oui.

JF: On est venu au point où un peuple peut continuer à avoir une économie qui est en dépit du bon sens, il peut continuer cette économie-là par solidarité, on est obligé de le maintenir.
    Enfin, moi ce que j'espère... Je crois que si un jour nous arrivons à faire ce qu'ont fait les Bretons, prendre conscience de nous-mêmes, si les Alsaciens en font autant, si tout le monde en fait autant, on risque d'être puissant à ce moment-là. Mais le problème c'est que pour la plupart on est des enseignants, des gens qui n'ont pas

beaucoup de pouvoir financier. C'est difficile. Beaucoup de choses sont faites à peu près en hors-d'oeuvre; la machine qui a tiré ces documents c'est une machine que j'ai payée moi, de mes propres deniers, parce que j'avais eu un prix, figurez-vous. J'avais eu un prix, j'ai donné tout le prix pour acheter une machine, qui est une machine d'occasion. En fait, on se trouve avec des problèmes financiers. Il y a suffisamment de gens qui voudraient faire quelque chose. Deuxièmement on n'a pas non plus la technique, on ne sait pas lancer un mouvement.

AG: Mais ça on peut l'apprendre. Du fait qu'on a les autres minorités...

JF: Oui, on peut l'apprendre, mais je vous dirai - moi je suis en train de travailler sur un micro-ordinateur pour essayer de mettre les fichiers en micro-ordinateur. Mais il faut aussi y passer du temps. Il n'est pas français, mon micro-ordinateur, il est anglais.

AG: Alors il va marcher?

AG: Est-ce que les minorités travaillent beaucoup ensemble? Il me semble qu'il y a des rapports, mais...

JF: Il y a DPLF. Là je connais pas mal de gens. Moi je suis allé à la dernière réunion DPLF à Paris, et là on rencontre des Basques, on rencontre des Corses, Stromboni... j'en ai rencontré d'autres, Machetti aussi. Vous connaissez Machetti? On rencontre des Alsaciens...

AG: Robert Lafont, peut-être?

JF: Moi, j'aime beaucoup Robert Lafont. La Révolution régionaliste, mais je ne le connais pas personnellement. Vous avez lu La Révolution régionaliste?

AG: J'en ai lu une partie, oui. J'ai lu beaucoup de ses oeuvres.

JF: C'est remarquable ce qu'il dit. Et sur la France. Mais il y a beaucoup de grands penseurs, des gens comme L'Europe aux cents drapeaux de Fouéré. Vous connaissez? Yann Fouéré? C'est-à-dire qu'il y aurait cents drapeaux si vous voulez, ce qui est son idéal à lui. Une Europe qui soit une Europe des peuples et non pas une Europe de ... Ah les Bretons sont des gens merveilleux. Mais ils ont souffert de la France, terriblement. Vous êtes passée en Bretagne déjà?

AG: J'ai passé une année en Bretagne. C'est là que j'ai démarré un peu. Ça fait maintenant vingt ans, mais c'est là que j'ai commencé.

JF: Moi, je les aime, les Bretons, parce que finalement, ils se sont battus et ils ne se sont jamais battus de façon sanglante. Ils ont fait sauter des pylones, mais ils n'ont jamais tué personne. Et je trouve que c'est bien d'avoir réussi à se battre sans verser le sang. Je respecte les gens -- enfin la lutte est la lutte et de toute façon la France ne comprend que ça. Les Algériens ont proposé le fédéralisme à la France. Des gens comme Ferrat-Abbas, ils étaient partisans d'une fédération. Mais de toute façon, dans une France qui veut rayonner sur l'Europe, il n'y a pas de place pour les cultures régionales.

AG: Tout fédéralisme que la France va donner, ça va être un cadeau, ça ne va pas être un droit.

JF: Mais elle ne le donnera jamais, en plus. On voit ce qu'a fait la gauche. Je crois que la gauche devait être sincère au départ. Mais en fait on voit que ça ne menait strictement à rien.

AG: Et puis la gauche n'avait pas les moyens financiers, une fois arrivée au pouvoir.

JF: Peut-être, peut-être.

AG: Mais c'est ça qui choque un Américain, que chaque région n'ait pas le droit de percevoir ses propres impôts, de ramasser ses propres revenus.

JF: Oui, c'est la base de tout, nous n'avons absolument pas d'argent.

AG: Et puis une partie de ce que le gouvernement fédéral collectionne est rendu aux états, même plus maintenant qu'on a Reagan.

JF: Mais nous, on est obligé d'aller supplier l'état français qui nous accorde notre argent.

AG: Mais c'est votre argent! Ce n'est pas le totalitarisme!

JF: On est obligé d'aller demander des droits qui sont dans toutes les conventions que l'état français a signées, et que l'état français ne nous accorde pas. Il y a actuellement, dans le domaine de l'enseignement, le néerlandais est reconnu, mais pas du tout comme langue régionale, comme langue européenne. Alors il y a un certain nombre d'établissements, il y en a dix ou douze, je crois, mais ça fait trois cents élèves, c'est ridicule. Nous, ce que nous voudrions, c'est un enseignement généralisé.

L'enseignement du néerlandais

AG: Vous avez des écoles bilingues?

JF: Il y a une école primaire bilingue, **une**, qui est une école expérimentale, qui se trouve à Wervik, près de Lille. Il faudrait aller voir là comment ça marche. Ça marche bien, paraît-il. Et cette école est véritablement bilingue, mais il y en a une seule.

AG: Et puis, à l'école secondaire, il y a des cours?

JF: Il y a donc possibilité de demander le néerlandais, mais encore une fois c'est très limité; il y en a dans l'enseignement d'état, il n'y en a pas dans l'enseignement libre, mais ça me rend furieux. Je suis dans l'enseignement libre. J'ai proposé cette année à mon collège des cours gratuits. Autrement dit, je faisais trois heures par semaine, c'est-à-dire douze heures par mois, gratuitement. Bon, on s'est arrangé à me refuser ça! Mais l'état français a réussi, c'est ça le drame. C'est que si les Flamands étaient conscients, il n'y aurait plus de problèmes. Mais l'état français a longtemps, tellement longtemps russifié, il n'y a pas d'autre terme, la Flandre, que les gens ne conçoivent pas eux-mêmes leur propre intérêt. Quand on se plaint sur les embouteillages de Paris, les gens d'ici ont de la compassion pour les Parisiens. Alors qu'en fait c'est un petit peu comme si vous aviez trop mangé, et que vous alliez dire à quelqu'un qui crève de faim "J'ai une sérieuse indigestion". Si Paris n'avait pas phagocyté, il n'y aurait pas de problèmes de circulation. S'il avait laissé exister les autres villes, comme en Allemagne Munich existe à côté des autres, il y a une pluralité de villes. Evidemment Paris est engorgé. C'est logique, c'est normal. Et il n'y a pas à se plaindre. Je souhaite que Paris soit de plus en plus engorgé. C'est une preuve de l'idiotie de sa politique. Paris et le désert français, encore une fois le titre de Gravier.

AG: C'est une ville très dynamique, mais ça devient de plus en plus difficile d'y vivre.

JF: Oui, mais alors, comme ça devient de plus en plus difficile d'y vivre, on y met de plus en plus d'argent. De l'argent régional, évidemment. Alors il n'y a plus d'argent pour le développement régional. Nous payons les transports parisiens. Je me souviens qu'une station du R.E.R. coûtait le prix de tous les budgets culturels de toutes les villes de France. Une seule station du R.E.R., du nouveau métro. Vous avez tout le budget culturel français sert à Paris, pratiquement.

La maladie des régions

Je vais vous dire, il n'y a pas tellement longtemps, en tant qu'enseignant, je suivais une session où on présentait l'économie de la région pour voir vers quoi il fallait envoyer les élèves. Celui qui faisait la session disait qu'il n'avait pas réussi à obtenir de l'INTSEE le chiffre de la fuite des cerveaux, alors qu'ils les ont. On ne les lui a pas donnés. On ne lui a pas dit combien, mais on sait, ce sont des chiffres officieux, que c'est entre quinze mille et vingt mille intellectuels que nous perdons par an.

La région Nord-Pas de Calais. C'est énorme. Nous avons une véritable hémorragie des cerveaux. C'est simple. Il y a des chiffres que j'ai. Nous sommes, sur les vingt et une régions de France, la région Nord-Pas de Calais, affreux, Pays Bas français, il faut rappeler, c'est le mot historique. Il y a même des historiens qui ont écrit des livres avec ce titre-là. Cette région est la quatrième en ce qui concerne les diplômes scientifiques, la quatrième sur vingt et une, mais nous sommes la dernière région en ce qui concerne la proportion d'ingénieurs dans la population. La dernière! Nous sommes complètement pompés par le centralisme parisien.

Même chose pour les Alsaciens. Les Bretons commencent - ils sont tellement conscients qu'ils commencent à rester au pays. Mais il y a plus de Bretons à Paris qu'il n'y en a en Bretagne. Saviez-vous ça? C'est ça le drame! La France n'arrive pas à comprendre que, tant qu'elle aura des régions malades, eh bien elle sera malade. Si votre foie est malade, vous êtes malade. Tant qu'elle aura des régions qu'elle aura complètement vidées de leur potentiel humain, de leur potentiel financier, qu'elle aura complètement dégradées en y entrant ses normes d'architecture, c'est dramatique. Le pays est affreux! Faites un tour de l'autre côté, en Flandre belge, et vous avez des villes magnifiques. Vous êtes allée à Bruges?

AG: Non, mais je le connais de réputation.

JF: Moi, j'ai l'intention d'aller y passer une semaine, à Bruges, je trouve que c'est une ville splendide. Et allez vous promener dans Bourbourg, qui était la même ville à une époque donnée, le même genre, et regardez ce que les Français en ont fait! Avec leurs normes d'architecture!

VLAEMSCH LEEREN

Petite fiche technique du vlaemsch

Aire géographique

La pratique de la langue populaire flamande dans l'Etat français concerne approximativement et selon des densités variables une zone délimitée par la Lys, l'Aa, la mer du Nord et la "schreve" (frontière) ainsi que l'enclave d'Halluin-Comines.

Origine

Implanté à partir du Vème siècle par nos ancêtres Saxons, mêlé d'éléments frisons et francs-saliens, notre flamand est demeuré très proche du vieil anglo-saxon. Appartenant au groupe westique des langues germaniques, il se situe au carrefour des langues de l'Europe du Nord-Ouest: anglais, allemand, néerlandais... Historiquement, langue qui n'était pas étrangère à Clovis (Chlowyck) comme à Charlemagne (Karel de Groote), la forme ancienne du flamand était pratiquée jusqu'à l'Authie.

Nombre des flamandophones du Westhoek::

Privés d'écriture dans leur propre langue faute d'enseignement scolaire, les Flamands du Westhoek utilisant le flamand comme langue de communion principale (familiale et de travail) représentaient en 1971, 80 à 100.000 personnes selon un recensement scientifique universitaire. Il conviendrait d'ajouter à ce nombre les flamandophones passifs ou pratiquant occasionnellement (cas de la diaspora linguistique des grands centres urbains: Lille, Roubaix, Tourcoing, Paris), les jeunes flamandophones volontaires (cours autodidactiques, privés gratuits ou officiels). En 1977 la méthode "Vlaemsch leeren" a été publiée hebdomadairement par le Journal des Flandres (6.500 exemplaires).

Milieux sociaux qui parlent flamand:

Les Flamandophones du Westhoek appartiennent majoritairement aux catégories sociales les plus défavorisées: ouvriers, paysans, artisans, petits employés et commerçants, marins ... A Dunkerque, le flamand est resté le moyen d'expression de la banlieue maraîchère et ouvrière (Coudekerque, Leffrinckoucke, Rosendael ...) et des anciens ruraux urbanisés. On retrouve sa pratique croissante aujourd'hui au sein de familles reflamandisées ainsi que des milieux intellectuels et étudiants qui réapprennent la langue originelle...

Les lettres, leur prononciation flamande:

L'alphabet flamand comprend 25 lettres:

A: aa	F: effe	K: kaa	P: pee
V: vee			
B: bee	G: gee	L: el	R: er
W: wee			
C: see	H: haa	M: em	S: es
Y: upsielon			
D: dee	I: ie	N: en	T: tee
Z: zet			
E: ee	J: jee	O: oo	U: uu

L'accentuation:

Tandis qu'en français, l'accent tonique est à peine perceptible, le flamand appuie fortement sur les syllabes fortes. En règle générale, l'accentuation se porte sur la première syllabe: Cassel, Steenvorde, Winnezeele...

Sur la seconde syllabe lorsque la première est sourde: Decoopman (le commerçant), betalen (payer), vergeeten (oublier), verkoopen (vendre). Le flamand compte 70 de syllabes fermées qui facilitent la compréhension instantanée très peu d'enchaînements euphoniques). Autre caractéristique, le flamand a horreur des mots longs, aristocratiques de même que l'anglais ou le français dans sa version populaire qui parle de métallo en place de métallurgiste, ciné, télé, vélo, auto, bac, maths...

Goen aven! (Bonsoir!)

1. Neen, gy zyt te bedanken. Hei je gy (1) geen mee'nodig?
Nin'k, 'k hen enoeg. Ja't, 't is stief goen kaffie.

Non, merci. (:tu es à remercier). N'en as-tu plus besoin? Non, j'en
ai (pris) assez. Oui, c'est de l'excellent (très bon) café.

2. Weul je nog e sukerbolle(:knusche), e sukerpek, e babbelaere?
Hei'je gy e lietje vier, hei je gy suifers? Nin'k, ik e smoor'n nie !

Veux-tu encore un "knusche" (sucre), une tablette de réglisse, un
"babbelaere" (confiserie flamande)? As-tu du feu, as-tu des
allumettes? Non, je ne fume pas.

3. Goen aven, Mevrouwe Van den Broek! Meug'n ik me voorstell'n
(2)? 'K zyn ik (1) Jan Van de Kerkhove van Rubrouck. Hier is
Liederik Van Dyck, myn kamaraed in't werk, me schoolemaete.

Bonsoir, Madame V. (:Du Marais)! Puis-je me présenter? Je suis
Jean V. (:Du Cimetière) de Rubrouck. Voici Liederik V. (:Du
Fossé), mon camarade de travail, mon camarade de classe.

4. Is je man thuus? Meug'n ik d'regen klapp'n? Ik geloov'n van ja.
Weul je benkom'n? Komt vanaven ekee weere misschiens. Zet je!
'Ke weet'n 't nie!

Votre mari est-il visible (à la maison)? Puis-je lui parler? Je crois
que oui. Voulez-vous entrer? Revenez donc ce soir peut-être.
Asseyez-vous! Je ne sais pas!

5. Beidt e lietje, 'k gaen nhem roep'n: hen is bezig me ze wagen, hen
is bezig me te pachel'n aen ze kare (e tweepeerdtje). Vermaken.

Patientez un instant (:attendez un peu), je vais l'appeler: il est occupé
avec sa voiture, il est en train de bricoler à sa voiture (une 2 CV).
Réparer.

6. *Gy kont op e slechte moment: 't e schekt nie, komt vanaven by nuus thuus! 'T is van passe!*

Tu viens à un mauvais moment; ça ne convient pas, viens ce soir chez nous (littéralement: chez nous à la maison)! C'est d'accord!

-- Jean-Paul Sepieter

Aspects du Westhoek I:
La langue flamande au carrefour des langues
de l'Europe du Nord-Ouest

Elaboré depuis le cinquième siècle à partir d'un substrat linguistique saxon, franc-salien et partiellement frison, le flamand du Westhoek se situe dans la classification des langues indo-européennes parmi le groupe dit westique (occidental) des langues germaniques.

L'étude étymologique permet de reconstituer les liens de parenté plus ou moins éloignés des langues indo-européennes (origine proche du sanskrit) qui rassemblent en particulier les langues celtiques, nordiques, germaniques, latines mais dont sont exclus par exemple le basque et l'hébreu. Ainsi, on retrouve une communauté de racines dans le mot **frère - frater** (latin), **broere** (flamand), **brother** (anglais), **bruder** (allemand), **breur** (breton).

Si le flamand procède naturellement à des échanges de vocabulaire avec les langues circumvoisines, le français lui est tributaire de quantité de termes de marine et de pêche: **digue (dyk), nord, sud, est, ouest, harengs en caque, blason** (de **blaesen**, souffler), **frelaté** (de **verlaeten**)...jusqu'à son nom: **Frank**, signifiant l'homme libre.

Contrairement à un mythe répandu depuis l'époque d'occupation où la capitale administrative était Madrid, on ne pourra citer de termes empruntés à l'espagnol. Cependant le flamand a cédé **flamenco**, (de **Vlaming**, flamand), **hidalgo (den edelgod)**...

Il serait fort intéressant en Flandre, préalablement à toute étude linguistique, de considérer les "lois de passage" régissant les langues de l'Europe du Nord-Ouest, de se familiariser avec un "code" relativement simple à retrouver qui à partir du flamand permet de soupçonner la prononciation des mots anglais, allemands ... correspondants.

Quelques exemples:

- le **d** flamand mute en **th** anglais: **de** devient **the, dat** devient **that** et **dief** (voleur) devient **thief**.

- le **v** flamand correspond au **f** anglais: **vaeder** (père) devient **father**.

-le **t** allemand devient très souvent un **d** flamand: **tod** (mort) devient **dood**, **Tür** (porte) devient **deure**, et **tief** (profond) **diepe** en flamand.

Autre remarque qui facilitera singulièrement l'apprentissage du flamand à partir d'un acquis anglais ou allemand ... l'allègement systématique des syllabes en se déplaçant d'Est en Ouest. Ainsi **moulin** se dit **Mühle** (allemand), **molen** (néerlandais), **meulen** (flamand), **mille** déjà dans la toponymie du littoral (Hooimille) et **mill** en anglais...

La langue flamande constitue donc une langue-clé, une langue carrefour qui permet de comprendre et de se faire comprendre par la moitié de l'humanité, une langue intimement associée donc aux traditions de tolérance et d'ouverture sur le monde du Peuple de Flandre.

Aspects du Westhoek II:
Keure van 't Vlaemsch
Une charte de la langue flamande

A supposer un instant que soit infligé au français le traitement misérable imposé au flamand depuis trois siècles (exclusion de l'appareil scolaire, administratif, des mass-média), la francophonie se réduirait à quelques millions d'usagers en moins de vingt ans! Le maintien du flamand quotidiennement bombardé, harcelé chez quelques 80 à 100 mille autochtones qui l'ont "sucé à la mamelle", constitue un défi extraordinaire à l'Histoire.

Le problème contemporain de la langue flamande au Westhoek est celui de la réparation officielle d'une injustice triséculaire. Il s'agit de reconnaître le droit naturel à la différence flamande ainsi que les moyens concrets d'exercer pleinement ce droit: droit de vivre et de s'épanouir pour la langue et la culture flamande qui font partie intégrante du patrimoine de l'Etat français. La renaissance de notre personnalité flamande suppose un statut officiel audacieux de la langue d'origine du pays. La loi Deixonne de 1951 excluait du bénéfice de l'enseignement des langues dites régionales le flamand, cependant autant pratiqué numériquement que le basque dans la partie française de l'Euskadi.

Rupture de la politique d'assimilation ou simplement camouflage machiavélique, la loi Deixonne ne concernait que les élèves du second cycle secondaire (discrimination sociale) classique et moderne, à raison d'une heure hebdomadaire à titre facultatif, en multipliant dans son application les obstacles de toute sorte.

Un quart de siècle plus tard, ce qui était présenté comme une faveur, un cadeau d'exception heurte la sensibilité moderne à juste titre. Il convient donc de s'orienter d'urgence vers la conception d'une véritable loi d'animation, rendant la parole et libérant l'expression spontanée flamande.

Pratiquer selon un fonctionnement éprouvé en de très nombreux pays, un trilinguisme officiel respectueux de la fonction de communion (gemeenschap) propre à la langue populaire flamande du Westhoek ainsi que de la fonction de large communication (gezelschap) du français (héritage historique) et du néerlandais (forme unifiée et universelle des langues populaires des Pays-Bas historiques). Aboutir à un modèle linguistique égalitaire non conflictuel où la langue flamande du Westhoek retrouve sa fonction de démocratisation et son rôle d'instrument de la culture populaire flamande.

La renaissance linguistique flamande suppose que soit établi un constat d'aliénation linguistique et développée chex les Flamands la prise de conscience du processus responsable de la décadence actuelle.

Trilinguisme embrassant tous les domaines de l'Education et de l'Information. Réintroduire le flamand dès la maternelle, ce que souhaite ardemment un nombre croissant d'instituteurs soucieux de réconcilier l'école et la réalité quotidiennement vécue. Réapprendre le flamand et réapprendre en flamand l'histoire du Westhoek, sa géographie, sa poésie, ses chants, contes et légendes. Français-flamand en classes primaires branché sur la pratique locale du flamand. Insertion du néerlandais dès le secondaire. La création d'un office de la langue et de la culture flamandes siégeant au Westhoek et doté du budget adéquat garantirait l'illustration de la Charte flamande. On pourrait alors envisager sous son contrôle et dans le cadre de la radio et télévision d'Etat, ou librement, la création de radios locales français-flamand au service de l'animation culturelle locale, de l'information contradictoire, de la formation permanente à domicile et une large "fenêtre" télévisée en flamand, projets qui seraient partiellement financés par les redevances déjà versées par les habitants du Westhoek. La grève bretonne de la redevance qui met en relief les droits bafoués du contribuable, constitue une initiative extrême mais seule capable de ramener à la raison l'hypernombrilisme parisien. Enfin par commune (pour manifester un parti pris décentraliseur), il serait souhaitable d'organiser annuellement une fête de la langue flamande - Feeste van 't Vlaemsch - rassemblant chanteurs, poètes, humoristes, conteurs, troupes de théâtre populaire et pédagogues.

La Charte de la langue flamande: un projet qui concerne tout flamand de naissance ou d'adoption et engage notre responsabilité devant les générations à venir à un tournant décisif de notre Histoire: Renaissance totale de notre personnalité flamande ou agonie dans l'indifférence?

-- Jean-Paul Sepieter

Aspects du Westhoek III:
Processus à deux phases
de la francisation du Westhoek

Le processus à deux phases de la francisation au Westhoek
constitue un fait général de colonisation linguistique que l'on retrouve
aujourd'hui par exemple mettant violemment aux prises le français et
l'anglo-américain, langue de la nouvelle domination économique et
politique.

L'ampleur du phénomène franglais qui corrompt jusqu'à la
syntaxe, l'abandon par l'Université française du français comme
langue de communication scientifique (dans les publications à
destination internationale) c'est-à-dire comme langue du savoir,
l'expression exclusivement en anglo-américain des petites annonces
du journal "Le Monde" aux futurs "Managers" (c'est-à-dire l'élite
sociale)... sont autant de signes évidents d'une colonisation
linguistique dans sa phase de nivellement horizontal. Les arguments
d'utilité, d'universalité jouent aujourd'hui contre le français. Le sort
du français est aujourd'hui paradoxalement intimement lié à celui de
ses victimes d'hier.

Dans la lutte commune qui s'engage contre l'homogénéisation
linguistique et culturelle, pour le droit de différer, la multiplication
volontaire des barrières linguistiques (refuge d'identité), langue de
communion et langues de communication, s'avère d'une urgente
nécessité, les régions périphériques de l'hexagone jouant désormais
un rôle d'avant-garde.

L'on ne peut comprendre la situation actuelle du flamand du
Westhoek, sans une rétrospective historique objective, dépassionnée,
couvrant les trois siècles écoulés. La francisation s'y est développée
suivant deux phases.

D'abord on assiste à une phase d'assimilation sélective
"horizontale" (1677-1881). En 1677, année de la défaite flamande de
Noordpeene, la fraction occidentale (Westhoek) de la Flandre vaincue
militairement par Louis XIV surnommé "Pietje Veertien" est intégrée
à l'Etat français.

La classe dirigeante flamande (moyenne bourgeoisie urbaine)
coupée brutalement des Nederlanden mais soucieuse par instinct de
conservation de défendre ses intérêts socio-économiques doit se
soumettre aux exigences du vainqueur, c'est-à-dire d'abord à l'Edit

de Villers-Cotterêts (1539), qui imposait le français issu de l'aristocratie parisienne, comme unique langue officielle de l'Etat (charges officielles, professions libérales...)

La francisation socialement "horizontale" dans sa première phase n'affectait donc que l'intelligentsia internationaliste, restée au pays, qui assumait la direction économique et politique de la Flandre. En changeant de langue, elle adoptait une vision parisienne du monde, devenait un simple relais de décision et abandonnait progressivement la défense des intérêts flamands.

La lente dilution du sentiment flamand allait de pair avec le blocage de l'économie flamande et sa "spécialisation" décidée par le pouvoir central, dans la production de matières premières agricoles et industrielles destinées à la région parisienne.

La Révolution industrielle, l'expansion coloniale en Afrique, Asie exigent soudain une main d'oeuvre désormais instruite, compétente, qualifiée ... instruite, mais aussi déplaçable au gré des besoins, donc parfaitement assimilée, nivelée, dépourvue de conscience régionale, téléguidée depuis Paris.

Les lois scolaires des années 1880 instituant l'école obligatoire et gratuite mais monolingue constituent la phase "verticale" de francisation se développant depuis la moyenne bourgeoisie urbaine à l'ensemble du Peuple flamand. C'est l'époque du détournement des instituteurs de leur mission naturelle d'intellectuels populaires en flamand, en breton, en occitan ... pour devenir des incarnations autoritaires du pouvoir central, armées des méthodes coercitives que nos parents et grand-parents ont tous éprouvées. Jusqu'en 1961, les élèves de l'école de Berthen pouvaient lire sur les murs de la cour dite de "récréation": "Défense de parler flamand". Ailleurs: "Défense de cracher ou de jeter des cailloux et de parler flamand". Inculquer la honte de la langue de ses parents: quelle pédagogie!

-- Jean-Paul Sepieter

Rapport sur la communauté flamande de France

Introduction

En 1947, suite à la libération du territoire français et à **l'épuration**
qui suivit, le mouvement flamand était anéanti. L'Abbé Jean-Marie
Gantois, animateur incontesté du Vlaams Verbond, était en prison et
devait ensuite, après son acquittement, être interdit de séjour et passer
de longues années dans une lointaine paroisse de Bourgogne.
D'autres militants furent incarcérés et même fusillés pour avoir
continué l'action culturelle flamande sous l'occupation.

La population, complètement terrorisée, ne voulait plus entendre
parler de défense linguistique, d'autant plus que l'Eglise catholique
cessa brusquement l'enseignement du catéchisme et des prêches en
flamand, dès l'arrivée des troupes alliées en 1944.

Cette fois, le mouvement semblait bien mort, on disait même que,
suite aux mouvements de population, les habitants avaient changé,
que les réfugiés n'étaient pas rentrés au pays, bref que le flamand ne
se parlait plus (il faut dire que le pays, très petit, avait beaucoup
souffert de la guerre, avait été bombardé quatre années durant et
qu'on avait évacué beaucoup d'habitants des villes, dont tous les
enfants.)

Les choses se sont remises peu à peu en place, avec le retour des
prisonniers de guerre et des réfugiés, et si Dunkerque fut réellement
le théâtre d'un transfert partiel de population, en gros, à la campagne,
les anciens occupants se sont retrouvés chez eux; et force fut bien de
constater que le dialecte existait toujours, et se transmettait encore
aux enfants.

Il y a quarante ans de cela! Mais la conscience flamande s'était
totalement endormie; il a fallu attendre de nombreuses années, avant
qu'un timide réveil ne voie le jour ...

La Période 1947-1987

Il serait trop long d'exposer en détail toute l'évolution politique et
sociale de la France pendant ces quarante années.

Disons au moins que le flamand fut dès le début exclu du bénéfice
de la loi Deixonne de 1951 sur les langues locales. Comme on le
sait, cette loi esquissait un statut pour quatre langues: le breton,

l'occitan, le catalan et le basque. Trois langues restaient en dehors, à savoir le corse, l'alsacien et le flamand, en tant que "dialectes d'une langue étrangère".

Très vite, le corse se fit aussi admettre dans la liste, en ce que les militants corses renoncèrent au lien avec l'italien, et créèrent une langue corse "non italienne". L'Alsace obtint également, mais par d'autres voies, un statut spécial pour l'allemand. Le flamand, et lui seul, resta ignoré, sous prétexte qu'il était un dialecte néerlandais, "expression d'une culture hostile à la nôtre", suivant les propres termes officiels. Tout au moins reconnaissait-on alors au flamand la qualité de dialecte du néerlandais littéraire, ce qui curieusement nous est aujourd'hui contesté!

De toute façon, et jusqu'en 1981, le flamand ne reçut aucune consécration officielle - pour les autorités françaises, tout simplement, la communauté flamande en France n'existait pas.

La parution, à la fin des années cinquante, de la revue "Notre Flandre - Zuid-Vlaams Heek" fut un premier signe du réveil du flamingantisme en France. L'éditeur en était l'association "de Vlaamse Vrienden in Frankrijk", qui posa en 1965 sa candidature comme membre à l'U.F.C.E., ce qui souleva un tolle chez les Wallons (rappelons qu'alors "Wallonie libre" était membre de l'U.F.C.E.); mais quoi qu'il en soit, on peut considérer ce fait comme un événement important de notre histoire, et cela bien que cette association ne fût à l'époque qu'un groupuscule très faible.

En octobre 1971, se constitua le "Cercle Michel de Swaen", qui reprit aux "Vlaamse Vrienden" en 1972 la représentation des Flamands de France au sein de l'U.F.C.E., et y devint membre de plein droit en 1973. Et depuis, le Cercle a participé sans interruption aux travaux de l'U.F.C.E., s'assurant ainsi sur le plan international une reconnaissance que l'Etat français lui avait toujours refusé.

Entre-temps la conscience flamande au Westhoek faisait de grands progrès. Mentionnons, après 1972, la création de "Menschen lyk wyder" et du "Parti fédéraliste flamand", ainsi que de très nombreux cercles folkloriques, chorales, groupes costumés, confréries d'arbalétriers et troupes de théâtre amateur. Et surtout, l'organisation des cours libres de flamand et de néerlandais, avec l'aide d'amis belges - tout cela issu d'initiatives privées, et entièrement bénévole.

De l'Etat, nous n'eûmes pour toute subvention que des chicanes, des critiques, des menaces, des chantages et des procès, une arrestation de militant et trois saisies de poste émetteur. Et **bien**

entendu, l'école publique (comme l'école libre) restait fermée à la langue du pays.

La Situation linguistique actuelle

L'aire traditionnelle de la langue néerlandaise est le quadrilatère dénommé "Fransche Westhoek" (coin de l'ouest) limité au nord par la côte, à l'est par la frontière belge, au sud par la vallée de la Lys et à l'ouest par la rivière Aa. Il faut y ajouter une petite langue de terre au nord de l'agglomération lilloise, le long de la rive droite de la Lys, avec notamment les villes de Wervik-sud, Roncq, Neuville-en-Ferrain et Halluin, où le dialecte autochtone ne s'est pas éteint.

En 1856, ces territoires étaient encore unilingues flamands à part une pénétration du français à Gravelines et à Dunkerque. Ils étaient peuplés de 300 000 habitants. Aujourd'hui, tout est "bilingue" et quelques villages le long de la frontière linguistique ont été perdus - surtout au sud.

L'ancienne petite ville de Dunkerque est devenue, depuis la deuxième guerre mondiale et après absorption des communes voisines, une agglomération industrielle et portuaire de 150 000 habitants, dans laquelle ont été implantés de très nombreux immigrés; elle est un creuset d'assimilation qui ronge continuellement la campagne environnante. Hazebrouck, au sud, (20 000 habitants), ville de fonctionnaires et de cheminots, est également un foyer de francisation.

Sur une population totale actuelle de la région de 400 000 habitants, les flamandophones ne doivent pas représenter plus de 25% - mais en habitat concentré il est vrai: alors que la périphérie s'effrite, le noyau agricole forme encore un bloc d'un seul tenant, rongé de l'intérieur, certes, par l'assimilation scolaire.

Mais ce qui est le plus important, et dramatique, c'est désormais le fossé entre les générations: la langue ne se transmet plus. Alors que dans une même famille, les vieillards parlent encore très couramment le flamand (mieux que le français en tout cas), les gens d'âge moyen (35-40 ans) s'expriment avec plus de peine, et les petits enfants ne le parlent presque plus du tout. On peut estimer à 1200 le nombre de locuteurs flamands qui meurent chaque année - ils ne sont pas remplacés par les plus jeunes!

Un calcul rapide permet de dire qu'aujourd'hui (1987), il reste entre 90 000 (estimation optimiste) et 57 000 flamandophones (chiffre pessimiste, mais le plus vraisemblable).

La courbe de mort s'infléchit de plus en plus, et on peut déjà prédire (à moins de mesures scolaires drastiques) la disparition du dernier Flamand de France dans vingt-cinq à trente ans.

La Situation actuelle du néerlandais dans l'enseignement

1. Niveau universitaire.

Il y a toujours eu la possibilité d'étudier le néerlandais en France - et pas seulement dans la région flamande - à cet égard, il n'y a pas de problème; mais rien non plus n'est spécialement conçu pour tenir compte de l'existence en France d'une communauté néerlandophone.

Autrefois, le néerlandais servait surtout de complément à l'allemand en germanistique, laquelle revêt une certaine importance pour la formation des enseignants. En effet l'allemand est choisi comme première langue étrangère par plus de 12% des lycéens et collégiens, et comme deuxième langue par plus de la moitié; de plus, l'agrégation d'allemand est d'un très bon niveau.

Aujourd'hui nous avons une "néerlandistique" autonome, distincte de l'allemand, ce qui a beaucoup plu pour cette raison, et a été présenté comme un immense progrès; malheureusement cette nouvelle discipline concourt plutôt à diminuer le nombre d'étudiants qui optent pour le néerlandais...

En conclusion, à l'Université, les structures existent et sont suffisantes pour assurer **la continuation** d'un cycle d'enseignement primaire et secondaire ... qui n'existe pas (voir pages suivantes), et sont donc inutiles. D'ailleurs les bénéficiaires de cet enseignement, en grande majorité, ne sont pas des Flamands, et ne choisissent pas cette langue comme la leur.

2. Au Lycée.

Là non plus, rien n'est conçu en fonction de l'existence de la minorité flamande.

Les élèves qui, au collège, ont opté pour le néerlandais deuxième langue étrangère, peuvent continuer à suivre cet enseignement, et les points obtenus à l'examen comptent pour l'obtention du baccalauréat.

Il est enseigné, à ce titre, dans un lycée parisien et dans quelques
établissements du Westhoek.

Seulement, suite à la contre-propagande, à la non-information, aux
pressions et au sabotage existant dans les collèges, visant à détourner
les élèves de l'option néerlandais, leur nombre est extrêmement
limité; et la plupart de ceux-ci, comme par un fait exprès, sont ceux
dont le flamand n'est pas la langue maternelle ni même celle de leurs
parents (autrement, ils auraient opté auparavant, au collège, pour les
cours de dialecte, avec tous les encouragements officiels.)

Ainsi entrent à l'Université d'éventuels enseignants de néerlandais,
pour lesquels il est devenu une langue totalement étrangère ...

3. L'enseignement obligatoire

A. Le néerlandais littéraire. Là pas plus qu'ailleurs, il n'est tenu
le moindre compte de l'existence de la minorité flamande. Le
néerlandais est toléré (dans toute la France) comme deuxième langue
étrangère facultative, dans les deux dernières années du deuxième
cycle seulement. Il figure à ce titre sur une liste de langues à option,
à côté du japonais, de l'arabe et de l'hébreu, entre autres. Cet
enseignement existe effectivement dans quelques rares établissements
- collèges - dans le Westhoek.

Mais des pressions sont exercées par le corps enseignant sur les
parents et les élèves, pour qu'ils renoncent à l'option néerlandaise
(notamment à Hazebrouck); ailleurs, de nombreux optants doivent
renoncer, cette fois par manque de professeur ... bref cet
enseignement est systématiquement saboté et sa publicité étouffée; les
affiches ne sont pas apposées dans les établissements, sur consigne
hiérarchique.

B. Le dialecte flamand. L'avènement du pouvoir socialiste en
1981 a provoqué - grande nouveauté! - la promotion d'un
enseignement du patois local, facultatif pour les maîtres et pour les
élèves, et même la création de stages de recyclage, rétribués par
l'Etat, pour les enseignants volontaires de langue maternelle
flamande. A cet effet furent créés en toute hâte une grammaire et un
lexique du "Flamand français", absolument distinct du néerlandais
bien entendu - la ficelle est un peu grosse, et l'intention bien
évidente; mais cette reconnaissance officielle du fait flamand est
quand même en soi une chose sensationnelle.

Cet enseignement est destiné théoriquement aux deux cycles de l'enseignement obligatoire (lui seul ne l'est pas), donc aux écoles communales et aux collèges - dans la mesure où un nombre suffisant d'élèves en font la demande. Une association d'enseignants socialistes ("Tegaere Togaen") a pris en charge le recensement des élèves volontaires et des enseignants candidats au recyclage.

Il aurait été évidemment souhaitable que cet enseignement de fortune (mieux que rien!) soit dispensé d'abord aux classes inférieures et aux plus petits, pour soutenir la langue maternelle déclinante; c'est le contraire qui s'est produit. Il nous a été impossible d'obtenir des chiffres précis; ils varient d'ailleurs considérablement d'une année sur l'autre; nous savons seulement qu'il n'y a eu qu'un très petit nombre d'optants, uniquement dans la région de Bourbourg, et dans le deuxième cycle seulement; échec complet dans les petites classes. Apparemment un enseignement du dialecte n'intéresse pas la population.

Bref, un résultat très faible; et en plus les "bénéficiaires" ne peuvent continuer cet enseignement au Lycée, parce qu'ils n'ont pas la base pour suivre l'option "néerlandais deuxième langue" rendue pour eux artificiellement "étrangère"...

Mais la triste réalité, elle, est la suivante: les enfants de sept ans, qui commencent à lire et à écrire, n'entendent toujours pas à l'école un seul mot de leur langue maternelle, pas plus en dialecte que dans sa forme littéraire, le néerlandais. Pratiquement la réforme n'a rien changé, l'assimilation continue...

Avec ses réponses dilatoires, son sabotage camouflé, le volontariat imposé à tous les niveaux, et l'offre d'un enseignement au rabais, l'école française manque à ses devoirs, et l'Etat ne respecte pas ses engagements internationaux.

4. L'école maternelle.

Là se trouve le noeud du problème. L'Etat n'a ménagé aucun effort ni aucune dépense pour mettre à la disposition du moindre village une école maternelle, ou au moins un ramassage scolaire, pour prendre en charge le plus possible d'enfants de deux ans et demi à six ans - dans un but soi-disant social, pour promouvoir l'égalité des chances et élever le niveau culturel général de la population.

Seulement la maternelle est strictement **unilingue francophone**. C'est l'arme absolue de l'assimilation; c'est là que la langue maternelle flamande reçoit le coup de grâce. Comme par hasard, c'est là aussi que l'Administration n'est disposée à aucune concession, malgré les demandes et souhaits réitérés.

Certes on a bien toléré quelque comptine ou chanson - honneur au "folklore" - pour rendre le milieu plus familier au jeune paysan qui arrive; mais le but final reste l'imposition la plus rapide possible de la seule langue française.

Cela montre bien la vanité, la nullité de tout ce que nous venons de décrire plus haut!

Sorti de la maternelle, le jeune enfant qui arrive "à l'école" est déjà perdu pour le flamand; tout ce qu'on pourra lui enseigner par la suite sera pour lui "langue étrangère."

Les Média: TV - Radio - Presse - Inscriptions, etc

<u>Télévision</u>: la langue autochtone est absente, aussi bien que l'histoire locale; rien sur la Flandre outre-frontière. La télévision est, après l'école, le plus dangereux instrument d'assimilation et de mise au pas. Et pour couronner le tout, les enfants qu'on a soigneusement éloignés du néerlandais n'arrivent pas à suivre la télévision belge flamande.

<u>Radio</u>: à noter l'apparition de la radio libre "UYLENSPIEGEL" qui émet, samedi soir et dimanche, du haut du Mont Cassel sur la bande FM avec 7 Kw (portée: 50 km); tous les animateurs sont strictement bénévoles. D'abord poursuivie et trois fois saisie avant 1981, cette radio est aujourd'hui autorisée; huit heures bilingues hebdomadaires. Une goutte d'eau dans la mer des ondes; à noter toutefois!

<u>Presse</u>: dans le "Journal des Flandres", petite feuille locale, une fois par semaine 20 lignes en dernière page, en "flamand", prose ou vers, sujet culinaire ou humoristique - autant dire rien.

<u>Inscriptions publiques</u>: ...Disparition progressive des inscriptions anciennes sur les monuments, non restaurées ou supprimées; l'Administration des Monuments historiques a enlevé les plaques

funéraires en néerlandais sous prétexte de restauration, dans l'Eglise
Saint-Eloi à Dunkerque: elles ont disparu "dans un musée".

Bref, pour le voyageur non averti qui traverse le Westhoek la
langue locale n'existe pas.

De ce bilan accablant, on est obligé de conclure que l'assimilation
continue au même rythme qu'aux pires époques d'oppression
culturelle, et que l'Etat français n'a jamais renoncé à l'éradication
totale de la langue et de la culture autochtone sur le morceau de
territoire flamand qu'il a annexé.

L'ethnocide s'est poursuivi imperturbablement de 1947 à 1987.

C'est pourquoi les associations de défense de la langue et de la
culture flamandes, qui sont les représentants légitimes de notre peuple
avec le Cercle Michel de Swaen, demandent instamment à la
Présidence de l'U.F.C.E. d'intervenir à nouveau auprès de Paris;
qu'elle rappelle, solennellement, que tous les gouvernements
successifs d'un pays qui se dit inventeur de la "culture", de la
démocratie et des Droits de l'Homme, se sont conduits de façon
scandaleuse et en totale contradiction avec leurs propres principes; et
qu'ils ne donnent pas le change avec leurs minimes concessions, et
leurs encouragements hypocrites aux patois et au folklore.

La France devrait se comporter conformément aux Droits de
l'Homme et respecter les pactes internationaux qu'elle a signés;
sinon, au minimum se conduire comme un Etat occidental civilisé.

--   Michel Galloy

Troisième Congrès du
Parti Fédéraliste Flamand,
10 octobre 1987

Qu'est-ce que la Flandre française?
Qui sont les Flamands de France?

Les Flamands de France vivent sur les 250 000 hectares qui, dans la moitié occidentale du département du Nord, correspondent à l'arrondissement de Dunkerque, à celui de Lille et à la moitié septentrionale de celui de Douai.

Ce domaine est circonscrit par deux frontières. L'une est la démarcation politique actuelle entre la France et la Belgique; l'autre fut la limite méridionale du ci-devant Comté de Flandre, principauté du Sud des Pays-Bas.

La frontière franco-belge fut fixée en 1713 par le traité d'Utrecht, retouchée en 1769 et 1779, confirmée en 1814 par le premier traité de Paris. Elle est artificielle à tous égards; l'expansion économique ne l'a pas respectée.

L'autre limite, au Sud, plus incertaine, est marquée, entre la mer et Saint-Omer, par le cours de l'Aa. Entre Saint-Omer et Aire-sur-la-Lys, c'est le "Neuffossé", d'abord ouvrage militaire, puis canal, qui trace la limite artificielle à travers le plateau. Plus à l'Est, les collines de l'Artois sont bien ... en Artois, mais Douai, dans le Bas-Pays, est une ville flamande. Enfin, au Sud-Est, il ne s'agit pas d'une limite linéaire, mais d'une marche, l'Ostrevant: les bois qui s'étendent entre les marais de la Scarpe et ceux de la Sensée. Ici, entre la Flandre et le Hainaut, la limite est incertaine...

Dans ces limites, la Flandre française présente une unité géographique certaine: c'est une partie des Pays-Bas ... Morceau du rebord oriental du Bassin de Londres, appuyé aux collines de l'Artois et au plateau du Brabant, noyé en son centre par la Mer du Nord, le Pas-de-Calais et la Manche, ces "mers étroites" qui comptent aujourd'hui parmi les plus fréquentées du globe ... Pays drainé par l'Escaut et son principal affluent, la Lys, rivière flamande par excellence... Pays de sables et d'argiles, naturellement pauvre...

Mais dans cette plaine, parfois horizontale, il suffit d'une dénivellation de quelques mètres pour changer le paysage et le genre de vie. Sur un peu plus de cent kilomètres, plusieurs petits pays se succèdent.

Le long de la mer, s'étend la plaine maritime, conquise et reconquise sur les eaux depuis le VIIIème siècle et dont les "polders" sont maintenant protégés par les dunes, les digues, les écluses. C'est

le pays drainé par les "wateringues", associations presque millénaires
qui ont servi de modèle à travers l'Europe. Contrastant avec cette
plaine dénudée - "Blootland" en flamand - lui succède, au Sud, le
bocage assez dégradé, il est vrai, de l'Houtland argileux, dominé
d'Ouest en Est par le "relief en miettes" des Monts de Flandre,
sablonneux et boisés.

Au-delà de la vallée de la Lys, l'une des plus larges d'Europe
occidentale, on quitte la Flandre maritime pour pénétrer dans ce que
les Flamands belges appellent "Rijselse", le Lilloisis, et que l'on
pourrait nommer la Flandre industrielle, si ailleurs aussi l'industrie
n'était intimement mêlée à la culture. Là, sur un quart du territoire
de la Flandre française, la métropole Lille-Roubaix-Tourcoing a
recouvert de ses constructions les paysages originaux du Ferrain, du
Mélantois et du Pays de Weppes. Seul, plus au Sud, la Pévèle reste
une "zone verte", au contact, sur les rives de la Scarpe, avec le Pays
noir artésien et hennuyer.

Le trait géographique le plus décisif, c'est sans doute le climat,
dont on dit trop de mal. Il ne pleut pas beaucoup en Flandre, mais il
y pleut souvent. Nous sommes en un pays de demi-teintes et de
demi-saisons, marqué par un climat tempéré auquel la Flandre doit un
peu de sa richesse. Si le sol est devenu fécond, c'est que le
cultivateur, pour lutter contre l'humidité favorable à l'ivraie, a dû
multiplier les travaux de drainage et les méticuleux sarclages. Par
ailleurs, très tôt, les ruraux, retenus au foyer sec et chaud, aux temps
des fondrières et des inondations, se sont employés au filage et au
tissage de la laine d'abord, du lin ensuite. L'industrie textile du
Nord en est sortie...

Les premiers sites de peuplement découverts ne remontent qu'au
néolithique. Virgile parle des Morins du Boulonnais comme des
extremi hominum, les hommes du bout du monde... Rares sont les
traces apparentes de la colonisation romaine au Nord de la grande
rocade Boulogne-Bavay-Cologne, à l'exception de Tournai, qui
rayonne sur notre région, surtout après la destruction de Bavay.

La germanisation reçoit au Vème siècle l'apport décisif des Francs
qui suivent les vallées de la Lys et de l'Escaut, s'y installent et
conservent l'usage de leur langue tudesque, ancêtre du flamand
d'aujourd'hui. A cet apport franc s'ajoutent, sur le littoral, des
éléments saxons et frisons, dont l'importance a, sans doute, été sous-
estimée. Au IXème siècle, les Normands remontent les rivières.

Dès lors, située à l'un des carrefours de l'Europe, la Flandre ne cessera d'accueillir de nouveaux venus. Et pas uniquement des Espagnols aux XVI et XVIIème siècles: les troupes de S.M. Catholique comprenaient une bonne part de "naturels" des Pays-Bas, des Wallons et aussi des ... Flamands.

La réunion à la France a amené, dès la fin du XVIIème siècle, l'arrivée d'originaires d'autres provinces françaises. Leur installation fut d'ailleurs parfois décidée par le pouvoir: tel fut le cas des quatre familles de marins picards installées à Fort-Mardyck et qui, depuis, ont fait souche. Le mouvement le plus important fut celui qui, à partir de 1840, poussa des dizaines de milliers de Flamands de Belgique à venir travailler chez les fabricants de Lille, de Roubaix, de Tourcoing et d'Armentières. Le brassage s'est poursuivi au XXème siècle avec d'autres éléments: Polonais, Italiens et Espagnols, Algériens et Marocains. La réalité anthropologique d'aujourd'hui est donc complexe et il ne faudrait pas s'en tenir au "cliché": le flamand, géant aux yeux bleus et à la tignasse blonde.

Dans cette Flandre méridionale qu'est la Flandre française, le critère linguistique n'a pas pris l'importance exclusive qu'il a au-delà de la frontière. Les neuf dixièmes des Flamands de France, ceux qui résident dans les arrondissements de Lille et de Douai, ont été et sont de langue romane, et cela en dépit de la toponymie germanique prédominante. Mais on a tort de parler d'une "Flandre wallonne". Nous sommes ici en plein domaine picard. Le "patois de Lille", celui du "P'tit Quinquin", resté proche de la langue des premiers textes en langue d'oïl, exprime la "conscience collective" des populations laborieuses.

Au Nord de la "Flandre gallicante", il y a une "Flandre flamingante" dans l'arrondissement de Dunkerque: c'est le "Westhoek". Environ 100 000 personnes restent fidèles au flamand, dialecte néerlandais appartenant, comme le bas-allemand, à la même branche du rameau de l'Ouest des langues germaniques. Ce sont, pour la plupart, des ruraux, mêlés à des francophones exclusifs et recourant eux-mêmes au français dans leurs relations avec le monde extérieur.

Leur flamand, c'est le "west-vlaemsch", ou flamand occidental, un "cur" du néerlandais qui, encore au XVIIème siècle, était pratiqué, au long du littoral, des pieds du Cap Blanc Nez aux bouches de l'Escaut et qui, aujourd'hui reste le dialecte traditionnel d'une bonne partie de la province belge de Flandre occidentale. Alors qu'il s'écrivait au

XVIIIème siècle et même au XIXème, il est devenu une langue uniquement orale, pratiquee au foyer ou à l'estaminet ... C'est une langue qui, coupée du tronc néerlandais, n'a plus beaucoup évolué depuis le XVIIIème siècle: elle est apte à exprimer les gestes de la vie domestique; elle est plus riche que le français pour évoquer les travaux agricoles; pour les notions abstraites ou les techniques modernes, il faut souvent recourir au mot français.

Dès le lendemain de la réunion de la Flandre méridionale à la France, le flamand a été proscrit des administrations et des tribunaux. Non seulement, les instituteurs du XIXème siècle ne l'ont plus enseigné, mais ils lui ont fait une guerre sans merci, le pourchassant jusque dans les cours de récréation ... Les prêtres, longtemps fidèles à un idiome qui était pénétré de valeurs religieuses, ont cessé de le faire résonner dans les églises après la Seconde Guerre mondiale. Chaque agglomération urbaine - Dunkerque, certes, avec sa population en mutation constante, mais aussi Hazebrouck - constituait un noyau de francisation. Et dans bien des villages, les enfants, depuis une ou deux générations, ne jouent plus en flamand.

L'histoire de cette partie de la Flandre est marquée par le fait que ce pays fut une marche, tantôt de la France, tantôt des Pays-Bas. Lorsque l'empire carolingien se démembre, le traité de Verdun (843) fixe la frontière du Nord au Sud sur l'Escaut, qui sépare la Francie de la Lotharingie d'abord, puis ensuite de l'Empire germanique. En 1526, alors que la Flandre est devenue l'une des XVII principautés des Pays-Bas, la frontière avec le royaume de France est reportée, par un comte de Flandre connu sous le nom de Charles Quint, sur une ligne qui court d'Ouest en Est, du Cap Nez Blanc à la Trouée de l'Oise. Depuis longtemps, les armées de l'Europe connaissent la route de Flandre ... Bouvines (1214), Courtrai (1302), ... l'Yser (1914-1918), Dunkerque (1940), autant de champs de bataille qui se trouvent sur le territoire de la Flandre française ou sur ses confins immédiats!...

Mais il n'y a pas que les guerres ... il y a aussi les périodes fastes de l'histoire de la Flandre. Au XIVème siècle, l'apogée des grandes communes, Lille et Douai... Au milieu du XVème siècle, la gloire du "grand duc d'Occident", Philippe le Bon, comte de Flandre autant que duc de Bourgogne, qui installe à Lille sa chambre des Comptes et y réunit les chevaliers de la Toison d'Or ... Puis, au début du XVIIème siècle, le règne des archiducs Albert et Isabelle, dans le rayonnement de Rubens, de Mercator et de Vésale ...

Les Pays-Bas méridionaux, d'abord pénétrés par le mouvement anabaptiste, puis secoués durement, entre 1566 et 1598, par la révolution calviniste, viennent alors de se séparer des Provinces Unies, par fidélité au catholicisme romain et attachement à la conception "bourguignonne" de la vie, si éloignée du rigorisme de Philippe II et du puritanisme des Hollandais. La brisure des XVII principautés des Pays-Bas ne se fait pas sans pertes: par milliers, les Réformés, gens de métiers pour la plupart, quittent nos régions pour se réfugier en Zélande et en Hollande. Dans les Pays-Bas catholiques, reliés à l'Espagne en la personne de leur souverain, on voit alors apparaître à Lille comme à Bruxelles, un patriotisme "belge", à base de loyalisme dynastique et de traditionalisme religieux.

Puis, à la fin du XVIIème siècle, c'est la réunion à la France. Si les châtellenies de Lille et d'Orchies étaient passées une première fois, entre 1320 et 1369, sous l'autorité directe du roi de France, il a fallu attendre le règne de Louis XIV, en effet, pour que toute la Flandre méridionale, morceau par morceau, entre dans l'unité française: cela se fit entre 1659 et 1678.

Le ralliement fut grandement facilité par l'habileté de Louis XIV et par les maladresses des Hollandais, revenus sur place entre 1708 et 1713. Dès lors, c'est de Paris et de Versailles que vient la lumière: la rationnelle ordonnance des styles Louis XV et Louis XVI l'emporte dans les nouveaux quartiers - à Lille, Douai et Dunkerque - sur les exubérances du baroque flamand. La Révolution ne suscite que peu d'enthousiasme en Flandre; elle révèle, par contre, chez les habitants, la pleine conscience d'appartenir à ce qui devenait la "nation française". La résistance de Lille, lors du siège du 1792, celle de Dunkerque, un an plus tard, en sont les signes les plus éclatants.

Le Flamand de France se présente comme un être de transition entre les peuples des mers du Nord et ceux qui sont les héritiers directs de la Méditerrannée. Si l'on tente d'esquisser les traits marquants de sa psychologie collective, on peut dire, avec beaucoup d'observaterus extérieurs, qu'il partage avec ses voisins germaniques, le goût des réalités sensibles lorsqu'il s'agit de se nourrir, de se vêtir, de décorer son logis, de se distraire. Il marque de l'attachement à ce qui est concret, solide et stable. Il a le sens des communautés naturelles, de la famille en premier lieu. C'est peu dire, enfin, qu'il a le goût du travail ... D'un travail où il se donne tout entier, avec application et ténacité, au point parfois de le concevoir comme une fin en soi plutôt que comme un moyen.

Cela dit, le Flamand de France partage aujourd'hui avec les autres Français, la conscience de l'autonomie personnelle, l'esprit critique et aussi cette réserve dans ses relations sociales qui s'appelle "tact" de ce côté-ci de la frontière, "hypocrisie", de l'autre. Il ne prend la vie, ni à la légère, ni au tragique; il la prend au sérieux. C'est un être pondéré, qui a "les pieds sur terre". Ayant souvent, lui-même, plus de mal à s'exprimer, il considère avec un dédain amusé et impatient "ces beaux parleurs de Parisiens", mais il ne lui plaît guère d'être assimilé à ses proches cousins de la Flandre belge dont il sous-estime encore le réveil économique et culturel...

Plus sans doute qu'aux valeurs esthétiques, le Flamand de France reste sensible aux réalités économiques. Lorsqu'à Lille, sous le Second Empire, il croit opportun d'élever une statue à Napoléon Ier, c'est en tant que "protecteur de l'industrie nationale" qu'il célèbre le vainqueur d'Austerlitz, représenté avec une betterave à ses pieds.

De là, découle dans la vie de tous les jours un matérialisme assez terre-à-terre et, bien entendu, sans prétention philosophique. Le jeu des mots et des idées ne trouve pas en Flandre son terrain de prédilection. Mais bien des projets nés ailleurs ont trouvé ici à s'incarner dans des structures et des techniques originales...

La révolution industrielle a donné son visage, ou plutôt ses visages actuels, à la société. Celle-ci apparaît comme cloisonné entre plusieurs milieux qui pratiquent les uns à l'égard des autres une ségrégation que les jeunes parviennent difficilement à briser. En dehors de la paysannerie, qui n'a guère connu de seigneurs, la population se partage entre une masse qui réunit ouvriers, employés, artisans, petits commerçants et même cadres moyens, et l'"élite". Celle-ci est double; il y a le monde de la bourgeoisie industrielle et celui des professions libérales. Le premier ne s'est pas toujours ouvert au second; ce n'est que récemment qu'il a envoyé ses enfants dans les écoles d'ingénieurs et dans les Facultés de Sciences Economiques.

Le comportement politique des Flamands de France se ressent des situations économiques et des orientations spirituelles. Le vote du paysan de l'Houtland se situe plus à droite; celui du mineur du Pays noir, plus à gauche. On peut néanmoins retenir trois traits communs.

D'abord la référence, en politique, à un système de valeurs morales et même religieuses, et ce trait apparente le citoyen flamand au

citoyen alsacien et à tous les habitants de l'ancienne Lotharingie. De
là, l'influence de la doctrine sociale et civique de l'Eglise et le succès
des partis qui s'en réclamaient naguère. De là aussi le fait que le
socialisme des ouvriers lillois a été presque une façon de vivre,
comme l'est celui des mineurs du Borinage.

Deuxième trait: une aversion certaine à l'égard des extrêmismes;
ceux de droite comme ceux de gauche n'ont jamais trouvé grande
audience et les "libérations" comme les "révolutions" n'ont pas fait
couler beaucoup de sang dans ce pays.

Troisième trait: une confiance instinctive envers ceux qui ont le
pouvoir en mains, surtout lorsqu'ils l'exercent avec une certaine
autorité, dans le respect des droits établis et de l'ordre public. Les
Flamands ont apporté aux régimes de type plébiscitaire l'adhésion
qu'ils manifestaient jadis à leur "prince naturel".

Sur le plan esthétique, le Flamand apparaît comme un
traditionnaliste. Ainsi s'explique qu'il ait continué à construire selon
les normes gothiques jusqu'aux jours où le néo-gothique prit la
relève, qu'il ait redressé sur les ruines des deux dernières guerres les
pignons à volutes qui lui étaient chers et qu'il ait conservé le goût
baroque de la décoration chargée et luxuriante, inspirée des bahuts
"Renaissance flamande".

Les Flamands, en général, sont plus portés vers les arts plastiques
que vers les belles-lettres. Ceux de France, s'ils comptent parmi eux
beaucoup de peintres et de sculpteurs qui peuvent légitimement
partager le prestigieux héritage des Van-Eyck, Brueghel, Rubens et
Ensor, ne peuvent revendiquer de très grands maîtres. Le Hainaut et
l'Artois en sont plus riches. De même, si les Flamands de France
sont sensibles à la poésie d'Emile Verhaeren et à celle de Guido
Gezelle, ils n'ont donné le jour qu'à quelques écrivains illustres. En
langue française, deux cyniques: Jacquemars Giélée (né vers 1240) ,
adaptateur de "Reynaert de Vos", et Philippe de Comines (1447-
1511), historien des premiers princes modernes ... Et aussi deux
poètes de grande sensibilité: Marceline Desbordes-Valmore (1786-
1859) et Albert Samain (1858-1900) ... Plus près de nous, un
romancier réaliste et généreux: Maxence Van der Meersch (1907-
1951). En langue flamande, le poète et dramaturge Michiel de
Swaen (1654-1707) tient une place marquante dans la littérature
néerlandaise naissante, diffusée sous l'ancien régime par ces foyers
de culture populaire qu'étaient les "Chambres de Rhétorique". Au
XIXème siècle, c'est en picard qu'Alexandre Desrousseaux,

l'immortel auteur du "P'tit Quinquin", et Jules Watteuw, dit "le Broutteux" chantent les joies et les peines des humbles.

Mais aux plaisirs de l'esprit, la plupart de nos compatriotes ont longtemps préféré les grands défoulements collectifs; ceux qui naissent du tir à l'arc, des combats de coqs, des compétitions de boule plate; ceux des kermesses et des carnavals; ceux des processions jubiliaires et des cortèges historiques; ceux du football et des tours cyclistes aujourd'hui. Ce n'est que tout récemment que Lille est devenu avec son orchestre symphonique, ses troupes de théâtre, son opéra lyrique, un centre artistique de haut niveau.

Et cependant, le Flamand souffre du stéréotype qui règne à son égard, comme à l'égard de tous les Flamands, dans les régions plus méridionales, et en Flandre même, parmi ceux qui ont oublié ce qu'ils étaient. Le "Flamin", c'est le rustre aux gros bras, bon à tout faire, gros mangeur et mauvais coucheur. A lui les emplois ingrats: terrassier, arracheur de betteraves, sécheur de chicorée, fileur "au mouillé". Ce portrait fut, jusqu'au début de ce siècle, celui de l'immigré d'Outre-Halluin s'installant dans les "Petites Belgiques" des villes tentaculaires. C'est oublier que "Flamand" fut, à diverses époques, et dans toute l'Europe, un terme évocateur de progrès technique, d'efficacité économique et de splendeur culturelle, de chaleur humaine et de joie de vivre.

Fragment de l'ethnie flamande, aujourd'hui divisée entre trois Etats, partageant la sensibilité néerlandaise, participant à la culture française, ouverts aux inspirations et aux soucis des peuples de la mer du Nord, les Flamands de France se trouvent aujourd'hui menacés dans leur identité collective. Leur docilité et leur refus de "combines", appréciés des fonctionnaires venus d'ailleurs; le peu d'intérêt qu'ils ont porté aux responsabilités politiques; l'absence, pendant trop longtemps, d'une élite culturelle vraiment enracinée, tout cela les a rendus plus fragiles aux pressions, qui, de l'extérieur, s'exerçaient sur eux. Ces pressions étaient d'ordre à la fois économique et culturel. Les brassages de peuples du XIXème et du XXème siècle ont accentué l'impact de la prolétarisation et de l'urbanisation, fruits de la révolution industrielle. A ces facteurs d'oblitération s'est ajoutée, de la part de l'Etat français, une volonté peu affichée, mais délibérée, de "déculturation", dont ont souffert d'abord ceux qui s'exprimaient en dialecte néerlandais, mais aussi les autres, atteints dans leur conscience et leur fierté d'être Flamands. Les Flamands de France ont mal résisté au centralisme parisien parce qu'ils se sont trop longtemps enfermés dans les limites étroites de leurs entreprises familiales et de leurs communes et qu'ils ont manqué d'un véritable esprit régional.

Et pourtant la flamme ne s'est jamais éteinte ... C'est dans le Westhoek qu'elle a été ranimée dès le milieu du XIXème siècle. Au lendemain même de l'interdiction du recours au flamand dans les écoles, un Bailleulois, Edmond de Coussemaker, fonde à Dunkerque, le 10 avril 1853, le Comité Flamand de France. La devise en est "Moedertaal en Vaderland" (langue de nos mères, terre de nos pères).

Compagnie d'érudits, le Comité Flamand rassemble, en de volumineuses annales, les matériaux qui illustrent l'histoire culturelle des Flamands de France. Son fondateur publiera en 1856 son recueil des "Chants populaires des Flamands de France" qui rend aujourd'hui de si grands services aux groupes "folk" du Nord.

Société de notables, le Comité va se refuser dix ans plus tard, à suivre Louis de Baecker qui voulait lier son action à celle des Flamands de Belgique. Ses présidents successifs, à commencer par le savant chanoine Camille Looten, sans se désintéresser des problèmes linguistiques, vont dès lors accorder la priorité aux recheerches historiques et à la sauvegarde du patrimoine archéologique. Leur action, sous forme de publications, de conférences, d'excursions, contribuera à maintenir la conscience flamande d'un bout à l'autre de la Flandre française.

Elle s'exercera souvent dans un climat de suspicion de la part de l'administration et même d'une bonne partie de l'opinion publique. Climat qui s'alourdira au lendemain de la Seconde Guerre Mondiale avec le procès intenté pour collaboration avec l'ennemi à l'abbé Jean-Marie Gantois et à ses amis du Vlaamsch Verbond van Frankrijk.

Ce mouvement, nettement plus "activiste", était né en 1924 de la fusion des cercles de langue flamande, créés en particulier par l'abbé Antoine Lescroart dans les établissements d'enseignement catholique. Patronné au départ par le chanoine Looten - qui prit ensuite ses distances - le "Vlaamsch Verbond" s'attacha en premier lieu à la promotion du flamand: il publia une revue "Le Lion de Flandre", organisa des congrès annuels, mena des campagnes contre les "préjugés artificiellement créés et systématiquement entretenus" contre la langue et la culture flamande.

Le "Vlaamsch Verbond" crut opportun, en 1940, de poursuivre son action sous l'occupation étrangère. Action culturelle, certes, et souvent de valeur, mais qui put difficilement échapper aux

compromissions politiques et même aux contagions idéologiques.
Bien que l'abbé Gantois n'ait été condamné en 1946 qu'à une peine
sans commune mesure avec l'accusation de séparatisme dont il était
chargé, son groupement ne s'en remit pas. Et l'ensemble du
mouvement flamand eut du mal à s'en remettre lui-même.

Dès 1945, cependant, le Comité Flamand de France reprit sous les
présidences successives de Paul Verschave, Louis Detrez et Henri
Dupont ses activités, dès lors centrées surtout sur Lille.

Il faudra attendre les lendemains de 1968 pour voir se manifester
une nouvelle génération, fédéraliste de conviction. Les groupes nés
au sein des universités lilloises se fondent, en 1971, dans le Cercle
Michel de Swaen.

Celui-ci s'assigne pour objectif "l'illustration de la personnalité de
la Flandre française et la promotion des valeurs culturelles flamandes
et de langue néerlandaise, forme littéraire du flamand."

EN 1977, de jeunes militants, enracinés dans les milieux ruraux et
venus de divers horizons de la gauche politique, organisent à
Hazebrouck la première "Université Populaire Flamande". Le succès
de cette manifestation - renouvelée depuis presque chaque année - les
incite à se réunir en une nouvelle association "Menschen lyk wyder"
(des hommes comme nous) dont le slogan, "Décider, vivre et
travailler en Flandre", traduit des motivations économiques autant que
culturelles. C'est ce groupement qui lancera en 1978 une des
premières radios libres de France, une radio en flamand, "Radio
Uylenspiegel".

Plus récemment, quelques enseignants de l'arrondissemente de
Dunkerque réunis sous le vocable "Tegaere Togaeren" (Avancer
ensemble), tout en étant également sensibles aux difficultés
économiques du Westhoek, se sont particulièrement saisis du
problème du recours au flamand dans l'enseignement.

Ces divers groupes, de tendances différentes ... incarnent avec
d'autres, plus informels et plus localisés, le souci de promotion et
aussi de défense de la personnalité collective de l'ensemble des
Flamands de France ou, pour certains d'entre eux, plus
particulièrement de celle des Flamands d'expression flamande. Pour
harmoniser leur action, ils ont constitué en 1980, un comité de
coordination dont une des premières réalisations a été le "Manifeste
des Flamands de France" adopté, en décembre 1981, lors de la
quatrième Université Populaire Flamande.

Mais l'âme flamande en France s'exprime aussi par le biais des troupes théâtrales, des chorales, des formations musicales qui se sont multipliées depuis dix ans, d'un bout à l'autre de la Flandre française. Elle se manifeste aussi dans les cours de flamand et de néerlandais qui se créent à l'intérieur et le plus souvent en dehors des établissements scolaires et des centres de éducation populaire.

Sans vouloir aucunement déplacer les poteaux-frontières, dans le respect des solidarités qui les lient aux autres Français, les Flamands de France, conscients et fiers de leur apport spécifique à la civilisation européenne, affirment ainsi leur identité culturelle et demandent le respect.

-- Robert Hennart
Secrétaire général du Comité Flamand
de France

Poésie flamande du Westhoek aujourd'hui

J.P. Sepieter, in his introduction to the Flemish dialect of Westhoek, comments on the long tradition of poetic creation in the region, attested by the uninterrupted activity of the **chambres de rhétorique** during almost a thousand years, until the last **chambre**, "Verblyders in 't Kruys", closed its doors in 1936.

Sepieter adds that "on assiste aujourd'hui à une explosion de créativité de la poésie flamande chantant la terre et le peuple de Flandre, solidaire de ses joies et de ses peines, de ses préoccupations et aspirations: poésie du droit de vivre, de travailler et de décider au pays, du droit de rester soi-même."

The first selection, *Aderheiligen*, is by Pier Vandevoorde of Steenvorde, known also as "Keuntje", and was written in 1977.

Aderheiligen

Aderheiligen is daer weere.
'N zpmer is weg en 'n winter komt zeer op
Met rein, sneeuw en koude
De nateure rust lyk de menschen van te lande.

Aderheiligen is de feeste der doo'en,
En de feeste der leevenden
Die e keer 'n tyd neemen om te peizen
Aen al de die ze ekend hen
En die nulder lief waren hier bene'en.

Aderheiligen is een okkaesje te peizen
Aen 't respekt da me moeten
Aen nuze voorouders die evrocht
En klau wierd hen, die der afezien hen
Om nuus leeven te verveteren.

Met geloove en liefde, leerden ze nuus klappen
Ach! Geen groote woorden
En werken-hard en eerlyk
Om nuus brood te kun verdienen,
Om van nuus menschen te maken.

En oek nu nog peizen aen myn voorouders
Die dood zyn tzeventig jaer eleen, 'k vragen me:
Meugen me nog by hulder staen?d
Klappen me nog lyk menschen?
Klappen me nog dezelfde taele?

Voici revenu la Toussaint
L'été est passé et l'hiver arrive à grands pas
Avec pluie, neige et froidure;
La nature se repose comme les gens de la campagne.

La Toussaint est la fête des morts,
Et la fête des vivants
Qui prennent le temps de penser
A tous ceux qu'ils ont connu
Et qui étaient chers ici bas.

La Toussaint est l'occasion de penser
Au respect que nous devons
A nos aïeux qui ont travaillé
Se sont éreintés et ont souffert
Pour améliorer notre vie.

Avec foi et amour, ils nous apprirent à parler
- Oh! pas de grands mots
Et à travailler durement et honnêtement
Pour que nous puissions gagner notre pain
Pour faire de nous des hommes.

Lorsque je pense encore à mes aïeux
Décédés voilà soixante dix ans, je me demande
"Pouvons-nous encore nous comparer à eux?
Parlons-nous encore en êtres humains?
Parlons-nous encore la même langue?

The next selection is by the realist poet J. Declercq.

Nae 'n Westhoek

Ekee, 'k e wiste nie wuk doen
'T was aven 'en al laete
Toen peisde ik, 'k gaen
Nae' 'n Westhoek gaen
En 'k stoeg langs e straete
E kare kame, e kare stoeg.

E stemme vroeg nae' d'eure
'K zei: zeven, en die stemme
Loech, zei: juj, en goenk deur
En op die kare 'n karton zonk,
Zyn hand diepe in zyn beuze.
En 'k voelste in 't liege
Dat dae' klonk,
E Vlaemsche oprechte Geus.

Au Westhoek

Un soir (tard) que je ne savais que faire
Soudain m'envahit l'idée de retourner au pays natal
Je me tenais au bord d'un chemin
Lorsqu'un chariot s'arrêta à ma hauteur.
Une voix me demanda l'heure
Je répondis: 7 heures. La voix éclata de rire:
- Yuh! - Puis s'éloigna.
Sur ce chariot chantait un ouvrier, une main enfoncée dans la poche.
Et je ressentais à travers ce chant qui emplissait la nuit
un authentique Gueux.*

*Gueux: au sens historique, une personne qui vit d'aumônes, qui mendie pour vivre. Le mot vient du moyen néerlandais **guit**, qui signifie "coquin, fourbe."

't boecke/ Le Petit Paysan

The following are the words to the song accompanying a traditional Flemish dance. "Sa boer" is a typical Flemish invitation to dance. Flemish dances are currently enjoying a revival in Westhoek, and are performed by all generations. Some of them, such as the Danse de l'ours are associated with magic rituals.

Sa Boer, gaet nae' den dans;
Gaet al nae' den kermisdans,
Kermis, kermis, kermisdans,
Gaet al nae' den dans.

Ça, paysan, entre dans la danse;
Entre dans la danse de kermesse,
Danse de kermesse, kermesse, kermesse,
Entre dans la danse.

Sa boer, zet op 'n stoel,
Zet al op je kermisstoel
Kermis, kermis, kermisstoel,
Zet op 'n stoel.

Ça, paysan, assieds-toi sur une chaise;
Assieds-toi sur une chaise de kermesse,
Chaise de kermesse, kermesse, kermesse,
Assieds-toi sur une chaise.

Sa boer, en kiest je wuf;
Kiest ekee al je kermiswuf,
Kermis, kermis, kermiswuf,
En kiest je wuf.

Ça, paysan, et choisis ta femme;

Choisis donc ta femme de kermesse,
Femme de kermesse, kermesse, kermesse,
Choisis ta femme.

Sa boer, en kust je wuf;
Kust ekee al je kermiswuf,
Kermis, kermis, kermiswuf,
En kust je wuf.

Ça, paysan, et embrasse ta femme;
Embrasse ta femme de kermesse,
Femme de kermesse, kermesse, kermesse,
Embrasse ta femme.

Sa boer, gaet uut den dans;
Gaet daer uut den kermisdans,
Kermis, kermis, kermisdans,
Gaet uut den dans.

Ça paysan, quitte la danse
Quitte la danse de kermesse,
Danse de kermesse, kermesse, kermesse,
Quitte la danse de kermesse.

Nieuwjaerewenschen (Souhaits de l'an neuf)

J.P. Sepieter gives the following historical explanation for this song:

Cette chanson populaire flamande est extraite du répertoire
des chanteurs ambulants dunkerquois à une époque où
n'existaient pas encore les lois de protection sociale et où
les chomeurs en étaient réduits a mendier, chez les riches,
le pain quotidien (ou des gaufres, les jours de fêtes), pour
subvenir aux besoins vitaux de leur famille nombreuse.

Dag, vrouw, dag man, dag al tegaere.
Ik kom'n je wenschen een Niewjaere.
Deur dyk, deur din, ik kom'n loopen.
Hei gy geen wafertje of twee, ik e gane ze nie
        verkoopen.

'T is e goe vrouwtje die me dat geeft,
'T is te wenschen da'ze nog 't naeste jaere left.
Goe, vrouwtje, goe vrouwtje, hei je geen wafertje
        of twee,
Ik steken ze al in me mouwtje.

Femme, bonjour, homme bonjour,
        bonjour à tous.
Je viens vous souhaiter une nouvelle
        année.
A travers l'eau, la boue, j'accours.
N'avez-vous pas une gaufre ou deux: je
        n'irai pas les vendre!

C'est une bonne petite femme qui me
        donne cela.
Il faut souhaiter qu'elle vive encore l'an
        prochain.
Bonne petite femme, bonne petite femme,
        n'as-tu pas une ou deux gaufres?
Je les mets toutes dans mon manchon.

Le folklore du Westhoek

Pouledinnetje
Conte populaire du Westhoek

In Vlaemsch leeren, J.P. Sepieter briefly describes the traditional
West Flemish folk tale:

> ... Le plus souvent le conte, la légende flamande utilisent
> l'allégorie, la suggestion pour véhiculer un message de
> portée universelle. La célèbre légende d'Hallewyn, terreur
> de la gente féminine, mais finalement décapitée par une de
> ses victimes en puissance, perpétue la revendication
> féministe depuis le moyen âge flamand.
>   En septembre 1977, la publication à Hazebrouck, à
> l'occasion de l'Université flamande d'Eté, du conte
> flamand à message intitulé "Jan dem Blauwer" (Jean le
> Fraudeur du Ryveld) de N. Bourgeois témoigne de la
> vitalité de ce genre littéraire.

****

Pouledinne et Pouledanne allaient ensemble ramasser du bois.
Lorsqu'ils furent à quelque distance, Pouledinne ne voulut pas s'en
retourner sans être portée. Alors vint un grand chien: "Chien, chien,
mords Pouledinne!" Le chien ne veut pas mordre Pouledinne et
Pouledinne ne veut pas s'en retourner sans être portée.

Alors vint un grand bâton. "Bâton, bâton, frappe ce chien! Le
bâton refuse de frapper le chien, le chien ne veut pas mordre
Pouledinne, et Pouledinne ne veut pas s'en retourner sans être portée.

Puis vint un feu. "Feu, feu, brûle ce bâton! Le feu refuse de brûler
le bâton. Le bâton refuse de frapper le chien, le chien ne veut pas
mordre Pouledinne, et Pouledinne ne veut pas s'en retourner sans être
portée.

Et alors vint l'eau. "Eau, eau, éteins ce feu!" L'eau refuse
d'éteindre le feu, le feu de brûler le bâton, le bâton de frapper le
chien, le chien de mordre Pouledinne, et Pouledinne ne veut pas s'en
retourner sans être portée.

Et vint un boeuf. "Boeuf, boeuf, bois cette eau. Le boeuf refuse de boire l'eau, l'eau ne veut pas éteindre le feu, le feu ne veut pas brûler le bâton, le bâton ne veut pas frapper le chien, le chien ne veut pas mordre Pouledinne, et Pouledinne ne veut pas s'en retourner sans être portée.

Puis apparut une longue corde. "Corde, corde, lie donc ce boeuf." La corde refuse de lier le boeuf. Le boeuf refuse de boire l'eau, l'eau d'éteindre le feu, le feu de brûler le bâton, le bâton de frapper le chien, le chien de mordre Pouledinne, et Pouledinne ne veut pas s'en retourner sans être portée.

Puis vint un énorme rat. "Rat, rat, ronge cette corde." Le rat refuse de ronger la corde. La corde refuse de lier le boeuf, le boeuf refuse de boire l'eau, l'eau d'éteindre le feu, le feu refuse de brûler le bâton, le bâton de frapper le chien, le chien de mordre Pouledinne, et Pouledinne ne veut pas s'en retourner sans être portée.

Puis vint un gros matou (chat). "Chat, chat, attrape donc ce rat!" Le chat refuse d'attraper le rat. Le rat refuse de ronger la corde, la corde refuse de lier le boeuf, le boeuf ne veut pas boire l'eau, l'eau ne veut pas éteindre le feu, le feu ne veut pas brûler le bâton, le bâton ne veut pas frapper le chien, le chien ne veut pas mordre Pouledinne, et Pouledinne ne veut pas s'en retourner sans être portée.

Et vint un vieux petit homme. "Petit vieillard, petit vieillard, prends donc ce chat!" Le vieillard court après le chat, le chat après le rat, le rat après la corde, la corde après le boeuf, le boeuf après l'eau, l'eau après le feu, le feu après le bâton, le bâton après le chien, le chien après Pouledinne, et Pouledinne courut vite, vite à la maison.

--J.P. Sepieter, Vlaemsch leeren

Traditions populaires

Les sorties de géants processionnels

La première trace écrite des géants du Nord date du XIVème siècle et malgré des interruptions multiples, cette tradition s'est perpétuée jusqu'à nos jours; on dénombre encore cent vingt géants environ.

Ils se présentent sous la forme de mannequins à forme humaine culminant à neuf mètres, et sont composés d'un tronc d'osier tressé, de tête et de mains sculptées dans un bois léger puis peintes; sous de longues robes de tissus se dissimulent les porteurs (de un à six) à moins que les géants ne soient traînés sur des tréteaux.

Ces figures personnifient la ville qu'elles ont fondée et qu'elles protègent; elles composent des familles: Reuze papa, Reuze maman, grand'père Gayant avec leurs enfants dont la taille est toujours supérieure à deux mètres.

Leur origine historique est controversée: les espagnols auraient pu les introduire au XIVème siècle puisque cette tradition existe en Espagne depuis le XIIIème siècle, avec une connotation religieuse accusée, ignorée dans le Nord. Autre hypothèse: des envahisseurs scandinaves (les Reus, implantés en Flandre maritime, seraient à l'origine de cette tradition au début de notre ère. Il pourrait tout aussi bien s'agir d'une pratique gauloise puisque César signale l'existence de mannequins géants d'osier dans lesquels les victimes destinées aux sacrifices humains étaient enfermées. Par la suite ces figures païennes se seraient christianisées (le géant saint Christophe).

Choqués de leure présence dans les processions, les autorités religieuses les chassèrent au XVIIème siècle; les autorités civiles se défièrent aussi de ces personnages associés à des commémorations de défaites nationales et la Révolution acheva de les supprimer.

Les géants réapparurent au XIXème siècle, connurent une nouvelle désaffection, furent détruits par les guerres mondiales pour renaître après 1950; jusqu'à 1977 une cinquantaine furent restaurés, mais les créations furent rares (six). En revanche de 1977 à 1982, trente-cinq géants furent créés et dix-huit restaurés ou reconstruits.

A Douai, Is festivités de la Fête de Gayant durent trois jours au milieu de juillet. La famille Gayant quitte son domicile le dimanche vers 9 h, prend la rue de Cambrai, la place de L'Herillier, les rues de

Paris et Franc Godin, et arrive dans la cour de l'hôtel de ville vers 10 h. Les carillonneurs donnent une audition en l'honneur des géants. A 11 h la plus lourde des cloches du Beffroi "Joyeuse" commence à sonner à la volée. Ensuite, sur la musique de la fanfare municipale les géants se mettent à danser devant le Conseil municipal, les représentants des villes étrangères jumelées avec Douai et la foule des Douaisiens. Pendant trois jours la population s'adonne aux jeux traditionnels.

Pendant cette fête, les Gayants sont accompagnés par le "son des canonniers", sorte de fou à grelots monté sur un cheval de bois enveloppé d'un drap rouge et vert, dont le rôle est d'aguicher la foule, et par la "roue de la Fortune" mise en mouvement par un plan machine et portée par un char de taille modeste sur lequel des personnages passent par des hauts et des bas. Le char fut construit au XVIIIème siècle par la corporation des charretiers comme le premier Gayant le fut par celle des manneliers en 1530. Aujourd'hui, après avoir éclipsé les figures religieuses de cette procession, Gayant, Marie Cagenon, sa femme et leurs deux fils demeurent les seuls héros des "fêtes de Gayant".

Les géants ne sortent pas uniquement le jour de leur fête; ils participent activement aux carnavals si généralisés autrefois.

Le Carnaval

Réservoir de thèmes populaires disparus ailleurs, le carnaval, au XIXème siècle, prenait place dans les rues de dimanche précédant les jours gras aux jours du "Bouhourdis" (des brandons). Mardi-gras était marque par des réjouissances et était jour chômé: on se déguisait, on se masquait, on organisait des cortèges où Carnaval était personnifié par un mannequin, un bonhomme au gros ventre, hilare et grotesque, qu'on brûlait, qu'on pendait et qu'on noyait le soir ou le matin du mercredi des Cendres et qui symbolisait l'hiver.

Ce jour-là, on voit toujours "circuler dans les rues et entrer dans toutes les maisons, hormis celles des pauvres gens, trois hommes costumés, mais presque toujours non masqués. L'un a une hotte au dos, le second un panier au bras, le troisième une bourse à la main. Il est de coutume de leur donner, soit un morceau de lard fumé, soit un couple d'oeufs, soit quelques sous et même les trois choses à la fois dans les grandes fermes." (F. Caudron)

Aujourd'hui le carnaval de Dunkerque rappelle les jours de liesse précédant le départ des pêcheurs d'Islande. Chaque municipalité de l'agglomération (Dunkerque, Malo, Rosendael, Saint-Pol, Coudekerque-Branche), organise sa **bande** à un moment qui lui est propre, d'où la durée des fêtes sur plusieurs semaines. Toutes les bandes se rassemblent le dimanche précédant les jours gras.

Le cortège est conduit par un tambour-major costumé en grenadier de l'Empire. "La musique vient en tête, véritable fanfare animée de nombreux fifres au son strident caractéristique. Les musiciens portent des cirés de pêcheurs. Derrière eux, les premiers rangs des masques sont très compacts et brandissent de hauts parapluies bariolés." Ils appartiennent généralement à des sociétés philanthropiques, telles que "les Acharnés", "les P'tits Louis", "les Quat'z-arts"...

... L'après-midi vient. La **Vicherbende**, la bande des pêcheurs, circule sans répit dans les larges artères comme dans les sombres ruelles, semant partout le rire sur son passage. C'est une mascarade grotesque et réjouissante. En tête marche un groupe de Peaux-Rouges, gesticulant; leurs membres robustes tendent les caleçons bruns qui les emmaillotent; ils sont empanachés de plumes multicolores, embarrassés d'accessoires bizarres et bruyants. Puis vient l'inévitable Co-Pinard, il dirige un orchestre de cuivres qui claironne sans se lasser des refrains populaires. Le suivent des masques aux oripeaux sordides, vieux châles d'indienne, mouchoirs rouges, larges jupons à volants, pantalons effilochés.

Cette troupe burlesque entraîne derrière elle les enfants à la face noircie de suie, enroulés dans de vieux draps et de vieux rideaux.

A chaque carrefour la bande s'arrête, l'orchestre joue une sorte de gigue: c'est le "quadrille dunkerquois", les masques forment des cercles et les mains s'appuient sur les épaules du voisin, ils jettent les jambes en l'air sur la cadence de la musique... (J. E. Van den Driessche).

A la fin, on chante "Vive les enfants de Jean Bart" et la cantate à Jean Bart. [4]

Théâtre de marionnettes et esthétique ouvrière

A partir de 1860, se développent à Lille et Roubaix, en milieu ouvrier, des théâtres de marionnettes sur le modèle de ceux de Liège,

Bruxelles, Anvers etc...Des tourneurs sur bois, filateurs se faisaient la main dans leur enfance en servant d'aide bénévole à un marionnettiste déja installé puis ils montaient leur théâtre et, le succès arrivé, abandonnait leur premier métier; ils se professionnalisaient alors comme montreurs et transmettaient parfois leur matériel et leur savoir à leurs enfants. Ceux-ci les aidaient dans la manipulation, comme le faisaient les autres membres de la famille, notamment leur femme.

Les dimanches, les lundis, quelquefois les jeudis et les jours "d'atan", c'est-à-dire de grandes fêtes (Pâques, Pentecôte, Toussaint, Noël), "à la fin de l'après-midi, un groupe de gamins alignés sur un rang passait en marchant sur la chaussée entre les trottoirs. Celui du milieu agitait en cadence, une "cloquette" (clochette) au timbre aigu; ses voisins tenaient chacun une marionnette, tantôt par l'anneau de la tête, tantôt pendue à leur cou; ils modulaient, en marchant, une sorte de mélopée traînante, à la façon des cris de métier.

Ce refrain rameutait les enfants qui demandaient "queull'pieche qu'in joue" et, s'ils disposaient des deux sous de leur dimanche, ils demandaient à leurs parents la permission d'aller voir la pièce" (L. Delannoy, Théâtres de marionnettes du Nord de la France. Paris: Maisonneuve, 1983.)

A Lille, où le terrain était rare, les théâtres se tenaient dans les caves; leur présence était signalée au dehors par une affiche, petite note écrite à la craie blanche sur la porte de la cave, ou sur le soubassement de la maison ou sur un morceau de carton suspendu ou collé à une vitre du rez-de-chaussée; ou encore sur une affiche sur laquelle un dessin colorié représentait une scène de la pièce. Elle mentionnait les titres et le nombre d'actes de la pièce ainsi que le prix des places.

Les places étaient disposées en gradins. La salle était ouverte une demi-heure avant le commencement du spectacle; pendant cette attente, comme à l'entracte, on mange et on joue.

Le spectacle lui-même était composé de pièces traditionnelles dont les anciens mystères, comme la Tentation de Saint-Antoine, des adaptations de légendes régionales (la plus célèbre était Geneviève de Brabant; une autre était inspirée par la procession des géants, fondateurs de Lille, Lydéric et Phunaert), des fééries et des arrangements de pièces ou de romans du XIXème siècle: (drames historiques comme Les Trois Mousquetaires, mélodrames, opéras) et enfin les farces (bamboches ou boboches); le répertoire des grandes pièces sérieuses, à épisodes, (sur le modèle des feuilletons), étaient jouées en français. Au contraire les bamboches étaient en patois.

Dans ces dernières, les personnages principaux étaient codés; ainsi à Roubaix, ils possédaient des noms, des costumes et des caractères définis: "p'tit Morveux" représentait le gamin roubaisien, à la fois "titi parisien" et "Gavroche"; dans les pièces sérieuses, les personnages étaient moins déterminés, mais il existait une sorte d'"emploi". Ainsi, à Lille, les marionnettes étaient dénommées "Belle Rose" ou "Grand Vainqueur" et ces noms correspondaient à des rôles définis. La marionnette la plus célèbre était Jacques; celui-ci représentait le peuple lillois sous un jour moral, digne et plein de bravoure; à Roubaix c'était Jacques l'enflé, personnage doté de traits physiques et moraux assez différents. Les deux "Jacques" circulaient entre les pièces sérieuses et les farces et ils parlaient toujours patois.

La partie musicale des pièces était importante; les théâtres eux-mêmes étaient représentés par des refrains qui étaient psalmodiés sur un air monocorde tombant en appuyant assez fortement sur la fin de chaque phrase ainsi que sur les mots bissés (L. Delannoy)...

A une époque où les réjouissances traditionnelles tendaient à être dédaignées, où le théâtre forain paraissait rétrograde avec ses loges d'enfer, des catégories ouvrières se reconnurent dans cette expression qui permettait d'intégrer les savoir-faire les plus modernes à des pratiques traditionnellement fondées sur le goût des prouesses et de la virtuosité ainsi que sur l'esprit carnavalesque à base de jeux verbaux.

Après avoir quasiment disparu après la guerre de 1914, cette pratique connaît aujourd'hui une renaissance.

-- Marie-Claude Groshens,
avec la collaboration de J. Fromont,
"Fêtes, jeux et autres formes de
sociabilité", Les Pays du Nord, éd.
Christine Bonneton

LES OCCITANS

L'Occitanie: Introduction

The largest and most complex of the *minorités* occupies one third of France and includes at least thirteen million people. Unlike Brittany, Alsace or Corsica, Occitania has never been a single political entity, but is composed of a number of smaller traditional provinces and other political entities linked together by a prestigious language and culture. The Occitan language (or *langue d'oc*, as it was called in the Middle Ages) was the first Romance language to develop a literature, the great poetry of the medieval troubadours of what is now southern France, and Occitan civilization was, for most of the medieval period, the most advanced in western Christendom.

The regions and former provinces which make up Occitania extend from the Atlantic coast of southern France to the Italian border, extending almost the length of the Pyrenees, interrupted only by the much smaller territories of the Basques and the Catalans of France. Occitania includes the former British provinces of Guyenne and Gascony, the south central Languedoc, Béarn, Rouergue, Auvergne and Limousin to the north, Provence and Nice to the east. In addition, about two hundred thousand Italian citizens, residents of Piedmont, speak some form of Occitan, as do Spanish subjects living in the Val d'Aran.

The language whose use defines this region is, like French, Spanish, Portuguese, Catalan, Italian and Romanian, a descendant of Latin. It is not a dialect of French, but a separate language with its own rules and paradigms, close to Catalan, and, not surprisingly, with resemblances to French, Spanish and Italian. As will be described below, Occitan, like German and Italian, is divided into several dialects, with a high degree of mutual comprehensibility.

The vast territory of Occitania (Yves Rouquette has pointed out that it is large enough to be a medium-sized European nation) has had a complex history. The earliest signs of human habitation date back to upper Paleolithic, the civilization of the cave paintings of Lascaux, which are in Occitan territory. The cave-painters eventually migrated north, and the next real traces of civilization appear in the Neolithic period, when Occitania was inhabited by Mediterranean peoples including the Liguri and the Iberi. The Greeks established a colony at Marseille (Massalia) in 600 B.C. and, through trade and agriculture, enriched the whole region.

503

The wave of Celtic invaders which came in the fourth century resulted in a dense Celtic population north of the Loire, and a much smaller Celtic population to the south, with the Iberi, for example, continuing to write in their own language. This early difference in population helps to account for the divergent linguistic development of northern and southern France.

The Greeks of Massalia called upon the Romans in 125 B.C. to help them withstand the attack of a Celtic people, the Salyes. The Romans, as might be expected, did not confine themselves to a brief military expedition, but instead established a province, usually called Provincia, extending from the Alps of North Italy to Spain, along the Mediterranean coast of southern Gaul. It was much later, in 55 B.C., that the Romans penetrated to northern Gaul, with the victories of Julius Caesar, and Roman influence was never as strong there. The bulk of significant Roman ruins in France are found in the southeast, in the ancient Provincia, and the use of the Roman law code during the Middle Ages was restricted to the Occitan area (northern France used the Germanic **droit coutumier**.)

Different Germanic tribes invaded the north and south of what is now France. The Franks settled in the Parisian region, the Visigoths in Occitania. The Visigoths retained use of the Latin language, as well as the Roman customs and institutions of their region; the Franks continued for some time speaking a Germanic tongue, as well as Germanic customs. Although the Franks defeated the Visigoths at Vouillé and the Burgundians of eastern Gaul in 534, these victories entitled them only to a nominal rule of the land formerly known as Gaul (now to be called Francia).

The official histories of France stress the importance of the battle of Poitiers in 732, as decisive in preventing Arab occupation of France. They do not usually mention that Charles Martel, after the battle, traveled as far as the east bank of the Rhone, looting and pillaging the lands of his supposed allies. The city of Narbonne resisted the attacks of Charles Martel during his lifetime, only to fall to his son Pepin in 759.

By the end of the Carolingian dynasty, all families holding feudal lands and power were Frankish in origin, but during subsequent history many of them became more closely identified with their territory and its people than with the Frankish (later the French) monarchy. Occitania at the time was loosely organized into three areas: what Robert Lafont calls "un pouvoir vascon" in southwestern

France and north central Spain; a Rhone-centered area and a central Occitan area between the two.

While great feudal powers developed in Toulouse, Poitiers, and Barcelona, a great civilization also developed, where Romanesque architecture flourished, monasteries and monastic schools sprang up, the truce of God, inaugurated in Roussillon (see chapter on North Catalonia) spread throughout the region. The great lyric tradition of troubadour poetry, the first great vernacular literature of the Middle Ages (and arguably the most influential) was nurtured in the great feudal domains and thriving cities of Occitania, from Poitou to Provence, and south to Barcelona and northern Italy (where the poets also chose to write in the Occitan language.)

The marriage of Eleanor of Aquitaine to Louis VII in 1137 was intended to make Toulouse and the immense domain of Aquitaine part of France, but the marriage ended in annulment in 1152, and Eleanor's subsequent remarriage, to Henry II of England put a temporary halt to the southward-looking territorial ambitions of the French monarchy.

The process of annexation of the different parts of Occitania to France took most of the next six centuries. Part of Auvergne was ceded to Philip Augustus in 1189, but the Auvergnats, led by their Count and the troubadour Dauphin, fought French domination until 1211, when the royal armies, taking advantage of the havoc wrought by the early Albigensian crusade, invaded the province and crushed the resistance.

The Albigensian Crusade had been called by Pope Innocent III, theoretically to stamp out the Cathar, or Albigensian heresy in Occitania. The Cathar heresy was related to the Manicheism of the early Christian church, and presupposed the equal influence of two gods, the god of Good and the god of Evil, in the universe. Matter, the body and material things were identified with Evil, the soul and spiritual things with Good, and a whole new church, much simpler in its creed and rituals than medieval Christianity, took root in central Occitania. The Crusade was to be the first specifically directed against a largely Christian population (the majority of the inhabitants of Toulouse and the Toulousain may have tolerated the new heresy but did not practice it).

The pretext for the Crusade was the murder of the papal legate Pierre de Castelnau, who had sought, in vain, to force Raymond VI of Toulouse to take action against the heretics. The Crusade was led by a minor nobleman from the Ile-de-France, Simon de Montfort, whose first act was to lay siege to the town of Béziers, and massacre every inhabitant (although most of these were not Cathars). Within a few years, it became apparent to the subjects of Raymond VI that the real purpose of the Crusade was to serve the territorial ambitions not only of Simon de Montfort and his followers, but also of the French king. After de Montfort's victories at Carcassonne and Muret (among others), in a dramatic reversal, the citizens of the Toulousain rallied to Raymond VI's son, Raymond VII, who landed in Provence and defeated the Crusaders at Beaucaire. Father and son met at Toulouse, where the people of the city rose up against the northern invaders, and, in a battle that became a legend (and that seems to have involved the participation of some of the female population), drove the Crusaders from the city. Simon de Montfort himself was killed below the walls of the city in 1218.

Before de Montfort's death, in 1216, the Lateran Council had deposed and excommunicated Raymond VI of Toulouse and, along with Philip Augustus, had proclaimed de Montfort Count of Toulouse. Philip Augustus had prudently added the provision that on the death of de Montfort's son Amaury, all the de Montfort conquests were to revert to the crown of France.

Both Raymond VI and Raymond VII, having been excommunicated, were in a difficult position to protect their newly-liberated territories against the French monarchy, which had quickly taken possession of the Auvergne. Raymond VII, after doing public penance to win reinstatement in the Church, formed a coalition against the French, which included the Duke of Brittany, the count of Provence (a Catalan at the time), the kings of England, Aragon, Navarre, Castile, and the Emperor Frederick II.

This coalition did not survive the defeat of the English at Taillebourg. Raymond VII signed the treaty of Lorris, by which his daughter and heiress, Jeanne, married Alphonse de Poitiers, brother of Louis IX. On Jeanne's death the territories of Toulouse, some of which she had tried to bequeath to her cousin, were seized by the French king. The Chancery of Philip the Bold gave to these territories the name Languedoc.

Charles d'Anjou, brother of Alphonse de Poitiers, had married the heiress of Raymond Bérenger of Provence in 1246, and fortune seemed to be favoring French domination of Occitania. The people of Provence did not accept this annexation, but the new count brutally suppressed their insurrection. For a short time Philip the Bold had hopes of also conquering Catalonia, but died at Perpignan before fulfilling this ambition.

The impact of the conquest and annexation of "Languedoc" on Occitan civilization can not be overstated. The troubadour literary tradition flourished outside of Occitania but survived with difficulty in Languedoc, in the intellectual climate created by the Inquisition, under the direction of Bernard Gui, the Inquisitor immortalized in our own time in The Name of the Rose. The feudal lords of Occitania fled to Catalonia, taking with them the prototype of what Lafont calls the "grand seigneur-poète". They were replaced by French feudal lords, representing a less developed civilization (although the daughters of Eleanor of Aquitaine had begun to nurture the **trouvères**, northern imitators of the Occitan poets.)

The new French regime in Languedoc supported the economic advance of the bourgeoisie of the region, but gradually did away with the consulate, the somewhat self-governing institution of southern towns like Toulouse, in favor of a more centralized administration. At the time of the Hundred Years' War, the terms "pays de langue d'oc" and "de langue occitane" appear in the documents of the Capetian administration, but the Etats Languedociens affirm their loyalty to the French throne. (This is not surprising since the region suffered from frequent incursions of English troops based in Aquitaine, the worst being that of the Black Prince, heir to the English throne, who raided as far as Narbonne in 1355.)

The conquest of Aquitaine took longer. The French monarchy gave battle twice to the counts of Armagnac, supposedly the French king's own vassals, in the fifteenth century, before the last count surrendered. At the battle of Castillon in 1453, the militias of the free cities of Aquitaine were decisively defeated by French troops. The territory of Foix-Béarn chose to ally with the French monarchy during the Hundred Years War, and avoided invasion during that period, remaining an independent Pyrenean nation until the end of the sixteenth century. Béarn became a haven for the works of the troubadours in **langue d'oc**, a haven for the **langue d'oc** itself (as well as for the Basque language, whose earliest written documents date from the time of the kingdom of Béarn), and a haven for religious reformers, among them Pey de Garros, who wrote catechisms in the Béarnais dialect of Occitan and translated the Psalms into the language.

It was through the intermarriage of the sovereigns of Béarn and of members of the French royal family that Henry III of Navarre eventually became legitimate heir to the French monarchy, and ultimately King of France, as Henry IV. In an ironic twist of fate, Henry, the best and most popular of France's modern kings was actually an Occitan.

Béarn was the last great Occitan territory to become a part of France; the incorporation of Béarn into the French nation occurred in 1789, when the Etats de Béarn renounced their sovereignty to become a part of the new French republic. Provence also retained a degree of independence under French rule, until 1481, under the rule of the House of Anjou. The early Angevin rulers were too preoccupied with carving kingdoms out of Italian territory to pay much attention to Provence, and many of the urban institutions that had flourished there as in Languedoc were revived in spite of the attempts of Charles d'Anjou to replace them with French administrators. Occitan continued to be used as the language of administration under the Angevin kings. The last Angevin, Charles III, died in Marseille in 1481, and willed his kingdom to the King of France. The act of union of 1486, negotiated with Charles VIII of France, promised that the Provençaux would be in no way "subalternez", but the Edit de Joinville, promulgated by François I in 1535 obliterated the traditional administrative and judicial structure of the new province and left all legislative initiative to the French king.

Other regions of Occitania were gradually annexed: the Valentinois in 1498, as a result of negotiations between Louis XII and Cesare Borgia (the latter representing his father, the Pope); the principality of Orange by the treaty of Utrecht in 1713; and the Comtat Venaissin, a papal territory including Avignon, was governed by papal representatives until 1789, when the people of Avignon drove out the papal vice-legate and declared union with France. The six-century-long process was complete, and the ambitions of the early Capetian kings had been fulfilled. Occitania had truly been absorbed into the French state. (The last holdout, the city of Nice, did not become French until the late nineteenth century, as a condition of the unification of Italy.)

The langue d'oc or langue occitane had become a spoken and written vehicle for religious poetry, secular poetry, administrative documents and scientific and philosophical prose. The secular poetry of the troubadours was relatively homogeneous and free of dialectal variation; the other written forms of the language were much more marked by dialect differences. The fourteenth-century <u>Leys d'Amors</u> represents the first effort to normalize the written Occitan language. By the end of the fifteenth century, the French language had begun to compete with Occitan on its own ground, and the latter appeared less and less often in written form.

The **coup de grâce** for Occitan as an administrative language was François I's Ordonnance de Villers-Cotterêts, which required that all administrative and religious documents be framed in French. During the same period, Occitan **literati** began to accept the use of French as a literary language, a practice strongly reinforced by the introduction of the printing press. At Toulouse the Consistori del Gai Saber, renamed the Collège de Rhétorique, continued to organize literary competitions, but accepted only contributions in langue d'oïl from at least 1513 and possibly earlier.

The spoken Occitan language continued to flourish, and dialectal words and turns of phrase penetrated even administrative texts when no French equivalent for them could be found. Pockets of resistance to the spread of French in the kingdom of Navarre and in Roussillon (see Introduction to North Catalonia). The regions of Occitania continued to be largely bilingual through the Revolution, although the Convention expressed hostility toward the **patois** and proclaimed the necessity for linguistic unity in the new republic. For example, Barrère, the most vehement apostle of linguistic unity, stated that the local "dialects" were enemies of the Revolution, and must be destroyed in the name of Liberty.

The disappearance of Occitan as an administrative language in the sixteenth century seems to have served as a catalyst for the renaissance of the literary language. In Gascony, Pey de Garros, as we have seen, produces catechisms in the Gascon version of Occitan, translates Psalms, and writes a stirring defense of his native tongue:

> **Prener la causa damnada**
> **De nòstra lenga mespresada,**
> **Per l'aunor deu païs sosténguer**
> **E per sa dignitat manténguer.**

(quoted in Nouvel, p. 91)

Pèire Godolin, of Toulouse produced a treatise on the essential dignity of the langue d'oc, demonstrating the richness of its vocabulary and the aptitude of the language for literary expression. His failure to include morphology and syntax in his considerations prevented his treatise from joining the ranks of the great sixteenth and seventeenth-century vernacular grammars, but his work heralded a new interest in the language among writers in Occitania. The seventeenth century saw the production of Bertran Larada's Margalida gascona, Guillaume Ader's Gentilome Gascon, and Pierre Dupont's La Doctrina Chrestiana mesa en rimas per poder èstre cantada sus diverses aires e per atal ajudar la memòria del pòble de Tolosa, written at the request of the archbishop of Toulouse.

The seventeenth century was, nevertheless, a difficult period for the language, as the Occitan territory suffered through the anti-Protestant purges of Richelieu. Occitania began to produce writers such as Fénelon who were famous for their writings in French. Perhaps the earliest of these was actually the sixteenth-century Bordelais Michel de Montaigne. However, by the early eighteenth century, Occitan scholars such as Joseph Thomassin de Mazaugues and Lacurne de Sainte-Palaye had begun to rediscover the troubadours.

The re-examination of medieval Occitan poetry was greatly encouraged by the Romantic movement in France and the consequent renewed interest in the Middle Ages. Against the propaganda of official histories of France, the historian Augustin Thierry wrote about the birth of the French nation as the military victory of racist, imperialist Franks over the refined and tolerant Occitans. E. Ripert divides the Occitan literature that grew in this favorable climate into two trends: the workers' movement and the scholars' movement (the latter represented by Sainte-Palaye and Mazaugues; Pierre Bec adds a third tendency, the "mouvement bourgeois et esthète".)

The most important figures in the early workers' literary movement were Jasmin, a wig-maker of Agen, whom Lamartine had called the "Homère sensible des prolétaires", and the baker Victor Gelu of Marseille. The truer proletarian of the two was Gelu, who proclaimed his independence not only of the bourgeois **notables** of Provence, but also of any norms imposed from outside. Gelu explained his literary credo:

> "J'ai pris mes héros au dernier degré de
> l'échelle sociale, parce que notre patois ne

> pouvait être placé convenablement que dans leur
> bouche, parce qu'il exclut toute idée de grâce et
> ne peut bien rendre que la force; parce que ce
> dialect est brutal et impétueux comme le vent du
> nord-ouest qui lui a donné naissance et lui a
> imprimé son cachet d'ouragan ..."
>
>   (Avertissement aux Chansons, 1840,
>   cited in Lafont, La Revendication
>   occitane, p. 186)

The scholars' movement was essentially focused on the past of
Occitania; the workers considered the Occitan language an instrument
of the proletariat; it was left to the bourgeois-aesthetic movement to
begin to affirm the literary merits of present-day Occitan in the face
of the great European literary languages, by translating Anacreon and
Ovid, as well as by their own modest literary productions. During
this period, the Dictionnaire provençal-français of Honnorat was
published (1846-47), making available a form of written Occitan that
was both coherent and traditional, based on the troubadour spelling
system.

The Félibrige, which will be treated separately, did not accept the
written version of Occitan formulated by Honnorat. Although his
dictionary is called provençal-français, Honnorat did not restrict
himself to the dialect of Occitan that is spoken in Provence, but
attempted to develop a general version of written Occitan that
synthesized the sound systems and vocabulary of all the different
dialects of the language. It was here that he and the Félibrige,
especially Roumanille, parted company. Roumanille rejected the
notion of a general synthesis of dialects and chose to elevate a single
dialect, that of Provence, to a position of dominance analogous to
that of Tuscan Italian.

The Occitan society of the nineteenth century, in which this
linguistic renaissance and reform were taking place, had, since before
the Revolution, experienced tensions between the growing French-
speaking middle class, strongly influenced by the liberal ideals of the
eighteenth century and by French mores in general, a peasant
population that remained Occitan-speaking, pro-clergy and pro-
monarchy, and an aristocracy that shared the conservative values of

the peasantry. It should be added that all classes of society spoke at least some Occitan, the bourgeoisie and aristocracy also being fluent in French and reserving the use of Occitan for conversation with their servants.

The Girondins, the federalist moderates of the Revolution, were especially influential in the towns of Occitania, and in Protestant milieux in general. The Reign of Terror was explosive in many parts of Occitania, especially around the Mediterranean. The counter-Revolutionary movement was strong in Occitania, and provided a voice for the conservative and severely exploited working class, who were to welcome the victory of Wellington in 1814.

Nineteenth-century Occitan society was dominated by great families of aristocratic or haut bourgeois origin, whose members also set the tone of the cultural revival in Occitania. Lafont describes their political and moral stance as "une morale traditionnelle, ... un populisme condescendant, ... une forme littéraire héritée..." and their role as principal readers and supporters of the reviving Occitan literature of their time.

The nineteenth-century Occitan literary revival that reached its apogee in the Félibrige was thus an elite literature, destined for an aristocratic and haut-bourgeois public, and influenced by that public's political, moral and aesthetic norms. The rift between the worker-poets and the Félibrige may be explained by this difference in choice of audience; it can not be explained by the social origins of the members of each faction, since Roumanille, leader of the Félibrige was of as humble origin as Gelu and Jasmin.

Moreover the rising industrial bourgeoisie had no ties to either movement. Depending solely on the central government's economic policies for the advancement of their entreprises, the members of this class felt no commitment to their region, and, insofar as they accepted Parisian economic dictatorship, often contributed to Occitania's industrial decline. The imports that greatly increased the wealth of the Occitan industrial bourgeoisie, for example the peanut oil of Sénégal, represented at the same time a setback for the olive oil production of Provence.

The political views of Occitan workers and peasants shifted away from conservatism during 1848. The tax increase proposed in early 1848 aroused violent protest in all of France, and a sudden increase in anti-royalist, "republican" votes in rural areas and small towns throughout the region. Louis Napoleon's coup d'état of 1851 provoked large-scale insurrections in Languedoc and other parts of the south. The Félibrige did not support the workers, but opted for a conservative, Catholic, monarchist stance, and made no mention of the revolt of 1851, nor of its brutal repression.

Under the Second Empire, the traditional industries of the Occitan regions declined, while new industries and a new agriculture exclusively devoted to wine production sprang up. The Occitan working class grew in numbers, still completely alienated from the industrial bourgeoisie, from the intellectuals of the Félibrige and from the peasantry. The workers spoke Occitan. At the end of the Franco-Prussian War, they, and certain intellectuals, took part in the Communes of Toulouse, Narbonne and Marseille, but none of these lasted as long as their Paris counterpart.

For Occitania, as for the other regions considered here, the Third Republic represented the first great threat to the survival of her language, as well as to the newly renascent Occitan literature. The obligatory primary education in French established by Jules Ferry was designed to destroy the "patois" as all the other languages of the hexagon, whether slightly accented forms of French or totally separate languages, were called. In the words of Mme Faugron-Longlois, (cited by Alain Nouvel, p. 107):

> Nous sommes treize millions d'Occitans
> spoliés de leur culture par l'école de Jules Ferry,
> école qui a tenu les jeunes dans l'ignorance
> totale de la culture de leurs parents, brisant le
> lien des génératiosn. L'idéologie de l'école
> bourgeoise était de tuer les minorités, de les
> écraser dès l'école pour mieux les broyer dans
> la machine sociale.

Robert Lafont explains the anti-patois offensive of the school system:

> "C'est une offensive nationaliste, à relier au
> chauvinisme des programmes d'histoire et de
> géographie. L'Ecole forme les soldats de la
> France intouchable, sacralisée: il faut reprendre
> l'Alsace et la Lorraine! Le nationalisme

> recouvre le colonialisme: la réduction de la
> population scolaire française à une unité
> culturelle transcendante justifie l'entreprise
> 'civilisatrice' des conquêtes outre-mer."

In fact, the use of Occitan declined steadily from the end of the nineteenth century and Occitan soldiers serving in World War I hastened its decline by bringing back to their homes the French language which had pervaded their military experience.

Lafont mentions another major consequence of the colonialist outlook of the French central government, the uprooting of regional identity in order to insure the mobility of the labor force. It was in fact during the late nineteenth century that a steady decline began in the population of most of Occitania, especially in the young adult population.

Despite these obstacles, work in Occitan language and literature continued. In 1898, Prosper Estieu and Antonin Perbosc prepared a new version of written Occitan based on the Honnorat system, that is, a simplification of the troubadours' own spelling. This version received the endorsement of the Académie des Jeux Floraux of Toulouse in 1919, and its final refinements were incorporated in Louis Alibert's Gramatica Occitana of 1935.

The winegrowing industry of Occitania became more and more dominated by industrial magnates after the phylloxera blight destroyed the majority of the vines of Languedoc, ruining the small farmers. In 1903, the sugar beet farmers of northern France helped push through legislation which allowed sugar to be added to wine, greatly increasing the quantities of wine produced, flooding the market, and once again ruining the small farmers. Protestors numbered in the hundreds of thousands all over Languedoc (700,000 in Montpellier alone.) Clemenceau sent the army to occupy Languedoc as if it were an enemy nation. On June 29, a law was passed regulating the addition of sugar to wine, removing the immediate cause for revolt, and the different sectors of Occitan society which had taken part in the revolt fell again into disunity.

The economic problems of Occitania continued into the twentieth century; they continue today, with the specter of European economic unity raising difficult questions for the agricultural sector of the region in particular (as the admission of Spain and Portugal into the EEC had done in the late seventies.) Robert Lafont summarizes:

> On peut dire que de la première moitié du XIX°
> siècle à 1965 environ, le pays d'Oc tout entier,
> Provence comprise (avec d'autres régions de
> France) a connu une crise constante qui l'a vidé
> de ses ressources naturelles ou les a aliénées à
> l'initiative capitaliste extérieure, a détruit
> ses secteurs d'autonomie financière (bancaire et
> commerciale), vidé ses campagnes, condamné au
> dépérissement ses villes moyennes et liquidé par
> pans successifs ses infrastructures industrielles.
> (Pour l'Occitanie, p. 168)

He identifies the most significant phase of this as "le moment où la bourgeoisie capitaliste régionale abandonne son rôle de défense et d'animation du pays pour un "destin national", investit chez le concurrent du Nord, désindustrialise chez elle et gèle ses capitaux dans le domaine terrien." For Lafont, as for the historians of Pays Basque and Bretagne, the lack of commitment of the affluent industrial bourgeoisie has had a devastating effect on the development of regional institutions, be they economic, social or cultural. The **revendication occitane** expressed by Lafont in his numerous works on the socioeconomic crisis in Occitania today is the demand for a establishment of a regional center or centers of power that would be on the spot, accountable to all residents of Occitania, that would be responsible for administrative, economic, social and cultural development in Occitania and that would dispose of the necessary administrative and financial means to carry out this mission.

The Mitterrand government's steps toward decentralization have been more timid than had been hoped. For example they do not include recognition of Occitania as a region: the thirty-one departments of France culturally linked by the use of the language are administratively dispersed among the regions of Aquitaine (which incorporates the Pays Basque), Midi-Pyrénées, Languedoc-Roussillon (which incorporates Catalogne du Nord), Limousin, Auvergne, Rhône-Alpes, and Provence-Alpes-Côte d'Azur.

It has also been difficult to mobilize public support for the Occitan movement, except for short-term protest against the central government's **aménagement du territoire**. However, beginning in 1970, the demonstrations and sit-ins of Occitan militants and their sympathizers, and finally the purchase offers of agricultural associations prevented the army from taking possession of a sizeable tract of land in the Larzac region in order to expand a military camp. The collective action of the "amis du Larzac" continued for ten years before the support of the newly-elected president François Mitterrand helped them to convince the army to cancel its plans.

The Larzac affair demonstrated that it was possible to mobilize non-militant residents of Occitania around a political issue. In 1974 Occitans prepared to mobilize again, as the Lutte Occitane organization nominated Robert Lafont for the French Presidency vacated at the sudden death of Georges Pompidou. Lutte Occitane first formulated the slogan "Volèm viure al païs" at the time of the Lafont candidacy; the slogan later became a rallying cry for all of France's autonomist movements. Lafont, the candidate representing regions and minorities, did not become one of the official twelve candidates in that election; the suddenness of the electoral campaign did not give his organization enough time to meet the requirements for candidacy established by the Conseil Constitutionnel. The **Volèm viure al païs** movement, however, remained active in Occitania.

The period after World War I brought a second cultural renaissance to Occitania. The journal Oc was founded in 1923, serving as a forum for modern Occitan writers and artists and the promotion of the Alibert writing system of the language. Charles Camproux's Occitania, begun in 1932, which addressed the political issues confronting Occitans (and all minorities) and proposed extensive social reform. Among the proposals: the gradual replacement of the great capitalist landowners by a peasant landowner class, the replacement of major industrial powers by corporate societies whose employees participated in the raising of capital and in the benefits, the empowerment of local civil servants to take initiative and responsibility for development of their circumscriptions.

World War II polarized the Occitan movement as it did other minority movements, into two factions: those who immediately went into hiding, and those who, with varying degrees of conviction, tried to get along with the new régime (in the case of Occitania, North Catalonia and the Pays Basque, this was the Vichy government). By 1942, the more militant Occitanists, including René Nelli, Joë Bousquet and Jean Ballard, had given up any efforts to cooperate with Vichy. Their special issue of the journal Cahiers du Sud, appearing in February, 1943, and including two articles by Simone Weil, reaffirmed the value of Occitan culture in all its manifestations,

re-awakened interest in the history of the region (at a time when the
resemblances between de Montfort's crusaders and the current
occupying power were unlikely to be missed) and spoke out in favor
of the de-provincialization of the Occitan language and literature. By
the time Cahiers was available to the public, most militant Occitans
had joined the Resistance, and were playing an important part in the
maquis, the guerrilla network of southern France.

In 1945, the Institut d'Etudes Occitanes, which is still one of the
principal organizations of the Occitan movement, was founded by
Ismaël Girard and Max Rouquette. The I.E.O. began as a prestigious
research institute; today, according to Philippe Martel (Amiras 20, p.
18-19, p. 23), it is a forum for local and regional activism. The
I.E.O., faced with a general decline in political activism at the end of
the 1970's, responded by a more radical program for Occitania,
strongly nationalistic and opposed to compromise with the central
government. A second organization, Obradors Occitans, founded in
1981, takes a more critical look at Occitan nationalism, and prefers
cooperation with the central government, as well as a more federalist
approach to the development of Occitania.

Both organizations face the difficulty that has haunted Occitania
from the first: the very size of Occitania, thirty-one departments, with
very little in common among all its inhabitants, apart from their
language. As Philippe Martel asks: "en dehors de la dénonciation du
colonialisme, intérieur ou non, que proposer de concret pour répondre
aux inquiétudes des éleveurs du Massif Central, des viticulteurs du
Languedoc, des ouvriers du littoral provençal, alors que ces
inquiétudes ne sont précisément pas les mêmes?" (Amiras 20, p. 14).
For Roger Caratini, the revendication occitane shared by all
Occitans is not really a minority issue:

"Il subsiste la revendication économique
de Lutte occitane: << Nous voulons vivre et
travailler au pays >>: elle ne relève pas de la
situation minoritaire des divers Occitans,
mais de l'histoire économique et politique
de l'Europe occidentale."
                    (La Force des faibles, p. 261)

The reality of Occitania as a cultural entity can not be questioned.
The twentieth century has been a time of unprecedented cultural

productivity, in literature, the arts, music, theater, and popular culture. The two most highly visible artistic media of Occitan culture have been the theater (see section on literature), with the widely acclaimed productions of the Nouvelle Compagnie des Carmes and the bilingual Teatre de la Carrieira, and the folk song, represented by the internationally known Claude Marti among others. For both the 1980's represented a period of decline. Occitan theater companies, facing the same logistical problems as theater companies everywhere, and Occitan singers and musicians adapting with difficulty to more recent trends in popular music. Nevertheless, the tradition of Occitan song is still very much alive (see for example Lauren Yoder's article in Contemporary French Civilization, XII, 2, pp. 249-262), and the Teatre de la Carriéra has recently resumed activity.

The fragmentation noted by both Martel and Caratini continues to characterize the Occitan movement, with more serious consequences for the political objectives of its leaders than for the cultural ones. Some of the cultural demands have been met, albeit half-heartedly, by the Mitterrand government, and instruction in Occitan is now available on a much wider scale than before 1980, also at all levels of primary, secondary and higher education. Media time allotted to regional programming has not really supported the local culture, turning instead to nationally known figures whose only tie to the region is residency there, but some inroads have been made. For Occitania, as for all the minority regions studied in this anthology, the European economic unity of 1992 may mark a turning point and an opportunity to establish greater regional autonomy.

La cité fortifiée de Carcassonne: les Lices

La confrérie Saint-Vincent de Visan,
à la Fête du Vin,
chapelle de Notre-Dame-des-Vignes

L'Occitanie demain...

Un débat national

Il faut d'abord et toujours, si l'on parle d'Occitanie, prendre la mesure de ce territoire: plus de 190 000 km², presque 12 500 000 habitants. Ces deux chiffres définissent la responsabilité de l'homme de pouvoir ou de gouvernement ou d'administration qui est chargé d'en conduire la destinée, et la responsabilité de l'occitaniste qui pose cette destinée et commence à agir pour la dégager des brumes et de l'ornière.

La première ne parle pas d'Occitanie, ne peut pas en parler, sauf par dérision. L'Occitanie pour lui n'existe pas. Il pense, gouverne et gère dans le cadre de l'hexagone que l'histoire a réalisé en Etat-Nation et qui précisément efface l'Occitanie, tant par le haut que par le bas. Par le haut, puisque la France, au fur et à mesure qu'elle réunissait à elle les diverses "provinces" de " la langue d'oc" (cela va de 1271, annexion des terres de Toulouse, à 1860, rattachement de Nice par plébiscite), les insérait dans une vue territoriale plus vaste: depuis le XIIIème siècle, jamais l'ensemble occitan - ni même aucune des régions naturelles ou historiques qui le composaient - n'a été l'occasion d'une politique qui lui fût applicable, sans concerner aussi l'autre et vraie France, la Francie, la France d'oïl, ou les autres France (la Bretagne, la Corse, l'Alsace-Lorraine, etc.) (Et pourtant le Capétien a, d'emblée, l'idée d'une Occitanie; sa chancellerie invente le mot pour nommer les terres de Toulouse et s'en sert en élargissant au rythme des revendications sur d'autres terres d'oc; cf. notre Renaissance du Sud, Gallimard, 1970, p. 13.) Par le bas, puisque ce n'est jamais l'Occitanie évidente et totale qui se fond, ou que l'on fond dans l'ensemble français, mais tel ou tel de ses fragments, considéré pour lui-même et pourvu d'un nom (quelquefois d'un surnom: celui de Guienne, celui de Dauphiné) provincial: Languedoc, Limousin, Provence, comtat Venaissin, comté de Nice... Ces noms se consolident sous l'Ancien Régime, modifiant d'ailleurs souvent le champ de leur désignation. La Révolution Française les fossilise en les versant désormais au passé: l'Occitanie, comme tout le territoire national, est alors quadrillée par les circonscriptions départementales d'une France indivise. Puis, vient la régionalisation, par étapes, et l'Occitanie s'efface sous des régions, (Aquitaine, Midi-Pyrénées,

Limousin, Auvergne, Languedoc-Roussillon, Provence-Côte d'Azur)
qui respectent mal son dessin frontalier et que l'aménagement du
territoire relie à la décision parisienne sans envisager leur liaison de
voisinage, à plus forte raison leur concertation.

Et pourtant, même si l'on accepte, dans la banalité du préjugé
étatique reconduit, cet effacement, si l'on continue à frapper
d'inexistence l'Occitanie au niveau de son nom, un vaste pays est là
où il est, entre Méditerranée et Golfe de Gascogne, seuil du Poitou et
Pyrénées; il s'administre français et s'administre en France, mais on
doit au moins le considérer comme un "Sud", un "Midi", un territoire
autre que le "Centre", "l'Est" ou "l'Ouest". Sans lui, la France
n'aurait jamais atteint ni la Méditerrannée, ni le contact du monde
hispanique. Par le fait de la territorialité même, bien des aspects de la
politique française posent l'Occitanie en filigrane, se dessinent sur la
réalité occitane dont ils épousent la forme en lui refusant l'identité:
politique d'un double front de mer, qu'il s'agisse d'aménagement
portuaire, de mise en fonction des pôles de trafic maritime, ou
d'aménagement touristique; politique industrielle, qu'il s'agisse de la
liquidation des industries et des charbonnages hérités du XIXème
siècle ou de la mise en place d'un centre nouveau à Fos-sur-Mer;
politique agricole, viticulture, ou production fruitière, ou agriculture
de montagne; politique militaire aussi (de Canjuers à La Courtine en
passant par le Larzac, l'occupation de l'espace occitan par l'armée
éclate aux yeux). Ayant absorbé l'Occitanie, la France ne peut pas ne
pas avoir une politique que l'Occitanie ignorée détermine. La
décision ou le refus du nom voilent ainsi le fait que le territoire
occitan intervient constamment dans les responsabilités, même
internationales, du pouvoir en France.

Idylliquement, au conditionnel des bonnes intentions, la matière
d'Occitanie, culturelle, linguistique, économique, sociale serait prise
en charge par la France, Nation et Etat. L'Occitanie n'aurait pas à
exister, ayant épousé la France, ou ayant fait de la France son hoir
féal... Culturellement, l'Occitanie est un "versant" de la culture
française, justifié de ce qu'il apporte de lumière à son ubac.
Economiquement la somme du Midi et du Nord est seule capable de
résoudre les problèmes du Midi, au mieux de l'harmonie territoriale.
Que ferait donc le Midi abandonné à lui-même? L'argument est
connu ... La chance de l'Occitanie serait ainsi de ne pouvoir être
l'Occitanie.

Remplaçons l'idylle par la réalité. Dans le fonctionnement du sentiment national, on n'a jamais exigé de la France qu'elle fût féale à l'Occitanie, ni à la Provence, à l'Auvergne, à la Gascogne, etc., pas plus qu'à la Bretagne, à l'Alsace et à la Corse. Comme les actes d'union ont, dans le passé, été interprétés en actes de soumission, ainsi, de façon constante et jusqu'à nos jours, a-t-on demandé au sujet du roi ou au citoyen de la République, de ne marquer à l'égard du roi aucune rupture de déférence, à l'égard de la République aucun doute sur sa représentativité. Le crime des crimes est, pour une région quelconque, d'arguer d'une injustice pour obtenir un droit: cela s'appelle, toujours plus ou moins, "atteinte à l'intégrité du territoire". C'est un sacrilège. Puni comme tel. Car depuis les temps où l'abbaye de Saint-Denis fabriquait la mythologie dont les Capétiens avaient besoin pour agrandir leur "pré carré", jusqu'aux temps modernes où le "monstre froid" met en place son règne sans réserve, la France n'a cessé de se poser en source sacrée, antérieure à l'écoulement des siècles, en essence préexistant aux médiocrités de son incarnation historique, en être divin. Culte du souverain, culte de la Nation ou culte de l'Etat, ce n'est qu'un même culte qui condamne l'impiété.

Si l'Occitanie ne se satisfait pas de l'absorption qui d'elle est faite dans le giron sans faute, de toute éternité prédestiné à l'accueillir, elle est impie. Il en est de même pour la Corse, le Pays Basque, la Catalogne-Nord, la Bretagne, la Flandre, l'Alsace-Lorraine. Sauf que pour l'Occitanie le scandale est plus vaste: aux dimensions du pays. Ainsi voit-on les autres minorités linguistiques en France, condamnées pour leurs tentations ou tentatives de libération, mais somme tout reconnues, admises comme telles et pourvues d'un nom, alors que l'Occitanie ... est refoulée de connaissance.

Il est bien vrai que l'indépendance de la Bretagne ou de la Corse - admettons un instant cette hypothèse - ne changerait rien d'essentiel aux destinées de l'ensemble français, alors que la simple autonomie de l'Occitanie, dans le cadre d'une dévolution quelque peu importante de pouvoirs aux régions méridionales, obligerait à reconsidérer l'ensemble de la politique française, et certainement changerait quelque chose à l'équilibre européen, ou aux déséquilibres de l'Europe.

Or c'est de cela qu'il s'agit avec l'émergence historique d'un sentiment, non plus provençal seulement, ou gascon, ou limousin, mais occitan dans l'espace de la langue d'oc.

Posons le phénomène en toute simplicité. Sur trente et un
départements français, depuis le début des années soixante, une
revendication d'existence linguistique et socio-économique est
apparue: non pas du néant, mais sur la base d'une revendication déjà
énoncée au XIXème siècle, qui avait alors rencontré l'échec, brisant
sur les structures de l'Etat et les structures de la mentalité française.
La longue et pathétique histoire du Félibrige et de l'occitanisme
mène à ce moment où l'impossibilité semble cesser, puisqu'enfin la
voix est entendue. On voit mal comment pourrait être refusée à cette
reconnaissance du sentiment d'identité la définition nationale...

Il reste ceci: une nation est en train d'apparaître, sur le dernier
tiers du XXème siècle, dans l'espace d'une langue où la France
n'avait permis de reconnaître que des provinces, des départements et
des régions. Avec ce fait, il faut s'arranger...

L'appui de la démocratie est un "contrat national" dont une forme
assez remarquable apparaît dans la Fête de la Fédération de 1790. Si
la Nation veut bien "se laïciser", se fonder sur les valeurs même
qu'elle avoue et proclame, et non sur une légitimité transcendantale,
elle doit se reconnaître comptable du développement de ce qui la
compose. De ceux: les citoyens. Non pas composants abstraits définis
par le corps arbitraire qu'ensemble ils constituent, mais êtres
concrets, de chair et d'histoire. En particulier Occitans, par leur
langue, leur culture héritée, leur culture à reconduire et les problèmes
de la vie humaine en leur lieu...

Ce sont donc les Occitans (avec les Bretons, les Basques, les
Alsaciens, les Catalans, les Corses, les Flamands) qui posent à la
France la question majeure de la démocratie, dont elle se réclame. Et
non l'inverse. Nous assistons, dans la phase de désacralisation de
l'Etat-Nation, à une "redistribution des cartes". A l'exigence de féauté
se substitue, dans la définition de la société civile, l'exigence de
participation, qui va en sens contraire. Il ne peut plus être question
que des communautés culturelles acceptent l'écrasement au nom de
l'unité supérieure; l'heure est venue où l'unité supérieure ne se
justifie plus que du développement des composantes.

L'important est d'en être arrivés à ce point où la démocratie
française doit accueillir, à travers des distorsions de vocabulaire et
des prudences de projet, l'autonomie régionale et la culture occitane.
Où donc, l'Occitanie paraît possible en France.

L'occitan: primièra leiçon

This first lesson in occitan is taken from Crestian Bailon and
Robert Lafont's Metòde per aprene l'occitan parlat, Montpellier,
Centre d'Etudes Occitanes, 1969. For more information about Robert
Lafont, see the introduction to this section, and the article Langues
dominées in the introductory section of this anthology.

SALUTS

-Bonjorn, Tòni.

-Bonjorn, Robèrt.

-Consí te pòrtas, l'amic?

-Me pòrti pro plan.

-E tos parents, consí se pòrtan?

-A se portar, se pòrtan plan.

-Bonjorn, madomaisèla Tonieta?

-Bonjorn, Robèrt. Qué portatz aquí?

-Vos pòrti de flors.

-Grandmercé. Que son polidas! Ne portatz a totas las dròllas?

-Un jovent ne pòrta a una dròlla, es normal, qué?

-Consí vos portatz a l'ostal, l'oncle?

-Nos portam plan, grandmercé. E tu?

-Coma un ròc!

-Un rocàs o un roquet?

-Los Roquetas nos portam totes plan, aquò rai!

-Es vertat! A la Ròca es coma a Tolosa, los que i demòran, d'aquí a la mòrt, vivon plan.

-Aquò's plan polit, mas pòdi pas demorar mai. Adieusiátz, l'oncle.

-Adieusiátz, l'òme.

II.

Jòrdi: -Bonjorn, Tòni, consí te pòrtas?

Tòni: -Bonjorn, Jòrdi.

Jòrdi: -Consí va?

Tòni: -Va pro pla, grandmercé, e tu?

Loïs: -Consí va, Madomaisèla?

Tonieta: -Pro plan. E vos?

Pèire: -Que pòrtas aquí?

Loïs: Pòrti de flors a una dròlla.

Leon: -Qu'es aquo que portatz?

Loïs e Tòni: -Portam de flors a l'ostal.

Jòrdi: -Aquò's plan polit, mas consí va l'ostal?

Pèire: -L'ostal se pòrta coma un ròc.

Tòni: -*Consí va, los Roquetas?*

Loïs: -*Va plan, grandmercé.*

Jòrdi: -*Demoratz a Tolosa?*

Loïs: - *Non, demoram a la Roca.*

Pèire: -*Te'n vas?*

Loïs: -*Pòdi pas demorar mai.*

Pèire: -*Adieusiátz, Loïs.*

Loïs: -*Adieusiátz plan, Pèire.*

Patterns

BONJORN,	*Tòni*	
	Robèrt	
	Jòrdi	*consí te pòrtas?*
	Loïs	*consí va?*
	Pèire	

BONJORN,	*madomaisèla Tonieta*	
	l'oncle	*consí va?*
	Madama	*consí vos portatz?*
	Monsen	

Consí va,	*Tòni*	
	l'amic	*Va plan*
Consí te pòrtas,	*Loïs*	*pro plan. Grandmercé.*
	Pèire	
	Robèrt	

Consí va,	*madomaisèla Tonieta*
	l'ostal
Consí vos portatz,	*l'oncle*
	Madama
	Monsen
	los Roquetas

Va plan.	*E tu?*
	E vos?
	tos parents?
	vòstres parents?

ADIEUSIATZ	*l'òme*
	l'oncle
	Loïs
	Pèire

demòra	*Tolosa*
	a la Ròca
demòram	*l'ostal*

Un jovent		
l'òme	*pòrta*	
una dròlla		
l'amic	*.....de flors*	*a l'ostal*
		Tolosa

los Roquetas	*pòrtan*	*la Ròca*
tos parents		
Loïs e Tòni		

Qué pòrtas aquí?	*pòrti*
	......
Qué portatz aquí?	*portam*

	pòrti
Qu'es aquò que	
portam?	

Los Roquetas	*se pòrtan*	*plan*
Tòni e Robèrt		
coma un ròc		

| *Tos parents* | *vivon plan* | |
| *Tòni e Tonieta* | *demòran* | *a Tolosa* |

a la Ròca

a l'ostal

La langue occitane

L'occitan est généralement considéré comme faisant partie de la
famille des langues romanes ou néolatines. Selon ce point de vue,
comme les autres langues de cette famille linguistique, il provient
donc du latin, du latin populaire importé par les soldats, les
marchands et les colons romains et non du latin classique, comme on
l'a cru pendant longtemps. Vous nous direz qu'il en est de même du
français, dont l'essentiel du vocabulaire est également d'origine
latine. C'est exact. Mais si ce latin a évolué différemment suivant
qu'il était parlé au nord ou au sud de la Loire, ce n'est pas dû au
hasard.

Raison de l'existence de l'occitan et du français

Pour qu'une langue évolue, il suffit qu'elle ait été adoptée par un
peuple parlant à l'origine une autre langue. En effet, chaque peuple
possède ses propres possibilités articulatoires et quand il adopte une
autre langue, il tend inconsciemment à rapprocher les sons de la
nouvelle langue sentis comme étrangers des sons qu'il prononçait en
parlant la langue de ses ancêtres.

Les sons de la langue adoptée sont ainsi peu à peu transformés et,
lorsque l'évolution est devenue importante, nous assistons à la
naissance puis à l'existence d'une langue nouvelle. Autrement dit, la
langue ancienne réagit sur la langue importée et la transforme
progressivement au point de lui donner un nouveau visage.

Ainsi, pour que le latin ait évolué différemment au nord et au sud
de la Loire, il faut qu'il ait été parlé par des peuples différents,
parlant des langues différentes avant l'arrivée des Romains; la bi-
partition du roman de France, divisé en français et en occitan, est
donc la conséquence d'une réalité ethnique. Connaissons donc les
ancêtres des Français, de ceux du Nord mais de ceux du Midi, et
nous saurons la raison de ce partage de la France romane en deux.

Qui sont les Français du Nord, qui sont les Occitans?

Une des sottises les plus monumentales, mais combien habile politiquement, de l'Ecole française, fut de nous persuader que les ancêtres des Français - de tous les Français - étaient les Gaulois. Ainsi, les Français avaient **tous un ancêtre commun,** ils avaient **tous la même histoire,** celle des Gaulois et des rois de France et **tous la même langue,** le français; ils formaient donc un peuple unique, au passé uniforme, et finalement, la France avait toujours été la France, le pays de tous les Français, qui devaient donc être tous uniquement francophones.

Mais si notre histoire était aussi simple, si cette thèse officielle était exacte, il n'y aurait qu'une seule langue romane en France, le français, résultant du latin populaire influencé par le gaulois. Or, s'il est un fait indiscutable et indiscuté, c'est bien la présence, en France, de deux langues romanes, séparées approximativement par la Loire. En somme, si l'on accepte l'histoire officielle nous parlant de notre ancêtre gaulois commun, la présence dans notre pays de deux langues différentes issues du latin est incompréhensible. Alors, que doit-on penser de notre passé? Quelle est donc notre vérité ancestrale?

La vérité, c'est que notre passé réel est bien différent de celui que l'on nous a appris à l'école. Un survol rapide de la préhistoire et de l'histoire ancienne de la France va nous le dévoiler.

L'homme actuel, l'homo sapiens, venu du Proche-Orient, apparaît pour la première fois au paléolithique supérieur, principalement dans le Massif Central. Mais ces premiers peuples, des cromagnoïdes, à qui nous devons d'extraordinaires trésors rupestres comme ceux de Lascaux, remontèrent vers le Nord aux environs du Xème millénaire, à la suite de leurs troupeaux de rennes...

Pendant trois ou quatre millénaires, notre pays est donc presque un désert humain. Seules, quelques stations préhistoriques mégalithiques, rares et éparpillées, nous empêchent de parler de désert total pendant cette période.

Pour que l'on puisse reparler d'une certaine densité de population, il faut attendre le néolithique et l'arrivée de nouveaux cromagnoïdes, des dolichocéphales de race méditerranéenne, venus à nouveau du Proche-Orient. Leur densité est relativement forte en Occitanie, alors qu'au Nord de la France, leur présence est beaucoup plus

superficielle. Toutefois, de ce centre proche-oriental, ces
Méditerranéens partirent également vers l'Afrique du Nord et la
Dravidie, formant ainsi une grande unité indo-méditerranéenne,
toujours en place de nos jours.

Mais voici que, venus d'Europe Centrale, des régions ouro-altaï-
ques, des hommes à l'aspect physique différent, des brachycéphales,
s'installent essentiellement dans les régions des plateaux comme le
Massif Central, les contreforts des Alpes et des Pyrénées. Ils
constituent le second grand peuple préhistorique présent en Occitanie
, peuple également attesté au nord de la Loire mais en nombre plus
limité.

Ensuite, nous sommes alors à la période proto-historique, des
Ligures, qui sont des Méditerranéens venus d'Orient, s'établissent en
Provence dans la première moitié du premier millénaire avant J.-C.,
alors que les Ibères, des Méditerranéens venus d'Espagne, s'installent
vers le IVème siècle avant J.-C. dans le Sud-Ouest de l'Occitanie.

Et les Gaulois nous direz-vous, ils ne sont pas encore là? N'ayez
aucune crainte, ils arrivent.

Jusqu'à présent, les peuples sont venus d'Orient ou de l'Europe
Centrale. A présent, c'est du nord qu'ils vont venir; ce sont des Indo-
Européens et non plus des Méditerranéens qui pénètrent en France du
Nord au cours du 1er millénaire avant J.-C. Ces Indo-Européens sont
des Celtes dont la dernière vague est appelée gauloise. Ils
s'établissent essentiellement au Nord de la Loire. En Occitanie, leur
densité est relativement faible et leur venue bien tardive puisqu'ils
n'atteignent les régions les plus méridionales que vers 230 avant J.-C.

Quand on songe que, en 122 avant J.-C., le sénat de Rome décréta
la fondation d'une colonie romaine laquelle sera appelée la Provincia
Romana puis la Narbonnaise, on se rend compte que les quelques
Gaulois venus en Occitanie du Sud ont failli être précédés par les
Romains qui prirent alors l'Occitanie sous leur "protection".

Enfin, au Vème siècle après J.-C., les peuples germaniques, plus
nombreux au Nord qu'au Sud de la Loire comme leurs prédecesseurs
gaulois, prennent le contrôle militaire de notre pays et c'est la
fondation de l'**Etat Franc** au Nord et de l'**Etat Wisigothique** en
Occitanie.

Voilà donc quel est le peuplement de la France, de celle du Nord
et de celle du Sud. L'Occitanie est peuplée essentiellement de
Méditerranéens auxquels sont venus s'ajouter des Ouralo-Altaïques,
tous ces peuples étant à la fois non- et pré-indo-européens; les

peuples Indo-Européens, celtes et germaniques, s'y trouvent en très forte minorité. Inversement, la France du Nord est peuplée essentiellement par des peuples indo-européens, celtes et germaniques, très nettement plus nombreux que les Méditerranéens et les Ouralo-Altaïques non-indo-européens.

A présent, nous comprenons aisément la cause réelle de l'apparition du français au Nord et de l'occitan au Sud de la Loire: le latin, adopté au Nord par une population en majorité indo-européenne (celto-germanique), a évolué différemment de ce même latin adopté au Sud par des populations esssentiellement non- et pré-indo-européennes (méditerrannéennes et ouralo-altaïques) et a ainsi abouti à deux langues différentes, le français (ou langue des Francs) et l'occitan (ou langue d'oc parlée dans tout le Midi).

Alain Nouvel, L'occitan, langue de civilisation européenne

Les premiers témoignages de l'occitan écrit

Dès le IXème siècle, la langue occitane est déjà attestée dans quelques chartes nous présentant des textes bilingues latino-occitans.

Quand aux textes religieux jusqu'alors uniquement en latin, ils commencent à apparaître rédigés en occitan. Nous possédons ainsi des sermons, des préceptes et des poèmes religieux du Xème siècle.

C'est de cette période que date un texte très important d'inspiration religieuse, le Boecis, qui nous indique par ses nombreuses notations profanes et populaires qu'une grande littérature est prête à éclore.

Un autre exemple de la gestation de cette littérature nouvelle est représentée par la chanson de Sainte Foi (vers 1020) qui est le plus long texte poétique et narratif écrit au XIème siècle dans une langue romane.

Il s'éloigne des thèmes purement religieux et présente un récit légendaire ou abondent les exploits chevaleresques et merveilleux, présentés avec une verve et une saveur qui annoncent les chansons de gestes.

Mais ce qui est tout aussi remarquable que la qualité du récit, c'est la vigueur et la pureté de la langue: point de gaucheries ou d'hésitations mais une precision surprenante...

Et brusquement, c'est l'éclosion.

Une profusion de textes écrits en occitan apparaissent d'un bout à l'autre de l'Occitanie. Il s'agit de chansons de troubadours dont le plus anciennement connu, Guilhem IX, comte de Poitiers et duc d'Aquitaine, est le premier écrivain qui ait utilisé dans une oeuvre littéraire non pas le latin, mais la langue romane de son peuple.

Et rapidement, à partir du Limousin, la langue d'oc va s'épanouir dans toutes les régions occitanes...

Toute cette poésie lyrique des troubadours, dont la racine est la civilisation chrétienne, est fondée sur des principes d'humanité et de haute spiritualité.

L'essentiel est la *fin' Amor*, "pur Amour", l'Amour vécu selon *paratge* "égalité", par un homme et une femme qui se doivent *fiseltat* "fidélité". Ce que recherchent les *fins amants* "purs amants", c'est le *melhoramen* "le perfectionnement personnel" dans la *drechura* "droiture", *l'onor* "l'honneur" et le *prètz* "le mérite personnel".

S'ils rejettent le **Mal**, représentée par la *desleialtat* "fausseté", *l'orguelh* "orgueil", la *gelosia* "jalousie" et la *cobeitat* "cupidité" ou "convoitise", ils pourront atteindre le but de leur recherche, le *jòi*, qui représente la "joie suprême obtenue par l'observance de ces principes"...

Cette philosophie essentiellement civilisatrice devait donner naturellement naissance à une littérature didactique qui en est le prolongement attendu. Ainsi, dès le XIIème siècle, la langue occitane présente des ouvrages d'*Ensenhament* "didactiques" comme celui de Garin le Brun, dédié à une dame noble. Ce genre, développé au XIIIème siècle, devait aboutir à un ouvrage monumental du XIVème siècle, <u>Lo Breviari d'Amor</u> "Le Bréviaire d'Amour" (34000 vers) du franciscain de Béziers Matfre Ermengaud. L'auteur y expose une somme des valeurs morales de l'éthique occitane de son temps en donnant la première place à l'*Amor*, véritable Source du monde puisque **Dieu** est *Amor*.

En plus de son aspect didactique, cette oeuvre est une sorte d'encyclopédie des sciences humaines, où le savoir et la sagesse des hommes sont présentés pour la première fois dans une langue romane.

Ainsi, l'occitan est la langue de la plus ancienne culture en langue populaire...

...dès Guilhem IX, le plus ancien des troubadours connu, la langue des écrivains occitans est une véritable koiné, une langue commune utilisée par tous, qu'ils soient Limousins, Auvergnats, Gascons ou Provençaux. Pour qu'une telle koinè existe, il faut bien qu'elle ait été élaborée après une période de tâtonnements, dont nous n'avons malheureusement conservé aucune trace.

Ainsi, au regard de l'importance des troubadours, et des ouvrages d'*Ensenhament* (didactiques), on peut conclure que la langue occitane est la première formée de toutes les langues romanes. Mais son importance ne se limite pas à la poésie et au didactisme; elle est également attestée dans d'autres genres littéraires connus comme par exemple le théâtre, l'épopée ou le roman, genres dans lesquels elle fut encore la première à apparaître.

Un autre domaine où l'occitan ouvre encore la voie est celui de l'histoire littéraire.

En effet, pour la première fois en Europe, un essai historique concernant la littérature apparaît en Occitanie au XIIIème siècle avec les *Vidas et Rasons*, qui sont le fruit du patriotisme occitan des *faidits* "exilés" au temps de la Croisade contre les Albigeois et présentent la vie romancée et les oeuvres d'un grand nombre de troubadours.

Le fait de posséder une langue extraordinaire dans laquelle une culture de très haut niveau fleurissait, devait amener tout naturellement les Occitans du XIIème et XIIIème siècles à écrire des traités de grammaire, dotn les prototypes se trouvent dans les *tençons* "joutes littéraires" et les *ensenhaments* "traités de morale et de savoir vivre" des troubadours. Ainsi, dès le XIIème siècle, un catalan, Raimond Vidal de Besalú, écrit un traité de langue occitane, les <u>Rasos de Trobar</u> les "Règles de Poésie" qui nous donnent des renseignements concernant la langue littéraire commune établie à base de limousin.

De même, le troubadour occitan Uc Faidit écrit vers 1240 le <u>Donats Proençal</u>, ouvrage qui contient une grammaire suivie d'un dictionnaire de rimes.

Quand aux dictionnaires occitans, ils apparaissent dès cette époque, mais il n'en reste que quelques épaves comme un glossaire occitano-latin signalé par du Cange ou des gloses du XIIIème écrites à Sarlat sur un manuscrit.

Enfin, dans le domaine scientifique, l'apparition de textes en occitan est également très précoce.

Dès le début du XIVème siècle, des ouvrages très importants voient le jour comme le fameux <u>Breviari d'Amor</u> ou bien l'<u>Elucidari de las proprietats de totas rens naturals</u> "l'Exposé des propriétés de toutes les choses de la nature", véritable encyclopédie de 20 volumes, traduite du latin à la demande de Gaston II de Foix pour le future Gaston Phébus. L'occitan est également utilisé pour écrire des traités de botanique, de médecine, de chirurgie, de mathématiques et même des traités de droit dont le <u>Codi de Justinien</u> (Code du XIIème siècle) est le plus célèbre exemple...

Toutefois, une langue d'une telle vitalité ne pouvait rester enserré dans les frontières de l'Occitanie. Son rayonnement allait franchir rapidement ses frontières originelles et faire connaître la Civilisation aux autres pays de l'Europe alors très proche de la barbarie.

Tout d'abord l'occitan franchit les Pyrénées et devient la langue culturelle des Catalans comme par exemple Guillem de Cabestany. Alphonse II lui-même (1152-1196), le roi-troubadour catalan pour qui fut écrit le célèbre Jaufré dont les thèmes sont parvenus jusqu'à Cervantès, écrit en occitan.

Cette activité littéraire catalane sera d'ailleurs si importante que le Catalan Raimond de Besalù, auteur du *Castia-Gelos* (l'école des maris) écrit alors les *Rasos de Trobar*.

Ensuite, grâce à Aliénor d'Aquitaine, reine de France puis reine d'Angleterre, la langue occitane franchit la Manche et fleurit en Angleterre, où elle conquiert la cour royale. C'est ainsi que le roi d'Angleterre, Richard Coeur de Lion, fils d'Aliénor et de Henri II Plantagenêt, non seulement connut très bien les troubadours comme Guiraut de Bornelh, mais encore fut troubadour occitan lui-même.

Comme elles avaient franchi la Manche, la langue et la culture occitanes traversent le Rhin où les princes allemands, après le séjour de Frédéric Ier en Provence, deviennent des protecteurs des troubadours ou troubadours eux-mêmes comme probablement l'empereur Frédéric Barberousse.

De plus, cette culture occitane va servir de départ à une littérature en langue allemande qui adopte ses thèmes et son vocabulaire, la littérature du Minnesang (chant d'Amour), dont les plus célèbres représentants sont Walther von der Vogelweide et Reinmar l'ancien (1155-1210).

La littérature occitane sera également le point de départ de la poésie galaïco-portugaise dont Martin Soares, qui écrit dans une langue très occitanisée et reprend les thèmes troubadouresques, est un des exemples les plus significatifs.

La langue et la culture d'oc voyageront encore plus loin, puisque le troubadour Pèire Vidal, errant de protecteur en protecteur, les rendra célèbres à Malte et même en Hongrie où Boniface de Montferrat accueille notre poète occitan. Ce prince-mécène, grand admirateur de notre langue et de notre culture, amènera avec lui les troubadours occitans G. Faidit et R. de Vaqueiras jusqu'à Salonique où il devient roi.

Avec l'Angleterre, l'Allemagne, l'Espagne, le Portugal, la Hongrie, Malte et la Grèce, c'est aussi la France du Nord qui se met à l'heure occitane. Comme à l'époque où les princes occitans s'écrivent déjà en vers, les rois de France, comme Philippe Auguste, signaient encore leur nom d'une croix, la langue et la culture occitanes vont permettre à ce pays de sortir de son obscurantisme.

Ainsi apparaissent les trouvères français, ces imitateurs de la culture occitane, dont le Châtelain de Coucy (XIIème) est un représentant qui reprend tous les thèmes de la lyrique des troubadours.

Les épopées en langue d'oïl vont ainsi peu à peu apparaître et Chrétien de Troyes lui-même, le plus illustre de ces poètes français, empruntera aux oeuvres en langue d'oc, notamment au Jaufré pour son Perceval...

C'est en outre l'époque où, en France du Nord, il est de bon ton d'inviter des troubadours occitans dont la culture raffinée commence à séduire les farouches guerriers francs, tout comme leurs belles dames. C'est ainsi qu'Arnaut Daniel, notre illustre troubadour, fut invité à assister au couronnement du roi français illettré, Philippe Auguste.

Mais si la langue et la culture occitane ont permis à d'autres langues et à d'autres cultures de voir le jour, la renommée de nos troubadours était telle qu'en Italie, la langue romane qui fut la première utilisée ne fut pas l'italien mais la langue d'oc. Nous possédons ainsi des poèmes de troubadours italiens, comme Zorzi ou Sordello, écrits dans un occitan très classique.

Quant à Dante, il hésita longtemps entre le toscan et l'occitan pour composer sa Divine Comédie dans laquelle il a d'ailleurs écrit un poème en langue d'oc en l'honneur d'Arnaut Daniel qu'il considère comme l'un de ses maîtres.

De plus, quand les Italiens délaisseront peu à peu l'occitan au profit de leur langue nationale, les thèmes chers aux troubadours continueront d'être présents dans leurs oeuvres, comme par exemple chez B. Urbiciani (né vers 1220) qui représente l'école sicilienne, ou chez Pétrarque ou même Boccace...

Ainsi, cette brève synthèse permet de rendre compte de l'importance de l'occitan, qui est non seulement la langue romane la plus anciennement employé dans tous les genres, mais encore la langue par excellence de la culture et de la civilisation du Moyen Age européen, puisque son rayonnement est à l'origine des autres cultures européennes, que ce soit la culture catalane, anglaise, allemande, espagnole, portugaise, italienne et même française.

Toutefois, il se trouve un autre domaine où la langue occitane est aussi la première; c'est le domaine du malheur...

En 1208, pour des raisons moins religieuses que politiques, l'armée des croisés de Simon de Montfort envahit l'Occitanie, transformant notre pays en un champ fumant de ruines sanglantes.

Pendant un demi-siècle, les Occitans combattent, luttent et résistent jusqu'au moment où leur chef, Raimond VII, dont les terres sont saccagées et dévastées, dont le peuple est exténué et meurtri, cède son pays au roi de France.

Confrontée à la guerre, la langue occitane, cet instrument de la civilisation qui va rayonner désormais dans toute l'Europe, va se dresser pour devenir le héraut de la lutte et de la résistance à l'envahisseur qui parle à coups d'épées. Elle va stigmatiser l'ennemi qui s'attaque à sa culture, parle à coups de lances et sème la désolation. *Paratge* et *Amor* sont bafoués: il faut lutter pour défendre ces valeurs occitanes, ces valeurs que les Croisés barbares souillent et méprisent.

Ainsi, la langue occitane se révolte et l'on peut dire que depuis l'époque grecque, jamais aucune langue n'avait soutenu une cause nationale avec autant de force car, s'il est urgent de sauver un peuple, il s'agit aussi de sauver la civilisation.

Dès le XIIème siècle, dans leurs *sirventés* (sorte de pamphlets), les écrivains occitans jugeaient la morale et les faits historiques sans les dissocier. L'histoire, c'est à présent la *Crosada* et la morale, c'est celle de l'envahisseur rude et grossier, qui ignore les valeurs de la civilisation troubadouresque.

Les écrivains vont donc délaisser la recherche de l'Amour et de la Vérité, pour combattre les Croisés, qui sont à la fois l'ennemi de leur pays et de leur civilisation; et la langue occitane qui chantait si bien l'Amour, va revêtir la cotte de maille et chanter la Résistance.

Ainsi, dès 1216, Tomier et Palazi célèbrèrent le soulèvement d'Avignon, alors que plus tard, Pèire Duran, ce tailleur provençal, s'élève contre les alliés félons qui ont abandonné le comte de Toulouse dans l'hiver de 1242-1243.

Pour les Occitans, Rome est aussi responsable que les Français de la Croisade qui les accable et les ruine, ce qui amena un Faidit (proscrit), Guilhem Figuèira, à composer un poème contre le pape anté-Christ "*rasitz de tots mals*" (racine de tous les maux) qui brûlera sans faute "*els focs infernals*" (dans les feux de l'enfer).

Ces valeurs occitanes sont également défendues par Guilhem Montanhagol, qui rappelle que "*Amors non es pecats*" (Amour n'est

pas péché) puisque "*d'Amor mòu castitats*" (d'Amour vient chasteté)
et que "*qui'n amor ben s'entend, non pòt far que puèis mal renh*"
(celui qui sait ce qu'est amour ne peut ensuite mal agir.)

Toutefois, c'est surtout avec l'oeuvre de Pèire Cardenal qui vécut
presque centenaire (vers 1180-1278) et connut donc l'épopée puis les
malheurs de la culture d'oc et avec la <u>Canson de la Crosada</u>
(Chanson de la Croisade) ... que la langue occitane devient l'arme de
combat au service de son pays et de sa civilisation...

Mais, après des années de lutte, après des années de misère et de
malheur, après deux générations d'épreuves, de résistance et de
combats, peu à peu, l'Occitanie perd son indépendance politique et
culturelle.

A la fin du XIIIème siècle, après le rattachement des terres de
Toulouse à la France et la venue de fonctionnaires français, la langue
va tendre à devenir régionale puis provinciale. Alors que pendant
deux siècles, l'occitan avait précédé toutes les autres langues
d'Europe dans tous les genres, alors qu'elle avait rayonné au
firmament de la poésie et de la philosophie, alors qu'elle venait de
commencer à civiliser l'Europe, la guerre et l'annexion venaient de la
terrasser.

La Renaissance occitane

L'Occitan au XIXème siècle

A l'aube du XIXème siècle, bien que la centralisation et le
sectarisme linguistique parisiens se soient accentués, bien que sa mort
soit officiellement décidée, calculée et programmée, l'occitan est
toujours la langue du peuple. Il ne manquait donc qu'un événement
favorable pour que notre langue retrouve ses lettres de noblesse, un
événement qui allait se produire au début du XIXème siècle.

En effet, on assiste à un retournement complet de mentalité
concernant le jugement porté sur le Moyen Age. Alors que depuis
trois siècles ce pauvre Moyen Age était considéré comme une époque
d'obscurantisme et de barbarie, brusquement, ses valeurs sont
redécouverteset appréciées. C'est l'époque du romantisme, qui veut
s'opposer au classicisme jugé artificiel et sans originalité, tout en
s'efforçant de retrouver les sources authentiques de la culture
française dans le gothique et le roman, ce qui permet aux

Troubadours de renaître des cendres accumulées sur leurs oeuvres depuis trois siècles.

C'est ainsi qu'à Paris, le mot de Troubadour devient vite à la mode et les études concernant nos ancêtres prestigieux se multiplient, dont les plus sérieuses sont celles de l'Albigeois Rochegude, qui publie en 1819 son Parnasse occitanien, et du provençal Raynouard dont les six volumes de son Choix des poésies originales des Troubadours connaît un grand succès.

Les historiens, eux aussi, redécouvrent le passé authentique des Occitans brisé par les barons français lors de la Croisade contre les Albigeois. Le premier est Augustin Thierry qui, dans ses Lettres sur l'histoire de France (1820), démontre avec arguments à l'appui comment la nation française est née de la victoire par les armes des Francs racistes et impérialistes sur le monde occitan raffiné et tolérant. Ces études troubadouresques franchissent les frontières et deviennent une réalité européenne. Ainsi, en 1841 paraît une histoire des Troubadours et de leur littérature écrite par l'anglais A. Bruce Whyte. En 1843 un concours sur la langue et la poésie provençales est créé par les Universités belges.

Ce climat favorable à un renouveau de la langue d'oc allait porter ses fruits puisqu'il devait provoquer une véritable renaissance qui jaillit dans toute l'Occitanie, dont le plus illustre représentant est l'agenais Jasmin, que Nodier compare à Victor Hugo.

Mistral et le Félibrige

...Bien que tronquée par une graphie illogique et inadéquate, la langue d'oc redevient grâce à lui (Mistral) une des grandes langues de l'Europe. Sa Mireille, parue seulement en 1859 ... est accueillie par Lamartine comme un chef-d'oeuvre. Elle va conquérir la Provence, l'Occitanie toute entière, la France et enfin le monde, grâce à des traductions dans 15 langues.

Du même coup, l'association de poètes provençaux fondée en 1854 pour défendre la langue d'oc et auquel fut donné le nom de **Félibrige** prend un essor inespéré. La "langue méprisée", rabaissée par l'administration parisienne au rang de "vulgaire patois" a reconquis sa place de grande langue de civilisation européenne. Avec Mistral, c'est le Félibrige tout entier qui connaît la gloire et notamment Théodore Aubanel, le poète de l'amour malheureux dont l'art se hausse au niveau des anciens troubadours.

Apparue en Provence, cette renaissance linguistique et littéraire gagne peu à peu toute l'Occitanie qui voit fleurir des oeuvres dans le Languedoc où est fondée en 1809 **La Société pour l'étude des langues romanes** qui édite dès 1870 la célèbre <u>Revue des Langues Romanes</u>.

Le Félibrige gagne bientôt l'Auvergne où Auguste Baucharel (1832-89) fonde avec Vermenouze l'Ecole Auvergnate en 1884, laquelle publie un manuel *Lo Cobreto* "La cornemuse".

En Limousin également, la renaissance est présente grâce à Joseph Roux. La fondation en 1892 de l'Escola Lemouzina de Brive et de la Revue Lemouzi en 1893 consacrent cette reprise de conscience occitane.

En Gascogne et en Béarn, le Félibrige connaît un vif succès qui aboutit à la fondation de l'Escolo deras Pireneos (l'Ecole des Pyrénées) et de l'Escolo Gastou Fébus (l'Ecole Gaston Phébus) en 1896, qui organise en 1901 la Sainte Estelle, cette grande réunion annuelle des félibres où Mistral lui-même est présent. C'est la patrie de J.F. Bladé, à qui nous devons des <u>Contes de Gascogne</u>, de Camélat, qui écrit dans tous les genres et de Simin Palay, auteur d'un excellent <u>Dictionnaire du Béarnais et du Gascon modernes</u> (1932).

En Rouergue, la langue d'oc, qui ne présentait depuis longtemps qu'une production médiocre, retrouve son lustre passé grâce à l'abbé Vayssier, auteur du <u>Dictionnaire patois-français de l'Aveyron</u>, et à l'abbé Justin Bessou, dont la langue est un modèle de simplicité et de richesse. Son chef-d'oeuvre, <u>D'al brèç a la tomba</u>, en est à sa dixième édition.

Ainsi la renaissance, partie de Provence grâce au succès des poètes du Félibrige, a gagné toute l'Occitanie qui redonne à sa langue une dimension qu'elle avait perdue depuis longtemps. Grâce en particulier à Mistral, elle a donné des chefs-d'oeuvre qui ont à nouveau franchi les frontières et rappelé à l'Europe que l'occitan était toujours une grande langue.

Mais cette époque de renouveau pour la langue d'oc est aussi et encore l'époque du malheur. Les décisions prises par la Révolution Française de combattre ce qu'elle appelle dédaigneusement "les patois" deviennent peu à peu effectives et aboutissent, avec la Troisième République, à un essai de mise à mort des langues régionales. Dès 1880, l'Etat français multiplie les écoles où l'enseignement laïque et obligatoire uniquement en français exclut, combat et pourchasse "les patois". L'imagination des centralisateurs responsables de ce génocide culturel, mise à contribution pour que la lutte soit plus efficace, aboutit à la création du fameux "signe, signal" ou "symbole". Il s'agit d'un bout de bois ou de fer, ou bien d'un sou troué, que l'on donne à celui qui prononce un mot de "patois'. Dès que le malheureux est en possession de ce "signal", il n'a qu'une solution s'il ne veut pas être puni, c'est de le redonner à un camarade qui a commis le même "grave faute" de prononcer lui aussi un mot de "patois". Et ainsi de suite, de main en main, le "signal" circule jusqu'à la fin de la journée scolaire qui soit le dernier possesseur de "machin" très sévèrement puni par l'instituteur. Ce procédé ignoble et traumatisant dont ont si profondément souffert nos parents durera jusqu'en 1930 environ, date à laquelle le ministère de l'Education Nationale le jugea superflu...

Le comble de cette affaire fut qu'à Maillane même où le poète Frédéric Mistral, devenu prix Nobel de littérature en 1904, recevait les hommages du monde entier pour une oeuvre écrite en occitan de Provence, l'instituteur punissait selon ce procédé (aussi stupide que cruelle) les petits Mallanais qui prononçaient un mot de provençal.

Ainsi, l'Etat français, au lieu d'être fier de la langue de Mistral, la méprise et la combat tout en colonisant linguistiquement les anciennes provinces occitanes qui doivent apprendre par la force et la contrainte qu'il "n'est bon bec que de Paris".

-- Alain Nouvel, <u>L'Occitan, langue de civilisation européenne</u>

Le Félibrige et la restauration de la langue

Le Félibrige a marqué de son sceau la deuxième renaissance occitane. Avant de l'aborder, signalons un certain parallélisme entre les deux renaissances, avec la même dialectique qui les caractérise. C'est conjointement à la première déchéance du XVIème siècle que se produit la première renaissance; c'eset au moment même où la civilisation industrielle du XIXème paraît avoir porté à la langue un dernier coup que se présente les linéaments d'une seconde renaissance.

Nous ne rappellerons pas ici les détails de la fondation du Félibrige qu'on peut trouver dans tous les manuels de littérature méridionale. On sait que le 21 mai 1854, jour de Sainte-Estelle, sept jeunes poètes provençaux (Frédéric Mistral, Joseph Roumanille, Théodore Aubanel, Anselme Mathieu, Alphonse Tavan, Paul Giéra et Jean Brunet) se réunirent au château de Font-Ségugne, près de Châteauneuf-de-Gadagne pour poser sérieusement, et pour la première fois, les fondements d'une véritable restauration de la langue et de la littérature provençales. Une dénomination nouvelle, celle de **félibre**, un organe de presse nouveau, l'Almanach provençal (Armana prouvençau), un programme assez bien délimité, encore que flou dans son application, de grammaire et d'orthographe, une vision neuve, surtout, de la langue dans ses rapports avec l'expression littéraire: telles sont les caractéristiques essentielles du Félibrige naissant. Le succès de Mirèio, de Frédéric Mistral, en 1859, consacra la réussite littéraire du jeune mouvement. Certes tout cela n'était pas une création **ex nihilo**, mais bien "l'aboutissement de ce foisonnement de vie qui anima les lettres d'oc de 1789 à 1850" (Ch. Camproux); pourtant, et pour la première fois, on voyait clairement une organisation et un programme.

Quels furent donc les traits essentiels de cette oeuvre de restauration linguistique? Mistral lui-même, dans ses Mémoires de 1906, expose le triple but qu'il s'était assigné quand, ses études de droit terminées, il rejoint son Mas de Juge:

1. Relever, raviver en Provence le sentiment de la race;

2. Restaurer la langue naturelle et historique du pays;

3. Rendre au provençal sa dignité par la consécration de la poésie.

Pierre Bec, <u>La Langue occitane</u>

La Littérature occitane

The following selections are taken from the anthology <u>En Occitan dans le texte</u>, ed. I. Roqueta and S. Granier, Toulouse: Institut d'Etudes Occitanes, 1981.

The refrain of this song has become the rallying cry for the Occitan movement, and for all popular movements in Occitania which work for greater regional autonomy, for the right of the Occitan people to control their own destiny, in the face of the overwhelming concentration of political and economic power in the French central government and the Parisian basin. Its author, Gérard Pourhomme, known as Mans de Breish, is an employee of the Crédit Agricole at Carcassonne.

Volem viure al païs

Nòstra tèrra crèba
Venduda al poder de l' aur.
Mas lo punh se brandís
Lo crit s' espandís:
Volem viure al païs.
Los joves nos daissan:
C.R.S. es lor sòrt.
Las usinas tampan:
Trabalharàs dins lo Nòrd.
Nòstra lenga crèba
La dison lenga de mòrts.
La revòlta crida:
Es lo crit d' un pòble fòrt.

Oc lo punh se brandís
Lo crit s' espandís:
Volem viure al païs.

Mans de Breish

"Accouchez-moi!"

The following is an excerpt from <u>La Madòna dei bordilhas</u> by André Benedetto, director of the theater company Nouvelle Compagnie des Carmes, for which he has written numerous plays in French and some bilingual works, like <u>La Madòna</u>, which premiered in 1973. In the play, Pèire, a peasant, his mother, and his brother Joan, who is mentally ill, wander through Provence after having lost the family farm. As they arrive at Saint-Gilles, where Raymond VI of Toulouse did public penance, including flagellation, in 1209, Joan struggles to express himself in the **langue d'oc**, which he has never learned, and becomes the voice of Raymond VI. His plea, "Accouchez-moi!" is the cry of the new generations of Occitans, who find themselves deprived of their own cultural roots, because they were never allowed by their parents, by their teachers, by their society, to learn their native language and to use it. By taking on the personality of Raymond VI, Joan speaks for the lost Occitan history and culture as well as the oppressed language.

JOAN. -- Je suis le fils qui n'aura pas de fils. Mais pourquoi ne puis-je le dire simplement dans ma langue? Il faut que j'aille la chercher au fin fond de ma mémoire et me tordre et, peut-être, avec l'aide d'une formidable alchimie de la cervelle et des muscles et du corps, à travers les filaments et les jointures, faire monter ces bribes, en accoucher.

Accouchez-moi!

Tu te souviens de cette terrible naissance, (la mère commence à chanter, à psalmodier) quand ils tournaient, piétinant la cervelle du blouson noir. Nous étions sur la zone rouge. Aujourd'hui dans ce carré blanc, Pèire, aide-moi. Bats le rythme incessant avec tes pattes d'ours. Assiste-moi. Sinon, j'avorte, j'avorte!

PEIRE. -- Dis-le.

JOAN. -- *Siáu.*

PEIRE. -- Dis-le. Oui, oui.

JOAN.-- *Siáu*. Je suis. *Solèu*: soleil. *Ieu*: moi. Thérapeutique fantastique! Crois-tu que je dois me coucher? Et si j'avorte?

PEIRE. -- Non, ne t'arrête pas. Nais-nous tous à nous-mêmes.

JOAN. -- Dis-moi les mots que nous savons. Dis-moi les mots qui restent quelque part, si tu te souviens.

PEIRE. -- *Te vau mandar un bacèu*!

JOAN. -- *Te vau mandar un bacèu* ... Oh! comme je me tords!

PEIRE. -- Vas-y encore. Je tape un rythme forcené.

JOAN. --Et quoi encore? La langue est dans une gangue d'efforts. Assiste-moi, Pèire, assiste-moi.

PEIRE. -- Mais je suis là, je te dis que je suis là.

JOAN. -- Dis-le comme il faut le dire: dans le triomphe et dans le sourire.

PEIRE. -- *Siáu aquí. Veses pas que siáu aquí, la boca a mordir dins leis **entrailles**. Ara es vengut lo temps de prene la paraula.*

JOAN. -- *Ara es vengut lo temps de prene la paraula.*

PEIRE. -- *Lo mond es bèu, coma lo mond es bèu!*

JOAN. -- *Lo mond es bèu, coma lo mond es bèu!*

PEIRE. -- *Siám leis enfants de l'avenir.*

JOAN. -- *Siám leis enfants de l'avenir...*

PEIRE. -- *Mas, tu, dins ta rauba traucada, d'ont venes per aquí?*

JOAN. -- *Fraire, me'n veni de sèt sègles passats. Siáu Ramon Sièis, lo Comte de Tolosa. Leis enemics arriban. Pòdi pas arborar l'espasa. Siám d'òmes de paratge. Siám pas d'òmes de guèrra. Siám d'òmes de l'amor. Siám pas d'òmes de guèrra.*

Traduction en français des passages non traduits dans l'original:

Te vau mandar un bacèu! Je vais te donner un coup!

Siáu aquí. Veses pas que siáu aquí, la boca a mordir dins leis entrailles. Ara es vengut lo temps de prene la paraula.

Je suis là. Tu ne vois pas que je suis là, la bouche à mordre dans les entrailles. Voici venir le temps de prendre la parole.

Lo mond es bèu. Coma lo mond es bèu!
Le monde est beau. Comme le monde est beau!

Siám leis enfants de l'avenir.
Nous sommes les enfants de l'avenir.

Mas tu, dins ta rauba traucada, d'ont venes per aquí?
Mais toi, dans ta robe trouée, d'où viens-tu par là?

Fraire, me'n veni de sèt sègles passats. Siáu Ramon Sièis, lo Comte de Tolosa. Leis enemics arriban. Pòdi pas arborar l'espasa. Siám d'òmes de paratge. Siám pas d'òmes de guèrra. Siám d'òmes de l'amor. Siám pas d'òmes de guèrra.

Frère, je suis venu d'il y a sept siècles. Je suis Raymond VI, Comte de Toulouse. Les ennemis arrivent. Je ne peux pas soulever l'épée. Nous sommes des hommes d'égalité. Nous ne sommes pas des hommes de guerre. Nous sommes des hommes de l'amour. Nous ne sommes pas des hommes de guerre.

Lo riu va créisser

The most famous of Occitan singer-composers, Claude Martí, was born in Carcassonne in 1940. He began his career in 1968, using only the Occitan language in his songs. By 1973 he had won the Grand Prix du Disque of the Académie Charles Cros. He has been described as "un poète au sens que Victor Hugo donnait à ce mot: << Un homme qui lutte.>> (Henri Quiqueré, <u>Le Matin</u>, 23 juillet 1980) The following is one of his rare love songs.

Per la mar atraversar
E contra vents caminar
Nauta serà ma cançon.

Te dirà nòstra carn
Que conença a cremar.
Te dirà nòstre còr
Qu'a la libertat vòl naisser.

Alavetz sentiràs
Lo solelh vertadièr
E ausiràs lo vent
Al temps clar de la prima.

Gaita: un punh se lèva.
Escota: lo riu va créisser.
Sabi que lèu tornaràs
Amb nosaus e tot es plan.

Nauta serà ma cançon
Doça serà ma cançon.
Alavetz sentirem
Lo solelh vertadièr

E ausirem lo vent
Al temps clar de vendémias.
Gaita: ton punh se lèva.
Escota: lo riu va créisser.

Claude Martí

Le fleuve va être en crue

Pour traverser la mer
Et marcher contre le vent
Ma chanson se fera marin.

Elle te parlera de notre chair
Qui commence à brûler.
Elle te parlera de notre corps
Qui veut naître à la liberté.

Alors tu sentiras
Le véritable soleil
Et tu entendras le vent
Au beau temps du printemps.

Regarde: un poing se lève.
Ecoute: le fleuve va être en crue.
Je sais que bientôt tu reviendras
Parmi nous, et tout est bien.

Ma chanson se fera marin,
Ma chanson sera douce.
Alors nous sentirons
Le véritable soleil

Et nous entendrons le vent
Au beau temps de l'automne.
Regarde: ton poing se lève.
Ecoute: le fleuve va être en crue.

This second selection from Martí's songs is more typical of his militant pro-Occitan stance. He represents the protester narrator and his comrades as the direct descendants of the legendary winegrowers of the **révolte des vignerons** of 1907.

Los Comandòs de la nuèit

Siám en patz e nos cal faire guèrra.
Anam partir a mièja-nuèit.
Totara darrièr la barrièira
Nos traparem a dètz o uèit.

Sabèm plan que sus d'autras rotas
Marchan los del Menerbés.
Carcassès e Corbièras totas.
Siám los comandòs de la nuèit.

Avèm pas agut paur del Tigre,
L'annada del 1907
Nos fotèm coma d'una figa
de las menaças de Chirac.

Lengadòc, se los que trabalhan,
Un jorn se prenon per la man
De segur que dins la borrasca
Quicòm de tot nòu lusirà.

En atendent, sus d'autras rotas
Marchan los del Menerbés,
Carcassés e Corbièras totas.
Siám los comandòs de la nuèit.

Claude Martí

Les Commandos de la nuit

Nous sommes en paix et il nous faut faire la guerre.
Nous allons partir à minuit.
Tout à l'heure, derrière la barrière
Nous nous rencontrerons à dix ou à huit.

Nous savons bien que sur d'autres routes
Marchent ceux du Minervois,
De Carcassonne et de Corbières.
Nous sommes les commandos de la nuit.

Nous n'avons pas eu peur du Tigre
Dans l'année 1907
Nous nous fichons comme d'une figue
des menaces de Chirac.

Languedoc, si ceux qui travaillent
Un jour se prennent tous par la main
Assurément que dans l'orage
Quelque chose de tout neuf luira.

En attendant, sur d'autres routes
Marchent ceux du Minervois,
De Carcassonne et des Corbières.
Nous sommes les commandos de la nuit.

Occitan, one of the oldest surviving literary languages in Europe, boasts a poetic tradition dating from the eleventh century. Arnaut Daniel, the great twelfth-century troubadour, is credited with inventing the verse form that was later developed into the sonnet. The following is an example of a modern-day Occitan sonnet by Languedocian poet Joan Molzac.

Sus 'quela tèrra druja

Mon Dieu, trenta ans e mai, jos lo cial cande e clar
Enclaus parièr que nos dins la mota mortala
Avètz gostat, Senhor, amb vòstre còr de charn
La tèrra del païs e las glevas mairalas.

E nos avètz mandats sus 'quela tèrra druja
La patria a possat sos liams verds contra nos
E tota la beutat del païs poderós
E tenèm als rastolhs et tenèm a la bruja.

Mon Dieu, aquel charn qu'es per nos la patria
Ten per vetas d'amor al viu de nòstre còr
De bon amor prejam, sauvatz-la de la mòrt.

E la tèrra e son pòble, amistosa codria
Fasetz que nòstre amor demòre e vive, pura
E clara eternitat sus nòstra parladura.

Joan Molzac

Sur cette terre fertile

Mon Dieu, trente ans et plus, sous le ciel limpide et clair
Enclos comme nous dans le morceau de terre mortel
Vous avez goûté, Seigneur, avec votre coeur de chair
La terre du pays et le sol maternel.

Et vous nous avez envoyés sur cette terre fertile
La patrie a poussé ses liens verts vers nous
Et toute la beauté du pays puissant
Et nous soignons les chaumes et nous soignons les taillis.

Mon Dieu, cette chair qu'est pour nous la patrie
Tient par liens d'amour à la vie de notre coeur
De bon amour, nous prions, sauvez-la de la mort.

Et la terre et son peuple, troupe amicale,
Faites que notre amour demeure et vive, pure
Et claire éternité sur notre parole.

L'Escorpion

Ai levada benlèu una pèira trop blanca: dejòs,
Fossilisat dins l'orror de sa negror minerala,
Fasiá lo mòrt, l'escorpion, madurant sos mai denses verins,
E concentrant dins sa nuèit, totas las nuèits terrenalas.

René Nelli

J'ai soulevé une pierre trop blanche: dessous,
Fossilisé dans l'horreur de sa noirceur minérale,
Il faisait le mort, le scorpion, mûrissant ses plus denses venins,
Et concentrant dans sa nuit toutes les nuits terrestres.

Racònte

Dins la garriga nòstra, i aviá adés una peirassa
roja, regada e redonda qu'auriàtz dich una tartuga.
Ras d'aquela peirassa i aviá un argelàs que l'ombrejava e
*   l'acaptava.*

Una vesprada que Mirelha se passejava dins la garriga,
pausèt son pè sus la peirassa,
e l'argelàs li escarraunhèt li cambas amb sis espinas.

Quauqui degots tombèron sus la peirassa e Mirelha li
regardèt e Mirelha se n'anèt.

E quora au clarebrun tornèt passar ras de l'argelàs.

Trobèt una galineta ingenta que dormissiá.

Robèrt Allan

Dans notre lande, il y avait tantôt une grande pierre rouge, rayée et ronde que vous auriez dit une tortue.

Tout contre cette pierre il y avait un genêt épineux qui faisait de l'ombre et qui la cachait.

Un soir où Mireille se promenait dans la lande, elle mit le pied sur la pierre,

Et le genêt lui égratigna les jambes avec ses épines.

Quelques gouttes tombèrent sur la pierre et Mireille les regarda et Mireille s'en fut.

Et plus tard, au crépuscule elle retourna se promener près du genêt.

Elle trouva une immense coccinelle qui dormait.

Le folkore du Languedoc

La Montée vers Noël: l'Avent

Nadalet (petit Noël)

"Dans la plupart des paroisses, les fêtes de la Noël s'annonçaient autrefois par une sonnerie spéciale de cloches, exécutée trois fois par jour: matin, midi et soir. C'était la sonnerie de Nadalet, à laquelle on donne aussi différents autres noms: *las uctabos* (les octaves), les *glaudos* ou *laudos* ou *laudetos* (les louanges); *las aubetos* ou *albetos* (petites aubes). Elle annonçait la naissance de Jésus et d'une aube nouvelle. Cette sonnerie commençait le 13 décembre au soir et s'achevait le 23 décembre au soir.

Pendant ces douze journées, il faut s'abstenir de manger de la viande, ce que "fè bejelho"; il faut également jeûner pendant la journée, ce qui s'appelle "*junà la belhugo*" (ou *junà las tempouros*"). D'après la légende, il y avait une fois trois dévotes qui avaient péché, et pour se faire pardonner, elles se mirent à jeûner "*la belhugo*" (faire le vigile), depuis le 13 jusqu'au 24 décembre. Après leur mort, arrivées devant le tribunal de Dieu, saint Pierre se leva pour plaider leur cause et dit:

> *An junat la tempouros de Nadal,*
> *Perdounà las cal.*

> Elles ont jeûné les quatre temps de Noël,
> Il faut les pardonner.

Et leurs âmes montèrent alors directement au ciel ...

"Cette coutume avait disparu après la guerre de 1914, mais elle est de nouveau reprise depuis quelque temps dans certains villages, notamment à Aulus, à Montgaillard, à Bélesta. Dans cette dernière localité, les jeunes filles couturières, brodeuses et apprenties, avaient coutume, dès le début, de venir à l'aide du carillonneur, car on prétendait que ce concours spontané les faisait se marier vers la vingtième année."

Commentaire de Adelin Moulis

Coutumes d'antan

Dans le Tarn, on sonnait le Nadalet à partir du 16 décembre.
Cette période est annoncée par des sonneries à la volée (en général)
après l'angélus du soir. Cependant, dans un certain nombre de
communes, on ne sonne pas le Nadalet immédiatement après
l'angélus, mais vers 21 heures (Réalmont, Orban, Roquecourbe).
Cette sonnerie ne s'exécute pratiquement plus de nos jours."
    Anniversaire de la naissance du Christ, Noël est la plus populaire
des fêtes. Nous ouvrirons ce chapitre sur les belles traditions et
croyances du Pays de Montségur (Ariège).
    "La veille de Noël,, avant "*l'afart*", repas substanciel d'avant la
Messe de Minuit, les enfants circulaient dans les rues du village
criant devant chaque porte:

> *Relheu, relheu*
> *Se i a quicom de bon que sorto lheu!*

    "Ils recevaient des friandises: gâteaux ou pommes.
    "Ce repas de l'afart était copieux quoique maigre. Il se composait,
traditionnellement, chez les familles paysannes, d'une salade de
betteraves cuites sous la cendre, de haricots cuits avec de la morue,
morue frite ou escargots et l'inévitable riz au lait de tradition à
chaque fête paysanne.
    "Avant d'aller se coucher on laisse sur la table le repas des âmes.
    "La bûche de Noël portait le nom de: "*Turro de Nadal*". Cette
bûche avait été choisie énorme et, si possible, avec des cavités dans
lesquelles on introduisit de petits cadeaux (bijoux, pièces de monnaie)
destinés aux femmes et aux enfants de la maison. Avant de la
consumer, elle était recouverte d'un châle-tapis. Au moment de la
mettre au feu l'ancien la frappait d'une baguette en disant: "*Dégorjo*"
et on cherchait les cadeaux qu'elle renfermait, puis il la mettait dans
la cheminée et l'enflammait.
    "A ce moment le vieux grand-père allumait un cierge et le tenait
sur la tête du garçon aîné (les filles ne comptaient pas), en disant

T'alhumi le cierge sul cap
E que sios le lhum de l'oustal
Diu te benazisco e te fasque creiche.

J'allume le cierge sur la tête
Que tu sois la lumière de la maison
Dieu te bénisse et te fasse croître.

"La nuit de Noël, on roussit à la flamme d'une chandelle la queue
des vaches qui vont vêler pour que le travail s'opère normalement.
Dans le même but, on leur donne aussi à manger le pain bénit de la
messe de Minuit.

"La nuit de Noël il ne faut pas rester à l'étable pour entendre
parler les animaux. On serait sûr de mourir dans l'année.

"C'est la nuit de Noël, au premier coup de nuit, que les pierres
levées, gardiennes des trésors cachés, vont boire à la rivière. Elles
reviennent au dernier coup, et malheur à l'imprudent qui veut
s'emparer du trésor et que la convoitise a mis en retard. La pierre,
en reprenant sa place, l'écrase sous son poids.

"Certaines personnes ont le pouvoir, passé minuit, de garder dans
le creux de la main, sans se brûler, une braise de la turre de Noël et
même de la déposer sur une nappe sans brûler la nappe. Cela
s'appelle "*juna la belugo*".

> Raymond Tricoire: <u>Le Folklore de</u>
> <u>Montségur</u>

Un proverbe du terroir d'Ariège déclare:

Per Nadal,   A la Noël,
Cadun à soun oustal. Chacun dans sa maison.

Cette coutume de rentrer chez soi en ce jour de Noël est encore en
usage dans nos contrées, m'écrit Adelin Moulis. Domestiques,
servantes, ouvriers, et tous ceux que leurs occupations tiennent
éloignés de leurs demeures, sont autorisés à rentrer chez eux; mais ils
ont soin de se mettre en route de bonne heure afin de ne pas être
surpris par la nuit qui est, ce soir-là, peuplée d'êtres mystérieux,
d'esprits et de démons, selon une croyance immémoriale.

Il est d'ailleurs prescrit d'attendre la nuit pour commencer le repas copieux, ou afart (s'afarta = se rassasier outre mesure)...

Ce soir-là, les enfants avaient la permission de veiller et restaient avec la famille. On n'oubliait pas les animaux, les boeufs et les chevaux recevaient, après la messe de minuit, une ration supplémentaire. On la leur donnait avant de se mettre à table et chaque année c'était mon pauvre père qui le faisait. Certaines personnes faisaient descendre les poules de leur perchoir et leur jetaient du grain.

Le pain bénit de la nuit de Noël a une foule de propriétés: il fait éloigner les chiens enragés; il facilité l'enfantement des femmes et des brebis et combat la stérilité de ces dernières; au temps passé il procurait un bon numéro au conscrit lors du tirage au sort, mais à condition de mettre dans sa poche trois morceaux de pain et trois araignées, chacun des morceaux devant être pris dans une paroisse différente; pour retrouver facilement une personne noyée, il fallait jeter dans l'eau, à trois endroits différents, les trois morceaux de pain reçus aux trois messes. Autrefois on laissait le pain sur la table, nuit et jour, entre les deux Noëls, c'est-à-dire entre la Nativité et la Circoncision, sous prétexte que la Vierge venait en prendre sa part.

Le Cycle de Carnaval-Carême

Le Carnaval est une période de fêtes et de réjouissances, mais aussi de bonne chère, avant la Carême. Il donne lieu à quelques divertissements. Nous allons ici, examiner les plus pittoresques.

Pendant les fêtes du Carnaval, les masques ont l'habitude de se livrer à toutes sortes d'aspersions, lançant sur les gens ou sur les maisons de la farine, des cendres, de la suie, et même de la fumée. Et la projection de toutes ces matières relève de l'idée de purification chère à nos ancêtres. Ces coutumes, considérées primitivement comme bienfaisantes, donnèrent lieu bien souvent, jusqu'au XIXème siècle, à des abus dégénérant parfois en brimades, à tel point que les autorités durent les interdire. Et c'est pourquoi aujourd'hui on ne voit guère, comme survivance, que la projection des inoffensifs confetti.

Cependant toutes ces coutumes n'ont pas disparu subitement, et quelques-unes ont survécu jusqu'à une époque récente ou existent même encore. Nous en rencontrons un certain nombre qui sont curieuses, mais elles tendent à disparaître de plus en plus. Ainsi à

Limoux (Aude), le Mardi Gras était naguère marqué par la fête dite "Parti des meuniers": les meuniers, habillés avec un pantalon blanc, une veste courte, un long bonnet rouge et une ceinture de soie rouge, étaient armés de soufflets et projetaient de la farine au visage des curieux. Cette coutume existe encore aujourd'hui et les personnes déguisées portent le nom de "fecos". Elle est la survivance de l'ancienne cavalcade des meuniers, fête qu'organisaient autrefois les meuniers de Limoux à l'époque où la farine de la région s'exportaient vers l'Espagne: ils parcouraient la ville, le jour du Mardi Gras, jetant des dragées, suivis de ménétriers jouant sur des hautbois et sur des tambourins, des airs populaires.

Les quêtes

Autrefois, écrit A. Moulis, les jeunes gens passaient de maison en maison, demandant des oeufs, de la viande, de la charcuterie. C'était presque un droit, et souvent ils pénétraient dans les cuisines et ils taillaient eux-mêmes la part qu'ils voulaient; la fermière se gardait bien de protester.

Ces quêtes revêtaient toutes sortes de modalités. Ainsi à Montgaillard, près de Foix, le jour du Mardi Gras, les masques avaient la coutume de se promener à travers le village en conduisant un chariot sur lequel ils allaient de maison en maison pour quémander un litre de vin. Nul ne se soustrayait à cette dîme, et lorsque le tonneau était plein, ils s'arrêtaient dans une auberge où ils confectionnaient un plein chaudron de vin chaud qu'ils buvaient au milieu des chants et des ébats.

Les sanctions pénales

Une des punitions les plus répandues et en même temps des plus sévères, est la promenade à âne, le jour du Mardi Gras, appelée *"Courre l'ase"*. Elle fut longtemps en usage en diverses régions d'Occitanie: Toulouse, Castres, Castelnaudary, etc... Il existait aussi en Ariège, un tribunal populaire appelé "la Cour Cournuèlo" siégeant chaque année afin de châtier et de ridiculiser par la caricature, le chant ou le charivari, les ménages qui s'écartaient de la ligne droite. Ce tribunal fonctionnait encore vers 1840. Il y avait un procureur dit "de la Corne", chargé d'instruire les affaires et d'assigner les témoins. Ceux de ces derniers qui ne se rendaient pas à l'assignation étaient condamnés à être sifflés et conspués dans des couplets que le peuple débitait devant leur maison. Ce tribunal siégeait avec la plus grande dignité et le plus grand sérieux. Le Président et les juges étaient vêtus de robes rouges. L'huissier, armé d'une masse ou d'un bâton au sommet desquels étaient accrochés deux cornes de boeuf, faisait régner l'ordre dans la salle. Le tribunal se réunissait chaque année en janvier afin d'instruire les affaires des ménages en cause pour l'année qui venait de s'écouler, et les sentences étaient exécutées pendant les trois journées du Carnaval. Les membres de cette cour se rendaient en voiture devant la maison des coupables; ils étaient escortés d'individus masqués représentant les époux infidèles. Arrivés là, ils entreprenaient une série de cérémonies forts déplaisantes, avec tintamarre et chansons satiriques improvisées pour chaque cas.

Document d'A. Moulis

La promenade à l'âne

Un mannequin de paille, que l'on brûlait ensuite, était promené à travers la ville, juché sur un âne. Il représentait le héros de l'aventure galante la plus marquante de l'année. Au moment du bûcher, on chantait en dialecte une chanson qui faisait allusion à l'aventure en question. Ce n'était qu'un mannequin et la sanction n'était pas très sévère; mais à partir du XVIIème siècle, ce furent les délinquants eux-mêmes qu'on jucha sur les ânes. Puis la coutume fut déformée et détournée de son mobile premier de sanction, et ne devint qu'une brimade qui ne se limitait plus aux inconduites, mais dont furent l'objet les jeunes mariés de l'année. Souvent les intéressés s'y prêtaient de bonne grâce et l'affaire se muait en réjouissances. Il y avait cependant parfois des récalcitrants et l'affaire dégénérait alors en pugilat. Des coutumes analogues avaient lieu autrefois en pays ariégeois, et aussi en Haute Garonne, notamment à Verfeil. Dans cette dernière localité, un arrêt de 1789 ayant interdit cette cérémonie, cela provoqua des émeutes et on dût la tolérer à nouveau.

Le Cycle de la Saint Jean: Les feux de la Saint Jean dans le Tarn

Les feux du 24 juin (*las janados*) brûlèrent jadis pour célébrer le triomphe du soleil, lumière et vie. Le catholicisme le dédie à Saint Jean, mais le laboureur y voit avant tout l'annonce de la récolte mûre.

On prend un tison carbonisé qui, placé dans le galetas de l'habitation, éloigne la foudre.

Le 24 juin, avant le lever du soleil, le chef de famille va cueillir dans un champ de blé un bouquet d'épis qu'il mettra sur la porte de l'écurie. C'est un porte bonheur.

Les historiens de la Gaule s'accordent à reconnaître que certains usages celto-ligures se sont maintenus jusqu'à nos jours, entre autres les feux de la Saint Jean.

Les fêtes elles-mêmes, avant tout familiales, n'ont rien de plus pittoresque qu'ailleurs, mais de temps immémorial, la cérémonie du feu de la Saint Jean revêt dans le pays un caractère éminemment solennel.

Un bûcher haut de six à huit mètres est dressé sur une des places du bourg de La Besonnié (Tarn). Au crépuscule du 24 juin, quand le soleil vient de disparaître à l'horizon, le clergé entouré de la population s'avance processionnellement à la lumière des cierges liturgiques. Au miliue d'un profond recueillement, sur un signal, le bûcher s'allume. C'est la "Jeannade" officielle religieuse. Mais la coutume multiplie les "Jeannades" de quartier, les jeannades de hameau sur les aires de la commune, les bûchers flambent tous les ans par centaines; et il n'y a pas bien longtemps des animaux vivants étaient jetés dans les flammes, inconsciente commémoraison des sacrifices de nos lointains aïeux.

Dans l'esprit de la population, il y a là un acte religieux qui doit attirer les bénédictions du ciel et qui doit "porter bonheur". Et c'est l'heure de la moisson...

A Paulinet (Tarn) on présentait à la flamme une bouteille de vin que l'on gardait pour guérir les maux de ventre. A Angles, les feux s'allumaient autrefois sur toutes les hauteurs. Au XIXème siècle, les cendres étaient jetées sur les choux. A Mazamet, on sautait le feu, et les jeunes filles désireuses de se marier dans l'année emportaient quelques cendres (vertu particulière). A Réalmont, on emportait des brandons que l'on conservait dans les maisons pour préserver l'habitation de la foudre. Dans cette localité, la tradition du feu de la Saint Jean est restée très vivante. A Viterbe, on passait dans le feu de la Saint Jean, ail, oignons, vin, avec lesquels on préparait un remède que l'on absorbait pour éviter des maladies. On sautait, au temps jadis, le feu de la Saint Jean pour ne pas avoir dans l'année du mal aux pieds (enquête folklorique réalisée en 1944)...

C'était autrefois le chef de famille, le plus âgé de la maison qui allumait le bûcher de branches de chênes et d'ajoncs, remplissant ainsi l'espèce de sacerdoce attribué dans l'origine aux prêtres du culte du feu...

Le lendemain on promène les animaux sur les cendres des foyers éteints. C'est un moyen infaillible dans la croyance populaire de préserver le bétail de toute espèce d'accidents et de maladies.

                    Pariset: <u>La Montagne Noire</u>

Du Noël provençal au festival d'Avignon

Dans le cadre, très richement décoré dans le goût du XVIIème siècle, de l'église Saint-Laurent, à L'Isle-sur-la-Sorgue, la messe de minuit est encore accompagnée du spectacle émouvant du "pastrage". Cette petite ville, particulièrement attachée aux traditions, est l'une des rares cités du Comtat à avoir su conserver cette coutume, qu'elle partage cependant avec Carpentras, Séguret, Ménerbes et Méthamis. Le pastrage c'est l'offrande de l'agneau et des fruits avant la messe de minuit, par les bergers et les bergères. En procession, vêtus du costume comtadin, ceux-ci s'avancent solennellement. Ils sont précédés d'anges et de tambourinaires, et vont faire don de l'agneau à l'Enfant-Dieu, pour célébrer le mystère de la Nativité. La cérémonie se déroule, accompagnée des chants de beaux noëls anciens.

Que cette fête soit restée vivante n'étonne guère quand on sait que le Comtat est la terre d'élection des noëls provençaux. Le noël est un petit drame sacré, mis en musique de façon fort savant au XVIIème siècle. C'est une tradition populaire comtadine qui remonte au XIVème siècle et s'épanouit au XVIIème avec Nicholas Saboly, auteur de noëls fameux et maître de chapelle à Saint-Siffrein de Carpentras, puis à Saint-Pierre d'Avignon.

En réalité, la fête de Noël n'est pas seulement la fête de la naissance du Christ, c'est aussi la grande fête agraire de l'hiver. Elle tire son origine de la fête païenne du *Natalis invicti*, ou "Soleil invaincu", qui, après les sombres jours, se remet à croître dès le solstice d'hiver. C'est le point de départ d'un autre cycle, marqué par l'espoir d'une résurrection du feu. C'est la fête du feu nouveau, à l'instar et à l'opposé de la Saint-Jean d'été: il faut contraindre la terre à se réveiller.

Tel est le sens profond de la cérémonie familiale du feu, appelée *cacho-fio* (cache-feu) en Provence. Jadis, devant la grande cheminée, l'aïeul avant le repas bénissait la grosse bûche de Noël. Lorsqu'elle était en pleine combustion, il l'aspergeait de vin avec un rameau d'olivier: l'embrasement de la bûche donnait lieu à des incantations, toutes propices à l'essor généreux de la vie. La bûche devait se consumer jusqu'à l'Epiphanie, vivant symbole de la lente résurrection du feu. Le nouveau cycle avait commencé.

Jean-Louis Sivadjian, <u>Le Vaucluse</u>

La Barque des Saintes-Maries

Marie Salomé, mère de saint Jean et de saint Jacques le Majeur, Marie Jacobé, mère de saint Jacques le Mineur et de saint Jude, étaient soeurs de la Vierge Marie. Elles séjournaient avec elle, à Jérusalem, dans la maison de saint Jean, avec les autres apôtres, ainsi que le rapportent les Evangiles et les Actes. Après le drame de la Passion, ils se nourrirent ensemble de ces paroles du Seigneur. "Vous êtes le sel de la terre, la lumière du monde. Allez, instruisez toutes les nations. Vous serez mes témoins jusqu'aux extrémités du monde. Quand je serai élevé de terre, j'attirerai tout à moi."

Seulement il fallait attendre le signal convenu: la persécution, pour aller répandre la bonne parole. Douze ans passèrent. Mais le Crucifié avait, depuis sa mort, tellement plus d'adeptes, que la répression commença. Etienne lapidé, Jacques occis par le fer, tant d'autres jetés au feu ou aux bêtes, témoignaient ainsi de leur foi. C'était l'heure d'aller instruire les nations. Les survivants se répartirent la mission sacrée.

Salomé et Jacobé choisirent d'aller catéchiser la Gaule encore païenne. C'était la patrie de Claudia, femme de Pilate, qui avait tenté d'arracher le Christ à son mari, et de Véronique, qui avait essuyé la Sainte Face de son voile.

Dans la Charte de Rostang (1070) nous trouvons la relation de ce voyage, relation qui se réfère elle-même à de **très anciennes traditions**. A propos de cette dispersion des Apôtres, ces textes disent: "Ceux de la Maison de Béthanie se rendirent de Jérusalem à la mer (...) Poussés par le vent d'est, ils quittèrent l'Asie, descendirent la mer Tyrrhénienne, entre l'Europe et l'Afrique, en faisant divers détours." Et dans la Vie de sainte Magdeleine, de Raban Maur (VIème siècle) nous trouvons: "Enfin, ils abordèrent heureusement sur la droite, dans la Viennoise, province des Gaules, auprès de la ville de Marseille, dans l'endroit où le Rhône se jette dans la mer." Le Bréviaire du diocèse d'Aix donne de nouveaux détails sur cet exode pathétique: "Une courte persécution se produisit chez les Juifs. Avec Marthe, Marie-Magdeleine, Lazare, Maximin et beaucoup d'autres, les Saintes Maries furent saisies et embarquées dans un navire sans voiles ni rames. Les lancer ainsi vers la haute mer, c'était les vouer à un naufrage certain. Mais le navire, guidé par Dieu, aborda heureusement le rivage de Provence."

... Sans rames ni voile? Qu'importe! Mourir pour témoigner!
Sans hésitation montent dans la barque Jacobé, Salomé qui cachaient
dans leur robe, l'une, le pot de nard de la Résurrection, l'autre un
sachet de terre du pays. Puis Martial, Saturnin et Trophime. Puis
Lazare, encore revêtu de son linceul et plus pâle que lui, Marthe, sa
soeur, Eutrope, Marie-Magdeleine, Joseph d'Arimathie serrant le
Graal sous son manteau, Marcelle et Cléon qui, à pleine voix,
chantent les psaumes.

Eutrope se met à la proue et lance déjà le bateau sur les vagues
furieuses. Alors, nous dit une autre tradition, Lazare se dévêt de son
linceul et, au bout d'un roseau, le fixe comme voile. Dans cet instant
de terrible émotion, selon la légende chrétienne, un cri de jeune fille
monte de la rive quittée. C'est Sara, la servante qui supplie les
partants:

> Oh! emmenez-moi dans la barque,
> Maîtresses, emmenez-moi! Pour Jésus, moi aussi
> Je veux mourir de mort amère!
>
> *Oh! menas-me dins la barcado,*
> *Mestresso, menas-me! Pèr Jésu, iéu peréu*
> *Vole mouri de mort amaro!*

F. Mistral, Mireille, XI

Mais déjà le vent a poussé l'esquif. Alors Salomé jette son voile
sur les flots et, légère, la jeune fille accourt et s'engage sans peur.

Ils chantent tous, les exilés, et le miracle les enivre. Cependant la
tempête secoue la frêle embarcation. Lazare implore d'un cri, dit le
poète, "qui fend l'orage et vole dans les cieux": (Mistral, Mireille,
XI)

> O mon Dieu, sers-nous de timon!
> Tu m'arrachas une fois du tombeau...
> Aide-nous, car la barque tombe!
>
> *Moun Diéu, serve-nous de timoun!*
> *M'as davera'n cop de la toumbo...*
> *Ajudo-nous! La barco toumbo...*

Bien entendu, le Christ vient en aide aux saints émigrants. La barque s'échoue mollement sur une rive de sable et de marais, au bout de la Camargue, près de l'embouchure du Rhône. De laquelle? Car, dans ces temps, il se jetait à la mer par sept branches. L'une aboutissait sûrement à ce qu'on nomme encore le **Poste des Maries** car le sol y demeure mou, et les sables toujours mouvants, toujours très dangereux, tremblent sur un fond d'eaux diverses.

C'est là, au Poste des Maries, qu'une tradition, différente de la chrétienne, celle des gitans que l'on dit premiers habitants de ce sol, celle aussi de leurs successeurs, place l'épisode touchant de Sara. Il n'est pas vrai, nous dit cette légende, que la patronne des errants était, d'abord, la servante des Saintes, qu'elle est venue de Judée avec elles. C'était la reine du pays; son peuple, réchappé du naufrage de l'Atlantide et en gardant l'effroi au coeur, son peuple, taraudé du désir de l'Ailleurs et toujours prêt à reprendre la route, ne tenait à la terre fluide que parce que Sara l'abritait, subjugué, aux plis de ses robes. Or, la reine, fleur d'une race experte en magie et divination, d'ailleurs prêtresse de Mithra, savait que le Nazaréen devait vaincre le dieu païen. Se conformant d'avance à ce qui devait être, elle accueille les temps nouveaux comme on sait accueillir dans ce pays né de l'autre dieu Rhône - accueillir noblement. Elle jette son voile sur les flots et y marche pour atteindre la barque, puis, révérentielle, accoste à nouveau sur sa propre terre avec ses hôtes marqués du sceau divin.

-- Marie Mauron, La Provence au coin du feu

Jean de l'Ours

Il y avait une fois dans la montagne une jolie fille de vingt ans qui était allée faire du "petit bois" dans la forêt. Et depuis un moment, caché derrière un buisson, l'Ours était là qui l'épiait.

Tout d'un coup, il lui saute dessus, la saisit, et, moitié morte de peur, il l'emporte à pleins bras dans sa tanière, au plus épais de la forêt.

Il fallut bien que la pauvrette demeurât là, enfermée dans la noire caverne, en compagnie de ce bourru. Et il fallut bien aussi qu'elle devienne sa femme. Oh! Mais ce brave homme d'Ours ne la faisait pas mal vivre. Il lui apportait des veaux et des brebis volés au pâturage, des branchées de cerises ou de pommes, des poissons, des gâteaux de cire, que sais-je encore? Et il allait aussi voler des vêtements aux abords des fermes, par amour, pour lui faire des présents. Au bout d'un an naquit un petit garçon, poilu des membres et du corps, mais avec le visage net, le regard et la voix d'homme. Et sa mère l'appela Jean. L'enfant tétait à plaisir et grandissait à vue d'oeil. A sept ans, nourri de bons fruits et de chair crue, il était dégourdi et fort, ce qui faisait l'orgueil de sa mère.

La pauvre femme, quand ils se trouvaient seuls, lui parlait de sa vie d'avant, lui disait le travail des hommes. Elle lui racontait aussi, en pleurant, le grand malheur qui avait changé sa destinée de fille en destinée de bête. Parfois il essayait d'ébranler la grosse dalle qui fermait l'entrée de la grotte. Et, à chaque coup, il disait:

"Attendez que je sois plus grand, maman, et vous verrez, je ferai tomber la pierre et nous retournerons à la maison."

Le temps passait. L'enfant devenait chaque jour plus fort. Maintenant il lui arrivait de culbuter son père quand ils luttaient pour rire dans l'obscurité de la grotte. Et quand il s'essayait sur la pierre, il arrivait à la faire bouger.

"Encore un an, maman! Encore un an et nous pourrons nous sauver..."

"Encore un mois..."

"Encore une semaine..."

Et un beau jour, tandis que l'Ours était parti au ravitaillement, d'un coup, Jean fit tomber la dalle, prit sa mère par la main, et tous deux de se sauver et de s'enfuir à toutes jambes.

Le gros poilu ne mit pas longtemps à s'apercevoir de leur fuite. Il prit vite le sentier et en avant!

Passé l'orée du bois il les aperçut un peu plus loin, qui dévalaient les prés à toute allure. Il les poursuivit de même. Peu s'en fallut qu'il ne les rattrapât. Hors d'haleine, accablés de fatigue, ils eurent juste le temps de s'engouffrer dans la maison, de rabattre sur eux la porte et de pousser le verrou; et toute la nuit ils tinrent la porte pour que l'Ours ne l'enfonce pas. Au matin, enfin, l'animal s'en alla. Mais pendant plus d'une semaine ils entendirent dans le bois un hurlement désespéré qui faisait retentir les échos de la montagne.

Jean, comme auparavant, travailla avec sa mère à la ferme voisine. Il était vaillant et fort et faisait tout avec grand plaisir. Dans un après-midi il travaillait à la tâche ce qui aurait nécessité une journée... Peu ou prou il pouvait faire le travail de deux ou trois familles. Il aidait par-ci, par-là, mais les voisins ne le payaient pas beaucoup car ils n'en avaient déjà pas assez pour eux...

Aussi cette façon de vivre ne lui plaisait pas trop. Il lui arrivait de s'ennuyer. Il avait envie de rôder dans le pays, de voir tout ce qu'il y a sous le soleil.

"Maman, dit-il un jour, cela ne peut durer davantage. Je veux m'en aller courir le monde. Pour l'amour de Dieu, laissez-moi partir. Plus tard vous me verrez revenir riche comme la mer, et je vous promets qu'alors vous serez tranquille et heureuse pour le restant de vos jours.

- Eh bien, va-t'en petit, puisque tu veux tant partir ... Je sais que tu n'oublieras pas ta mère."

Et il s'en alla...

(Un forgeron prend Jean comme apprenti, et il fait preuve de force et d'adresse. Au lieu d'être payé, il demande qu'on lui donne les éclats de fer qui tombent par terre, et il en fait une canne très lourde, "une canne de sept quintaux!")

"Maître, dit-il, maintenant nous sommes quittes ... Je vous dis merci, et je m'en vais. Adieu à vous et a la compagnie!"

Et la canne à la main il se mit en chemin.

Quand il fut un peu plus loin, il trouva un escogriffe qui jouait au palet (**quoits**) avec des meules de moulin.

"Que fais-tu ici, compagnon?

-Je m'amuse pour tuer le temps.

-*Viètase*, l'ami, que tu es fort! dit Jean en faisant tournoyer sa canne.

-Oh! pour être fort je le suis, mais toi aussi à ce que je vois ...

-Je m'appelle Jean de l'Ours; et toi?

-Roue-de-Moulin.

-Eh bien, Roue-de-Moulin, écoute! A tous les deux nous serons si forts que nous n'aurons à craindre personne. il te faut venir avec moi pour courir le monde.

L'homme aux palets ramassa les meules, et ils s'en allèrent tous les deux.

(Jean et Roue-de-Moulin rencontrent plus tard deux autres grands types, Lie-Chênes et Porte-Montagnes, et Jean de l'Ours leur convainc de l'accompagner comme Roue-de-Moulin car, comme il l'explique à Porte-Montagnes, "A quatre nous serons si forts que nous n'aurons à craindre personne." Ils commencent tous les quatre à courir le monde ensemble.)

Ils marchèrent, marchèrent. La nuit les surprit au beau milieu d'un grand bois. Il faisait noir comme dans le ventre d'un loup. Il soufflait un vent à vous arracher la peau.

"Il serait bon que nous nous abritions, les amis", dit Jean.

Roue-de-Moulin monta au sommet d'un arbre et aperçut une lumière au loin, en haut d'une colline. Ils y allèrent: c'était un beau château, avec la porte grande ouverte et l'intérieur illuminé. Ils entrèrent.

"Y a quelqu'un?" cria Jean de l'Ours.

Pas de réponse. Dans la cuisine le feu flambait. Un quartier de mouton tournait à la broche, et la marmite de la soupe mijotait pendue à la crémaillère. La table se trouvait mise. Pain, vin, rien n'y manquait.

"J'ai l'estomac dans les talons, fit Jean, mangeons!"

Ils s'assirent, et rien ne vint troubler leur repas. Puis ils se couchèrent. Ils passèrent la nuit à ronfler sans que personne les dérange. Au matin, ils visitèrent le château en entier, de la cave au grenier. Jean passait devant, la canne à la main, sifflant comme un merle. Ils traversèrent des chambres et des chambres. Il y en avit de toutes sortes plus jolies les unes que les autres. Mais personne, personne nulle part.

"Les amis, dit Jean, si vous voulez m'écouter, nous resterons quelque temps ici.

-Et si le patron vient?

-Ma foi! s'il vient le patron, nous aurons le plaisir de le voir!"
Il fut décidé qu'un des compagnons resterait au château pour faire
le ménage. Et pendant ce temps les autres iraient chasser. A midi,
la soupe prête, le cuisinier sonnerait la cloche pour les avertir.

"Aujourd'hui Roue-de-Moulin gardera la maison. Demain ce sera
un autre. Nous ferons chacun notre tour."

Celui des meules, tranquillement, s'occupait de faire le dîner. Il
allait mettre du sel à la marmite quand tout d'un coup, parabim!
parabam! - pieds et mains, tronc et tête, bras et jambes, tout ceci
dégringole dans la cheminée, se ramasse, se joint, se soude ... et voilà
que se dresse un gros homme poilu et noir, avec des yeux qui
luisaient comme de la brise.

"Allume-moi la pipe!" demanda le monstre d'une voix qui faisait
frémir.

Roue-de-Moulin tremblant de peur, se baisse vers le feu, ramasse
un brandon enflammé. L'autre, d'un coup, lui saute dessus et lui
fiche une telle tabassée qu'il le laisse pour mort étiré sur le carrelage.

Le soleil commençait à descendre, la faim à arriver: la cloche ne
sonnait toujours pas. Les chasseurs à la fin s'en retournèrent ... et ils
trouvèrent Roue-de-Moulin par terre, au milieu de la cuisine. Quand
ils l'eurent réconforté:

"Eh bien! que t'est-il arrivé, malheureux?

-Je ne m'en souviens pas." Et on n'en pouvait tirer davantage.

"Ah! si, finit-il par dire. J'étais allé chercher de l'eau à la
fontaine. J'ai glissé sur une pierre: j'ai cru que je m'écrasais la tête.

-Allons, l'ami! Ça ne sera rien, va t'allonger et demain, tu verras,
tu seras guéri. Lie-Chênes fera la soupe et toi, tu viendras avec nous
à la chasse."

Le gros homme noir, le lendemain, en bouts et en morceaux
descendit par la cheminée. Il laissa celui des fagots à demi mort, et
la cloche ne sonna pas.

"Que t'est-il arrivé, malheureux?

-Je ne m'en souviens pas, je ne m'en souviens pas! Ah! si, j'étais
allé au hangar chercher du bois je ne sais comment toute la pile m'a
roulé dessus. Je suis moulu que ça ne peut se dire.

-Allons, ami, va te coucher. Demain ce sera le tour de Porte-
Montagnes."

Porte-Montagnes était bien fait, mais il lui arriva la même chose
qu'aux deux autres.

"J'allais à la cave chercher du vin. En grimpant, je ne sais pas comment j'ai dégringolé toute l'échelle. J'ai cru me tuer"...
Jean de l'Ours commençait à être énervé.
"Gamins, cria-t-il, demain c'est moi qui fera la cuisine, et je vous réponds qu'à midi la cloche sonnera."
Roue-de-Moulin, Lie-Chênes et Porte-Montagnes s'en allèrent courir le bois. Et tout en chemin, pardi! ils se racontèrent la triste affaire.
"Jean de l'Ours fait bien le fier, disaient-ils, mais quand l'autre lui demandera du feu, il ne relèvera pas tant la tête."
Pendant ce temps au château, parabim! parabam! le monstre noir tombe par la cheminée et se dresse devant Jean tout pantois.
"Maintenant alors! fit le gars, d'où sort ce petit?
-Allume-moi la pipe!
-Allume-la toi-même!
-Allume-moi la pipe, je te dis!
-Allume-la toi-même!
-Tu me l'allumes oui ou non?
-Ah! ah! ah! écoute s'il pleut!"
Le diable, car c'était lui, fou de colère, se jeta sur Jean. Celui-là heureusement se méfiait: et de se tirer et de s'empoigner et d'essayer de se faire plier. Ils s'y prennent à qui mieux mieux et finissent par tomber ... Ils font rouler la pipe sur le carreau: marmite, chenets, cendres, tisons, tout vole! et ils se roulent dans le foyer. Ils se mordent, se griffent, se secouent, s'égratignent ... A un moment ils se séparent et hop! les voilà de nouveau debout, abîmés, saignants, pantelants. Et ils recommencent de plus belle, jurant, frappant, tapant. D'un saut de côté Jean de l'Ours esquive. Il attrape la canne et pim! pam! pam! tape et retape sur le dos du monstre qui résonnait comme un tambour; si bien que le gros homme resta sur le carreau, raide, le visage contre terre. Jean de l'Ours, couvert de sueur, d'un revers de main s'essuya la figure, se tourna vers le vaincu, lui posa une dalle sur la poitrine puis, tranquille comme Baptiste, il se mit à préparer le repas. Et à midi pile, la cloche sonna, secouée de telle façon que les chasseurs s'étonnèrent.
"Oh! dirent-ils, aujourd'hui l'homme noir n'a pas dû venir."
Ils trouvèrent Jean de l'Ours en colère comme jamais:
"C'est comme ça que vous faites? leur cria-t-il. Bande de menteurs, de lâches! Vous mériteriez une bonne volée. Vous vous êtes bien gardés de m'avertir du danger! Il est venu le gros homme!

Et je lui ai frictionné les côtes moi! comme il vous avait fait à vous... Oui, je l'ai laissé là, étendu sans mouvement; à la vérité je le croyais mort. Mais tout à l'heure, pendant que je sonnais, ce bandit s'est échappé. Il se sera glissé sous le four, je pense.

"Allons, à table, douillets! Après dîner il nous faudra le trouver, mort ou vif."

Les trois compagnons, tout honteux, mangèrent sans broncher (**flinching**), sans lever la tête de l'assiette.

Le trou qui était sous le four donnait dans une autre cave. Ils y descendirent avec des torches. Dans un coin il y avait la bouche d'un puits, un grand puits dont on ne voyait pas le fond.

"Il doit être passé par là, dit Jean. Il nous faut y descendre."

Ils cherchèrent des cordes dans tout le château, les nouèrent, et y attachèrent une comporte (**bucket**) et, au moyen d'une poulie, ils firent descendre celui des palets, muni d'une clochette! Dès qu'il fut un peu plus bas, il eut peur et la fit sonner fort pour qu'on le remonte. Celui des fagots (Lie-Chênes) essaya à son tour: il alla à peine plus bas. Puis ce fut le tour de Porte-Montagnes, qui échoua lui aussi. Jean de l'Ours était mécontent, il râlait, faisait la tête.

"Allons! malheureux, vous ne valez rien. Je vais vous montrer, moi." Et il descendit.

"Donnez-moi de la corde!" criait-il, et il fallut en ajouter plus d'une fois. A la fin, il arriva au fond. Là, il y avait un autre grand château, reproduisant un peu celui d'en haut mais éclairé par une lumière bizarre. Jean y entra. Il trouva dans une belle salle une vieille toute ridée, accroupie au coin du feu, qui pilait dans un mortier des herbes et de la cire avec de l'huile:

"Femme, où est passé le monstre noir?

-Tu veux parler de mon pauvre homme! Pitié de lui; on me l'a abîmé. Et justement je lui préparais un baume, un baume pour le ressusciter.

-Au diable ton remède! Où est le monstre? je te demande.

-Il est au lit, tout fiévreux, tout endolori, si moulu qu'il ne peut bouger.

-Moulu ou non, je veux le voir!" cria Jean en faisant tournoyer sa canne.

La petite vieille, trique-traque, le conduisit à la chambre du diable. Jean, quand il voit le poilu, il ne peut pas du tout se retenir de lui flanquer une autre grosse volée.

"Ne m'achève pas, ne m'achève pas! gémissait le monstre. Si tu me laisses en vie je te dirai les secrets du château.

-Parle!

-Dans le château il y a trois grands coffres: l'un est plein d'or, l'autre de perles et le troisième de diamants.

-Dis-moi où ils sont.

-Tiens, voilà les clefs.

-Non, passe devant, toi, et tu vas les ouvrir!"

Le diable se leva du lit et se traîna comme un crapaud jusqu'à la chambre du trésor. Là il y avait les trois coffres, et Jean fit monter par le puits l'or, les perles et les diamants. Puis il se tourna vers l'autre en brandissant la canne.

"Ne m'achève pas, ne m'achève pas! Si tu me laisses en vie je te dirai les secrets du château.

-Parle!

-Dans le château il y a trois princesses, ce sont les filles du roi de France.

-Dis-moi où elles sont."

Le diable se traîna jusqu'à une autre belle chambre. Là il y avait les trois princesses, plus belles que l'étoile du matin.

"Filles du roi, ne craignez rien, je suis Jean de l'Ours, je viens vous délivrer."

Et toutes trois de lui sauter au cou; les pauvres pleuraient de joie. L'une monta dans la comporte.

"Tirez! vous autres", cria Jean. Quand la fille fut en haut les trois vauriens se chamaillèrent; chacun la voulait pour lui.

"Ne vous disputez pas, dit-elle, en bas il y a encore deux autres et elles sont plus jolies que moi."

Une fois les princesses sorties du puits, le partage fut vite fait:

"Pour toi, pour toi, pour moi.

-Et Jean de l'Ours?

-Jean de l'Ours, il aura le trou."

Les compagnons chargèrent les trésors et emmenèrent les princesses.

"Tirez!" criait Jean dans la comporte au fond du puits. Il s'égosillait.

Rien à faire. Il ne tarda pas à se rendre compte que les autres l'avaient trahi: "Ah! si jamais je reviens sur la terre! ..."

Il n'y avait qu'une chose à faire, tant pis, aller trouver le diable et lui demander un moyen de remonter. Il alla à sa chambre, elle était vide. Il erra de salle en salle un bout de temps. Il aperçut enfin la femme du diable qui se cachait sous l'évier, tremblante comme feuille au vent. Il s'avança vers elle en faisant tournoyer sa canne.

"Ne me tue pas, ne me tue pas! suppliait la pauvre vieille.

-Si tu ne veux pas que je te tue, il te faut me dire immédiatement comment fait ton homme pour sortir d'ici.

-Je te dirai tout, je te dirai tout!

-Parle!

-Au fond de ce couloir, dans une cage dorée, tu trouveras une aigle blanche, blanche tant elle est vieille... Elle te portera sur la terre, mais il faut lui donner à manger. Tu prendras un veau à l'étable, c'est pas ce qui manque, et chaque fois qu'elle criera "carn", tu lui en donneras un morceau."

Et Jean s'installa sur l'aigle avec la viande pour la nourrir. Ils montèrent à grands coups d'ailes. Quand ils furent à moitié chemin, le vol faiblit: "Carn, caarn!" cria l'oiseau d'une voix rauque. Jean lui donna la moitié du veau et l'animal se remit à monter un peu plus haut. "Carn, caarn!" cria encore l'aigle. Jean lui donna l'autre moitié et l'oiseau reprit à nouveau des forces. On voyait la clarté au sommet du puits quand l'aigle recommença de crier, exténuée, et son vol de baisser ... Que fait Jean? Sans hésiter un instant, d'un coup de couteau il se coupe un morceau de la cuisse et le jette dans le bec ouvert. D'un soubresaut l'oiseau remonte. Un dernier effort et il atteint la bouche du puits: "Carn, caarn!", il allait descendre à nouveau. D'un saut Jean s'agrippe au rebord du trou, d'un coup de reins il monte dessus: il était sauvé.

Il fait bientôt le tour du château. Personne, personne nulle part. Il s'en va. Il marche, marche, il arrive dans une ville.

"Vous n'avez pas vu trois hommes très chargés, accompagnés de trois jolies demoiselles?

-Si fait, nous les avons vus: vous les avez dans cette auberge, qui sont en train de bien s'amuser."

Quand il passa le seuil de l'auberge, la canne de sept quintaux à la main, les traîtres, qui le croyaient enterré pour toujours, faillirent s'évanouir de surprise. Leurs yeux papillotaient.

"Dieu me damne, cria l'un, c'est Jean de l'Ours, nous sommes perdus!"

Tous trois d'un seul élan sautèrent par la fenêtre et se sauvèrent si bien que depuis on ne les a pas revus. Et Jean s'esclaffa de rire! Les filles du roi l'embrassèrent et le couvrirent de baisers. Elles jurèrent que pour rien au monde elles ne quitteraient l'homme vaillant et fort qui au péril de sa vie les avait ramenés sur terre. La plus jeune tenait de la femme du diable le secret du baume qui guérit tout. Elle couvrit la plaie de Jean avec ce baume enchanté et sur le coup il se trouva remis. Alors il épousa les trois princesses, il acheta des chevaux et tout ce qu'il fallait, il alla chercher sa vieille mère et ils revinrent au château.

Le diable craignait tant la canne, ils ne risquaient pas qu'il ose sortir. Et aussi ils vécurent heureux longtemps, longtemps, longtemps ...

-- André Lagarde, <u>Tres Castels del Diable</u>,
traduit de l'occitan par Daniel Fabre et
Jacques Lacroix

Notes

1. Le procès de Colmar: le 18 juin, 1926, cent deux militants autonomistes publièrent le manifeste du <u>Heimatbund</u>, qui revendiquait pour l'Alsace "l'autonomie complète dans le cadre de la France." Par la suite une vingtaine de chefs autonomistes furent accusés d'intelligence avec l'Allemagne. Le procès, selon Pierre Vonau, "ne démontra rien de concret en matière de trahison." Les accusés reçurent des peines légères, qui faisaient d'eux des martyres, et le jugement ayant été cassé, un nouveau procès tenu à Besançon acquitta les accusés. (Pierre Vonau, "L'Alsace et les Alsaciens de 1918 à 1945", dans <u>L'Alsace</u> de Pierre Klein, p. 286)

2. En fait, dans les élections de 1995, Le Pen a enregistré de fortes baisses dans les deux circonscriptions de la Corse: il a eu moins de 10% des voix dans le Nord de l'Ile, et au Sud, 11.6%, ce qui représente une baisse de 3.2%, une de ses baisses les plus fortes, selon l'article de François Koch dans <u>L'Express</u> du 4 mai 1995, p. 12.

3. En février, 1993, la constitution de la Belgique a été amendé pour créer un état féderal composé des régions autonomes de la Flandre, de la Wallonie, la région bilingue de Bruxelles, et plusieurs communautés autonomes de langue minoritaire.

4. Jean Bart: célèbre corsaire et officier de la Marine Française, né à Dunkerque en 1650.

Index